U0678680

羅振玉　著
羅繼祖　主編
王同策　副主編

羅振玉學術論著集

第九集

王同策　管成學　叢文俊　羅繼祖　整理

第九集目次

面城精舍雜文甲編……一
面城精舍雜文乙編……四七
雲窗漫稿（永豐鄉人甲稿）……九三
雪堂校刊羣書叙録（永豐鄉人乙稿）……一五一
雪堂金石文字跋尾（永豐鄉人丙稿）……三七五
雪堂書畫跋尾（永豐鄉人丁稿）……五三一
整理後記……羅繼祖　六〇五

面城精舍雜文甲編

面城精舍雜文甲編序目

平昔於古文夙未究心，比因從事考訂，間有叙述，辭取達意，不能工也。弄筆有年，所積漸夥，辛卯仲秋，删釐爲面城精舍雜文甲編，並爲目録如左：

「贊者盥於洗」申段氏義……七
漢石經牧誓「任父母弟」解……八
「隰有六駮」申陸氏義……八
老子疏義……九
錢文考……一〇
釋人證誤……一一
毛鄭詩校議序……一六
毛詩草木鳥獸蟲魚疏新校正序……一七
皇甫謐高士傳輯本序目……一八

干禄字書箋證序……二〇
碑别字序……二二
重訂紀元編序例……二三
金石萃編校字記序……二五
讀碑小箋序……二五
存拙齋札疏序……二六
俗説序……二六
眼學偶得序……二六
寰宇訪碑録校議序……二七
淮陰金石僅存録序……二七
賃碑圖記……二八
書歸去來辭後……二九
南雍本陳書跋……二九
慧琳一切經音義跋……三〇
南華真經注疏跋……三一

馬刻干禄字書跋 …… 三二
史略跋 …… 三二
思悅編陶淵明集跋 …… 三三
具茨集跋 …… 三三
龔校干禄字書跋 …… 三四
金石文字辨異跋 …… 三五
日本刻和漢洋年契跋 …… 三五
嶧山碑跋 …… 三六
西狹頌跋 …… 三七
郭有道碑跋 …… 三七
劉懿墓誌跋 …… 三七
敬史君碑跋 …… 三八
高貞碑跋 …… 三九
鞠彦雲墓誌跋 …… 三九
源磨耶墓誌跋 …… 三九

樊可憘造象記跋……四〇
感孝頌跋……四〇
甯贙碑跋……四一
建龍華浮圖碑跋……四一
葉國重碑跋……四二
薛河東書七啓跋……四三
張貓造象記跋……四三
薛君夫人柳氏壆誌銘跋……四三
姚懿碑跋……四四
李光弼碑跋……四四
黄帝祠宇額字跋……四五
張鋭墓誌跋……四五
李繼墓誌跋……四五
楊吳李濤妻汪氏墓誌跋……四六

面城精舍雜文甲編

「贊者盥於洗」申段氏義

《士冠禮》：「贊者盥於洗，西升立於房中，西面南上。」注：「盥於洗西，由賓階升也。立於房中，近其事也。南上，尊於主人之贊者。」段氏玉裁曰：「賈《疏》以洗西句絶，甚誤。注『盥於洗』爲句，『西』字下屬。贊者是賓黨，不當入門，而右洗在東，故知自西而東仍自東而西也。」胡氏培翬駁之曰：洗是承棄水之物，盥是别挹水於罍以沃之，不於洗盥也。若如段説以「於洗」爲句，則文義有難安矣。玉案：段説精確不刊，胡駁殊不然。考古人設水用罍、沃盥用枓、承盥用洗。《少牢饋食禮》「司宫設罍水於洗東」注：「凡設水用罍。」《士冠禮》「水在洗東」注：「水器，尊卑皆用金罍，及大小異。」此設水用罍之證。「司宫設罍水於洗東」注又云：「枓，𣂔水器也。」「沃盥用枓」，是沃盥用枓之證。「水在洗東」注又云：「洗，承盥洗者棄水器也。」是承盥用洗之證。罍也、枓也、洗也，三者相須，凡盥必以枓取罍水，自上沃而盥之，而以洗承其下。罍僅貯盥水，而盥則必於洗。胡氏未明此義，而云不於洗盥，其說甚誤。且《少牢饋食禮》一則曰「卒脀，祝盥於洗」，再則曰「祝與二佐食皆出盥於洗」，尤古人盥用洗之明證矣。胡氏《儀禮正義》實精博不朽之作，然亦有千慮之失，茲爲據段說以繩正之。

漢石經牧誓「任父母弟」解

《書·牧誓》「昏棄厥遺王父母弟弗迪」，《漢石經》作「任父母弟」。馮氏登府《漢石經考異》據漢石刻謂「任」即「王」字。玉不然其說。考《爾雅·釋親》「父之考爲王父，父之妣爲王母」。《廣雅釋詁》「王，大也」。王訓大，故今王父、王母亦稱大父、大母。又《爾雅釋詁》及《詩·賓之初筵》「有壬有林」，《傳》均云：「壬，大也。」任與壬通。《詩·燕燕》「仲氏任只」，《傳》「任，大也」。任父母即壬父母，猶言大父母，亦猶言王父母，初無二義也。邇來治《書》家於此咸無論議。馮說辯而未當，姑補釋以質方雅。

「隰有六駮」申陸氏義

《詩》「隰有六駮」陸機《疏》：駮馬，木名，梓榆也。與下「苞棣」、「樹檖」，皆山隰之木相配，不應謂獸駮。《毛傳》極當。段氏玉裁駁陸謂《詩》「鵲巢」「旨苕」，「甓」「旨鷊」，皆並舉。不必駮與櫟爲不類。玉謹案：駮之爲獸，僅見《爾雅・釋獸》及《吴都賦》《北史・張華原傳》，此外不多見。《一切經音義》九載「魏黄初三年，六駮再見于野」。其爲不經見之獸可知，使爲常物，則「再見于野」何必遂箸之簡册。且《詩》言「山有」、「隰有」，指不勝屈，皆指草木言之，從無及獸者。隰爲濱水下濕之地，宜種植而非獸迹所常到。段氏以「鵲巢」、「旨鷊」例之，誤矣。王氏夫之又謂「駮馬當是《爾雅》之駮，赤李」。又云「隰於李爲宜，不宜於榆」。其説亦誤。今江南濱水低濕處皆雜植榆柳，何得云隰不宜榆。且《詩》亦明言「隰有榆」，王氏失考耳。《爾雅・釋草》之駮，一名九葉。《釋木》之駮，赤李。一草一木，皆與《詩》所言之駮不同。陸《疏》云：其樹皮駮犖，遥視似駮馬，故以爲名。義精而理確，後有作者不易是言也。

老子疏義

《老子・德經》：「道生一，一生二，二生三，三生萬物。」漢以來解家多不明了。玉案：《説文》「一」注「惟初太極，道立於一」。「二」注「地之數」。「三」注「數名。天、地、人之數也」。《德經》云「道生一」，即無極而太極之謂。一，天也。一偶一而生二，二之字上畫爲天，下畫爲地。故《説文》云「地之數」。二偶一而生三，三之字上畫象天，下畫象地，中畫象人。有天地而人盈其中，故《説文》云「天、地、人之道」。天地人既具，而含生負氣之倫靡弗備，故曰「道生一，一生二，二生三，三生萬物」。此條向無確訓，玉謹據許書疏其義。

錢文考

玉蓄古錢十有六，狀薄而小，幕平無輪廓，大小齊等，銅質赤。不甚古，遠者約四百年，近者約一二百年。其文曰「元豐通寶」、「紹豐平寶」、「大定通寶」、「天符元寶」、「正隆元寶」、「治平聖寶」、「漢元通寶」、「太和通寶」、「聖元通寶」、「天聖元寶」、「祥通元寶」、「安法元寶」、「祥聖通寶」、「咸平元寶」、「元符通寶」、「威絲元寶」。其號驗之中國史書皆不載。考安南黎僖《大越史記》，越主陳煚年號「元豐」，陳暭號「紹豐」，楊日禮號「大定」，胡季犛號「聖元」，均與錢文合。又李乾德號「天符嘉慶」，李天祚號「政隆寶應」，李龍翰號「治平應龍」。當即錢文之「天符」、「正隆」、「治平」。《大越史記》四字，錢文二字者，省文也。此與宋「大中祥符」錢文僅作「祥符」同例。於是乃審爲大越錢。其他錢字畫、銅質並同。蓋亦越號。可補《大越史記》之佚者也。又有可正史書之誤者，《明史·安南傳》黎濬年號「大利」。梁氏玉繩《元號略補遺》云「濬祖名利，不應以祖名紀元。今錢文有『大和』，與黎濬延寧錢制同，知濬號是『大和』，《明史》作『大利』者誤」。今以玉蓄錢考之，「大利」既非，「大和」亦誤，乃「太和」耳。李天祚號《大越史記》作「政隆」，錢文作「正隆」，亦宜據錢文改「正」。偏邦僭號，中國史籍不暇詳記，而外國專史亦未備書。不有是錢，其何以糾誤而補佚乎？濡管識之，欣喜無斁。

釋人證誤

孫伯淵先生星衍《釋人篇》，原本許祭酒《說文解字》，良便學者。顧紕繆頗復不少，爰以暇日，謹爲證其誤。

人始孕曰腜，一月曰胚，三月曰胎，子未成形謂之包，兒生裹謂之胞，有髮、臂、脛謂之子。

《說文》子，籀文作𡥀。注：「囟有髮，臂、脛在几上也。」玉案：其文「囟有髮」爲句，「臂、脛在几上」爲句。篆文作子，象子在襁中形。籀文作𡥀，象在几上形。均說字形，非說字義。孫氏誤以說字形爲說字義，而斷注中「有髮、臂、脛」爲句，殊不可通。

頭囟未合謂之兒，孺子謂之兒。

《說文》兒，「孺子也。从儿，象小兒頭囟未合」。玉案：注文「孺子也」，釋字義。「頭囟未合」，釋字形。兒从臼从儿，臼象頭囟未合。孫氏亦誤認爲釋字義。

人謂之大。

《說文》大，注：「天大，地大，人亦大。」玉案：大，象人形，義則不訓人。注言「天大，地大，人亦大」者，言凡大在上者莫如天，在下者莫如地，在天地之間者莫如人。天地無可象，故以人爲大字之象。其義則不訓人。孫氏云「人謂之大」，殊不可通。

人頭謂之首，首謂之百，亦謂之頁，亦謂之皃。

皃，《說文》無首訓，惟兜注：「从𠑹，从皃省。皃象人頭形也。」

孫氏或本此。使果爾，則亦誤以釋字形爲釋字義。

頭會𡿺蓋謂之囟，囟謂之㚇，頭髗謂之𡿺。顛謂之頂，亦謂之顚，頟謂之顙，亦謂之題。顏前謂之面，眉目之間謂之顏。引氣自畀謂之鼻，鼻謂之自，鼻莖謂之頞。眼謂之目，目匕謂之皀，亦謂之眼，童子精謂之瞦，目旁薄致謂之𥉌，目厓謂之眥，圍謂之䀠。

今本《說文》「眥，目匡也」。此作「目厓」，據《字林》引改。

振牟謂之肙。《玉篇》肙，振牟也。今本《說文》作振肙，疑誤。

肙，《說文》徐鍇本注「振也」，徐鉉本注「振肙也」。古本《玉篇》引作「振肹」，今本《玉篇》引作「振眸」。四本不同，此從今本《玉篇》。玉案：注文「眸」乃「肹」字之誤。段氏玉裁斷從古本《玉篇》作「振肹」最允，詳見《說文段氏注》。此與釋人無涉，當刪。

面旁謂之頰，頰車謂之酺，頰後謂之頣。權謂之頯，亦謂之肫。𦣝謂之頤，亦謂之頜。

「頜」字誤，當作「頷」。《說文》：「頷，顄也。」

所以言食謂之口，口謂之喙，亦謂之嘴。口耑謂之唇，唇兩邊謂之吻。

《說文》：「吻，口邊也。」不云「唇兩邊」。玉案：孫氏此篇全本《說文》，不應此處獨否，當改正。

口上阿謂之谷，在口所以言別味謂之舌，舌謂之函。主聽謂之耳，耳曼謂之聑，耳門謂之頣。頭莖謂之頸，頸謂之亢，頭後謂之項，項謂之領，亦謂之脰，項枕謂之煩。喉謂之咽，亦謂之嚨，亦謂之嗌。肩甲謂之髆，肩前謂之髃，臂下謂之亦，亦謂之掖，亦下謂之⿰月谷，亦謂之胳。

「⿰月谷」字誤，當作「胠」。《說文》：「胠，亦下也。」

臂上謂之厷，手上謂之臂，臂節謂之肘。拳謂之手，手中謂之掌，手擘謂之擘，手足指謂之指。

《說文》：「指，手指也。」不云「手足指」。

將指謂之拇，覆手謂之爪，反爪謂之爪。膺謂之肖，兩膀謂之脅，厚謂之腹，臍謂之𦙶，脛本謂之股。

《說文》：「股，髀也。」不訓「脛本」。玉案：此篇不本許書者凡二處，此及上「脣兩邊謂之吻」句是。

股謂之胯，股外謂之髀。

《說文》「髀，股也」。不作「股外」。玉案：此當是據李善《文選・七命》注引改。又唐釋慧琳《一切經音義》一引亦作「髀，股外也」。

髀謂之尻，尻謂之脽，脽謂之尻，尻謂之肩，髀上謂之髖，兩髀之間謂之奎，孔謂之胅，女陰謂之也。也，讀古如匜。《釋名》：陰，蔭也。言所在蔭翳也。然則人陰名也，亦與蔭同義也。翳聲相近。脛謂之脚，亦謂之骹，亦謂之骭。其曲謂之跰，脛耑謂之胻，脛頭謂之厀。

《説文》：「厀，脛頭卩也。」此當作「脛頭卩謂之厀」，脱「卩」字於義難通。

厀耑謂之髕，足謂之止，亦謂之蹏，亦謂之疋。踵謂之跟，足踝謂之踝，足下謂之跖。其臧火謂之心，木謂之肝，土謂之脾，金謂之胇，水謂之腎。五臧總名謂之胵。心上鬲下謂之肓，連肝之府謂之肝，穀府謂之胃，旁光謂之脬，大小腸謂之腸，腓腸謂之腨，脛腨謂之腓。身謂之躳，身中謂之要，軀總十二屬謂之體，體四胑謂之胑。皃謂之頌，頌儀謂之皃，顏氣謂之色，肉謂之肌，頰肉謂之⿰月幾，夾膂肉謂之胂，背肉謂之脢，脅肉謂之脟，腹下肥謂之腴，脛肉謂之腁。

《説文》無「腁」字，此「腁」乃「跰」之譌，《説文》「跰，脛肉也」。

足大指毛肉謂之胲，肉之覈謂之骨，骨耑謂之骼，首骨謂之項，顱口斷骨謂之齒，牡謂之牙。

《説文》：「牙，牡齒也。」此當云「牡齒謂之牙」，脱「齒」字，當增。又「牡齒」不可通，《九經字樣》作「壯齒」，段氏從之，良是。然段未有徵。玉案：古人寫爿旁多作牛，如「將」字作「⿰牛寽」之類，碑版多有之，以是知「牡」即「壯」之別體。「牡齒」即「壯齒」也。

齒本謂之齗，膂骨謂之呂，背呂謂之⿱𢆶一，胷骨謂之肊，脅謂之肋。

《説文》：「肋，脅骨也。」此脱「骨」字，當補。

髀骨謂之髁，臀骨謂之⿰骨厥，脛骨謂之骹，厀脛間骨謂之髕。骨中脂謂之髓，肉之力謂之筋，本謂之笏。

《説文》：「笏，筋之本也。」此當云「筋本謂之笏」，脱「筋」字，當增。

血理謂之衇，動衇謂之寸口。

《説文》寸，注：「人手却一寸動衇謂之寸口。」玉案：去手一寸衇曰寸口，在關尺二部之前。此當云「人手却一寸動衇謂之寸口。」節去上五字，似舉體之衇皆謂之寸口矣。此不通醫理之故。

液謂之汗，鼻液謂之洟，口液謂之涶，慕欲口液謂之次，乳汁謂之湩，氣液謂之盡。「盡」即「精」字，《易》曰「男女覯精」。

《説文》「盡，氣液也。」與男女覯精義别。《醫經》謂盡爲涶液，《素問·調經論》：「人有精氣、津盡、津，古今字。液，四支、九竅。」精氣、津液並舉。則精、盡二義顯然，原注混合爲一，誤甚。

小便謂之尿，婦人汙謂之姅，糞謂之菌，似米非米謂之矢。皮謂之膚，䯰髮之屬謂之毛，首上謂之䰐，亦謂之巛，其根謂之髮，髮謂之髦，頰髮謂之鬢，亦謂之頾。目毛謂之眉，目旁毛謂之眏，頰毛謂之而，面毛謂之須，頰須謂之䰅，口上須謂之髭，節卻謂之卻。

今本《説文》：「卻，節欲也。」誤。此據《玉篇》引改。

其象甲，人頭。乙承甲，人頸。丙承乙，人肩。丁承丙，人心。戊承丁，人脅。己承戊，人腹。庚承己，人臍。辛承庚，人股。壬承辛，人脛。癸承壬，人足。

毛鄭詩校議序

《毛鄭詩》世鮮善本。玉所習乃木瀆周氏本，蓋據唐《正義》本而校以宋以後諸本者。於《正義》以前本，無所考校，段氏玉裁所訂《詁訓傳》，據古籍所引，詳爲讎正，其書善矣。而於鄭氏《箋》闕然。玉不揣檮昧，取《史記》、《漢書》、《文選》、《初學記》注及倭刻原本《玉篇》、唐釋慧琳《一切經音義》諸書所徵引，以校今本，於今本之脱誤，多有是正。考《傳》《箋》之例，隨文加釋，不以已見於彼，便略於此。如《板》詩「及爾同僚」、「及爾遊衍」，《箋》兩見「及，與也」。《抑》詩「無不柔嘉」、「輯柔爾顔」，《箋》兩見「柔，安也」。一篇之中，不憚繁複，又皆先釋字義，後釋句義。今本於字義訓釋之複見數出者多删削。沖遠作《疏》不能詳考諸本，沿誤至今，賴有《文選》、《衆經音義》諸書所引，足以正之。

又有字句顯然訛誤，而《正義》强爲説解者，《豳》詩「鑿冰沖沖」，《傳》：沖沖，鑿冰之音。據《初學記》引。《正義》本誤作「鑿冰之意」，且爲之説曰「沖沖，非皃，非聲，故曰意」。沖遠之忽於校勘如此。若斯之類，玉謹據古籍爲之匡正，惜唐以前古書之引《毛鄭詩》者無多，不能廣爲比校爲可憾。然今本之誤，亦有不待據古籍而可知者。《無羊》「爾羊來思」，《傳》：「聚其角而息，濈濈然。呞而動其耳，溼溼然。」其文不可通。當是「聚而息，其角濈濈然。呞而動，其耳溼溼然」。於文方順。《文王》

序「文王受命作周也」注：「受命，受天命而王制立周邦。」其文當是「受命，受天命而王作周制，立周邦」。今注殆脱「作周」二字，此均不待據古籍而審爲誤者也。

玉校此書，始於庚寅春，徂秋乃畢。計得二百許則，多前人所未及議者。玉嘗謂士生今日，幸值文籍大備之時，嘗欲鳩合儕輩，將正經、正史分曹勘校，於稽古豈曰無益，惜徒蓄此懷，同志蓋寡。茲序此書而附著其議，異日者或有博雅君子，其與玉共成此志。

毛詩草木鳥獸蟲魚疏新校正序

兒時學治《詩》，毛鄭外，兼受陸機《毛詩草木鳥獸蟲魚疏》。陸機各本作陸璣，段氏玉裁、阮氏元均考訂作機，今證之古籍，如倭刻唐釋慧琳《一切經音義》、《玉燭寶典》等書所引，並作陸機。與段、阮説正合。機生于三國，去古不遠。兩漢以來先師古説，畧見于此。顧世鮮善本，近習見者明毛晉《陸疏廣要》本、國朝王謨《漢魏叢書》重刻《説郛》本，皆舛繆觸目。山陽丁氏晏以二本不便學者，援據古籍作《陸疏校正》二卷，譌文脱字，均有匡補。而淮别仍復錯出，如「宛彼鳴鳩」條脱録多至十餘字。「言采其葍」條《齊民要術》引「一名蔓，根正白」，其文「一名蔓」絶句，「根正白」絶句。丁氏云《要術》引「一名蔓根」，誤以「根」字屬上讀。疏舛至此，他可知矣。

玉爰以暑暇，不揣荒劣，鳩諸經疏洎諸類書，凡所徵引爲比量異同，刊補譌佚。彌月已來，匡訂凡數百十則。其有顯然譌誤而古籍無徵者，謹闕所疑，不敢憑肊擅改，以詒「金根」之譏。此疏舊本凡百三十三題，丁氏據《齊民要術》注引補「投我以木瓜」一題，據《經典釋文》引補「浸彼苞蓍」、「駉駉牡馬」、「野有死麕」三題，玉又據倭刻隋《玉燭寶典》注引補「手如柔荑」、「四月秀葽」二題，據宋嚴粲《詩緝》引補「隰有榆」一題，據《通志・草木鳥獸略》引補「燕燕于飛」一題，舊本又誤析「山有栲」爲「山有栲」、「蔽芾其樗」二題，合「爰有樹檀」、「隰有六駮」爲一題。今均爲改正，統得百四十一題。於是陸《疏》稍稍可讀矣。書成顔之曰「新校正」，用宋林億校《素問》例，且以別於丁本也。

皇甫謐高士傳輯本序目

南宋李石《續博物志》：「皇甫謐傳高士七十二人」，今本《高士傳》三卷九十六人，乃後人雜采諸書依附爲之，真僞錯出，核以古籍所引多不合。上虞羅振玉讀而病之，爰以光緒丁亥之秋，取《史記正義》、《後漢書注》、《文選注》、《初學記》、《藝文類聚》、《太平御覽》、《三國志注》諸書所引，録爲一卷。得傳七十有三，較李石所云多一人。《隋書・經籍志》稱皇甫謐《高士傳》六卷，似人數當不祇七十二，或李石誤也。士安所撰別有《逸士傳》，古書徵引二書多相混。《御覽・逸民類》引《高士傳》有《巢父》，《文選》蔡邕《郭有道碑》、曹植《七啓》注引並作《逸士傳》。《三國魏志・管寧傳》注、《文選》謝元暉《郡内登望詩》注引《高士傳》有《管寧》，《御覽・閑争類》引作《逸士傳》。《御覽・逸民類》引

《高士傳》有《荀靖》，《御覽·美丈夫類》及《三國志·（苟）〔荀〕彧傳》注引並作《逸士傳》。徵引互歧。按：高士、逸士既分二科，人物事實亦必有異，不應兩傳相同。殆引者誤混耳。士安此書多采古籍爲之，不盡士安自撰，有可證古書脱誤者。《王倪傳》「疾雷破山，暴風振海」蓋本之《莊子·齊物論》篇，今《莊子》作「疾雷破山，風振海」，據此知二句本對舉，「風」上舊有「暴」字，今本脱之。可據此《傳》校補者也。

玉輯此書采自《御覽》爲多，惜《御覽》無善本，譌舛觸目，其有他書可證者改之，無他書可證者，雖確審其誤，仍舊弗改也。繕輯既完，歲聿云暮。爰炙硯爲之叙，並次先後爲目如左：

王倪　　嚙缺　　巢父　　許由
善卷　　壤父　　蒲衣　　披裘公
江上丈人　　弦高　　老子　　老萊子
荷蕢　　石門守　　陸通　　曾參
顔回　　原憲　　壺丘子林　　列禦寇
段干木　　東郭順子　　公儀潛　　王斗
黔婁先生　　亥唐　　陳仲　　漁父
安期先生　　河上丈人　　樂臣公　　蓋公

東郭先生　四皓　黃石公　魯二徵士
田何　王生　摯峻　韓福
成公　安丘望之　宋勝之　張仲蔚
嚴遵　彭城老父　韓順　鄭樸
李弘　王霸　嚴光　牛牢
東海隱者　高恢　韓康　丘訢
任棠　摯恂　孫期　孔嵩
徐穉　夏馥　郭泰　申屠蟠
袁閎　姜肱　管寧　鄭玄
任安　姜岐　荀靖　胡昭
焦先

干禄字書箋證序

小學盛於漢，晦於六朝，漸明於唐。漢唐間諸字書，《説文解字》外，晉有吕忱《字林》、梁有顧野王《玉篇》，其書詳矣備矣。然多存後世俗作，意在補《説文》所未備，其實所收之字多無義意，大抵皆增其所不必增，於六書殊無裨益。惟唐人《干禄字書》、《五經文字》實能祖述許書，折衷至當。《五經文字》猶偶有疏舛，《干禄字書》則有純無駁，其足以是正古籍之處極多。如喪字，《説文》作[illegible]，注从哭从亾。曩疑今篆上从[illegible]，與哭篆不合。據此書則作䘮，與許書注正合，此可正今本《説文》之誤者。《漢書・賈山傳》「篩土築阿房之宫」，師古注：「篩，以簁爲之。」是以篩、簁爲二字。據此知篩即簁之俗體。《後漢書・劉玄傳》「郡人逄安」注：「逄字从夅。」考漢人石刻，如逢盛、孔宙、景君諸碑，凡書人姓之「逄」字，皆作「逢」，从夆，不从夅。據此知「逄」乃「逢」之别體。案：《説文》有「簁」無「篩」，有「逢」無「逄」，則「篩」、「逄」乃俗書，其説洵然。此可正兩《漢書》注之誤者。《廣韻》以「襛」、「穠」爲二字，《類篇》以「稷」、「禝」爲二字，據此知「穠」、「禝」亦「襛」、「稷」之俗體。釋玄應《一切經音義》卷二十二「墉」字注：又作「牗」、「[阝庸]」二形。據此知「牗」乃「牖」字，非「墉」之别體。此可正《廣韻》、《類篇》、《一切經音義》之誤者。其有資刊正如此。昔人云：「隋唐古籍，一字千金。」其此書之謂矣。其中有如沖种、羈羇、貽詒、俳徘、屯屯、怗帖乃一字而以爲二，筒筩、馮馮、虫蟲、兇凶、凘澌、兹玆、蚩蚩、堤隄、惌宛、燋焦、衙庌、萍蓱、啇商、凍湅、厝措乃二字而合爲一。似屬舛誤，然此書爲程試而作，以上諸字，乃從俗記録，非考證之疏也。

玉遹來究心小學，竊以此書當與《蒼》、《雅》並重。爰爲之考校，於今本之誤者正之。間有發明，附注於下。既成，顔之曰《干禄字書箋證》而弁語於簡首。

碑别字序

伯兄佩南先生采輯碑版别搆諸字之不載字書者，倣吴氏玉搢《别雅》之例，爲《碑别字》五卷。既成，以示玉。玉受而讀之，竊以爲小學之支流、校勘之秘笈也。自嬴秦並天下始同文字，暨漢之東京書學漸壞，民間書多俗造，至有以私錢竊改蘭臺漆書者。許祭酒懼而作《説文解字》，於是小學復明。然經典數經傳寫，别搆之字多有因仍未改者，特先儒别字，後人弗識，而鄙陋之士，又曲造音訓，不知妄作。小學之不講，無怪經注之多支離也。故治經貴熟精六書，尤貴審辨别字。

玉嘗以編中所載諸字校正古籍，多有捷悟。如《説文解字》「牙，牡齒也」。段氏玉裁注「牡」字譌。今據《五經文字》改「壯齒」。玉案：古人書「爿」多作「牛」，如「將」字作「⿰牛将」之類。六朝石刻多有之。許書原作「壯齒」，段説甚韙。然「牡」爲「壯」之别字，非譌字也。逄，《廣韻》「姓也」。《後漢書·劉玄傳》「郡人逄安」，注：「逄字从夅。」《字鑑》：「逄，皮江切。姓也。」从辵从夅，與逢遇字不同。《孟子》「逄蒙學射於羿」，當从此。玉案：《説文》無「逄」，僅有逢迎之「逢」，漢碑如《逢盛碑陰》有逢信，《孔宙碑陰》有逢祈，《景君碑陰》有逢訢，字皆从夆，不从夅。與《後漢書》注及《字鑑》説歧。曩恒惑之，嗣讀《匡謬正俗》云：「逢姓者，蓋出於逢蒙之後，讀當如其本字，更無别音。今之爲此姓者，自稱乃與龐音同。」又《干禄字書》云：「逢、逄，上俗下正。諸同聲者准此，惟降字从夅。」於是始悟人姓之逄，古與逢迎無別，亦無龐音。後儒別搆其畫，又別搆其讀，其實謬耳。《老子》「終日號而嗌不嗄」。《説文》無「嗄」，《釋文》：「嗄，一邁反。氣逆也。又于介反。」又云：「當作噫。」傅奕校定《老子》古本作「歔」，注：「于油切，氣逆也。」《説文》又無「歔」字，惟《玉篇》「嚘」注：「于求切。《老子》曰『終日號而不嚘』，嚘，氣逆也。」乃知「嗄」爲「嚘」之别字，古人寫从「憂」字多省作「夏」。《漢李翊碑》及《周公禮殿記》、《樊敏碑》書「擾」字皆作「⿰扌夏」可證。又《莊子釋文》「嗄，一作嚘」。尤可見《老子》之「嗄」字本作「嚘」。《莊子釋文》乃陸氏原文，《老子釋文》云「一邁反」者，乃宋重修時寡學者所妄增也。此編之有裨如此。

玉軨材下質，所見一斑半豹耳。世之聰雅神悟者，其獲益更當奚如乎？伯兄以玉畧通《蒼》、《雅》諸家之書，命之作序。不揣陋劣，聊弁數言以質世之讀是書者。

重訂紀元編序例

歷代改元紀號，自唐封演始有專書。由是以降，代有纂輯。迄今無慮數十家。以梁氏玉繩《元號畧》爲最精，李氏兆洛《紀元編》爲最便。梁書顧少傳播，李書雖便，而出門弟子之手，譌誤錯出。如元徐真一即徐壽輝號「天定」，明福建妖僧亦號「天定」，二人各自爲號，而誤以爲一人，云明福建妖僧徐真一。國朝湖北匪黎樹僞號「萬利」，王大叔僞號「大慶」，二人亦各自爲號。亦誤以爲一人，云黎樹號「萬利」，或云號「萬利王」，僞號「大慶」。宋程道養、趙廣同反，僞號「泰始」。既已載之，又別出趙廣「泰始」。《宋書》孝武帝擬改元「神爵」，《南史》作「神雀」。爵、雀一字，茲既載「神爵」，又別出「神雀」。燕慕容儁初立，三年未改元。而謂爲改元「燕元」，蓋因慕容垂號「燕元」而致誤。卷上載元裔可用號「萬乘」，考元裔無名，可用者，蓋因杜可用號「萬乘」而誤。安南莫登庸于嘉靖十九年降明，其時莫方瀛已死。而云嘉靖十九年莫方瀛降明。黎維禑于本朝乾隆二十年受封，而下卷稱明黎維禑。編韻載日本平秀吉文禄號，而總載無之。凡是之類，不勝指摘。玉以光緒庚寅夏，取諸史洎諸紀元專書，詳加讎校，訂正百數十處。其體例亦畧爲變易。惟卷第則仍李氏之舊，而別爲《考異》一卷附焉。繕寫之功，至冬乃畢。既成，爲之序以記歲月。序所未及，凡例詳焉。

一是書專記元號，無號以前不録。原書中卷有紀元以前甲子表，可以從省，茲爲删去。

一道經雜記誹諧文所載諸年號，皆係假託寓言。與元號實無干涉，原本有之，茲悉删汰。

一以甲子紀年，如李暠之類，亦非紀號，茲亦不録。

一原書甲子表正統、割據、盜竊皆備列無遺。紙幅既溢，旁行斜上，審視頗苦。茲僅列正統，割據、盜賊、外國即於正統表内推求即得。

一原書凡三字、四字、六字號，別録卷尾。茲改列每韻之末，以便觀審。

一日本元號原書三十七代孝德以下，皆本梁氏玉繩《元號畧》所引日本《大成年代廣記》。二十七代繼體，至三十五代舒明，據《類聚考》。玉按：日本人撰《和漢洋年契》，敘日本事極詳。云孝德始建年號，繼體以下，並未記號。《類聚考》所記善化、正和等號，皆不足信。茲悉删去。《廣記》所載日本諸號，亦有小誤。茲悉據《和漢洋年契》改正。

金石萃編校字記叙

王述庵先生《金石萃編》成于耄年，迫于鋟木，讎校之功頗疏。魯魚亥豕，觸目皆是，讀者恒病苦之。據包氏世臣《沈文起先生欽韓行狀》，知沈氏已有駁正之作，然大江南北，徧詢無傳本。蓋已成書未板行也。壬午仲春，玉廣購諸碑，爲之勘校。凡譌文誤字，悉爲舉正。碑字漫漶可辨而《萃編》失録者，亦爲補書。五閱月甫校七百餘碑，旋赴試虎林，遂爾輟業。鍵稿篋中，忽忽三歲。今春曝書得舊稿，鼠蝕太半，舊蓄諸碑，亦多淪失，無從輯補。而世故日紛，恐無復箸書之樂。亟録其未毁者，成書一卷。世之讀司寇書者，或有取焉。

讀碑小箋叙

夙嗜金石之學，每循覽碑版，遇一名一義有裨考證者，輒隨筆疏記。歲月既積，弋獲頗多，今夏逭暑餘閑，删薙舊稿，繕存百則。雖瞽説膚聞，見嗤都雅，而考文訂誤，或資壤流。其有紕繆，來哲匡旃。

存拙齋札疏序

弱齡嗜讀，稟質闇鈍。困學既久，間有小獲，必疏之札以備忘失。顧草稿漫漶，如蚓如繩，久幾不自别。曩既寫其考訂金石諸條爲《讀碑小箋》，其餘可録者尚如干則，心血所萃，不忍捐擲。復以暑隙理而存之，並綴語簡首，以識歲時。

俗説序

丁亥孟夏，譔輯方言里語之載古籍而梁氏同書《直語補證》、錢氏大昕《恒言録》、翟氏灝《通俗編》所未載者爲《俗説》一卷。《俗説》，梁沈休文所著書，僭其名也。齋居無事，爲此遣寂，續貂之誚，予無辭焉。

眼學偶得叙

幼值窮厄，長攖世故，外侮凌迫，百憂煎心。年才志學，已不克專慮讀書。然意之所欣，境弗能徙。偶獲小隙，輒手一卷，宵深體憊，弗忍輟也。今夏虐熱蒸人，世故畧簡，從儕輩借書，日竟數十卷。有所得，則忻然削牘志之。與古人處，遂亦忘我貧矣。新秋漸涼，宜近筆硯，取舊稿隨意寫成一卷，不復次第後先，取北齊顔黄門「必須眼學，勿信耳受」之語，顔曰《眼學偶得》。一知半解，姑自記其所知，不足出示外人也。

寰宇訪碑録校議序

孫季逑、邢雨民兩先生《寰宇訪碑録》采取詳備，爲金石目録諸書之冠。然紕繆觸目，讀者病之。方春晴和，索居無俚。輟旬日之力，爲之校讐，匡正凡三百餘處。尚苦搜討未廣，遺脱孔多。嗣有所得，當續書之。

淮陰金石僅存録序

酈道元注《水經》，魏收作《地形志》，均附列諸碑，爲地志列金石所自昉。爰暨國朝山經地乘，多蒐訪古金石刻以資考訂，惟淮陰獨闕。夫淮陰江北巨郡，自古爲重鎮，吉金樂石，所在多有。宋趙氏《金石録》、王象之《輿地紀勝》，載漢魏迄有宋石刻不下二十餘通。爰逮今茲，什不存一。然則淮陰古刻之亡佚者夥矣。

玉夙有斯癖，旅淮有年，蒐尋良苦。乃由童年以迄逾冠，巾笥所儲，肇唐暨元，才十數種，多前人所未著録者。惟《娑羅樹碑》青浦王氏曾編入《金石萃編》。幢款鐘文，前人已有纂述。然考覈或有未精，甄録每苦多舛。雒誦之餘，自忘譾劣，編第所藏，成書一卷，顔之曰《僅存録》。蓋深惜已佚者不可復睹，尤冀僅存者永保其存也。繕輯既完，摛管叙顛末以諗淮人士之修志乘者倘有取焉。

賃碑圖記

光緒癸未，玉年十有七。始學治經，爲考訂之學，以其餘力，究心金石文字。家貧，無藏碑，乃與碑賈謀賃碑讀之。一碑錢二十，由癸未至乙酉，遂得見石刻八百餘通。當辛癸之間，家道否塞，逋負累積。家君餬口四方，留玉及伯兄佩南先生守屋舍。率朝温經，日釐家事，暮治金石文字。伯兄與玉共塾讀，伯兄居東頭屋，玉居西頭屋。每陽曜西匿，燈火熒然，比舍遥映。漏下數刻，猶伸紙急讀。煤染於手，十指盡墨，短檠欲燼，摩娑倦眼，則面目亦黝然而黑。兩人相顧絶倒，以爲此樂非他人所能喻。而平日之愁慮抑鬱，不覺其若失也。

伯兄每得一碑，輒疏其别字。玉則必撿孫氏星衍《寰宇訪碑録》、王氏昶《金石萃編》比校異同，二書有誤，據碑正之。其有關考訂者，則録之别紙。久之，伯兄遂成《碑别字》五卷。玉成《寰宇訪碑録校義》、《金石萃編校字記》、《讀碑小箋》各一卷。賃值則不及二萬錢。夫金石之學，非博見不可。

力不能得，則惟有嚮壁長喟而已。不獲已而計出此，亦寠人讀書之一策也。今伯兄殁五年矣，家事愈棘，求往者之樂絶不可得。因遣友人爲是圖，追寫往事以記我鶺原之痛，且以志寒士爲學之非易也。辛卯中秋。

書歸去來辭後

陶淵明《歸去來辭》「策扶老以流憩」，《困學紀聞》云：「扶老謂扶老藤也。見《後漢書·蔡順傳》注。」段氏玉裁《説文》「梠」字注云：「古人木杖曰靈壽，竹杖曰扶老。」玉案：二説皆未允。考《水經注》引《風俗通》云：「《周禮·羅氏》獻鳩養老，漢無羅氏，故作鳩杖以扶老。」是扶老乃杖之總名，固不分爲藤、爲木、爲竹。子謦弟以二字爲問，書以示之。

南雍本陳書跋

庚寅冬，玉校《陳書》。初用毛本，已從路山夫丈伾借得南雍本以校汲古本，異同甚多。如《高祖紀·加九錫策》「衣製杖戈」，毛本作「秉羽杖戈」。《張種傳》「遷建康令大舟卿」，毛本作「大府卿」。均以南雍本爲當。「衣製杖戈」，用《春秋定公九年·左傳》郭書「晳幘而衣貍製」故事。大舟卿即都水使者。《隋書·百官志》「梁天監七年，改都水使者爲大舟卿」。陳仍梁制，校者不知妄改，賴此正之。又毛本「廢帝光大二年，紀淳于量爲侍中」，上脱「中撫大將軍、新除征南大將軍」十二字，亦賴此補之。南北雍本諸史，不爲世重，然所益已如此。噫！耳受之學，固不可盡信哉。

釋慧琳一切經音義跋

《一切經音義》百卷，唐元和中釋慧琳撰。附《續音義》十卷，遼釋希麟撰。日本元文二年刻。考《宋高僧傳》周會稽郡大善寺行琀慨郭迻《音義》疏畧，慧琳《音義》不傳，遂述《大藏經音疏》五百許卷。則此書五季時已不存。其書有關考證處至夥。卷六引《説文》「賈祕書説，日月爲易」。今本「易」字注作「祕書説」，段氏玉裁注「祕書」即「緯書」。據此知今本奪「賈」字。《漢書·賈逵傳》「逵兩校祕書」，賈祕書殆即賈逵。許君常從逵學，故《説文》引逵説，或稱賈祕書，或稱賈侍中而不名。段注以爲緯書，誤也。《説文》又無「笑」字，桂氏馥《説文義證》據《五經文字》引補，此書卷十五引《古今正字》云：笑，喜也。《説文》闕。《文字釋要》云：从竹，夭聲。據此知《説文》本無从竹从夭之笑。《五經文字》往往誤以《字林》爲《説文》，桂氏據之，誤矣。此均有功於古籍者。至卷一載「前」字从止从舟，蔡邕加刂。刂，水也。音古外反，俗从刀，誤。尤爲治《蒼》、《雅》家未聞之説。其所引字書如《桂苑珠叢》、《文字釋要》、《文字典説》、《文字音義》、《古今正字》、《字鏡》、《字苑》、《音譜韻英》、《韻圃字指》、《字統考聲》、《聲類》等又中土久佚之秘籍，一一具載於此，尤可寶也。

玉遹來爲校勘之學，得此如獲奇珍，昔孫伯淵先生得玄應書，已詫爲秘册。今慧琳書又數倍於玄應，玉之快更當奚如？伯淵先生九原可作，當以此誇示之。

南華真經注疏跋

唐成玄英《南華真經注疏》，遵義黎氏重刻東洋本。玄英疏多悠渺迂誕之談，而經本則極古，與《釋文》所采諸本多合。亦有《釋文》所未載者，其足正今本之誤者尤夥。如《人間世》篇「見櫟社樹，其大蔽數千牛」，今本無「數千」字。「熟則剥，剥則辱」，今本無下「剥」字。「則支離攘臂而遊於其間」，今本無「而遊」字。《養生》篇「養形必先之以物」，今本無「以」字。「物與物何以相違」，今本無「與物」字。《山木》篇「周將處夫材與不材之間，夫材與不材之間似之而非也」，今本無「夫材與不材之間」句。《讓王》篇「此之謂重傷，重傷之人無壽類矣」，今本次句無「重傷」二字。此今本之奪字也。《秋水》篇「謂之義徒」，今本「義」下有「之」字，當以注疏本爲當。「謂之義徒」與「謂之篡夫」偶句，「義」下著「之」字，與上句便不相應。此今本之衍字也。《大宗師》篇「中心不戚」，今本「戚」作「蹙」。《至樂》篇「視子所言」，今本「視」作「諸」，此今本之誤字也。此均確然當據注疏本正今本者。古本之有益如此，可快也。至郭象注亦久無善本，若據此勘校，當更有所得。著之以俟異日。

重刻宋本干禄字書跋

顔氏《干禄字書》無善本，仍以蜀石本爲第一。馬氏重刻宋寶祐本，則不如遠甚。凡石本之誤，寶祐本皆有之。宋本殆即據蜀本上板者。至石本不誤，而宋本誤者甚多。如平聲「羣」、「殷」、「鳶」等字注，上聲「徙」、「俛」字注，入聲「貊」字注，脱字頗夥。又此書之例，凡四字、六字、八字皆注「並上俗下正」，宋本多脱「並」字，石本則否。此均紕繆之顯然者，宋本不盡可貴。即是書可見矣。

史略跋

宋高似孫《史略》六卷，黄氏士禮居所藏宋本，光緒癸未虞山鮑氏重刻。此外尚有遵義黎氏《古佚叢書》本與此同，前賢多未見。前有寶慶元年十月似孫自序。似孫所譔尚有《子略》、《緯略》，與此書體例畧同。蓋采諸史《藝文志》及諸家目録爲之，而多可校史書之誤。如《隋書·經籍志》載「《梁書》四十九卷，梁中書郎謝吴譔」，《新唐書·藝文志》及劉知幾《史通》《史官》、《正史》二篇皆作「謝昊」，此書作「謝炅」。《新唐書·姚思廉傳》采「謝炅」，顧野王等諸家言「爲《梁》、《陳》二史」，亦作「謝炅」，與似孫此書正合，似以作「炅」爲正。作「昊」作「吴」皆由「炅」而譌也。

光緒庚寅，玉方校《隋書》，有以此書來售者，披讀半夕，所得已如此。異日以校它史，所得當不祗此。黎本後有楊君惺吾守敬跋，擿此書之誤甚詳，然其善處不可没也。爲濡管記之如此。

宋僧思悦編陶淵明集跋

《陶靖節集》罕善本。欽定《四庫全書提要》及孫氏星衍《廉石居藏書記》均載北齊陽子烈所編十卷本。玉苦購不能得。壬午冬，獲桐城徐氏重刻宋巾箱本，亦分爲十卷。卷首莫徵君友芝署云「陽子烈編」。蓋即《四庫》及孫氏本也。集後首列陽子烈序，次宋丞相私記，次曾紘説，次思悦書後。詳審思悦跋云：「愚嘗采拾衆本，以事讎校，重條理編次爲一十卷。」是此本爲思悦編，非子烈舊本。《廉石居藏書記》等書因卷數與子烈本合遂誤認耳。據曾季貍《詩話》云：思悦虎丘寺僧。治平中編陶詩。今此本思悦跋正署治平三年五月，亦一證也。

具茨集跋

宋晁沖之叔用《具茨集》一卷，明仿宋本。每葉有「晁氏寶文堂」五字，集中凡「敦」字皆缺筆，卷末有「慶元己未校官黄汝嘉刻」款。《四庫》書集部載晁氏著作有《景迂生集》、《雞肋集》，此獨未著録。阮相國元《四庫未收書目》有《具茨集注》十五卷，與此本篇什不異，而編次迥殊。兩本字句亦間有不合，亦有此本闕字而注本不闕者。注本每詩下夾注「原本一作厶厶」，核之此本皆合，知此爲原編，注本爲後人改定，決無可疑。阮氏未見寶文堂本，乃謂注本爲原編，誤矣。

此書繕槧極精，傳本頗罕。惟昭文張氏金吾《藏書志》載之，餘目録書皆未見。己丑夏以贈邱君于蕃，辛卯上元復借觀，因志其後。

龔校本干禄字書跋

《干禄字書》龔闇齋先生麗正校余秋室先生集手寫本，繕刻極精，惟校勘頗有未當。闇齋先生跋云：「此書謂可否字與否泰不同，六書絶無此說。仚企云：上高舉皃，許延反。下企：望，丘賜反。而不知仚本無高舉之義。隸體或寫止作山，淺人讀許延反，而《廣韻》仚下輕舉一義踵其誤也。」秋室先生跋云「卷中丘隴字作北，按：丘字古作北，傳寫家脱去末筆一畫，乃訛作北」云云。玉案：諸說殊誤。碑本「否」字注云：可否字與否泰字同。龔本誤于「同」上增「不」字，此校者之誤，原書不誤也。《說文》：仚，人在山上皃。由人在山上誼引申爲高舉，此云無高舉義。又云即企字，不知仚固《說文》正字也。至丘字石本作「业」，不作「北」。秋室先生所見石本偶泐耳。

玉嘗謂書經屢校，詒誤必多。雖有所得，終不償失，以司鉛槧者不盡通人也。此本出闇齋先生手，闇齋爲段懋堂先生高弟子，學有本原，尚有此繆，矧乎其他。書此以爲率爾操觚者戒。龔跋現刻入《經韻樓集》，當是刻書時誤闌入者。

金石文字辨異跋

邢雨民先生澍《金石文字辨異》五卷，外間少傳本。此據路山夫丈伾藏本迻繕者。雨民先生治金石有名當時，而此書則譌誤不少。如《干禄字書》「庯」乃「庸」之俗體，而誤認爲「膚」。東魏《李仲琁修孔廟碑》，有「営」字，即「當」之俗，誤認爲「甞」。「劉」，《干禄字書》俗「劉」字，誤認爲「斲」。「缶」，《干禄字書》俗「缶」字，誤認爲「出」。「隽」《干禄字書》俗「售」字，誤認爲「集」。「苤」，《説文》與「蒸」同，乃正體，誤以爲別字。北魏孝文帝《弔比干文》有「鶵」字，虞韻。注云是「雛字，蒸韻」。又以爲「鵬」字。若是之類，不遑枚舉。

先伯兄佩南先生振鋆纂撰《碑別字》五卷。其書視此數倍，考核亦較精。昔賢謂考訂之學，辟如積薪，後來者居上。蓋其勢然矣。暇日當節縮衣食之資爲之刊布，亦研究六書者之一助也。

日本刻和漢洋年契跋

日本人著《和漢洋年契》一册，紀中土、日本、西洋甲子年號及政治之大者。旁行如表，分爲三列。上紀日本，次中土，次西洋諸國。其國大政，采録畧備，多可正諸史《日本列傳》之誤。然亦有不可曉者。應神天皇十六年，載百濟王仁來獻《論語》、《千字文》，其時當晉太康六年，先梁周興嗣作

《千文》，時且百餘年。周興嗣以前未聞別有《千文》，殆其紀述偶誤耳。其紀中國人皇氏後、伏犧氏前，有狟神氏治三百歲，黄神氏治三百四十歲，次民氏治三百四歲，辰放氏治三百五十歲，離光氏治二百六十歲，柏皇氏六帝。核之宋羅泌《路史》，惟狟神、黄神、辰放、柏皇四氏與此同。次民氏《路史》無治如干歲，此乃有之。《路史》於辰放氏後注云「次離光氏」，而無離光紀，此亦詳其治如干歲，均不知何本。彼國或有古記載可考，不可知矣。

庚寅夏，玉校李申耆先生兆洛《紀元編》，苦日本年號不得其詳，忽得是書，爲之狂喜，亟泚管爲跋，以志吾快。

嶧山碑跋

此碑《關中金石記》以字體與《説文》多不合，有徐鉉臨寫時以意增改之疑。玉既於《讀碑小箋》識之矣，又考日本刻唐釋慧琳《一切經音義》卷六云：動，李斯書《嶧山碑》從童，作動。卷十三云：亂，李斯書《嶧山碑》從寸，作亂。今碑字正與慧琳説同，可見唐人所見《嶧山碑》正如此，尤可一雪徐氏之謗也。《瑯琊臺石刻》「亂」字亦作「亂」。

西狹頌跋

《説文》金：「从土。左右注象金在土中形，今聲。古文作[illegible]。」段氏玉裁注：[illegible]，「象形而不諧聲」。案：[illegible]乃傳繕之誤。當據《嶧山碑》改作[illegible]。漢李翕《西狹頌》「今」字作「[illegible]」，與《嶧山碑》金字所從正合，知「[illegible]」即「今」字。「[illegible]」當是「今」之或體，而《説文》「今」下無之，當是今本脱去。古文亦從今聲，段氏云古文「象形而不諧聲」，疏矣。漢人分隸多譌變，然亦有可考見六書本原者，此類是也。

郭有道碑跋

右碑《金石萃編》云已佚，不知何時復出。此本乃山陽成丈絜山俊生贈邱君于蕃崧生，于蕃以餉玉者。碑爲中郎無愧之辭，書亦當出其手。茂密妍麗，極與《華山廟碑》相近。然西京渾穆之氣畧盡矣。徐季海謂《華山廟碑》出中郎手，理或然與？碑陰有畫象，尤極古妙，金石家多未見。玉得有之，尤可快也。

魏劉懿墓誌跋

右《劉懿墓誌》，金石家少著録，殆近數十年出土者。懿《北齊書》有傳，作劉貴。據《誌》則名懿，字貴珍。史失書其名，字貴珍，史又奪「珍」字，賴此正之。《高季式傳》亦作劉貴珍，與《誌》正合。《傳》敘懿厤官事實皆與《誌》不殊，惟建明初貴以征南將軍、金紫光禄兼左僕射、西道行臺，《誌》作右僕射、西南道行臺，亦當以《誌》爲正。懿四子元孫、洪徽、徽彦、彦祖，《傳》僅書元孫、洪徽，而畧徽彦、彦祖，疏已。貴《傳》：洪徽武平末假儀同三司、奏門下事。不載他事實。考洪徽曾爲河州刺史，西魏太師賀拓勝以十三騎逐神武，洪徽射中其二。見《神武紀》下。乾明元年，與段韶、高歸彦佐孝昭殺楊愔。見《孝昭紀》。遂於是年五月由開府儀同三司進職右僕射。見《廢帝紀》。此均洪徽事之當紀者，《傳》顧不及，何也？

辛卯六月，方校《北齊書》，以是《碑》與《傳》互勘，喜得數事，爰記之如此。

敬史君碑跋

《敬史君碑》「建七層之寶刹」。鈕先生樹玉《説文新附考》謂古無「塔」字，據《碑》知「寶刹」即「寶塔」，其説極精確。《南史·虞愿傳》「帝以故宅起湘宫寺，費極奢侈。以孝武莊嚴刹七層，帝欲起十層。不可立，分爲兩刹，各五層」云云。此尤「寶刹」即「寶塔」之明證。著之以爲鈕説左驗。

魏高貞碑跋

《高懿侯碑》「清暈發於載卡，秀悟□乎齠齒」。「卡」即「弄」字，見《龍龕手鑑》。「載卡」取《詩》「載弄之璋」義，「清暈發於載卡」，猶言清暈發於始生。錢竹汀先生《日記》云：「卡」或是「年」字之誤，誤矣。

魏鞠彦雲墓誌跋

《魏鞠彦雲墓誌》，金石家僉未著録，殆近日出土者。《誌》述彦雲官至魏郡太守、中堅將軍，以正光四年正月十六日亡。文末又書「正光四年十一月二日」，則立石日也。誌蓋書「黄縣都鄉石羊里鞠彦雲墓誌」，碑額詳著籍里，亦金石例之殊者。額不及爵位者，蓋誌已詳之，故弗更及。文取互見，是乃古法。今人少知者矣。文内別字：「國」作「國」、「恩」作「恩」、「齊」作「齊」、「淵」作「渊」。

魏源磨耶墓誌跋

《魏定武八年三月司州魏郡瀌漳縣源試凭曾孫磨耶墓誌》，路丈伾藏本。磨耶六歲卒於北豫州，殯於城南。碑文拙澀難通，書尤鄙陋。多別字：「懼」作「懼」、「題」作「題」、「載」作「載」、「戌」作

「成」、「孫」作「孫」、「臨漳」作「瀶漳」，殆出工匠之手。然傳拓頗罕，亦可珍也。辛卯上元，在歐舫借觀，因題其末。

魏樊可憘造象記跋

大代正光三年，青州樊可憘《造阿彌陁象記》，金石家未著録。可憘名見張猛龍《清頌碑》。文有曰：「寶樹扶疏，即蔭經行之坔。」地字已作「坔」。玉㠯考武曌制字多沿六朝俗作，不盡武氏所剏，此碑亦其證也。

北齊隴東王感孝頌跋

右碑叙孝子郭巨事甚詳。頌云：「前漢逸士，河内貞人，分財雙季，獨養一親。客舍兇弭，埋兒福臻。」考之《太平御覽·孝感類》引劉向《孝子圖》云：「郭巨，河内温人。甚富。父没，分財二千萬餘兩分與兩弟，己獨取母供養寄住。隣有凶宅無人居者，共推與之，居無禍患。妻産男，慮舉之則妨供養，乃令妻抱兒，欲掘地埋之。於土中得金一釜，上有鐵券云『賜孝子郭巨』。」與《碑》説合。《碑》即本劉向説。《金石萃編》云「客舍兇弭，是其適遇兇事於客舍，當時撰碑必有故籍流傳，年久佚之」云云。蓋未讀《御覽》。其釋「客舍凶弭」，尤屬肊説，爲舉正之。

隋甯贙碑跋

《隋甯贙碑》，文字並樸澀。贙祖逵，父猛力，兄長真。世嫿爲欽州刺史，猛力見《隋書·何稠傳》，長真見《劉方傳》，稠《傳》「開皇末，猛力卒，遣長真入侍」。不云開皇之么年，碑叙長真事有「開皇十四年，帝以公衣冠子胤遠來入朝」語，則猛力之死，在開皇十四年也。長真從劉方討林邑，亦見《林邑傳》，碑云「維兄及弟，陳兵林邑」，則贙亦在行間，不僅長真也。贙除從征林邑外，他無可述。文乃累千餘言，讀之令人生厭。別字尤多。其書甯武子名作渝，不知係別字抑別有本。異日當一考核之。文末「終傳令名」，「令」字下衍「傳」字，旁著三點，以表其誤。今人作字有譌，輒墨注其旁，據此知隋人已然。

隋建龍華浮圖碑跋

右《龍華碑》，宋歐陽棐《集古録目》曾列其目，近來諸家皆未著録。碑叙建塔事，下截失拓數寸，人名適當其處，不復可見。碑字堅勁而能疏宕，爲歐、褚之先導。別字極多，如「蕉」、「研」、「逺」等字，皆不易識。以肊度之，「蕉」當即「樵」字，《干禄字書》載「樵」之俗體作「蕉」，此作「蕉」，又小變其體。「研」即「斛」字，《北周書·韋孝寬傳》載孝寬爲謡歌以搆齊斛律光曰：「百升飛上天，明月照長安。」百升，「斛」也。可爲「研」即「斛」之左證。惟「逺」字竟不可識，著之俟考。

唐有道先生葉國重碑跋

右碑在處州宣平，赭寇亂後，治署得之老桂下。盩厔路丈伭宰建德時得墨本數紙，聞碑客述如此。考是碑宋歐陽文忠《集古録》、王象之《輿地紀勝》已列其目，王氏昶采入《金石萃編》者乃僞託本。以此本較之，譌字脱字，不一而足。玉纂著《萃編校字記》已全載之，茲録其尤甚者於此：如「生德夫子」，「德」，《萃編》本誤作「得」。「埋照浚谷」，「浚」《萃編》本誤作「後」。「少典錫美，高辛纂緒」，《萃編》本誤作「少典錫羨，高𢀖纂緒」。「探道慕德」，「德」《萃編》本誤作「類」。「使者蓄無言之疑」，《萃編》本誤作「使者蓄而之疑」。「塹放閑列」，《萃編》本誤作「塹歎聞列」。「運磨知天」，《萃編》本「磨」誤作「麻」。「一門累組」，「組」《萃編》本譌作「祖」。「孝忠事立」，「忠」《萃編》本誤作「終」。此皆僞迹之可考者。又李公書款稱「江夏李邕」，《萃編》本作「栝州刺史」。碑立于開元五年，據《傳》，其時邕爲括州司馬，非刺史。其僞託尤章章可曉也。《輿地紀勝》云「碑在松陽」，今碑在宣平，令人疑不能釋。然二邑接壤，或今宣平即宋松陽界與？《輿地紀勝》又載碑爲黄冠所毁，今碑石儼存，尤不可解。碑題稱葉國重，墓誌、碑題直著人名氏，此例他刻少見。額畫《艮》卦，其義亦不能明，或是道家之術，不可肊測矣。

此碑歷來金石家皆未見。路丈以一紙見餉，亟著語于後以志快。

薛河東書七啓墨本跋

右曹子建《七啓》唐延載元年薛稷書，近文登于氏就真迹上石者。稷書傳世頗少，此如遊絲裊空，精麗無匹，真希世珍也。文末署款薛字書作「薩」。錢竹汀先生《北齊書・斛律金傳考異》據《衆經音義》謂「薩」即「薛」字。觀此則由「薛」譌「薩」之迹了然可曉。古迹之有裨考證如此，豈第筆墨工妙已哉。

唐張貓造象記跋

唐開元二年十月，女弟子《張貓造象記》在海州南城厶寺。嘉慶《海州直隸州志》及金石家皆未著録。清河王燕生丈鳦館其地，始得拓本。碑字清勁，猶是六朝矩矱，洵初唐妙斲。文有曰「上爲天皇天后，法界倉生，咸同斯福」。稱帝爲天皇、后曰天后，尚沿高宗武曌之舊。其時距僞周未遠，後是諸刻則無此稱矣。聞海陬佳刻尚夥，安得徧覩而盡讀之？辛卯春，從王丈假觀因書其後。

唐薛君夫人柳氏塋誌銘跋

右碑金石家皆未著録。文字鄙質。夫人十四歸薛氏，開元六年卒，年七十六。碑不言薛何名，僅據碑題知爲滎州長史而已。夫人遺命從釋氏制，鑿龕龍門，没後其女遵遺令。唐人風化之陋至是，而文顧曰「禮也」，此何禮與？碑題稱《河東郡君柳塋誌銘》，亦他碑所無。「塋」訓高平，見《玉篇》、《廣韻》。不訓丘墓。作文者之疏陋，於此益可見已。

唐姚懿碑跋

碑内「庸」字書作「庸」，中直畫不連。虞書《孔子廟堂碑》、褚書《聖教序》、顔書《干禄字書》皆然。與《説文》「从庚、用聲」之義正合。今人書「庸」連其直畫，於是形聲之義晦矣。唐代攻書者多通小學，若虞、褚、顔、徐所書碑，皆鮮别字。此碑正出徐嶠之手，故能點畫不苟如此。

李光弼碑跋

《李光弼碑》：「置伏突于靴中。」《金石萃編》云：「伏突」不知何物。玉案：日本刻唐釋慧琳《一切經（卷八十二「西域記第三」）音義》云：袖刃者，匕手劍、伏突也。縛鞘於臂下，密抽而刺之，故曰袖刃。據此知「伏突」即匕首。然近人少知其名矣。

李少温黄帝祠宇額字跋

《説文》黟注：「丹陽有黟縣。」段氏玉裁注本改作「丹楊」。玉案：段改是也。古丹陽字皆作「楊」。《漢書·地理志》作「丹揚」，「揚」即「楊」之譌。其見之金石刻者如《瘞鶴銘》「丹楊外仙尉」，《韋景昭碑》「丹楊延陵人也」。此碑「丹楊葛蒙勒石」，字並作「楊」，此其明驗。王氏筠《説文釋例》云：段改「丹陽」作「丹楊」不知何據，疏矣。

唐張鋭墓誌跋

右《誌》錢庭篠撰，鋭父怡書。鋭官江陵倉曹，職位卑小，無行誼可述。惟陷賊不屈一事，差可書耳。父爲子書碑，惟唐高宗《孝敬皇帝叡德記》及是碑，他不多見。又今人行狀，率親舊題諱，卑者之於尊長，不敢書名，于理固然。此碑出父手，乃有姊夫李西華題諱款。其理令人不能明也。著之以志疑。

唐李繼墓誌文跋

《李繼誌文》，弟紳撰。文字簡質，才紀里貫、生卒、窆葬而已。繼取博陵崔氏，以信巫故不護靈旒，紳深以爲痛。碑末行云「博陵不義不順，不奔不護，明神有知，終不得祔」云云。想見巫氏之害，邪説易于陷人不義如此。此風至今未已，良可慨也。

李濤妻汪氏墓誌跋

《五代楊吴趙郡公李濤妻汪氏墓誌》，金石家皆未著録。李濤見《五代史記·吴世家·徐温傳》：「十年遣招討使李濤攻越。」又《九國志》載濤事實頗詳，稱濤趙郡人，唐末隨楊行密起義，光熙十年授行營招討使，攻越敗，陷越。順義元年，與吴越通好，杭人厚禮歸之。授雄武統軍加泗州防禦使，遷寧遠軍節度使。大和四年卒，年七十二。《碑》叙夫人順義四年卒，其時濤已由越反國。碑文殆即濤作，故碑題稱趙郡開國公李濤故妻。夫爲妻誌墓而碑題直稱厶妻厶氏，亦碑誌例之僅見者。濤署銜核之《九國志》，多不合。可補《九國志》之畧。大父古亦稱皇父，亦稱王父。皇、王並訓大，大父、皇父、王父，厥義維均。碑則稱皇王父，殊不可通。濤武人，固不當以文事責之也。

碑迺揚州李氏所藏，李氏之先得之揚州運河中。石下半已摩滅，外間絶無傳本。光緒辛卯，借拓此紙並綴辭于後。

面城精舍雜文乙編

面城精舍雜文乙編序目

光緒辛卯，既寫定平日記述之文爲《面城精舍雜文甲編》，乙未陬月，復繕寫辛卯以後之作爲《乙編》，文四十五首。目如左：

「其虚其邪」解……五三
釋卣……五四
孔子弟子題名碑考……五五
小學鈎沈續編叙……六五
梁陳北齊後周隋五史校議叙……六六
唐書世系表考證叙……六六
唐書藝文志校議叙……六七
三國志證聞校勘記叙……六八
元和姓纂校勘記叙……六八

淮陰金石僅存録附編叙……六九
補寰宇訪碑録刊誤叙……七〇
再續寰宇訪碑録叙……七〇
宋本陶靖節集跋……七一
龍龕手鑑跋……七二
廣清涼傳跋……七五
毛詩草木鳥獸蟲魚疏新校正跋……七五
石鼓文跋……七六
衡方碑跋……七六
校官碑跋……七六
上尊號表跋……七七
黄庭經跋……七七
西鄉侯殘碑跋……七八
蕭憺碑跋……七八
司馬元興墓誌跋……七九

三級浮圖碑跋……七九
李僧保造象跋……八一
嵩陽寺碑跋……八一
王偃墓誌跋……八一
邸珍碑跋……八二
朱曇思造塔記跋……八二
法懃禪師塔誌跋……八三
雋敬碑跋……八四
元英墓誌跋……八四
晉祠銘跋……八四
伊闕佛龕碑跋……八五
邕禪師塔銘跋……八六
北海壇祭器碑陰跋……八六
張朏墓誌跋……八七
高應墓誌跋……八七

縉雲縣城隍廟記跋……八七
劉漢潤妻楊氏墓誌跋……八八
劉氏夫人墓誌跋……八八
福建神樹刻字跋……八九
北宋石經殘石跋……八九
伯兄佩南先生傳略……九〇

面城精舍雜文乙編

「其虚其邪」解

《詩》：「其虚其邪。」《傳》：「虚，虚也。」《釋文》：「一本作虚，徐也。」玉案：《釋文》本是。考《箋》「邪」讀爲「徐」，古人凡音同及音近之字多假借，虚、邪、徐聲並相近，「其虚其邪」即「其邪其邪」，亦即「其徐其徐」。焦氏循釋「其徐其徐」謂猶《易》之「來徐徐」，義極精確。見《毛詩補疏》。而未釋「虚」即「邪」之故。

古書之例，往往有一句之中一字再見，而一用本字，一用借字者。即以《詩》證之，如「日居月諸」，《傳》言「日乎月乎」。「諸」本訓「乎」，而「居」則無「乎」訓。《傳》言「月乎」可也，而又言「日乎」，似「居」亦有「乎」訓，而古籍無證據。考《唐衆粤墓誌》其銘文有「日諸月諸」語，蓋方士語「居」、「諸」同音。今作「日居月諸」者，一用本字一用假字也。「日諸月諸」作「日居月諸」，與「其邪其邪」作「其虚其邪」其例正相似。此義尠知者，表而著之，以質來學。

釋卣

《爾雅·釋器》：「彝、卣、罍，器也。」《説文》無「卣」字。玉案：其字當作「𠧪」，或借用「𠧪」、「攸」、「脩」。考「𠧪」即《説文》「𠧪」字，象草木實下垂𠧪𠧪然。中从「土」，象果實。𡉉文傳繕譌作「仌」。古人从「土」、从「仌」之字多相亂。如「𠕎」字本从「仌」，後人作「角」从「土」，此類甚多。古从「土」之字，或又譌作「冂」。如「因」字，《東魏比丘僧惠造象記》作「囯」，《唐少林寺碑》及《唐玉真公主受道記》又作「囙」，是其證。於是「𠧪」字遂有「𠧪」、「卣」二形，其實並「𠧪」之譌變也。《説文》乃部之「𠧪」、𠧪部之「㮚」，考之古金石刻，並从「𠧪」，不作「𠧪」。石鼓文中「𠧪」、「𣡌」字可證。它金文亦然，从無作「𠧪」者，此「𠧪」即「𠧪」譌字之確據。「𠧪」字本義爲草木實垂貌，借爲尊𠧪字。《吴彝》「𩰫鬯一𠧪」，此尊彝字當作「𠧪」之確據，《伯晨鼎》、《录伯𢦏敦》、《毛公鼎》又作「一𠧪」。《詩·大雅·江漢》「秬鬯一卣」，《釋文》：「卣本作攸。」《周禮·鬯人》「廟用脩」注「脩，讀爲卣」，《釋文》：「脩，中罇。」此「𠧪」字或借用「𠧪」、「攸」、「脩」之確據。「𠧪」、《説文》𠧪讀音調，此調字當如《詩》「惄如調飢」之調，讀如周，不當讀徒遼切。「𠧪」、「攸」、「脩」音近，例得假借也，段茂堂、王菉友兩先生均已謂「卣」即《説文》「𠧪」字，其説甚確，而引證未詳，爰推闡二家未申之義，作《釋卣》。

孔子弟子題名碑考

碑無年代及書人姓名，以字畫考之，當是唐以前人刻。本其書諸賢姓字，與今《史記》、《家語》多不合。如曾子字作子與、顔幸作顔辛，與宋本《家語》合。云申棖字子續，與鄭司農説合。公西箴、奚容箴之「箴」字，从「咸」、不从「咸」，與王伯申先生説同。並可正流俗之失。其人數多寡與《史記》、《家語》亦不合，與唐代贈爵人數尤爲不同，亦碑刻於唐以前之明證也。碑稱子産爲孔子弟子，又載孔子弟子有鄭虎從，當是名「虎」字「從」。無它籍可證，不知何所典據。至以樊遲、樊須爲二人，秦商、秦南爲一人，則顯然譌誤。其餘異同尚多。光緒癸巳，有於越之游，歸舟無事，略加考證如左。碑陰刻出錢人名，亦不著年代。此碑據《關中金石記》云「刻宋開寶八年白水倉頡廟碑陰」，今考此碑自有碑陰，則畢尚書云在「倉頡廟碑陰」者，其説誤也。

孔門弟子四科十哲通

顔回字淵。

閔損字子騫。

冉耕字百牛。

《史記》、《家語》並作「字伯牛」。「百」「伯」通假字。

德行□

冉雍字仲弓。

宰予字子我。

端木賜字子貢。

冉求字子有。

仲由字季路。

言偃字子游。

卜商字子夏。

通□□得成名者

顓孫師字子張。

曾參字子與。

《家語》、《史記》並作「字子輿」。孫氏志祖《家語疏證》云：「宋本作子與，與此碑同。」

曾點字子哲。

「哲」字誤。《史記》、《家語》作「晳」是。

樊須字子達。

《家語》、《史記》並作須「字子遲」，與此不同。且《碑》既有樊須字子達，又有樊遲字子緩，殆一人誤作二人。王伯申先生《春秋名字解詁》云：「須、頾古字通。」《爾雅》：「頾，待也。」《歸妹·九四》：「遲歸有時。」陸績注：「遲，待也。」此須字子遲之確證，《碑》誤顯然。

澹臺滅明子羽。

原憲字子思。

顏子僕字之叔。

燕仍字子思。

「仍」《史記》、《家語》作「伋」。單行本《索隱》作「級」，它本並作「伋」。據《碑》則作「伋」是也。此闕末筆，殆書碑人避家諱也。

縣成字子旗。

《史記》作「子祺」，《家語》作「字子橫」，《隸續》作「字子期」。

孟孫字子嗣。

《史記》、《家語》、《文翁石室圖》、《唐六典》、《舊唐書·禮儀志》、《通典》、《通考》、《宋高宗七十二弟子象贊》、《大中祥符曲阜孔廟碑》均無孟孫名。考《春秋昭公七年·左傳》言孟懿子、南宮敬叔師事仲尼，《論語》載懿子問孝，《孔叢子》又載懿子問《書》「欽四鄰」之義，則懿子親炙孔門信而有徵。乃《史記》、《家語》均削其名，厤代贈爵、孔廟位祀均不之及何耶？朱竹垞先生《孔子弟子考》謂懿子不可不附弟子之列。不知懿子之名，固已見此《碑》也。劉氏寶楠《論語正義》謂「夫子仕魯，墮三都。懿子梗命，致聖人之政化不行。是實魯之賊臣。《弟子傳》不列其名，當爲此也」。此亦肊度之詞。聖門弟子如冉有之黨季氏，宰我之欲短喪，陳亢之毁孔子，並未聞削弟子之籍也。

顏噲字子聲。

顏何字冉。

申棖字子續。

申棖、申棠、申堂、申儻、申黨、申續或以爲一人，或以爲二人，或以爲三人，或以爲四人。聚訟紛紜，不一其説。此《碑》載申棖字子續，申黨字周定，爲二人。殆得其當。唐開元封申黨召陵伯、申棖魯伯，與《碑》正合。且《經典釋文》謂「申棖，鄭康成云：蓋孔子弟子申續」，尤此《碑》申棖字子續之確據。

邽巽字子欽。

《史記索隱》作「邦巽」，《文翁石室圖》作「國選」，《宋高宗七十二弟子象贊》亦作「邽巽」。玉案：「邽」即「邦」別字。見魏《崔敬邕墓誌》及隋《甯贙碑》。《文翁圖》作「國」，避漢諱改。又「字子欽」，

《史記》及《高宗撰象贊》均作「子斂」，《家語》作「子飲」。

蘧瑗字伯玉。

《通考》辨伯玉非孔子弟子，然此《碑》及《宋高宗撰象贊》皆有之。

伯虔字子哲。

《家語》作「字子晳」，《史記》、《宋高宗撰象贊》皆作「字子折」，《曲阜碑》作「子哲」，與此同。

冉季字子產。

冉儒字子魯。

《史記》、《家語》作「冉孺」，《曲阜碑》作「儒」，與此同。又「字子魯」，《家語》作「子魚」，《史記》云「一作子曾」，《隸續》、《宋高宗撰象贊》並作「子魯」，與此同。

公西與子上。

《史記》作「公西輿如」，《唐六典》、《通典》、《唐書·禮樂志》作「公西與如」。臧氏西成謂宋本《家語》亦作「與如」。今本《家語》作「公西與」，與《碑》同。辨《史記》作「輿如」爲誤，今此《碑》亦作「與」，不作「輿」，可爲臧氏增一左證。臧説載王氏《春秋名字解詁》。

梁鱣字子魚。

《宋高宗撰象贊》作「字叔魚」，《曲阜碑》作「字子魚」，與《碑》同。

公晳哀季次。

高柴字子羔。

公孫僑子產。

子產爲孔子弟子不見它書。此不知何本。

顔無繇子路。

《宋高宗撰象贊》作「字路」,《曲阜碑》亦作「字子路」。

孔忠字子篾。

公冶長子之。

《家語》作「公冶萇」,《釋文》引《家語》作「字子張」,《釋文》引范甯曰「名芝,字子長」。《宋高宗撰象贊》作「名長,字子長」。《曲阜碑》作「長,字子之」,與此《碑》同。

有若字子有。

款仲會子期。

諸書皆作「叔仲會」,此作「款」,殆「叔」之別字。

公伯寮子周。

《史記》作「公伯繚」,《宋高宗撰象贊》作「公伯僚」,《曲阜碑》作「寮」,與此《碑》同。

款乘字子季。

《家語》作「步叔乘」，《史記》、《廣韻》作「少叔乘」，此又作「款乘」。未知孰是。「字子季」，《史記》、《家語》等皆作「字子車」，與此不合。

公西赤子華。

南宮括子容。

高瞿字子木。

漆彫開子脩。

《史記》及《宋高宗撰象贊》作「字子開」，《家語》、《曲阜碑》作「字子若」，並與此不合。

司馬犂子牛。

《家語》作「司馬黎耕」，「黎」、「犂」古通用字。《史記》、《宋高宗撰象贊》作「司馬耕」。

樊遲字子緩。

說見前。

公祖句茲之。

《史記》、《家語》並作「字子之」。

林放字子立。

《宋高宗撰象贊》作「字子邱」，《曲阜碑》亦作「字子丘」，並與此異。

琴牢字子開。

王氏念孫《讀書雜志》辨琴牢即琴張，非有二人。此《碑》既有「琴牢字子開」，又有「琴張字子開」，與《唐封典》合。

鄭虎從。

諸書皆不載孔子弟子有鄭虎從，此不知何本。

炉黑晳。

《史記》、《家語》作「狄黑」。《曲阜碑》「字子晳」，《家語》「字晳之」，《宋高宗撰象贊》作「字晳」。「炉」即「爐」别字，見唐賀知章《書龍瑞宫界至記》。徧檢姓氏書，未見炉姓。《碑》殆誤書。

施常思。

《史記》作「施之常，字子恒」。《家語》作「施之常，字子常」，與《碑》不合。

左人郢。

申黨周。

説見前。

井句疆。

商澤。

巫馬施子期。

《史記》及《宋高宗撰象贊》作「字子旗」。《家語》、《曲阜碑》作「字子期」，與《碑》同。

密不齊子賤。

秦寮開。

《史記》、《禮殿圖》、《曲阜碑》作「秦冉，字子開」。《宋高宗撰象贊》作「秦冉，字開」。此作「秦寮」，不知何本。

壤駟赤。

漆彫哆。

石作蜀。

《家語》作「右作蜀」，誤。《史記》作「石作蜀」，與此同。《廣韻》：「石作複姓。」

漆彫期。

《宋高宗撰象贊》：「漆彫徒父子子期。」殆即「漆彫期」。

公戶孺。

良字《碑》書作「户」，闕末二畫。

顔高。

陳亢字子禽。

公西箴子上。

《家語》作「公西減，字子尚」。《史記》作「公西葴，字子上」。

奚容箴子晳。

《春秋名字解詁》「曾箴，今本《史記》作曾葴，誤。《説文》、《玉篇》、《廣韻》俱無葴字，惟《集韻》有此字，音多忝切。蓋據誤本《史記》也。古人名黷字晳，黷與箴同，字則當作箴」。玉案：此《碑》公西箴、奚容箴，字正作「箴」，不作「葴」。可爲王氏説之左證。

顔辛子炉。

《史記》、《家語》、《宋高宗撰象贊》並作「顔幸，字子柳」。孫氏志祖《家語疏證》云：「宋本《家語》作辛。」《春秋名字解詁》云：「錢氏廣伯云『幸乃辛之譌』，引之案：明金蟠本《家語》正作顔辛。」洪氏《隸續》：「魯峻《石壁殘畫象·顔子柳》云：考《孔子家語》、《史記·七十子傳》顔子柳名辛。」則所見《弟子傳》辛字尚不誤。今此《碑》正作辛，足正今本《家語》、《史記》之譌。

公孫龍石。

《家語》、《史記》並作「字子石」。

琴張子開。

説見前。

小學鈎沈續編敘

儒者之道，備乎六經。明經之要，存乎文字。舍窮經而言明道，舍識字而言窮經，此必無之理也。《周禮・保氏》教國子先以六書，漢制諷籀書九千字乃得爲史。古者舞勺之僮，刀筆之吏，皆閑習雅詁，精通六書，不必其在儒者也。逮乎李唐，斯風漸替，然猶以《説文》、《字林》考判，故《唐書・藝文志》載小學諸書，《倉》《雅》以下，裒然具存。五季之亂，遺書日就淪失。降及有宋，儒者譚心性，學士競辭華，六書不絶如綫，賴開國之初，天生二徐以扶微學。然《説文》僅存，而《倉》《雅》諸書絶矣。我朝任子田先生始倣王伯厚輯鄭氏《易》、三家《詩》之例，刺取往籍所引古字書，排比成帙，爲《小學鈎沈》。其裒殘守闕之功，不讓二徐之於許祭酒。顧其撮拾不能無遺漏，嘗恨無爾雅之士爲之補輯。

光緒壬辰夏，山陽顧竹侯文學以所著書見示，啓帙讀之，蓋即《小學鈎沈續編》。曩之殷然屬望者，一旦酬之意外，爲之驚喜欲狂。顧君幼奉其尊人持白先生庭訓，夙究心許鄭之學。茲之所輯，未足覘其學之全。然其有功於前哲，沾溉於來學者已不淺矣。

玉居恒謂士生今日，文教昌熾，以云著作，良不易易。率爾操觚，鮮不貽雷同之誚。何如校讐古籍之效捷而用宏乎？竊持此論，頗歷年載，深恐其隘而無當也。今觀顧君之書，喜與鄙見不謀而符，茲爲序其書，並著厥議，敬質顧君，以爲何如？

梁、陳、北齊、後周、隋五史校議序

幼治故訓，長耽金石，皆有資於班馬以下諸史。故乙部書亦頗瀏覽，然不遑專力也。光緒辛卯，始擬治全史。先從事於《梁》、《陳》、《北齊》、《後周》、《隋》五史，日盡數十紙，彌年而畢。於事迹之舛誤者、文字之譌脱者，隨筆校改，得千數百則。又汰其與《殿本考證》、王氏懋竑《讀書記疑》、錢氏大昕《廿二史考異》、王氏鳴盛《十七史商榷》、趙氏翼《廿二史劄記》、杭氏世駿《諸史然疑》、張氏熷《讀史舉正》、洪氏頤煊《諸史考異》、章氏宗源《隋書經籍志考證》闇合者凡數百則。而諸家未及者尚數百則，録之別紙，爲《五史校議》五卷，明年歲朔，繕寫訖，識緣起於卷端。

唐書世系表考證序

《新唐書·宗室宰相世系表》錯迕疊見，昭穆失次，上下乖方，接目皆是。據《宋史·呂夏卿傳》

稱《表》作於夏卿，非出於歐陽文忠也。洪景盧《容齋隨筆》、鄧名世《古今姓氏書辨證》二書頗詆諆其謌誤。至國朝王氏鳴盛《十七史商榷》、錢氏大昕《廿二史考異》亦多所糾正。沈徵君炳震又爲《新唐書宰相世系表訂謌》十二卷，勒爲專書。錢竹汀先生序其書謂：唐人文集、碑板，可資考證者甚多，沈氏未能津逮，且舉其誤考者數事，蓋其書亦未能完備也。

玉以壬辰春从事姓氏譜系之學，既爲《元和姓纂》作《校勘記》，並補校是《表》。以唐以前諸史列傳，並諸家别集、碑版文字，詳稽互證，久之成書二卷，以補諸家之闕。倘有好古者將洪、鄧、王、錢、沈氏諸家之書，凡刊正是《表》者，一一甄録毋遺，仍貫以諸家姓氏，勒爲一書，則鄙書亦未始無壤流之助也。歲事已闌，炳燭作序，並誌厥議以告來學。

唐書藝文志校議序

劉歆《七略》爲目録學之鼻祖，班固因之爲《漢書·藝文志》。厥後梁阮孝緒爲《七録》以紹劉《略》，長孫無忌復本之爲《隋書·經籍志》。由是唐宋以來諸史，咸志藝文，从班、長孫例也。顧《隋志》所載諸書，散佚太半，班《志》零落尤甚，幾至百不存一。宋元以後諸史，則又詳於當代著作而略於往籍，故今世爲目録學者羣焉視《隋志》如璆璧。玉謂《隋志》於經術興替、百氏源流，粲然畢具，其爲考古者之祕籍固不待言。而《新唐書·藝文志》實可與《隋志》比方，竊怪今人於馬《考》、鄭《略》、晁《志》、陳氏《解題》猶研習不已，而此《志》顧少究心，殊爲怪事。

玉光緒辛卯，始从事乙部書。壬辰春，爲《新唐書世系表考證》，稍稍流覽及此《志》，偶以《隋志》及各史列傳、舊史經籍志校之，多所違迕。而王西莊、錢竹汀、趙琴士諸先生所曾議及者，不及十一。不揣荒陋，爰以人事餘閑，爲考正其異同乖誤，爲《校議》二卷。顧頻年憂患煎逼，心思劣下，攬素操觚，輒心悸目眩，如中宿酲。舛誤遺漏之處，知必不免。有道之士，董而正之。有厚企焉。

三國志證聞校勘記序

玉曩者欲倣阮文達公《十三經注疏校勘記》之例，蒐輯前人校史諸書，都爲一編，而補苴其所未備，爲《二十四史校勘記》。事大物博，因先購取前人著作，首擬从事前四史。壬辰春，得局本錢衎石先生《三國志證聞》，其書羅列各家之説，頗稱該洽。顧就草稿繕寫上板，瑕纇盈幅。爰畢數夕之力，爲刊正十二三，其未舉正者尚夥，異日倘刊附錢書之後，並得深於乙部者爲之補校，幸甚幸甚。

元和姓纂校勘記序

姓氏之學，六朝爲極盛。《隋書·經籍志》、《唐書·藝文志》譜諜圖狀之屬，著録者凡數十家。宋元而後，斯學遂微，遺書亦日就淪佚，如《世本》、《風俗通義》等書，久無完帙。惟唐林寶《元和姓纂》最後亡。明成祖撰《永樂大典》尚詳引其書，知明初尚存也。陽湖孫季逑先生，剌取《大典》及諸書所引，比緝復爲十卷。於姓氏之學，真有興滅繼絶之功。林氏書徵引綦博，而舛誤不少。孫氏輯録，采自類書亦不免亥豕之譌。蓋林氏之成書也以二十旬。季逑先生之校録也以二旬。亟於成事，致多違舛。

玉以光緒壬辰从事校勘，牽於人事，匝歲始成《校勘記》二卷。又采諸書所徵引而孫本失采者，别爲《佚文》一卷附焉。玉學殖荒落，疏漏之虞，仍復不免，尚冀通人拾遺正誤。昔孫先生校輯此書，其自序曰「猶有漏略，當俟來者」，玉之志猶孫先生志也。

淮陰金石僅存録附編序

光緒甲申，玉爲《淮陰金石僅存録》。用王氏《金石萃編》例，凡元以後諸《碑》皆不録。既思歐陽公編《集古録》，所列諸碑迄於五季。王象之《輿地紀勝》則直至有宋。然則今日金石著録，有明一代胡可廢也？

辛卯夏，取巾笥所藏有明石墨十七通，各爲跋尾，成《附録》一卷，其有資考證者無多，而可補正方志者不少也。此十七通，玉所藏僅此，非淮郡明刻盡於是也。此所未及十尚八九，倘有好事者爲我續之，予日望焉。

補寰宇訪碑録刊誤序

光緒丙戌，玉校孫季仇先生《寰宇訪碑録》既卒業，擬並校吾鄉趙益甫司馬《補寰宇訪碑録》。人事牽率，匆匆未暇。癸巳夏，反自越中，簡棄煩促，盡發篋中藏碑，並从儕輩借漢晉以後石墨，爲先兄佩南先生校定《碑別字》。夏多霖雨，渠竇生魚，不出限切者逾月，因得以餘晷並校是書。凡書撰人名及時地有奪漏舛誤者，一一刊改。得三百許則，成《刊誤》一卷，寫附趙《録》之後。詎謂遂有功於金石之學，亦用償夙志云爾。

再續寰宇訪碑録序

幼治金石學，得孫季仇先生《寰宇訪碑録》，訝其目録多至七千八百餘通。疑宇内貞珉殆畢萃於是矣。已又得吾鄉趙悲庵司馬《補訪碑録》，著録又千八百餘通，益有夥頤之歎，幾如傭耕者之觀陳涉殿屋帷帳也。光緒壬午，校孫氏《訪碑録》，購訪古刻所得，尚有孫趙未著録者，乃恍然天下之寶日出不窮，固非一二人之聞見所得而盡。頗擬裒輯一書，以補苴兩家之闕。塵俗羈縻，屢作屢輟。癸巳歸自越中，得石墨數十種，皆孫趙二《録》所未載者。炎夏鮮事，棖觸舊懷，盡發舊藏，益以同好所得，晨鈔暝寫，成書二卷，列目將二千通。

玉耳目盲昧，益以人事乖迕，困於飢疲。精力茶耗，其於撰著，未遑專詣。譌舛奪誤，諒必不免。昔季仇先生《訪碑録》，廿年始有成書，悲翁撰《補録》，亦十九年乃就。然玉曩校孫先生書，刊正將七百事。校趙氏書，亦將三百事。以兩先生之淹雅，日力之紓且長，疏紊猶復不少。矧玉之闇陋，歲律未更，草稿已具，其違失詎可問耶？大雅宏達，匡我不逮。它山攻錯，跂余望之。

宋本陶靖節集跋

曩得毛氏汲古閣復宋宣和王仲良本《陶靖節集》，見每卷尾皆隔一行書題目，其式與今書籍不合，頗以爲怪。嗣見胡果泉先生復宋本《文選》、汪閬原先生復宋本《隸釋》、孫伯淵先生復宋本《説文解字》、一隅草堂本《白香山集》、朱竹垞先生《暴書亭集》、阮刻《經籍纂詁》、汪庸夫先生《廣陵通典》皆然，《古佚叢書》内《姓解》、《荀子》、《爾雅》、《急就篇》、《御注孝經》、《天台山記》、《碣石調幽蘭》諸書亦如此。始疑古人書籍或有是式。光緒辛卯，於蔣敬臣丈清翊許見日本人著《倭名類聚鈔》，首卷末葉狩谷望之注引圖書寮式云「凡寫書者，發首留二行、卷末留一行空紙，然後題卷，蓋遵李唐舊式《皇國古鈔》諸書，卷子本書式皆照此，至後廢卷爲册，雖卷首不留二行，然卷末尚隔一行書題目」云云。於是曩疑頓釋。李唐舊式幸存於今，可快也。此式知者頗少，著之以爲刻書者式。

龍龕手鑑跋

《龍龕手鑑》四卷，遼僧行均撰。其書爲讀教中經典而作，故多載佛藏中文字。俗作僞體，甄録甚詳。蓋像教盛於六朝，經典之刻，亦六朝爲盛。如直隸之房山、山西之風峪，金石刻畫，彌布山谷，至今尚存。唐宋以後，傳世梵夾，疑多就石刻傳寫，故多存六朝啚別字，《玉篇》、《廣韻》所未收者甚夥。行均撰集成書，有功於文字甚大。然譌誤多有，不勝指摘，爲舉其厓略於此。

弓部：　彄，注「古文，音西」。尸部：　屭，注「古犀字」。考「彄」、「屭」殆即「扃」字之譌，二字當在一部。此則一注「音西」，一注「古犀字」，不知皆「扃」之別體。戈部：（戜）〔或〕，注「徒結反，常也、利也」。大部：　臷，「直力反，大也」。考「臷」即「戴」字，「或」即「戴」字或體，當列一部。此一列戈部，一列大部，不知「或」、「臷」皆「戴」之別字。生部：　𤯌，注「音外」。考「𤯌」字從外生，臆斷其文，當是「甥」字別體。此注「音外」，疑未必然。亻部：　㑣，注「俗其列反，又音列」。考「㑣」即「傑」別字，見《唐兖公頌》。此僅著其音，實未知「㑣」即「傑」之別體。心部：　忌，注「音忌」。考「忌」字《魏呂望表》作「忌」，與此略殊。即「忌」之俗作。此云「音忌」，不知即「忌」俗體。衣部：　衸，注「俗音衫」。考「衸」當即「旅」字。《魏高湛墓誌》「旅」字作「衸」，與「衸」小異。此云「音衫」，疑誤。又𧝑，注「音阻」。考「祖」字古或作「𧝑」，見《漢宗俱碑》。此譌礻爲衤，云「音阻」，不知即「𧝑」之譌字。户部：　戶，「音户」，《玉篇》又莫飽反、又力酉反。雜部：戼，注「音卯」。考「戼」、「戼」並「卯」別字，當列一部。「戼」从兩戶，「戶」即「户」別字，《唐九成宮醴泉銘》「房」字作「房」，是其證。此一注「音户」，一注「音卯」，不知爲「卯」字俗體。是部：𨒪，注「相承歸、燥二音」。考「𨒪」即「歸」別字，見《漢孔廟置百石卒史碑》。此云有「歸、燥二音」，不知即「歸」之俗體。手部：抃、拚、拵，注「三俗盧貢反」。雜部又有「卡」、「仐」、「卡」，注「三古文，盧貢反」。考「抃」、「拚」、「拵」、「卡」、「仐」、「卡」六字並「弄」之別字。《詩》「載弄之璋」日本《七經孟子考文》載足利學本，「載弄」作「載抃」。《魏高貞碑》「清暈發於載卡」，又作「載卡」。此「抃」、「拚」、「拵」、「卡」、「仐」、「卡」六字即「弄」字之證。此以「抃」、「拚」、「拵」三字爲俗書，以「卡」、「仐」、「卡」三字爲古文，分列兩部，不知並是「弄」之俗體。又拒，注「都管反，促也。又俗音豆」。考「拒」即「短」別字，見《漢韓仁銘》，此僅著其音義，不知即「短」之俗體。草部：蘁，注「夫問切」。考「蘁」即「奮」別字，見《齊高叡修佛寺碑》，此僅著其音切，不知爲「奮」之俗體。示部：祴、𥛚，注二「或作之延反，正作栴」。考「祴」、「(䄠)(𥛚)」即「旃」之別字。古从㫃之字，多別作衤。《魏李超墓誌》「族」字作「袟」是其證。此不知「祴」、「𥛚」即「旃」之俗體，又「旃」之正體从㫃从丹、字作「旃」，此云「正作栴」，亦誤甚。又祣，注「音吕，祭山川名也」。考「祣」即「旅」別字，此僅著其音，不知即「旅」之俗體。自部：臬，注「俗得侯反」。又白部：皃，注「正作兜」。考「臬」即「皃」，均「兜」之俗體，當列一部。此僅知「皃」即「兜」之俗，不知「臬」即「皃」字。木部：栁，注「古人音柳，小楊也」。考「栁」

即「柳」字，見《唐鴻慶寺碑》。此云「音柳」，不知即「柳」之俗體。目部：瞾，注「古文音昭」。日部：曌、曌，注「古文音照」。考「瞾」、「曌」、「曌」，並「曌」之别字。曌，武后所制「照」字。「瞾」、「曌」、「曌」當在一部，此一注「音昭」一注「古文音照」，不知即「曌」之别體。白部：皏，注「胡谷反」。雜部：研，注「音斛」。考「皏」即「研」字，「皏」、「研」並「斛」之别字，當在一部。《後周書·韋孝寬傳》「百升飛上天，百升斛也」，是其明證。此一注「胡谷反」一注「音斛」，不知並「斛」之俗字。玉部：玗，注「俗玕字」。考「玗」字當作「玕」，从丫。「丫」即「干」之篆書。此譌「丫」作「亍」字，遂作「玗」，其實誤也。辵部：迌，注「魚厥反」。考「迌」即「匩」字，古从匚字，或从辶。如匠字作近、匝字作迊之類甚多。兹僅著其音，不知即「匩」之别體。雜部：坘、坘，注「直尼反」。考「坘」、「坘」即「坻」。《魏邸珍碑》「邸」字作「鄧」，其偏旁與此同，是其明證。此僅著其音，不知即「坻」之俗體。又啓，注「音唐」。考「啓」即「唐」字。《唐段沙彌造象》作「唐」，與此略同。此云「音唐」，不知即「唐」之俗體。又✜，注「徒末反，凸出貌也」。考「✜」字，亦見《魏劉玉墓誌》，即「亞」之别字。此音「徒末反」，誤也。如是之類，未遑枚舉。緇流疏於考覈，固不足深責爾。癸巳冬仲上澣讀此書，呵凍作跋，書既盡，夜漏三下矣。

錢竹汀先生《十駕齋養新録》云：「注中所引『應法師音』、『郭逡音』、『琳法師説』，予考之僧玄應有《一切經音義》十五卷，其即應法師乎。」玉案：應法師即玄應，錢考甚是。琳法師即慧琳，著《一切經音義》百卷，宋《高僧傳》「周會稽郡大善寺行瑫」，慨郭迻《音義》疏略，慧琳《音義》不傳，遂述《大藏經音疏》五百卷云。郭迻，疑即注中所引之郭逡。逡、迻二字形近致誤，未知孰是，著之俟考。

廣清涼傳跋

《廣清涼傳》三卷，宋沙門延一撰。吴縣蔣氏同《古清涼傳》、《續清涼傳》合刊本。此書傳本甚少，蔣敬臣丈跋稱「此本上下兩卷據歸安陸氏皕宋樓藏本，中卷據泉唐丁氏正修堂抄本。譌字頗多，無从校正」云云。今覈之果然。如佛陀波利入金剛窟一條，頗齟齬難通。此所記佛陀波利事迹，蓋本之《陀羅尼經序》。以唐人《陀羅尼經幢》校之是正數事。《經序》「貧道直來禮謁」，此誤作「貧道宜來」。《序》「弟子即示師文殊所在」，此誤作「第即示師文殊所扗」。《序》「勅賜絹三十匹」，此誤作「三千匹」。《序》「通梵語唐僧順貞」，此作「順正」。此乃避宋仁宗諱改。均當據《碑》改正者。它條誤字尚多，惜不得一一刊正也。癸巳季冬丙夜。

毛詩草木鳥獸蟲魚疏新校正跋

陸機之「機」，宋人《資暇録》謂字當作「璣」，其説甚誤。機，字元恪。《説文》主發謂之機，引申之爲機巧、機械。《莊子·天地篇》所謂「有機械者必有機事，有機事者必有機心」是也。恪，敬也。爲機械變詐之巧者，多不敬。故機巧必持之以敬。機字元恪之義如此。亦猶琴牢字開、鄭公孫黑字子晳、韓愈字退之之例。名字之義，似相反而實相成。若作「璣」，則與字元恪之義不合。《資暇録》之誤顯然也。

石鼓文跋

《説文》麋：从鹿，米聲。此《碑》麋字作麋，从米。案：米，殆即「米」古文。古金文凡从「米」之字，皆作米。如《盂鼎》之[illegible]，《陳侯因資敦》之[illegible]，《曾伯霝簠》之[illegible]，《陳公子甗》之[illegible]皆然。米，象粒形。凡五穀之形，惟米最長狹，它穀形皆圓。故作米以象之，以别于它穀。从一，象在器中有界限之形。今小篆作米，遠不如古文作米形象之確。

衡方碑跋

朱氏文藻校訂《隸釋》存疑云：「此《碑》『建寧元年二月五日癸丑卒』，二月當是三月之譌。據《沛相楊統碑》亦以『三月癸丑卒』，是其證。」玉案：依四分術推，建寧元年二月己酉朔，五日正是癸丑。《碑》本不誤。是年閏三月，朔日戊申。《楊統碑》之三月癸丑，乃閏月六日也。朱先生誤。

校官潘乾碑跋

碑光和四年十月己丑朔廿一日己酉造，《兩漢金石記》云「靈帝光和四年九月庚寅朔，閏十月己丑朔」，此云「十月己丑朔」者，閏十月也。不言閏，亦變例也。玉案：翁氏説誤。翁氏之説，蓋本之《通鑑目録》作「閏十月己丑朔」，考《後漢書·靈帝紀》作「閏九月」，與《通鑑目録》不合。用四分術推之，正作閏九月。又據術推十月朔正是己丑，與《碑》正合。《兩漢金石記》據《通鑑目録》誤矣。

上尊號表跋

《説文》虎部《新附》「虪」，注：「楚人謂虎爲烏虪。」鈕氏樹玉曰：《左宣四年傳》：「楚人謂虎於菟。」《釋文》同。《説文》無「菟」，《玉篇》「兔」或作「菟」。則「虪」古通作「兔」。玉案：於虪之正字當作兔，非虪兔古通用。兔之别體作「莵」、「菟」。此《碑》「虎豹鹿莵，咸素其色」，漢《唐扶頌》「白莵素鳩」字並作「莵」。由「莵」又變作「菟」，《詩·兔罝》《釋文》作「菟」，云「菟」又作「兔」。此均「莵」、「菟」乃「兔」别字之證。《左傳》作「於菟」乃「於兔」之俗作，《新附》作「虪」，蓋本之《方言》，尤俗字之後起者也。鈕氏説未詳析，偶讀此《碑》，爲補著之。

黄庭經跋

《黄庭經》「保守皃堅身受慶」，「皃」即「完」别字，見《干禄字書》。翁覃溪先生跋《趙魏公十札》云：《黄庭》之「保守皃堅」，「皃」即「貌」字，乃文敏書作完備之「完」，如此則誤讀《黄庭》矣云云。今考趙書作「完」甚是，覃溪之駁則未當。翁先生平日不喜考據之學，致有此誤。學者固不可率爾論説也。壬辰五月端二日，讀《復初齋集》，適案有是册，因記其後。

西鄉侯殘碑跋

《詩》「無爲夸毗」，《爾雅》、《毛傳》並訓「夸毗」爲「體柔」。郭璞注謂「屈已卑身以柔順人也」。案：夸訓「奢」，與卑屈柔順之義殊遠。此碑有「君恥侉比，愠於羣小」語，「侉比」即「夸毗」之正字。《説文》：「侉，憊也。」脅肩紆體以相親媚，猶人倦憊，委靡而不能卓立，與《爾雅》、《毛傳》「體柔」之訓正合。今本作「夸毗」，蓋通假字。作《碑》者所見乃古本也。《經典釋文》備載諸本異同，而獨遺此，賴《碑》知之。金石之功偉哉。《説文解字》「侉」字，段君注「侉」，疑即夸毗字，與《碑》闇合。即此可見茂堂先生考據之精確矣。此碑已殘太半，不知爲誰某之碑。以首行有「西鄉侯」字，遂强以名之。文内亦不見年代，以字畫驗之，當在曹馬之世矣。碑近年出土，藏滿洲端午橋工部家。

蕭憺碑跋

此碑文後署「侍中尚書右僕射宣□將軍東海徐勉造」，王述庵先生曰：「碑署徐勉造，當即撰人也。」案：南朝撰文人多書「造」。《集古録目》載：《南齊桐柏山金庭館碑》，署「南清河太守司徒左長史揚州録事沈約造」。《梁許長史舊館壇碑》，署「弟子華陽隱居丹陽陶弘景謹造」。與《憺碑》徐勉署款並同。著之爲述庵先生説之左證。

司馬元興墓誌跋

《詩·大雅》：「女炰烋于中國。」雷氏浚《説文外編》曰：《説文》「炰」作「炮」，無「烋」字。口部：咆，嘷也。哮，豕驚聲也。此「炰烋」之正字。《文選·魏都賦》李善注引《詩》「咆烋于中國」。玉案：雷氏謂「炰」之正字作「咆」，信然。云「烋」之正字作「哮」，則否。考「烋」乃「休」之别字，此《誌》「式述遺烋」書「休」字正作「烋」。與《詩》正同。又《集韻》：「烋，或作咻。」《孟子》「衆楚人咻之」，趙岐注：「咻者，讙也。」《説文》亦無「咻」字，「咻」亦「休」之俗作。《左昭三年傳》「而或燠休之」，《玉篇》咻注引作「噢咻」。《漢鄭季宣碑》亦有「□□噢咻」語，此「咻」即「休」俗字之證。「炰休」即「咆咻」，謂自矜武健，叫嘷讙譁於中國也。其正字當作「咆休」，雷氏云正字作「咆哮」，殆未然也。顧亭林先生云：碑版有益於考史。不知其尤有功於經學、小學如此。

凝禪寺三級浮圖碑跋

此碑别字甚多，前人考覈多疏，爲具考之於後。

「啓肙光㘐於長夜，流齣彩奐於重昏」。沈西雍先生《常山貞石志》云「肙、㘐、齣」三字，字書無。啓肙，當是「啓明」。㘐或「炫」字。齣疑「電」字。玉案：肙即「眉」字，《漢李翊夫人碑》眉字作「肙」，茲作肙，又眉之譌變。《法華經》：「世尊於靈山會上，爲諸大衆説二十八品，放眉間白毫光相照。」《三千大千界碑》蓋用此事，西雍先生釋作「明」，誤。

「樌影哀於群宗，應響悽於類族」。西雍先生云：字書無「樌」字，《碑》中從「木」者多作「礻」，此當是「權」字。玉案：沈説是也。《魏書·釋老志》「諸佛法身尚有二種義，一者真實，二者權應。權應身者謂和光。六道同塵，萬類生滅，隨時修短。應物形由感生，體非實有，權形雖謝，真體不遷」。碑文權應之義如此。

「振綺萬囻」。「囻」即「國」別字，見《龍龕手鑑》沈西雍先生《常山貞石志》録作「囻」，不誤。陸劭聞先生《金石續編》録作「國」，且云「沈作『囻』，疑國之誤」。不知《碑》本作「囻」，不作「國」也。

「釤梯重秀，枯蓮更猗」。沈西雍先生云「釤梯」當即「彫梯」。玉案：《玉篇》「釤，大鎌也」。《抱朴子》「推黄鉞以適釤鎌之持」，碑文之「釤」，似與《玉篇》之訓不同。沈云「即彫梯」，不知有典據否也。

李僧保造象跋

《北史》魏永安二年十月乙酉朔，《魏書・天象志》作己酉朔。案：魏是時用正光術，依術推之，十月正是己酉。此《碑》署「永安二年十一月朔」爲戊寅，則十月之爲己酉益信。《北史》誤也。《碑》稱「夫人訓文在，次夫人□□妙孫」。「次夫人」之稱，於古少見。不知爲再娶？爲妾媵也？

中岳嵩陽寺碑跋

「對衆術之樞歹」。「歹」字《中州金石記》釋作「紐」，《授堂金石記》釋作「牙」。王蘭泉先生云：「《中州記》釋作『紐』，字形不類。《授堂金石跋》釋作『樞牙』，恐亦未確。」玉案：武虛谷先生釋作「牙」是也。《魏張玄墓誌》「爪牙」字作「外」，《魏鄭羲碑》「雅」字作「雅」，均可爲武説左證。

王偃墓誌跋

《誌》云：「如彼瓍㺅，身價遠聞。」「瓍㺅」二字，頗不可識。疑用隨侯之珠事，以珠字从玉，隨侯因亦从王旁作瓍㺅。六朝人好作别字如此。《唐張興墓誌》「昆吾」字作「琨珸」，與瓍㺅正相類也。

邸珍碑跋

此碑《金石録》曾著其目云：武平六年二月。今此碑並陰側計三紙，未見「武平」字。豈拓本尚未備耶？碑額署「大魏定州刺史司空鄐公碑」，「鄐」字不見古字書，以《漢景君碑》「鴟」字作「鵄」、「低」字作「侱」例之知「鄐」即「邸」矣。據《碑》，珍卒於天平元年，則珍爲東魏人。《北齊書》乃列之《酷吏傳》，其實珍卒於文宣受禪以前，雖爲神武僚屬，並未隸事新朝。《碑》題「大魏定州刺史」是也。然《北齊書・神武紀》載《天平元年魏帝賜神武敕》有「王若獸伏人情、杜絶物議，唯有歸河東之兵、罷建興之戍、送相州之粟、追濟州之軍，令蔡儁受代、使邸珍出徐」。則珍之黨於神武，信而有徵。李百藥作《北齊書》爲珍立傳，亦甚當也。《傳》稱「珍字寶安」，《碑》作「安寶」，以《碑》爲得。《傳》稱珍率下殘暴，爲民所害。《碑》作疾薨于王事，亦彼此不合。豈被害非美事，《碑》故曲爲之諱耶？光緒壬辰，碑賈以此本乞售，云近年曲陽新出土者。手爲莊治畢題記。

朱曇思造塔記跋

文内「罽璃住昔」，王蘭泉先生云：「罽璃」當是「罽蟎」。玉案：「罽璃」乃「罽離」之别字，乃浮圖之稱。非「罽蟎」也。《魏書・西域傳》「乾陁國都城東南七里有佛塔，高七十丈，周三百步。即所謂雀離佛圖」。《集古録目》《武平元年龍華寺浮圖碑》稱：「造爵離一區。」歐陽棐曰：「釋氏謂寺爲爵離。」均爵離即浮圖之證。又《齊邑義主百人造靈塔記》「穎越於雀雎」，《唐田義起浮圖頌》「狀雀離之從天，猶多寶之湧地」。他刻亦多有，未能備舉也。

法懃禪師塔誌跋

戴東原先生《毛鄭詩考正》曰：《墓門》二章「歌以訊止」「訊」乃「誶」字轉寫之譌。《毛詩》云：「告也。」《韓詩》云：「諫也。」皆當爲「誶」。誶，音碎。故與萃韻。訊，音信。問也。於詩義及音韻咸扞格矣。錢竹汀先生《十駕齋養新録》亦云：「誶」訓告，「訊」訓問。形聲俱别，無通用之理。六朝人多習草書，以「卒」爲「卆」，遂與「卂」相似。因以致譌。玉案：兩先生説是也。考「卂」字篆作「⿱乛十」，與「卒」形相近。六朝人書「卂」字又多作「卆」，於是與「卒」之别體作「卆」不殊。此碑「迅」字作「⿺辶卆」，乃六朝人書「卂」字作「卆」之左證。誶、訊二文殆因此致譌也。六朝碑版多喦别字，世人大共非訾。抑知其有資考證如此耶？王伯申先生《經義述聞》謂訊、誶古音同，假借。詆戴氏轉寫之譌之説爲非。其言玉不謂然。

雋敬碑跋

碑額書「鄉老舉孝義雋修羅碑」，蓋雋以鄉三老而舉孝義者。陸氏耀遹《金石續編》、吴氏榮光《筠清館碑目》並作《鄉孝舉雋敬碑》，以「舉」字屬上讀，誤矣。碑有「刊石立樓，以旌孝義」語，可見古者有立樓旌孝之制。金石文字亦可考見古典禮如此，可喜也。文後題名有諸滕㒨，取名甚奇。癸巳夏游越，歸舟過杉青閘書此。

元英墓誌跋

此《誌》近年出土，今藏滿洲端午橋工部家。文字均拙，墓蓋題「故穎州别駕元洪儁墓誌」，大隋開皇五年七月一日合葬」。官職、合葬年月見墓誌蓋而不入誌文，此例絶不見它刻。亦新奇可喜也。碑書「墓誌」之「誌」作「銡」，與《唐許洛仁妻墓誌》同。

晉祠銘跋

太宗此書頗庸近，視高宗之《萬年宫銘》、玄宗《少林寺告》遜之頗遠。豈復刻失其神采耶？碑字行書，王蘭泉先生《金石萃編》誤作正書；其跋尾稱《碑》中「本懿親以化輔」，「化輔」當是「作輔」，今以《碑》考之，原是「作輔」，並非「化輔」，不知蘭泉先生何以云爾也。《金石萃編》極多譌誤，然未有如此《碑》之甚者也。

伊闕佛龕碑跋

碑書「鐵」字作「鐵」。案：《干禄字書》「鐵」、「鐵」上通下正，與《碑》同。考《説文》鐵从戴聲，戴从戜聲，戜从呈聲，戜字古讀若秩。戴注讀若《詩》「戴戴大猷」，今《詩》作「秩秩大猷」。豕部「䥫」，注从豕戴聲，讀若《詩》「威儀秩秩」是其明證。然讀「秩」與「呈」聲頗不諧。玉疑《説文》「戜」、「戴」、「鐵」、「䥫」等字，皆當从「至」聲。今从「呈」聲者，傳寫之譌。「至」字古讀如「姪」，故偏旁諧聲之字及古人有韻之文皆作入聲，考諸从「至」聲之字，如「垤」、「室」、「胵」、「桎」、「荎」、「咥」、「齷」、「郅」、「窒」、「庢」、「挃」、「姪」、「絰」、「銍」、「耋」等，音皆相近。以此例之，則「戜」、「戴」諸字之當从「至」聲甚確切有據。《詩》「胡迭而微」《釋文》引《韓詩》作「胡𢧵而微」，「𢧵」即「戜」字。「𢧵」字正从「至」聲。尤「戜」、「戴」等當从「至」聲之確證也。苗氏夔《説文聲類》云𢧵注「从大戜聲」。案：戜非聲，注文當作「大，亦聲」《詩・杕杜》之「杕」从大聲，音次第之「第」。其説甚新。然如其言何以解於戜之从「呈」聲耶？苗氏於「戜」注「从戈呈聲」句，删「聲」字云「呈」非聲，改古籍以就己説，可悟其説之窒礙難通矣。《漢書・地理志》「《車轔》、《四𢧵》、《小戎》之篇」《四𢧵》之「𢧵」，即「鐵」之省。亦可爲此《碑》

「鐵」字从「至」乃正體非俗作之左證。《干禄字書》以鐵爲通用字，蓋未然也。

化度寺邕禪師塔銘跋

《邕禪師塔銘》善拓罕覯。此本後有元人錢良右題字洎王夢樓、孫平叔、吴荷屋諸先生跋。其存字較《金石萃編》多十之三四，較欽定《全唐文》所録亦互有多寡。《萃編》所録誤字、脱字、錯列字尤多，玉已據此本改正，録入《金石萃編校字記》矣。而《全唐文》所録則甚精核，惟銘文内「□家悟道，捨俗歸真」之「家」字誤作「蒙」耳。即此具見當日館臣校繕之精審也。壬辰五月，久雨不已，襟襃悶塞，展卷書此，方寸爲之澄澈，文字之能益人如此。

濟瀆廟北海壇祭器碑陰跋

「副壇席七十領」。王蘭泉先生曰：席，當蓋切，音帶。《玉篇》「邪席也」。《集韻》云「屋邪，似用以衛壇者」。玉案：「席」即「席」字。《顔氏家訓》載梁末六書之失，有「『席』中加『帶』、『惡』上安『西』」語，《齊静明造象》「席」字亦作「席」。

張朏墓誌跋

「曾祖則，隋阰陽令。祖玄弼」。案：《隋志》無阰陽縣名，《唐書・世系表》作「則，澧陽令」。考《楚辭・離騷》「朝搴阰之木蘭兮」王逸注「阰，山名」。洪興祖補注「阰山，在楚南」。《廣韻》同。疑隋代荆州曾置阰陽縣，不久改易。《隋志》略而不書也。《張曛墓誌》作「則，隋比陽、澧陽二縣令」。「比陽」疑即「阰陽」。《隋志》豫州淮安郡有「比陽」，疑與《誌》之「阰陽」非一地也。著之俟考。

故人高應墓誌跋

此《誌》之首題「唐故人高應」，「故人」即「故民」，唐代避太宗諱，「民」字皆改作「人」。玉所藏尚有開元九年《故人荀君墓誌》，（銘文）〔又〕天寶四載《故人諸葛府君夫人韓氏墓誌》，與此《誌》正同。洪氏《隸釋》載《漢故民吴仲山碑》爲此《誌》之權輿，近代以故民入碑題者寡矣。古人風氣略朴，不事文飾如此，令人遠想慨然。

縉雲縣城隍廟記跋

碑文「及期大雨，合郡告足。具官與耆耋羣吏乃自西谷遷廟于山巔」之「乃」字篆作[illegible]。王蘭泉先生釋作「人」，玉曩疑𠄎與人字篆法不合，當是「乃」字。質之伯兄佩南先生，伯兄曰然。然猶未敢自信也。昨讀《唐文粹》載此文，正作「乃自西谷遷廟于山巔」，竊喜曩釋之不妄，惜不得起伯兄於九泉而告之也。

劉漢潤妻弘農郡君楊氏墓誌跋

此《誌》道光戊子嚴炌得於長安。漢潤子《仕俌墓誌》，嘉慶中出土。見《金石續編》。此《誌》出土在其後也。《仕俌墓誌》稱「父英閏，太夫人楊氏」，此《誌》作「漢潤」，兩《誌》並出於當時，而已參差如此。光緒壬辰八月，在路氏葦西草堂从山夫丈借觀，並書其後。

頓丘李公彭城劉氏夫人墓誌跋

沈西雍先生《銅熨斗齋隨筆》云「次年稱明年，次日稱明日，次月罕稱明月。《山中白雲》有《夜飛鵲》一詞，其題曰『大德乙巳中秋，會仇山村于溧陽，酒酣興逸，各隨所賦，余作此詞，爲明月、明年佳話云。』則次月亦可稱明月。」玉案：《春秋昭公七年·左傳》「其明月，立公孫洩及良止以撫之」。次月稱明月始此。又此《誌》有云「以明月二十三日葬於當縣弦歌坊」，是稱次月爲明月不始《山中白雲詞》，西雍先生誤也。

福州神樹刻字跋

此刻諸家著録稱名不同：劉燕庭作《唐神樹題字》、鮑子年作《福建樹刻》、吴荷屋作《天祐造庵池題字》、並見吴氏《筠清館金石目》。趙撝叔作《閩主造庵池記》。吴荷屋云「在人家屋楹上」，今驗此刻實在福建城外四十里枯樹上，則劉、鮑稱「樹刻」，得其實，吴氏所謂「在人家屋楹上」者誤也。其文曰「惟天祐乙丑歲，造庵子及作水池。約五阡餘功，于時廉主王大」。王大書凡三行。後又有「枕子一枚，雀鮝杖一條。先生自庵中」小字十有四，近年樵僮牧竪縱火其下，燒滅數字。第一行損「庵子」二字，第二行損「于時」二字，第三行損「一條先生自庵中」七字。由唐至今千數百年巍然完好，一旦見損於牧夫樵竪之手，可惜也。

古木刻之最壽者，有《漢高朕脩周公禮殿記》，據洪丞相《隸釋》云：亦刻木柱上，至宋尚存。然宋以後，遂不見拓本，是宋代已毁。今此刻又壽于彼數百年，豈非古今奇迹、宇内無二者耶？光緒乙未春，邱君嗇廧屬題，爲書於校史亭。

北宋石經禮記中庸殘石跋

《宋嘉祐石經》久殘毁，吴山夫先生《金石存》、孫伯淵先生《寰宇訪碑録》曾著録《周易》、《尚書》、

《周禮》殘碑。吾鄉邵二雲先生亦曾以《周禮》殘碑贈彭文勤公。文勤有跋載入《知聖道齋讀書記》，云是當時出土，至畢尚書撫中州作《金石記》時，則僅存《周禮》卷一、卷五二石，它已不存。今則並《周禮》二石亦不見傳本矣。宇内拓本以山陽丁儉卿先生晏家所藏爲最多：《易》、二十八紙。《書》、四十二紙。《詩》、二十紙。《春秋》、二十四紙。《禮記》、二百十二紙。《周禮》、二十八紙。《孟子》三十七紙。共三百九十一紙，每紙八行，行十字。爲海内巨觀。次則文勤所藏之《周禮》殘碑，凡三百五十四行，亦爲僅見。吾鄉馮柳東先生《石經補考》所得吴興厶氏本《周禮》，則僅二百許行，校彭本又少八十餘行。由嘉祐距今才六七百年，由乾嘉距今才百年，傳本日稀如此，可慨也。

此《禮記》《中庸》殘石一紙，乃吴縣蔣君覲宸手拓見贈。石在開封東嶽廟，乃近年新出者。騏驥一毛，虯龍片甲，可寶甚矣。甲午夏五書。程克齋識《蜀石經春秋》中之「癸卯」誤作「葵卯」，今此刻「詩云伐柯伐柯」之「詩云」誤作「詩雲」，並可發一笑也。翁覃溪先生《復初齋集》有《嘉祐石經跋》稱「陳留佛寺碑陰有石經《檀弓》一石，縣丞陽湖孫星衡迻置開封學宮。凡六層，已極泐。」又云「曾見《洪範》一石」。玉案：此二石今亦無拓本，殆亦散佚。

伯兄佩南先生傳略

兄諱振鋆，字佩南，亦字佩蘅。浙江紹興上虞人。生而竺孝長厚，有成人風。性顧不慧，五歲入塾，師所授書終日不能上口。王母方太恭人疑師不任職，親課之，鈍如故。督之急，則捧書以泣。王母怒且憐之，以爲畢生無讀書望矣。年十一二，乃自奮勵，攻苦力學，歲時伏臘，未嘗稍輟。數年，業乃大進，視敏慧者有加焉。

光緒辛巳，應童子試，受知於學使者太和張公澐卿。玉家本儒素，是時家君復以賈匱其資，財益竭，乃餬口出走。留兄洎玉佐吾母守淮安寓廬，每歲資用所入不及出之二三，典質屢空，並日而食。加以婚嫁頻仍，索逋者屨盈户外，號呼升堂，刻無寧晷。戚黨無顧卹之者，或且肆虐焉。兄佐吾母百計維持，安内攘外，家事賴以搘立。居恒謂玉曰：「人貴自立，當守道自重，不宜以貧賤稍有貶損。」又曰：「處家庭最不易，而處貧賤之家庭則尤難。凡事盡吾心力，行其心之所安而已，是非黑白勿遽辯也。」數語可謂探事理之賾矣。

兄又嘗爲玉言：「士處貧賤，當思自奮發，不得不以科名爲急務。」故兄頗肆力制舉之學。壬午、乙酉，兩應鄉舉不中第，居恒怏怏。又以家庭多故，事多拂逆，每憂憤至忘寢食。積日既久，得熱病。醫者忽視之，投輕劑，遂致劇而卒。兄素履端方，動合榘範。卒之日，鄰里鄉黨均哀，共歎恨仁人之不享眉壽。兄既卒，家事愈棘而搘拄愈艱，用是益徵兄維持彌縫之周且至矣。吁！

兄初爲帖括之學，不甚留意於訓詁名物。二十外乃從事於此，用力未久而精核博通。老師宿儒，咸謝不及。嘗謂讀書以識字爲要；識字以辨别正字、别字爲要；辨正字、别字以熟讀《説文解字》及多見唐以前碑版爲要。乃采輯碑版别字，依韻次之爲《碑别字》五卷。又謂顧氏靄吉《隸辨》多譌誤，爲《刊誤》四卷。又以南北朝防戍爲地理尤要之事，而諸史《地理志》著之不詳，嘗欲采輯諸史紀、傳所載爲《六朝防戍考》，又以孫氏星衍《寰宇訪碑録》以年代爲次不如以郡縣爲次，嘗擬仿《輿地碑目》之例，將《訪碑録》及趙氏之謙《訪碑録補》訂譌補闕，合爲一書，重爲編次爲《輿地碑録》。其篤志好學又如此。諸書惟《碑別字》已成書，《隸辨刊誤》兄攜稿赴試，於諓舍亡失，無複本。其它二書屬草未就，玉當賡續成之。

兄生於同治元年十月厶日，卒於光緒十二年八月厶日，得年二十有四。娶王氏，無子，以玉之子福成爲之後。葬淮安城南厶鄉之原，今距兄之歿六年矣。玉懼其行業不彰於代，爰紀述其平生爲傳略，俾吾後人之爲家乘者有所稽焉。光緒十八年太歲在玄黓、執徐，霜月之望，弟振玉謹記。

雲窗漫稿（永豐鄉人甲稿）

雲窗漫稿目録

古人之文，以載道，以明藝，無苟作者。三十年來，篤守此義，未敢濫有造述。此雜文三十首，成於海外者十八九，舊作十一二而已。偶撿行篋得之，以付寫官，非謂有當於載道、明藝之旨，以示後人，庶知吾之平生志意云爾。庚申六月二十七日，永豐鄉人記。

釋叔……九八

釋爰……九九

釋籥……一〇〇

明職方郎中吴公傳……一〇二

萬年少先生傳……一〇四

辛亥殉國南陽鎮總兵謝公傳……一〇六

何宜人家傳……一〇九

端忠敏公死事狀……一一一

路府君墓誌銘……一一二
邱君墓誌銘……一一四
蔣君墓誌銘……一一五
周韓太尉墓表陰側記……一一七
窓齋集古録序……一一八
台州金石録序……一二〇
夢庵藏印序……一二二
全謝山先生吴職方傳書後……一二三
唐館本金剛經跋……一二四
玄悟老人書心經跋……一二六
張孟公先生手校世説新語跋……一二七
金蘭坡先生尚友圖小象卷跋……一二九
楊和甫先生墨迹跋……一三〇
墨華通考鈔本跋……一三一
匋齋吉金録續録跋……一三二

古玉刀墨本跋……一三四
古玉墨本跋……一三五
澄清堂帖跋……一三六
甲秀堂帖跋……一四〇
與林浩卿博士論卜辭王賓書……一四一
與王静安徵君論卜辭上甲書……一四三
與友人論古器物學書……一四四

雲窗漫稿

釋叔

伯叔之叔，古文作□。吴中丞曰：「象人執弓矢形。男子生，桑弧蓬矢六，以射天地四方，故叔爲男子美稱。」予以爲中丞説似矣，而未盡當也。叔从□，象弓形，猶射之古文从□也。□象矰帶繳，矰爲短矢，故但以□象之，其下屈曲者繳也。此殆爲弋射之弋之本字。許書之隿，从隹，弋聲，則後起之字，不如叔之合弓與矰繳之形，視而可識，察而見意也。至經典借弋爲隿，於是後起之隿，亦廢不用，而叔之本意、弋之初字，益塵霾不可知矣。

殷虚卜辭又有□字，見《殷虚書契》卷七第二十一葉。其字象矢帶繳。又有□、《殷虚書契》卷六第三葉。□、卷七第三十二葉。□、第二十一葉。字，其字从□，从□。又雉兔之雉，卜辭亦从□，或从□，或从□。均見《殷虚書契考釋》。皆象矢帶繳之形，與□殆是一字。或从二矢，或从一矢，其意一也。此當爲矰之本字。《廣雅·釋器》：「矰，笰箭也。」笰，《周官》作茀。《司弓矢》：「矰矢、茀矢，用諸弋射。」第、茀，殆由□之譌變。古文矢形或象下向，或象上向，□之从□，與□之从□，一也。至繳之形，亦或左、或右，作□、作□，均無殊異。知□必有時作□者，於是隸變而成第，又由第而成茀矣。卜辭又有□字，《書契後編》卷下第二十六葉。象以二繳聯一矢，一矢不須二繳，但取象繳形，二之與一無殊。猶□之或从一矢、或二矢矣。此疑即繳之古文。至古匋器有□字，从系，从叔，蓋亦繳字。吴中丞釋爲綈，殆不然矣。

弋射之事，古人雖記述頗多，而無圖以明之。至其文字，亦屢經遷變紛亂而不可復明。茲姑據字形以正弋、矰、繳三字之初形。世有好學深思之士，幸爲證明之。

釋爰

商人卜辭者有□字，《殷虚書契後編》下第三十葉。初不可識，列之《待問編》。近徵之許書，知爲瑗之本字也。《説文解字》瑗，注「大孔璧。人君上除陛以相引」。段注「未聞」。桂氏曰：「大孔璧者，孔大能容手。」又曰：「《漢書・五行志》宫門銅瑗亦取孔大容手，以便開閉。」而於人君上階除以瑗相引之説，亦無徵證。蓋古義之僅存於許書中者也。瑗爲大孔璧，可容兩人手，人君上除陛防傾跌失容，故君持瑗，臣亦執瑗在前以牽引之。必以瑗者，臣賤不敢以手親君也。於文从□，象臣手在前，□象君手在後，丨者象瑗之形，瑗形圓，今作丨者，正視之爲〇，側視之則成丨矣。瑗以引君上除陛，故許君於爰、援均訓引。《荀子・性惡篇》注，訓援爲「牽引」。《禮記・中庸》注，訓援爲「牽持之」。並與許書瑗注義同。知古瑗、援、爰爲一字。後人加玉加手以示别。其於初形、初義反晦矣。

古罰鍰之鍰，古人亦作爰。《尕尚幣》作[illegible]，作[illegible]。《毛公鼎》作[illegible]，變丨爲[illegible]，爲丿，形又失矣。吴縣潘氏滂喜齋藏一卣，其文曰[illegible]，與卜辭正同。蓋亦瑗字。張文襄公之洞釋爲「引而申之」之「申」。吴中丞大澂從其説，采入《説文古籀補》。蓋未爲得也，爲附正之於此。

釋籥

予藏漢雍庫籥一，其器已不完。有銘文十二言，曰：「雍庫籥一，重二斤一兩，名百一。」其制空中而環節相銜結，如鰕之蜕，可屈伸。屈之長，建初尺七寸五分，申之得八寸七分。聯以鍵，長六寸五分。銘文在鍵上，以銅爲之。使無銘文，不能知其爲籥也。考《月令》：「脩鍵閉，慎管籥。」鄭注：「鍵，牡；閉，牝也。管籥，搏鍵器也。」其釋鍵閉與管籥甚分明，而他家所説往往混亂不别。《説文解字》：「闟，闗下牡也。」《方言》：「户鑰，自關而東，陳楚間謂之鍵；自關而西謂之鑰。」《小爾雅・廣服》：「鍵謂之籥。」均以鍵釋籥。《月令・正義》引何允曰：「鍵爲門扉之後附兩木，穿上端爲孔。閉者，謂將扃關門以内孔中。」釋鍵與閉之義又互誤。《正義》謂：「凡鏁器入者，謂之牡。受者，謂之牝。若禽獸牡牝然。」釋鄭義最確，足正何氏之失。而鍵閉與管籥之别，則尚無能明之者。

予意鍵閉施之門内，管籥則施之門外。古者門内之守，於門扉施閉。其制於兩扉各樹小木，而橫鑿穿以受鍵，故謂之牝。鍵者爲木扃，以橫貫二木之穿中，故謂之牡。試觀門關之關，其文作閞，从‖以象閉；从一以象鍵。今隸或从卄，以‖象閉，以一象鍵，於形尤確。予嘗謂古文往往存于今隸及别字中，關之从卄，亦其一也。其从𢆶者，當从古文作[illegible]。象以索系扃，即所謂鋃鐺鎖矣。其門外之守，則以管籥。其稱管籥者，樂器之籥空中，持户之籥，亦空中，故以爲名。即如鰕蜕之環節狀者是也。蓋以聯繫於鍵，如扃之聯以鋃鐺鎖然。以籥持鍵，合籥與鍵而器乃全。《月令》稱管籥，《方言》與《小爾雅》釋籥以鍵。皆舉器之偏，則或曰籥，或曰鍵也。《月令》稱管籥，不曰管鍵者。避上文鍵閉之名，故變言管籥也。至許君釋闟爲關牡，則以門内之扃當之，誤之甚矣。鍵傅於籥，故鄭注謂籥爲「傅鍵器」。《月令釋文》：「搏，本作傳。」《越語》韋注：「管籥，取鍵器也。」取鍵，殆猶言持鍵。《檀弓》注「管，鍵也」。熊氏曰：「管是鍵之伴類，仍非鍵也。」蓋均謂管與鍵相傅屬。蓋門外亦當有閉，今人謂門上受鍵處曰門鼻，殆門閉之譌與？以施管鍵，此用爲門外之守者也。此器雖不完固，猶可據以考證前聞矣。管鍵既以施門扉，又以施藏物之器。《書·金縢》：「啓籥見書。」馬注：「籥，藏卜兆書管。」鄭注：「啓籥，開藏之管也。」王注：「啓籥，開藏占兆書管也。」占兆書殆藏之金匱，若後世篋與櫝矣。至後世管與鍵分離，古人則連而爲一，則又非得之目驗不能知。古器之有裨於考古，其益夫豈淺鮮哉！

明職方郎中吴公傳

公諱祖錫，字佩遠。江蘇吴江人。吏部文選郎昌時子，而爲世父貴州按察使昌期後。自按察始居嘉興，公遂入嘉興學爲諸生。崇禎十五年，充副貢。少而才氣軼羣，喜結納天下豪俊，能急人之急，揮千金無所吝。時中原大亂，料京師必危，思預儲勤王之旅，欲身任浙西，以浙東屬之許都。然約未定，而父吏部之禍作。吏部有聲東林與復社，又首輔周延儒門生也。官吏部要地，首輔倚如左右手，持銓事頗任喜怒，遂爲祁公彪佳所糾。適延儒勢敗，吏部亦論死，資産入官。會許都復以亂誅，忌吏部者欲並陷公，以徐尚書石麒力持得免。公痛心家禍，廟社又旋屋，思有以大雪之。

比南都建，甫匝歲而覆亡。吏部資産四萬金尚在嘉興庫。公與客謀出之，欲以紓難。時故鎮臣陳洪範隨王師下江南，方用事，公與有舊。洪範窺知公意，矢天日自言其降出於不得已，而以奇策語公，公立出四萬金畀之。已而薙髮令下，公遽委之去。改名鉏，字稽田，從陳公子龍、徐公孚遠，謀恢復。陳公令偵事杭州，爲仇家縛送江寧，巡撫土國寶羈係獄中。及陳公殉國，徐公浮海遯，國寶乃髡公髮而縱之。魯藩授公職方郎中，永明王亦官之如魯藩。而公則往來吴越間如故。

順治戊子，嘉興副將馮源淮駐軍嘉興。公與結納，冀有所爲。馮部將董某司詗察，馮耳目也，公亦故與厚善。比徐公孚遠完髮歸自海外，有所謀，公密館之。事稍聞於馮，馮遣董詣公，公遽前握其手曰：「徐公在此，若欲見之乎？」董驚曰：「徐公果在此者，顧肯令我見耶？」公即引見閣公，董叩頭泣下，道其嚮慕，矢不相負。因以譎言報馮，而陰遣戈船衛徐公浮海去。公之盛德感孚於人如此。順治己亥，海師入江，公實導之，且連歲在金陵隱爲之助，乃復遭刊章。

辛丑事解，志不稍挫，將詣滇南而先之鄖陽，時鄖陽十三營尚保殘寨。公勸出師撓楚以救滇，顧十三營已疲敝，不能用其策也。桂王既入緬甸，公思追從，道阻不得達。癸丑八月復返吳，游中州，更由秦入楚，卒無所遇。己未客膠州大竹山，鬱鬱靡所騁。會懷宗忌日，公慟哭歐血死。遺命藁葬山中，久之乃得歸葬。公卒年六十有二，距明亡既三十有五年矣。

公既没，徐高士枋爲之傳。其言曰：「自吴子殁而天下絶援溺之望。」然則公一日不死，補天填海之志一日不輟可知也。公自遭遇家國之變，出入萬死，逐虞淵之墜日，以終其身。事雖不成，天下聞而壯之。巢先生鳴盛、宋先生之盛、徐先生枋並嚴介少推許，而於公皆折服無異辭。嗚呼！此可以觀公矣。

公娶徐文靖公汧女，公毁家紓難，徐亦弛裝服以佐之，九死流離而不悔。先公二十年卒。子準、濩、澓、濟、灝。濩字商志，一字于東，尤知名。至性過人，方公避難出亡，名捕亟，濩挺身當之，卒成父志。公之在金陵也，寓迹至奇，濩偵知之，冒險往省。其舅氏徐高士爲作《孤楫泝江圖》，並爲詩褒焉。亦以遺民終其身，著《先友詩》一卷。

野史氏曰：方公之嬰世網也，勢岌岌殆甚，聞者骨駴魂悸，掃影匿迹。獨嘉興處士徐維，字四之者，奮然以一身周旋其間。先生既遠去，尚遺諸子，覆巢取卵，禍且不測。處士復奔走捍御以完其家室，攜持竄匿以全之，經營補苴以軫之，且爲謀讀書以無廢其學業，先後十餘年瀕死者數。於是公諸子乃得成立。其壯節俠行，亦公匹矣。顧其事實載徐高士集中，而世罕知者。予特附著公傳之後，以彰潛德。俾後來言史事者，有所稽焉。

萬年少先生傳

先生諱壽祺，字介若，一字内景，世所稱年少先生者也。其先世籍江西之南昌，曾祖以醫術由湖廣來徐州，遂家焉。父崇德，明萬曆甲辰楊守勤榜進士。天啓末官福建道監察御史，以魏忠賢用事，託疾出爲山東按察副使。先生少負奇氣，年十五誦二十餘萬言。既入學，爲諸生，聲名籍甚。復移家吴中，與張公溥、楊公廷樞、徐公汧、姜公垓、陳公子龍、夏公允彝、羅公萬藻等交善，以文章風誼相切磨。崇禎庚午，姜公曰廣主南京鄉試，得人最盛，解首爲楊公廷樞，張公溥膺高魁，先生與陳公子龍、盛公王贊、顧公繩詒、鄭公敷教、陸公坦皆同榜，後皆以死節高蹈名當世。甲申三月京師陷，五月而南都建。明年南都破，江以南義師雲起。沈自炳、戴之儁、錢邦芑起陳湖，黄家瑞、陳子龍起泖，吴易起笠澤，皆與先生會師謀恢復。八月兵潰，被執不屈，將及難，有陰救之者，因繫月餘得脱。乃攜孥渡江隱於山陽之浦西，築廬曰「隰西草堂」，尋又買圃於其陽，曰「南村」。自負甕，妻徐、子睿，荷鍤隨之，灌園以自給，故鄉田宅棄不復顧也。髡首，被僧衣，自稱明志道人沙門慧壽，而飲酒食肉如故，家國之痛，禾黍之悲，一寓之於詩歌。

時渡江而南，訪知舊，弔故壘。遺民故老之過淮陰者，亦輒造草堂，流連歌哭，或淹留旬月。蓋先生雖隱居，固未嘗一日忘世也。如是者數年。歲壬辰五月二日，卒抱孤憤而歿。明年八月，嗣子扶遺櫬返葬徐之鳳皇山。

先生既以詩文書畫雄當世，而旁及琴、棋、劍器、雕刻、曲藝，下逮女工刺繡之事，亦靡弗工妙。閻古古孝廉論有明一代書，推先生爲第一。先生卒後十餘年，門生蒐集遺著曰《隰西草堂集》，行於世。子二：長睿，次穆。

論曰：乙酉以後，先生雖僧服灌園，而回天之志固未稍挫，以淮陰居南北之衝，欲於此覘世變焉。觀顧亭林先生贈詩，知隱居隰西之心事矣。雖天命既移，齎志没世，而先生則已不朽。予嘗讀先生遺集，竊見先生所素厚，於大錯上人外，若鄔先生繼思、胡先生介、程先生邃亦必與義師事，而事實不可知也。嗚呼，當日興義旅以拒王師者，今心迹可知而事實已泯，致世人徒知爲山林高節之士，或以爲文人墨客者，所在甚多，甯獨三先生然哉。若三先生者，尚得於先生文字中及當時諸家遺集得窺知一二者也，噫！

辛亥殉國南陽鎮總兵謝公傳

公諱寶勝，字子蘭。安徽鳳陽人。少失怙恃，鞠於仲父。長而材武，既入武庠，爲諸生，遂從軍烏里雅蘇臺。同治時，隨宋忠勤公慶、馬忠武公玉昆征關隴，克復肅州，輯懷城、烏魯木齊、昌吉、呼圖壁、瑪納斯。公皆在行陣，勇冠曹輩，積功至偏裨。光緒庚辰，西疆肅清，以撤勇，所部譁變，非公罪也。忠武以咎公，公不置辨，乃賣劍解甲，黄冠羽衣隱於甘肅博可達山。己丑，忠武督兵近畿，念公忠勇，悔前事，檄之出山。公不可。乃奏（公補）〔補公〕守備。公重違朝命，强起赴詔。甲午日本之役，復隨忠武出關，領衛兵轉戰遼瀋。公憤諸宿將觀望畏葸，每戰輒陷陣。及和議成，公求謝兵事，不許。庚子拳匪起京師，榮文忠公禄募武衛護軍，以公爲前路後營統領，命鎮撫地方。公治軍公嚴，兵民協和。會河南苦盜，大吏調公充精鋭左營分統。辛丑兩宫回鑾，公任護衛，輦塵不驚。詔授游擊，令駐軍嵩洛、汝陜間，捕盜衛民。公巡緝嚴密，匪不得逞。前後撫臣林公紹年、吴公重憙咸上公之績於朝，請大其用。

宣統元年，乃升授河北鎮總兵。公念結髮從戎，屢從征役，皆不得展尺寸。今受朝廷知遇再出，十餘年超擢至總鎮，矢以死報國，慨然以廓清羣盜自任。是時汴匪凡數十股，皆曰「刀匪」，其大者徒黨至萬人。白晝剽劫，擄人勒贖。居人日夜惴惴，行旅爲之不通。公歷翦渠魁：曰王世昌，曰李六治，曰朱八仙，曰張西庚，曰郝小五，曰温振聲，皆積歲逋誅懸捕不可得者。而洛陽張黑子，嵩縣王天從及汝州董萬川，南陽王八老虎者，尤剽悍。公復親捕張黑子於殷司溝，又獲董萬川。伺王天從出，劫邀諸途，天從跳而免者再，遂匿迹不敢出。於是居人相慶，行旅晏然。然是時河北盜雖弭，而王八老虎陸梁於南陽，南陽總兵郭殿林老茶不能制。二年冬，乃移公南陽，調郭鎮河北。河北之民爭擁公馬首，泣拜曰：「民苦盜久矣，公來幸更生。公去盜或復熾，柰何？」公以朝命不可違，爲駐馬崇朝慰謝父老而去。公去而天從果復逞。公既至南陽，急捕王八老虎，擒而火其居，於是南陽之盜亦平。公念中州之盜且肅清，爲民害者僅天從，誓絶其根株。三年秋，親勦之於嵩縣。方大創之，而武昌之變作，汴、鄂接壤，省垣一日數驚。大吏乃促公回南陽，時人心思亂，監司中且有謀迎革黨至省垣者，撫臣拒之，遂微服徑去。公聞而憤曰：「國家養士數百年，今乃至此，欲與革軍一死戰，以雪此恥。」又值停戰之命下，軍心日涣，餉械復不完。公所部雖尚可恃，而親衛才百餘人，不能任戰守，且士紳陰通革黨，汲汲謀内應。明年元旦，公在南陽方衣冠望闕朝拜，而亂黨已縱火導革軍入城，肆焚掠。公憤甚，欲以短刀自殺，而諸將堅請一戰以死，公許之。既而念戰而死亦無濟，且徒苦吾民，乃姑移軍裕州之東關，與州牧朱正本議戰守以爲後圖。是夕遽聞遜位之詔下，公自是乃萬念俱絶，出平生所蓄，以勞軍士。集將佐勖以忠義。甲夜朝服坐行帳中，以手銃自擊，飲彈而卒。將吏欽公大節，爲公舉喪，靡不慟哭失聲，士女巷哭，如喪其親。

嗚呼！晚近官吏以威惠得人心，蓋未有如公者也。公平日御軍至嚴，每出捕盜身先士卒，往往深夜間出數十百里，軍士不敢問所向，但瞻公馬首而已。亦屢瀕於危而志愈壯，其捕王八老虎也，公親率衛士入其穴，親軍已死七八人，營官某止公，公不可，亟以身翼蔽，乃營官中流彈死。而公卒前，遂告成功。公所部從公捕盜有死者，公親自弔祭，厚撫其家。傷者躬爲裹創傅藥，愛護如子弟，故士卒咸奮勵爲公致死，無敢退縮者。嗚呼！公之所爲，雖古名將何以加焉。而惜乎朝廷僅以捕盜責公，而終不獲大展其志也。

公卒且數年，汴人思公不衰，既爲公立碑頌，復臚列功績與遺愛在民者，上之當事，請於國史立傳。嗚呼！觀於汴人之於公，知今日之人心固尚未盡死也。

論曰：辛亥之冬，公聞前敵諸將電請禪位，憤然曰：「吾職在捕盜，意天下之害國賊民者莫盜若。今乃知國家之蟊賊罪有浮於盜賊倍蓰千萬者，安得請上方劍盡誅此世臣、悍將、惰卒也！」嗚呼！辛亥之事，公之爲此言，豈過當哉？乃當時報紙載中州諸將電請遜政，亦妄列公名，殆謂天下後世爲可誣耶！念數年前，權姦横行赫赫當世者，今亦冢中枯骨耳。而公大節凜凜如日星河嶽，亘萬古而常昭，孰得孰失，三尺童子亦能知之。顧世之踵權姦而遵覆轍者，且相續不絶也。哀哉！

何宜人家傳

生人之艱曰窮無告，而五福之首曰壽。若丁生人之窮而享老耄之壽，則與以福者，適以永其厄。而卒能更百苦以扶衰宗，完其職而後即瞑焉，此仁人志士、健丈夫之所甚難也。今乃得之我姑何宜人。宜人浙江上虞羅氏，考諱鶴翔，江蘇高郵州知州。妣繆淑人。宜人生未幾而繆淑人卒。年十五而高郵府君即世，鞠于繼母方淑人。高郵君即世之明年，「髮逆」陷江甯，時繆淑人柩在報恩寺，未及葬，燬于兵。宜人聞而慟絶者再。方淑人百計調護之，得無它。宜人事方淑人盡孝養，方淑人亦愛之逾所生。及笄而適山陽何氏。何氏爲江淮甲族，時門閥鼎盛。翁姑在堂，伯叔娣姒十餘人。宜人孝于翁姑，睦于娣姒，宗族無間言。姑丈竺卿先生篤學敏行，以孝友稱，有聲黌序。得宜人之助，益得肆力于學。久之秋試及第。宜人歸何氏既十年，育二女，而無一男。堂上春秋高，望孫切。宜人乃請飾侍者爲箎室以博堂上歡。由是宗族益嘖嘖稱宜人孝且賢也。方淑人聞而悦之，慰宜人且勉之曰：「汝以孤女撫于我，惟恐愛過而教不及，今汝能相夫子，宜家人，我心慰矣。顧人生百年間，不能有屯而無亨，亦不能有亨而無屯也。汝邇者處境亨，苟異日處屯者，尤當恒其德而勉其難。必異日爲賢母，爲女宗，乃無忝所生，汝勉之矣。」宜人守之不敢違。已而宜人連舉丈夫子二：長曰福辰，季曰福庚，人皆以爲爲善之有報也。

顧是時翁姑已棄養，又連遭伯叔之喪，家道日落，姑丈客授四方，猶苦不給。二女嫁士族，家又中落。長嗣福辰幼患鼻衄，仍歲不痊，衄血每盈盆盎，醫者束手。宜人勞于鞠育，復憂門祚，境乃日屯，而處憂勞無怨色。復斥奩田爲姑丈納粟爲教官，選高郵州學學正，乃部檄方至，姑丈遽以疽發背卒。宜人痛不欲生，顧以諸子幼，黽勉鞠育，日夜冀其成長。及長嗣福辰入學爲弟子員，才且賢。福庚亦端謹有成人風，宜人謂是殆可以息肩矣，而又兄弟先後相繼亡。於是宜人所遇乃至窮，非人所堪矣。

振玉壯游四方，承宜人色笑之日少，然每歸必造姑所，姑必與涕泣陳身世之艱苦，語及高郵君、繆、方兩淑人，傷劬勞之未報輒哭；語及學正公厚于德，薄于祜輒哭；哀嗣子之短折輒哭；念二女之艱屯，膝下兩嫠婦二孤孫，教養之匪易則又哭。而悲時世之衰，人倫之斁，懼孤孫身已稍長，惟恐惑于外誘，詒門祚憂，尤嗚咽不能自已也。蓋哀生傷逝無一非可悲之境矣。振玉亦悲甚，無從措慰辭，相向汍瀾而已。如是者又十餘年，而卧疾展轉牀蓐者逾年。已而少間，長孫游學江甯，命之歸爲授室，又逾年見曾孫焉，又數月疾篤而没。

嗚呼！吾姑殆賫憂患而入地乎！然先後數十年，卒能持門户未墜于地，教養孤嫠，保其宗祀。處爲孝女，出爲賢妻，爲良母。又克守方淑人之彝訓，始終一德，爲世女宗，甯止爲何氏之功臣而已哉！

宜人之生也以道光戊戌，其卒也以宣統丁巳，得年八十。將以腊月營葬，孤孫寶善以書來告，即宜人憂其處亂世或入于邪者。今則讀書勵行，卓然能自立。以振玉能知宜人之懿行，乞爲家傳，以紀劬勞而永孝思，其志純且篤，異日能亢其宗可知也。宜人于是可含笑于九泉矣。爰揮涕應其請，書以付之，俾異日脩家乘者采擇焉。

端忠敏公死事狀

宣統辛亥冬，端忠敏公既殉難蜀中。當時議者猶或疑公性通脱，其倉皇遇變，殆未必夙具死志。予雖能知公，然無以爲公解也。及歲甲寅返國，見沈尚書曾植於上海，語及此事。尚書憮然曰：「以予所聞，公之死志蓋夙辦也。方公之駐軍資州也，蜀有客將曰余大鴻者，公舊部也，領所部五百人出會垣赴公所。知變將作，亟謁公曰：『今人心旦夕不可恃，公所居非善地，若進至成都，或退保宜昌，難可紓也。大鴻所部雖僅五百人，然尚可衛公出此險矣。』公未及答，大鴻又曰：『禍迫矣！幸速決。』公乃從容謝大鴻曰：『老夫知有朝命耳。師所駐必奏報，今若移軍者非請旨不可，君行矣。吾謝若厚意矣。』大鴻喻公旨，乃太息流涕，拜公而别，不逾日而難發。大鴻之爲此謀也，蓋逆知省垣嫉蜀帥趙至深，方謀迎公，且以公名獨立，其勸公保宜昌也，亦此旨。公則已窺其隱，故遽謝之。大鴻知公志不可奪而去。去至海上，爲予言猶涕隕也。然則公非死志夙辦而何？」予聞而瞿然曰：「此固當揭之，以昭示天下後世者。」又四年，乃載筆記之，以存信史。且以示致疑於公者，俾息其喙焉。

前安徽建德縣知縣直隸州用路府君墓誌銘 并序

君諱岯，字山夫。陝西盩厔人。曾祖元錫，乾隆乙酉舉人。歷知直隸藁城、新樂、贊皇、良鄉諸縣事，權知磁州，有循聲。祖德，翰林院庶吉士、户部湖廣司主事，祀鄉賢祠。父慎莊，翰林院編修，江蘇淮揚海兵備道、贈光禄寺卿，祀名宦祠。君少承家學，且負吏才。同治三年以蔭子得州判，筮仕安徽，時「捻逆」鴟張，淮當其衝。君參佐戎幕，以功擢知縣。七年之間，歷署建德、婺源縣事。同治十年補建德縣知縣，更叙軍勞，以直隸州知州用，所至勤于吏事。時當大兵之後，勞徠安集，流亡皆復。顧以悻直不合於上官，卒以光緒二年被劾去職。十年宦游，至不能具歸裝。時君之兄崇適官江蘇淮安府裏河同知，乃往依焉。典鬻琴書，築草堂于淮安郡城東北隅。疏水灌園，種樹給薪，栖遲衡泌，不交世事，如是者二十有六年。

振玉以光緒癸未冬初識君，縱談金石考訂之學。君不鄙其年少，折節定忘年交，遂晨夕過從無間寒暑。時丹徒劉君夢熊、鐵雲兄弟，山陽邱君崧生，吳縣蔣君黼並草堂客也。每就君園林，各出金石書畫相娛樂，或劇談痛飲，抽豪賦詩。君輒從容揮麈，酬酢盡歡，未嘗見有羈苦放廢之色，可謂樂天知命者矣。君平生負奇氣，好縱横術。既罷官則蕭然斷世慮，風味如齊梁人，雅善法書，受筆法於道州何先生，而私淑安吴包先生，故所作楷隸具有二家之長。詩近韋、陸，顧不多作。覃究經史而不著書，亦徵君之無名心也。

振玉自丁酉以來，犇走四方，冀有所樹立，與君遂不得數相見。及辛丑返淮安寓居，往謁君，則已患溼病，悽然執手相慰勞。明年君至上海求醫，又得昕夕相見者逾旬，乃歸淮安，竟不起。君既歸道山，劉君夢熊、邱君崧生亦先後殂謝。振玉與劉君鐵雲、蔣君黼則客游瓠落，四方靡騁，草堂舊侣，一時雨散。追念昔游，腹痛成痗，而世變日亟，莫知所(届)〔屆〕。又轉羨君之冥然無所見也。

君生於道光十九年九月九日，卒於光緒二十八年十月三日。得年六十有四。夫人楊氏，簉室陶氏。子三，女三。今將以光緒三十年月日，葬君於淮安府城某鄉之原。君之孤來乞銘，爰書君之平生納諸壙，以詔來世。銘曰：

關中講學，海内承風。累葉名德，君乃纘戎。仗策參軍，鳴琴宰邑。庶民子來，干戈用戢。中江投劾，草堂息影。頤道樂飢，以娱暮景。滄海横流，揮手歸去。來日大難，知之若預。茫茫大夜，鬱鬱佳城，千秋萬歲，無辱無驚。

直隸候補直隸州知州邱君墓誌銘 并序

君諱崧生，字于蕃。江蘇山陽人。祖煜，父永培，均以儒行著于鄉里。自國初以來，邱氏代有聞人，以政事、文學名當世者，先後相望。君早受庭聞，少有令譽。弱冠爲古文辭已驚其老宿。予以光緒戊子初與君訂交，時君方壯盛，先世有遺産足自贍。蒔花種竹于所居，左右列圖史，日與朋儔以詞章、金石、書畫相娱樂。城北有路氏園林，春秋佳日更招攜爲文酒之會，談藝每至宵分，或竟達曙。然是時天下實已多故，酒酣相與感慨時事，君尤扼腕，謂：「救時首在飭吏治，親民之官，縱欲敗度，于今極矣。」思欲一爲縣令，好作政教爲天下式。君平日自期許者蓋如此。

已而時囏日棘，友朋漸星散，君忽忽不自得。戊戌一至上海，主東文學社。不數月遽歸，益牢落，閒從里中貴游，酒食徵逐以自放。于時君以子女婚嫁，又不善治家人生産，已多逋負。予時時移書，責以自愛，君固未嘗以爲迕，然不能改也。庚子夏，聞君以貧故入資爲令，將就所知求官于近畿，意此或得遂平生之志矣。乃聞意氣殊沮喪。及今年夏，君以益貧且病，將歸淮安，邂逅於滬瀆，則衰頹已成老翁，乍見幾不相識，慘然相對，爲道身世之戚。玉强爲好語相慰藉，而陰慮其不久，乃不數月而遽死矣。嗚呼！先後不二十年，即君之身以驗之死生榮瘁，若是其難知也。夫以君之懷抱，恢然長者。天或不吝澤于君，乃終其身不能就尺寸。而予犇走南朔，録録無補於當世。追念昔游，大半殂謝。今且執筆以銘君之墓，其悲痛宜何如也！

君之生以咸豐戊午十月十日，其卒也以光緒乙巳九月九日。得年四十有八。夫人丁氏能與君同甘苦，子某某，孫某某，今將以歲丙午仲春葬君于淮安城東豐裕一鄉之原。憶居恒與君燕語，君嘗曰：「吾年差長，若溘先朝露，以瘞幽之文屬君矣。」疇昔戲言，乃成幾兆。嗚呼，玉之所期于君者，於今已矣。異日將以所以規君者，勗君之孤。銘曰：

離坌垢兮即冥莫。生邅迍兮死安樂。銘幽宮兮踐君約。

學部候補郎中二等諮議官蔣君墓誌銘 并序

宣統三年冬，武漢兵起，京師一日數驚。吾友學部郎中蔣君適以是時卒於京邸。明年春既鼎革，君之棺尚厝於京畿之南郊。予作書促君之弟克家，乃以八月歸君喪於江南。又明年以葬期告，且乞瘞幽之文。予與君交深且久，義不可以辭。

君諱黼，字伯斧。江蘇吴縣人。曾祖元甄，郡文學；祖錫寶，道光甲辰進士，淮安府學教授，並以儒行著稱當時。父清翊，浙江武義縣知縣，以淹雅之才出宰百里。君自幼沖隨侍官舍，早聞詩禮，兼習吏事。既游鄉學，武義君令試吏於鄂中，非所好也。及武義君以老疾去官，卜宅淮安，君適有期功之喪，乃歸侍養。武義君卒，服闋不復出，侍母錢太恭人。閉門誦習，色養蒸蒸。既而感傷時危，思拯濟之，以「農爲邦本」，乃與予結學農社於海上，以講求本富之術。不逾年以戀母歸。又數年入資爲郎，然不以仕廢養，仍初志也。及學部肇造，旁求俊乂，予稱君學行於尚書蒙古榮公，並移書勸君，期以及時建白。君乃翻然應召，意或藉展尺寸，乃卒以與世鑿枘浮湛以死。

君淵静好書，靡學不綜。京師立大學，君授六書倉雅之學，諸生莫不翕服。性顧儒緩，著述矜慎，屬草多不及半。予每以督君，輒遜謝不能改也。故卒無成書。嗚呼，進不克行其志，退不能竟其學，是豈君之命也夫！予交君垂二十年，出處與共，方在淮安寓居，過從無虚日。在海上居比舍，日數見。當世賢達以人才詢予者，必首舉君以應。故予客粤中，客吴下，皆與君偕。出則連軫，居則接席。及君來京師，主予家者半歲，而拙宦亦類予。羞世雷同，不爲茍合。束脩守道，不闚權門。行曰進於古人而與世彌遠矣。啓手足之辰，母喪未除，弱女在抱，孀妻稚妾，傫然號泣於喪次，弔者莫不哀之。然予之所以哀君者，則更在彼而不在此也。

君生於同治丙寅，與予齊齒。其卒也，得年四十有六。初娶陳氏，繼室程氏，側室某氏。女子子一人，以君弟克家之子慰祖嗣。今將以癸丑十二月殯於武義君之塋側，窀穸有期，百年長畢。予避地海外，不獲執紼，送君長往。嗚呼，嫁君阿鶩，乃驗疇昔之言，奠以生芻，未卜歸來之日。既傷逝者，亦自悲也。銘曰：

奐矣蔣君，實邦之彦。世濁行芳，德隆位賤。早歲劬學，壯年作掾。目瞿横流，心悲積霰。尺驥未展，兩楹已奠。衰絰入棺，桑海俄變。傷哉道溺，誰與手援？君往不復，我生安遣？

周韓太尉墓表陰側記

《宋史》公本傳稱：公既遇害，宋太祖以禮收葬，遣高品梁令珍護喪事。不言葬處。閱歲九百五十，公墓爲盜所發。宣統辛亥，上虞羅振玉始得公及隴西郡董夫人墓誌墨本，知墓在洛陽之平樂鄉杜澤里，蓋公首妻董夫人之兆域，公既殉國，遂葬於此也。欲規往封樹，以彰人紀。會國變，避地海外，未竟斯願。歲乙卯，渡海造洛，訪墓址又弗果得。以告天津徐某，越三月，某以書來，言已得之平樂村，即古杜澤里也，既捐金加封樹矣。振玉乃書表墓之石，以戒樵蘇，以詔來葉，並記厥事於石之陰：

史稱公闔門遇害，妻子皆死，而未列舉其人。又稱公子有智略，見太祖有人望，勸公早爲之所，亦不載其名。據董夫人《誌》，長子衙内都指揮使守鈞，次守素，公《誌》則長子鈞，年二十二，終尚食副使。次保安，年十一，終充節院使。保安殆即守素之小名，齒方稚，其有智略者必守鈞矣。公首妻董夫人前卒，弗及難。公《誌》尚有衛國蔣夫人，殆繼室，與公同死者。董夫人《誌》有二男二女。公《誌》則息男女各四人，息男女後又有守諒，守諒後有姪男守琉。守諒殆亦公姪男。董夫人《誌》守鈞娶李氏，則兆域中公與二夫人外有四男四女，猶子二、冢婦一矣。然董夫人生男女各二，即公《誌》所載之長子鈞，次子保安及長次二女。公續娶蔣夫人雖不知在何年，而董夫人以顯德二年卒，距公殉國才五歲耳。公《誌》載第三男九歲，第四男三歲，第三女五歲，第四女四歲。以年齡考之，第三男、第三女非蔣夫人所生。而第三男之名亦不見董夫人《誌》。殆出於妾媵，則當時同授命者，尚有妾媵同瘞於斯也。

嗚呼！當公倉卒赴難，不卹赤族以爭天命於俄頃。公死而宋之君臣方張皇新命，贈官禮葬，亦掩天下人耳目之具文已耳。至歐公修史尚不敢爲公立傳，則家人名氏泯滅宜矣。乃天彰忠義，假手發冢之盜，俾兩《誌》傳於人間。時將千祀，且有流連景慕尋遺冢而爲封樹者，彼攀附之徒，今亦朽骨耳，尚有過其隴致敬者耶？孰得孰失，後之君子宜知所擇也。公名通，事迹具《宋史·周三臣傳》，懼後世或不曉，並記之碑側，庶方來有考焉。

往歲書此文寄中州刻石，並媵以百金爲市石費，乃逾數年無消息。嗣歸國始知此文固未嘗刻石，所寄百金亦爲人乾沒矣。幸行篋尚存稿本，爰録而存之，並附記其事，以志予付託之非其人也。

愙齋集古録序

予弱冠治金石文字之學。私以爲金石文字者，古載籍之權輿也。古者大事勒之鼎彝，故彝器文字三古之載籍也。唐以前無彫板，而周、秦、兩漢有金石刻，故周、秦、兩漢之金石刻，彫板以前之載籍也。載籍愈遠，傳世愈罕，故古彝器之視碑版爲尤重焉。往嘗與友人言，古之典籍掌之史氏，民間不獲傳流。孔子轍環列邦，觀百二十國之寶書，乃脩《春秋》。吾人對三代列邦古彝器，是不啻不下堂而觀三古列國之寶書也。生三千年之後，而神游三千年以前，得據以補《詩》、《書》之所遺佚，訂許、鄭諸儒之譌誤，豈非至可快之事哉！

顧古彝器藏于好古而有力者，非人人所能盡覯。故許君序《説文解字》言山川往往得鼎彝，其銘即前代之古文。而書中古文但據壁經，非不欲並收彝器文字，不獲徧覽也。今則有傳拓之法，有諸家著録之本，視古人爲便矣。而猶不能無憾焉者，著録諸家或傳橅失真，點畫譌舛，一也。見聞所限，蒐輯未備，二也。疏于鑑別，真贋襍糅，三也。昧于古文義例，考釋或疏，四也。有斯四失，遂難依據。往見吴子苾閣學《攈古録》所收墨本，多至千三百有奇。考釋矜慎，橅寫不苟，幾乎美備矣。而仍不免有點畫之小譌，後世僞器，偶有删之未盡者，蓋甚矣，茲事之難也。予鋭意收集古器墨本，汰僞存真，得二千餘通。欲編輯爲《集古遺文》，荏苒垂二十年，尚未克就，嘗以爲憾事。

今年春，返國養痾，住滬江者月餘，聞吴恒軒中丞所編《集古録》手稿二十餘册，尚在吴中。海鹽張菊生侍郎將借付影印，爲之驚喜，徒以衰病杜門，未獲往觀。比歸東山寓居，而侍郎以書至，屬爲之序，始得見首册。據中丞自序言：「所收諸器，其數與《攈古録》相埒，而甄別精嚴，考釋確當則過之。」蓋中丞于古文所詣至深，天資超絶，曩讀所作《字説》，每爲之解頤。蓋我朝古金文之學，實至中丞而中興也。今得菊生侍郎爲之精印，視墨本不爽銖黍。有四善，而無四失，可謂盡美且善，無遺憾矣。異日書成，予亦將就行篋所儲，取斯編所遺者，編印以爲此書之續。俾三古載籍不至散亡，豈非藝林之至幸哉！又聞廬江劉惠之部郎藏窓齋中丞手稿數册，乃專續子苾閣學《攈古録》者，侍郎盍亦精印，與斯書並行，當亦宇内學者所欲争先快睹者乎。丁巳八月三日。

台州金石録序

地志之載金石刻，其來舊矣。其分地記録及就一地之金石刻勒爲專書者，亦昉于天水之世。若《諸道石刻録》、《京兆金石録》諸書是也。今其書雖不存，而《寶刻叢編》所引可得其大略。蓋亦僅列其目與書撰人名暨立石歲月而已。我朝雍州、關中、中州、粤東諸志，尚沿其例，第兼仿歐、趙諸録，略加考證已耳。至《山左志》始録文字，而又不備録。其備録者，自粤西及吾浙兩志始，體例乃益完備。各行省中亦有集録一郡一邑之金石刻爲書者，至是金石之學益昌熾矣。吾浙爲郡十有一，而舊有金石志者四：曰括蒼，曰越中，曰東甌，曰吴興。今復得此録，合前志而五。他行省莫與比也。

此録最晚出，體例爲尤密。予覽其書有三善焉：他志之于磚甓雜厠于金石刻中，台州古磚甓尤夥，今析出别爲一録，于義爲允。一善也。前籍所載，今雖已佚，仿粤西、越中之例，别志「闕訪」。二善也。著録審慎，其未見墨本者，雖傳録其文，輒爲注明。三善也。雖亦略有小疏，若《昌平府虎符》乃隋府兵符，而誤列之唐；《建炎後苑造作所印》誤釋爲造作丞；《陳良弼墓誌》録蓋文，誌以未得墨本，未嘗著録，而《目録》則云《陳良弼墓誌銘》存蓋未拓，目與録歧。如此之類，乃千慮之一失，固不足以病全書也。又天台國清寺舊有《大中五年銅磬》，四周刻《波羅蜜多心經》，後由國清寺歸槜李金氏，今則久佚，而墨本尚有存者。又予齋所藏銅鐘墨本刻《佛説阿彌陀經》一卷末無年月，而小楷端謹，與《大中磬》字迹相同，殆亦一時所作，一人所施，亦必國清寺舊物之早佚者，而海内金石家多未之見。此録及《闕訪録》中均無之，此則搜訪之難周，尤不足爲此書病也。

翰怡京卿刻此録成，移書海外，徵序于予。予既嘉京卿傳古之盛心，又喜吾浙之志金石者，省志以外，分郡之志十一郡中竟已得五也。而尚不能無憾者，無志諸郡若杭，若嘉，若甯，其地皆人文淵藪，意必有苦心蒐集如黄、王兩君者，或且有成書而世莫傳，未可知也。又吾郡杜氏《越中金石記》，其書詳矣，善矣。然予二十年前在郡城聞徐以愻孝廉維則所儲郡中金石刻墨本，其出杜氏外者與杜氏所著録幾相埒也。孝廉有賡續之志而未之就。予曩嘗通書孝廉，欲乞其墨本自任編寫，亦未果斯願。然寸心耿耿，懷之不能忘。翰怡京卿篤志好古，盍徧徵諸郡其有成書未刊者，盡刊之。則予亦將與孝廉謀，竟此二十年未竟之志。異日書成，將並以授京卿，京卿其有意乎？丙辰八月。

夢庵藏印序

東友太田夢庵風雅好古。予初與君不相知也。去年夏，由海東返國，卜居津沽。定海方藥雨太守始爲之介。君遽出所藏古鉥印見示，觀其(監)〔鑒〕別至精，無一贋品，灑然異之。嗣恒與君相見，于古金石刻外不及他事，益知君好古之深且篤也。今年將所儲古鉥印爲《夢庵藏印》，屬爲之序。因書其端曰。

予少時讀吾邱竹房及桂未谷《正續三十五舉》及前人《論印絶句》，以爲數典未盡也。嘗欲爲《印話》以補益之，顧人事旁午，未克觀成。今觀君之譜，其可入予《印話》中者不鮮，今略舉數端于此。古者印璽之名，秦漢以前，公私上下，通用無别。其制或以銅，或以玉，或以土，故其爲文或从金，或从玉，或从土。許君《説文解字》璽，註「王者之(璽)〔印〕，所以主土」。「籀文从玉」，作璽。今觀君譜，首列土璽。此譜外，予所見土璽，亦不下十餘品。知許君「王者主土」之言，乃本秦漢以後爲説，殆非其朔，此一事也。新莽篡漢，自以爲應土德，故《莽量銘》有「據土德，受正號」語。傳世新莽時諸官印，多爲五言，世人但據《漢書·郊祀志》及《武帝紀·張晏註》謂漢據土德，土數五，故印章以五字，尚未知莽制與西京符也。然君譜中有「酆睦子則執姦」爲字六，知定制雖爲五字，而文有不可省者，亦未嘗不可變通，尤學者所未知。此二事也。今人作印，姓名以上或冠以里貫，或一印之中兼刻名字，或刻名而不及姓，論者每以爲非古。觀君譜中有曰「南陽堵陽厶厶字厶厶」，曰「曹遯文遯」，是一印中兼刻名字且冠以里貫之前例也。曰「破胡私印」，是古於臣妾印外，亦有舉名而不及姓者。此三事也。吴愙齋中丞選古僻姓之見古印者，爲《續百家姓印譜》。君譜中有曰「椑多」，曰「窒中朱儒」，曰「乘馬武椑」。及「窒中」、「乘馬」之姓，足補吴譜之所未及。此四事也。

至諸官印中，若「後將明義司馬」，若「撫夷司馬」，蠻夷印中，若「魏率善倓仟長」，並爲罕見，可考證古官制。如此之類，不遑縷述。爰略舉管見所及，世之得君譜者，其亦知古印鉩裨益于學術如此，固不僅在彫篆之工已也。其亦有當于夢庵爲此譜之旨乎？庚申四月。

全謝山先生吴職方傳書後

有明士氣之盛，振古所未有。觀諸記録，當易代之際，志士仁人斷脰赤族，以争既去之天命者踵相接。及國步既移，或槁餓空山，或託迹二氏者，亦僂指不勝計也。至於國亡垂四十年，而遂墜日以終其身，如吴職方者，其在明季亦一人而已。職方與吴中徐高士爲肺腑親，交誼尤密。高士《集》中頗詳記其蹤迹。潘力田先生亦爲立傳於《松陵文獻》。顧言多隱約，至職方之卒，高士爲誌其墓，始明記其事迹，然在當時仍有未可誦言者。逮全謝山先生生無諱之時，摭拾遺聞，别爲《職方傳》。其所記述視高士爲詳，發潛闡幽，有功名教。惟尚有未能詳盡。或沿前人之誤者，約舉之得五事焉。

高士所撰《吴子墓誌》敘馮源淮所部董某縱徐闇公先生事在酉戌之間，考馮之駐兵嘉興，乃在順治戊子。高士誤先數歲，全氏去酉戌之間句是矣，而未能詳著其年。一也。職方之遭名捕，一在丙丁之際，一在庚辛之交。丙丁間順治三四年，佐徐闇公、陳臥子兵事。庚辛間順治十七八年，則以海師入江事連染，謝山不詳其年月。二也。職方之佐徐、陳事，具《吴江志》，證以《陳忠裕公自訂年譜》，隱相合也。其被逮而得釋，亦詳《吴江志》，謝山先生則未采及。三也。謝山先生記職方一子瘐死獄中，此采之魏叔子《祭吴稽田文》，而據高士《集》則不言此事。職方諸子，高士甥也。使有此事，寧忍遺之？叔子殆據傳聞而誤，謝山遂承其譌。四也。職方五子，其仲尤賢。當難作時，以身當之，卒成父志。洵能繼述徽烈，無忝所生。又職方搆難，義士徐維爲之奔走，翼遺卵於覆巢，蹈危機而不悔，壯節俠行，無減昔賢。高士《集》中備詳其事。謝山作傳亦遺而不書。五也。

戊午歲暮，予撰《徐高士年譜》，遂得稍詳職方事迹，乃別爲之傳，並書此於謝山先生所作傳後。至職方嘉興人，其原籍則吴江，高士所記甚明。謝山作傳，略其原籍，而作《俟齋先生祠堂記》則又誤作嘉善人。《光緒嘉興府志》亦誤列職方於嘉善，其事實又至苟略。所望後之脩志乘者，幸補正焉。

唐館本金剛經跋

唐館本《金剛經》咸亨四年弘文館楷書令史任道寫十二紙，而佚其上半。道書法雋婉，有褚、薛風。經末題署十二行，首二行寫經年月、人名及用紙數，次裝潢手解集款一行，次楷校楷書任道款一行，次再校、三校書手公孫約款二行，次詳閱太原寺僧四人：曰大德神符、嘉尚，曰寺主慧立，曰上座道成款四行，次判官少府監掌冶署令向義感款一行，末使官中大夫守工部侍郎、永興縣開國公虞昶監款一行。

考唐制：諸省部臺殿館局皆有令史及書令史，或有令史而無書令史，或有書令史而無令史。據新舊史《官志》，弘文館有令史二人。《唐六典》言令史、書令史並分抄行署文書，掌録判校，而寫經非其職，意弘文館文簿清簡，且此館專攻書法，其令史非擅書者不能入選，故特令繕寫歟？兩《志》又載館中置楷書手及熟紙裝潢匠。而此經署款作書手、裝潢手，不作楷書手、裝潢匠。與《志》亦略異。詳閲四人皆太原寺僧，考《長安志》，言安定坊福林寺本隋律藏寺。武德元年置太原寺於永興坊，以義師初起太原，因以名。後遂于此，咸亨三年改爲福林寺。此經寫于咸亨四年，尚署太原寺，殆《長安志》所記改名之年未確歟？

向義感結銜少府監掌冶署令。考新、舊兩《唐書・官志》，均言少府監龍朔年改内府監，武后時改尚方監。此經署咸亨而監名仍是少府，初以爲疑。嗣檢《唐六典》，少府監龍朔二年改内府監，咸亨元年復爲少府監，光宅初年改爲上方監。證以此經署題正合。兩《官志》蓋奪咸亨元年復爲少府句也。虞昶爲世南子。舊、新兩《書》皆坿其名于《世南傳》末，《元和姓纂・虞氏世系》下亦載之。皆云官工部侍郎，與此卷合。惟不云襲爵永興縣公，可補史文之略也。

唐人寫經，具年月、書人名者至罕。曩于日本宫内省圖書寮及三井氏聽冰閣見永徽六年寫經各一卷，後有「中大夫内侍護軍觀自在寫經記」，已歎爲希見。況此卷題署十二行，可考見當日館本之式，且可考正《史志》之違失，不彌可珍乎！此卷出於燉煌石室中，石室卷軸大半爲英、法兩國所得，此卷幸尚存吾國，令人有碩果之歎！宣統元年十一月，從匋齋尚書借觀，留齋頭十日，謹書卷尾以志眼福。

玄悟老人草書心經跋

金玄悟老人書《心經》帖，祖齋藏。玄悟工書，散見元明人記述中。今觀其墨迹，堅蒼嚴重，無旭、素顛放之習，亦無緇流蔬筍氣。卷末行楷酷肖山谷。其書品在黄華、龍巖之上，卓然大家。顧其事實，諸書所載頗略。致《畫史彙傳》因元僧溥光亦號玄悟禪師，遂以爲即溥光，其實截然二人。

考《書史會要》卷八言釋玄悟能詩善書。《圖繪寶鑑》卷四言僧玄悟禪師能詩畫，墨竹學樗軒。《繪事備考》言釋玄悟寓意詩畫，既工山水，復善墨竹。《佩文齋書畫譜》引。均以爲金人。《圖繪寶鑑》卷四既列玄悟，卷五别出溥光。則夏氏明記爲二人，分列兩朝，本無可混。但以均稱玄悟，遂致歧誤。不知此爲法名，彼爲封號也。《畫史彙傳》疑玄悟由金入元。今觀卷尾署承安二年，溥光則至元中封玄悟。此卷承安中已稱玄悟老人，由是年至至元元年，中間凡六十八年。若至元初，玄悟尚存，則此卷稱老人爲可異，豈玄悟之壽竟至百有三四十之理？則玄悟、溥光之爲二人，殆無疑義。惟記玄悟年代事實之疏舛，實不始于《畫史彙傳》。元盛熙明《法書考》卷一書評言：「玄悟骨氣無雙，迥出時輩。」後總結又言：「右所集評皆據古人之論，始于蒼頡，終于唐人。」是又誤玄悟爲唐人。《圖繪寶鑑》謂玄悟畫竹學樗軒。樗軒爲密國公完顔璹。諸家畫史稱其善寫竹。而《金史本傳》稱璹以天興初年，年六十一。逆推之乃生于大定十四年。下距承安二年，甫二十又四年。以頹齡之老僧，乃受學于穉齒之貴胄，揆之情事亦爲虚誣。此均前人記述之譌。然使不見此卷，亦何由訂正？則此卷之存，不僅得窺墨妙，且可糾正前聞。況金人書迹傳世至稀，豈非人間奇寶耶！

至《繪事備考》言：「玄悟得大鑑不傳之真印，于彼法亦必有闡發，不僅書畫之工也。」元明以來，《釋氏記傳》中必存師之事實。行篋中苦無此類書籍可考，爲可憾耳。壬子六月從大西君假觀逾旬，日必數展，揮汗爲書卷尾。

張孟公先生手校本世説新語跋

《世説新語》明代仿宋彫諸本皆未善，此本乃蔣子遵據南宋湻熙十六年湘中刊本校。太原張夢公先生拱端據蔣本傳録於萬曆丁卯寒山趙氏重刊宋本之上，而附以勘語，朱書甚精。卷中藏印甚多：曰「原名拱端字孟公」，曰「興機」，曰「逸民佚」，曰「震巖老人」，曰「天累之後」，曰「漢留侯裔」，曰「閒居庵」，曰「煙霞洞天閣章」，皆夢公先生印。曰「張弓之印」，曰「引六」，殆夢公先生嗣子也。夢公先生手記在卷末，並録蔣跋，署康熙庚子，下署「老民孟公書」。又云「使餘兒知所自來」。餘兒不知即名弓，字引六者否？

《吴縣志》載「孟公先生，字孟恭。太原人。父慶，昭勇將軍。官於吴，遂家焉。先生以諸生應徵辟，授職方主事。好奇任俠，游楊廷樞、徐汧之門。國變後逃於禪，易名興機。築別墅於虎邱，棲隱其間。以其學授二子、七女，皆工詩善畫。晚年失明，年九十餘卒」。以諸印考之，字孟恭，作孟公。其稱「逸民佚」，殆初改名佚，而逃禪後又改興機歟？《志》不載「震巖老人」之號。又二子之名，據印文則其一名弓，字引六。並可補正方志也。先生生卒，《志》並不載。以跋尾署康熙庚子五月考之，上距崇禎甲申已七十五年，其從楊、徐受學及以諸生應徵辟，計其時至少亦二十五六，又閲七十餘年，殆百齡矣。而細書精絶，勘語亦精博，疑《志》記卒年尚未確也。寒家前賢手校之書，當以此爲弟一。且亦希世之珍矣。戊午臘月。

卓子任先生《明遺民詩》卷十六，載「釋興機，字震岩。山西太原人。住金陵天界寺。即張拱端」。然則先生曾主持名刹。《馮鈍吟集》有贈張孟恭詩言「從予學符篆」，則先生又嘗爲道家之學矣。又記。

金蘭坡先生尚友圖小象卷跋

予少好蒐集古彝器墨本，每見有「蘭坡手拓」及「金傳聲」小印，知蘭坡先生爲道咸間好古之士，苦不能悉其平生。

十年前，交秀水金頌清文學興祥，始知文學爲先生從孫。文學爲予言，先生篤學嗜古，足迹半天下。當世金石學者若英蘭坡中丞、吴子苾閣部、何子貞太史，咸與交善，蓋敦厚篤行之君子也。而予則尤服先生傳古之功，當世殆無與匹。三十年間，所見先生手拓吉金文字不下千紙。當乾嘉以來，南中士夫争蓄古器，兵燹之餘，轉徙亡佚，或隨市舶至歐美。人間多一墨本，則學子猶得寓目，器雖佚猶存也。每憾藏器家祕藏古器，不肯施墨，其抱傳古之志者，或又無從容之歲月手自氊拓，致傳本日稀。安得如先生一器拓至數十百紙，俾金石之壽得藉楮墨以永之耶？

予往歲欲撰集金石學者傳略，謂著録者與藏器家、傳古家三者當並重。世無儲藏者則古物易散而難聚，無傳古家則著録安所取資？然則先生之功，視阮、吴諸賢又何可軒輊乎？先生名傳聲，字蘭坡。生於嘉慶癸酉，卒於同治丙寅。先生卒年，予之生年也。我生苦晚，不獲親承杖屨。今文學乃寄先生《尚友圖小象卷》屬題，展觀之餘，若接几席。平生向往之私，爲之頓釋。爰書卷尾，以誌墨緣。異日並當采入金石學家傳略中，俾後人知先生之學行，此固予之責也已。丁巳八月。

楊和甫先生遺墨跋

此辛亥殉國黔南楊先生手蹟也。先生諱調元，字和甫。以庶常出宰關中，所蒞有治勣。去年宰渭南，九月省城發難，邑中有應之者。時公子通旅江蘇，聞變作，慮先生必不辱，而道阻無音耗，乃亟履蹈危、冒萬死以赴之。比幸達治所，則已非故常。邑之耆老爲言先生死事狀，且言邑人感公義，已禮葬公矣。公子既慟不獲奉遺骸歸，求遺著則亦散失，僅得手蹟二册，詩詞稿一束於刦灰中。乃謹藏之衣帶，哭墓招魂而返。是編者即公子履蹈危、冒萬死，僅得之於刦灰中者也。

先生博聞强記，九經諸子至老能暗誦。平生所治吏牘，歷久纖細不忘。尤工篆書，直接二李之傳，蓋能由冰以溯斯，由斯以溯籀，試觀於編中所書可知也。所集《二李篆譜》，會二李石刻中文字以成之，辭旨爾雅深厚。如史游《急就》，周興嗣《千文》，亦非老於文者不能爲也。

嗚呼，去歲神州之變，禍發於一朝，而害鍾於平日。其果由於政治之昏濁，國論之旁午，其因則在名教之式微，學術之陵替，卒至譙馮柄國，鐘簴遽移。彼少年無識者，方且詆爲秉禮以致弱，文勝以趣亡。使其言而果信歟，何以死闕下者未聞一人，而文獻之彫零至於斯極也？逮先生之致命，遂一結三千年名教綱常之局。嗚呼，其可慟寧止於一姓之廢興而已哉！

振玉浮海踰年，閉門思痛，間嘗訪求國變死事諸賢，於先生外得謝總兵等十餘人，欲爲記傳表章之，以樹百代之儀刑，延彝倫於一綫。顧求諸家誌狀不可得，則皆有所顧忌逡巡而不敢出也。吾聞古之竊人國者，將並其仁義而竊之。今則竊國而舍仁義，尚暴力以劫斯世。凡先聖、先王所立人道之大防，舉世緘口不敢道一字，是將率天下馴至於禽獸。人倫之禍，殆無已時，吾不能不爲我神明之種裔，懼且悲矣！

公子通既冒萬死以僅得此蹟也，復謀付剞劂以永之。蒸蒸孝思，可敦薄俗。先生有孝子，即名教有未孫。雖先生大節不必藉斯以傳，而即此一編垂之藝林，亦足啓牖來學。公子以振玉犓明六藝，責以斯文。不揣傖荒，爰書其景行之私及於當世之懼且悲者於卷尾，以質之憂時深識之士。歲在壬子十月。

墨華通考寫本跋

《墨華通考》十六卷，前署「越山陰王應遴堇父輯。晉絳州韓霖雨公訂」。其書載各省碑刻，至明而止。省爲一卷，首北直隸，次南直隸，次浙江，次江西，次福建，次湖廣，次河南，次山東，次山西，次陝西，次四川，次廣東，次廣西，次雲南，次貴州，次九邊。碑下不注年月，其書撰人名多不具。譌誤重複亦不尠，然其編集之勤，良不可没。且著録明代諸碑者，僅有此書可資參考也。應遴以崇禎二年與徐光啓奉勑脩《歷書》一百二十六卷，見《明史》。《紹興府志》亦有傳，稱應遴萬歷戊午以副榜貢京師，閣臣葉向高薦授中書，同脩《玉牒》及《兩朝實録》，晉大理寺評事。熹宗朝忤魏閹，受廷杖。以葉向高、韓爌力救，免死。崇禎改元，閣臣徐光啓薦起原職，同修《會典》諸書，遷禮部員外郎。甲申殉國難。子觀昉爲錦衣鎮撫，覓父屍遇賊，遭酷刑，雙足俱潰，匍匐負父屍歸，卒得成殮，還葬鄉里。其大節凜然，尤令人景慕也。《志》稱字雲來，此書稱字堇父。此書以外不知尚有他著作否？《明史》及吾郡《藝文志》均不載是書，當據此本補之。

韓霖《山西通志》有傳，天啓辛酉舉於鄉。少從兄游雲間，得接婁東諸老，學兵法於徐光啓，學火器於高則聖。嘗佐蔡忠襄公懋德撫晉，太原破，陷於賊，歸爲人所殺。傅青主《蔡忠襄公傳》謂霖從賊爲中書，後爲仇所殺。著《守圉全書》、《救荒全書》、《祖絳帖考》、《礮臺圖説》等數十種。傅青主先生《叙靈感梓經》曰：「絳韓生慫恿學西方事天之學，而疏其詞曰：『無論十惡不善，朝皈依而夕登天堂也。』」是霖乃持天主教者。應遴殆亦學于徐，而與雨公同門。

明季徐文定公倡天主教，且以天算、火器等學教授門徒甚盛。嘗欲考其及門諸人爲一文，以紀當時學派。屬草未就，異日當卒成之。

匋齋吉金録及續録跋

《録》八卷，《續録》二卷，皆浭陽端忠敏公藏器。計三代禮器二百有四，秦器四十一，漢以後器百二十八，古兵四十三，佛象三十一，總得四百四十有七器，可謂富矣。而贗器亦得四十六，蓋約當全器十之一也。

贗器之中三代禮器五：曰「山形父乙鼎」，曰「叔器父鼎」，曰「魯原觚」，曰「功卣」，曰「中蓋[illegible]簠」。漢以後器十有二：曰「長安鼎」，曰「南中君銅」，曰「大吉羊洗」，曰「黄龍鐙」，曰「漢右領軍虎符」，曰「金符」，曰「龜魚盤」，曰「張伯鍑」，曰「天和權」，曰「永昌權」，曰「開元權」，曰「貞元權」。古兵十有七：曰「六丁戈」，曰「陳侯戈」，曰「陳余戈」，曰「高密戈」，曰「龍伯戟」，曰「左將戈」，曰「武子戈」，曰「遄戈」，曰「陸右左專劍」，曰「吴季子劍」，曰「官率劍」，曰「陰平劍」，曰「[illegible]平侯劍」，曰「黄龍劍」，曰「大司馬呂叔劍」，曰「右庫劍」，曰「秦職輅劍」。造象十有二：曰「徐常樂」，曰「吴弘」，曰「郭巨」，曰「左善」，曰「靳江」，曰「張多通」，曰「張温」，曰「北魏殘造象」，曰「吴廣」，曰「波羅寺僧」，曰「曇瑞」，曰「張富」。總四十六器，此鑒别之疏也。至稱名之誤，約舉之亦得三端。卷三載銅勺六，考其形製，葉鋭而柄曲，乃匕而非勺。漢五鳳、建始，宜子孫大泉五十，貨泉五：熨斗其制底平而無足，爲申帛之器。均誤以爲鐎斗。《續録》載「龍節」，審其形制，乃鍵類而非節。「秦刄」之形制是梠，而謂之刄。卷七載「下軍矢鏃」，考其形制乃矛也，而誤爲矢鏃。此器名之誤也。卷七載唐犂，上有「原造」二字。以形制觀之，確爲元代物，誤認爲唐。此時代之誤也。「部伯敦」之「部」，其文作「[illegible]」，非部字。「韓姬敦」之「韓」，文作「[illegible]」。《説文解字》鶾，籀文作[illegible]。从爵省，與敦文同，非韓字。「滔嫖敦蓋」之「滔」，文作「[illegible]」，乃稻字，而誤作「滔」。「師麻簠」之「麻」，文作「[illegible]」，是「麻」非「麻」。《續録》有「欶敦」，其文曰「欶乍皋嗀兩」，不識「欶」字，而題曰「□彝」。「秦右殊鼎」之「殊」，文作[illegible]，从肉，乃胅字，誤以爲殊。此釋文字之誤也。又如「犧形爵」、「目形父癸爵」，文字均倒置，此又編訂之疏矣。

蓋公之此書，成於門客之手，時公王事鞅掌，未遑商榷，致有此失。然公殉國以後，編中諸器，十散八九。此書雖多疏誤，而使海内學者得據以爲考證之資，則猶不幸中之幸事也。

此本公宣統庚戌罷官家居時所贈，且謂予曰：「成書草草，疏誤必多。糾正之事，非君莫屬。異日當並二編爲一，益以近時續得重付手民。」詎知曾不逾年，遽逢海桑之變。浮海歸來，過公故居，爲之腹痛。冬夜篝鐙，展讀是編，漫書其後。蓋所以踐往者之約，而公已不可見矣。己未十一月。

古玉刀墨本跋

此刀長建初尺三尺有六寸，廣五寸。玉質至堅，鋒刃銛利，上塗以朱。浭陽端忠敏公方所藏，聞得之吴清卿中丞許。忠敏撫吴時，予得見之。宣統二年，公招飲於京邸寶華庵，復得拜觀。忠敏謂是周之赤刀，雖不免肊定，然爲三代法物則無疑也。予謂是古之容刀，以陳於朝廟者。予所藏有斷戈，亦以玉爲之，殆亦容戈矣。高宗皇帝《御製詩集》屢詠「漢玉赤刀」，雖未明記長短、形制，殆亦此類。前人於玉之古者，輒名以漢玉。高廟亦沿此稱耳。

國變以後，忠敏所藏多星散，此刀爲滬估所得，售歸美國。此未售時予手拓者，恐宇内所存墨本僅一二紙耳。忠敏別有一刀，大小與此略等，而有文字，每字僅分許，亦歸滬估手。初本完好，近已折爲二。予求墨本不可得，恐亦隨估舶去矣。三千年來紀綱文物，曾不十稔，淪亡垂盡。攬此墨本，爲之慨然。己未二月。

古玉墨本跋

此玉長建初尺三尺有五分，其一端廣四寸六分，他端廣七寸七分。玉質極堅緻，旁有三穿及鉏牙，較廣之一端下亦有鉏牙，兩端各刻一獸口銜人頭，表裏相同。亦端忠敏公所藏，忠敏謂當是璋之大者。予亦未敢以爲信也。予嘗謂三代法物，漢季馬、鄭諸儒，已不能備知，矧在今日？此正當守先聖蓋闕之訓耳。

此玉近亦由滬估歸美國。予去年在滬曾就觀，上有刻辭數行，每字大四五分許，不知何時磨去，尚略見字迹，墨本則不能見矣。近數年間，所見古玉之奇者：金陵黄氏藏一圭，其下端隱隱見一人首形，狀如南洋人種。似出彫刻，而手摩則平夷，不可施墨以存其象。聞亦歸美國矣。關中近所出古玉，入商舶出重瀛者至多。中土士夫往往不獲一見，恐異日欲爲譜録，將轉於異域求之，能無令人思之長喟耶！己未二月。

澄清堂帖跋

《澄清堂帖》，明中葉以後始顯於世。一時能書精鑒諸家若王弇州、董華亭、邢子愿、孫退谷等，驚爲昭陵繭紙再出人間。右軍書法汩没塵薶於《宋官帖》者垂數百年，一旦乃撥雲霧而睹青天，藝林快事孰有逾是者。顧以罕見晚出，且董、孫二家所述黄伯思、陶南村刻自南唐、橅於賀監之言，復撿《東觀》、《輟耕》諸書，未見是語。邢氏記顧廷尉之言，亦未知其所據。又有「澄清」、「澄心」之異稱，於是翁覃溪閣學遽詆爲南宋坊肆所橅，謂標題、文字、書法與南宋坊賈刻書體勢相埒。以與宋拓《大觀》、《汝帖》相校，不惟遠遜《大觀》，且較今所行肅府本尚不及云云。予謂閣學失言甚矣。此帖標題、書體在永興、率更之間。以唐以來石經校之，下啓嘉祐，上承開成，而同符孟蜀。且與蜀槧李鍔書之《爾雅》，南唐之「唐國通寶錢」文均相肖似。當時書體正自如此，多見古刻者自能知之，無庸縷數。至謂此刻遠遜《大觀》，不及肅藩覆本之《淳化》則非。閣學務爲矯激之言，由其見地正自尔尔。蓋閣學心意中久牖於王知微所摹勒之右軍書，以爲山陰真面盡在於是，日低首下心於《淳化官帖》。其平生鑽仰疏記官帖之語，殆不下數萬言。早歲攻書，至於白首，功力可謂深至。然於古人遒勁、頓挫之妙，殆未有得，致以癡重爲古厚，以模稜爲渾樸，見真龍而驚，固宜然也。顧獨惜右軍書法，由宋初以訖明末，才見曙光，又有第二之王知微者，再作五里之霧，右軍抑何不幸至於斯極！吾爲千古書法絶續計，固不能避詆訶前賢之誚矣。

黄、米諸家詆《官帖》多收僞迹，其言至精密，獨不言摹勒之失。今試以《官帖》所摹諸家之書，除間架位置不同外，至筆法則一例圓滿，全無差别。與每卷標題反如出一手，可知知微所摹，全是改易古人，以就己意。晉、唐遺榘蕩焉無存。故以《官帖》初本校此帖，全無合處。而以此帖校宋拓《懷仁集序》及日本流傳之唐橅《右軍書記》，則無一不合。此刻之與《官帖》，孰得孰失，更奚待煩言而決耶！「摹於賀監，刻於南唐」之語，翁閣學非之。予謂「摹於賀監」之説，誠不能徵信，而「刻於南唐」則不可非也。右軍書法大明於唐，大晦於宋。唐世弘文監書諸臣，若歐、虞、褚、薛固駸駸升山陰之堂而入其室，即解無畏等亦天下之良工，非王侍書比也。予意此帖實出唐橅，故能得真。不必出諸季真，乃爲增重。且細省此刻，實是鋟木，非出石刻，試觀卷中諸斷泐處可知。因木無斷泐理，則斯帖祖本或依石刻，祖本之石已斷，故斯帖存其舊迹。唐人勒石至巧，近年敦煌石室所出之唐初拓墨太宗《温泉銘》，鋒穎銛利，不異出之豪素。則依石本上木，亦與傳之縑素者無殊。予謂此帖非必從賀橅墨迹上木，此亦一證矣。至鐫刻時代，謂出江表。雖無左驗，亦可懸知。蓋斯帖既依據唐代石本，又遠邁宋世《官帖》，則必爲五季可知。五季文物無逾江南，天水所藏來由建業，則爲南唐又可知矣。嘗謂考古亦如折獄，情推勢測，十得八九，左證所得十一二而已。予定此刻必出南唐，亦正猶是耳。

唐代傳刻法書，勒石以外，亦用木版。杜陵詩所謂「繹山之碑野火焚，棗木傳摹肥失真」是也。此帖之用木本，上承先唐之遺法，下啓《秘帖》之先聲。

斯帖之爲木本，既審諦而知之。又知此帖乃每四行爲一板，因每卷所記：甲一、丙一、丁一，皆記版數。每四行後必有數記，故知每四行爲一版也。每版之高，約建初尺尺一寸，廣約五寸七分。第一卷二十六版，第三卷三十六版，第四卷十八版。蓋版狹小則不易裂損，且便收儲。《淳化》則用長版，致裂後以銀錠筍聯之。此雖細微，後人亦不能如前人精密，其重於是者可知矣。此爲古今言法帖者之所忽，故表著之。

此帖題署，首行書「《澄清堂帖》卷一」，次行書「王右軍」，下書「甲一」，第三行又書「王右軍帖卷一」。似頗涉煩複，致詒翁氏之譏評。然熟玩之，知首行乃記是帖之總卷數，次行記是卷之書人姓氏，第三行則記某人書之某卷。其「甲一、甲二」則記每卷版數，條理至善。邢氏疑此帖不僅右軍書，今以題署之例推之，其言殆信。標題稱「王右軍帖卷某某」者，所以別於它家，則此帖於右軍以外必更有它家可知也。吾今爲邢氏得一左證，爲翁氏決一疑問。唐人橅刻之精，非後世所能方駕。而拓墨之法，則頗不緻。予曩見唐太宗《温泉銘》後有永徽間人墨書，爲初唐拓墨可知。黝黑濃重，與明代關中拓法無殊。《宋官帖》用李廷珪墨，澄心堂紙，氊拓之善爲世稱美。今觀此帖，拓法精妙，遠駕《宋官帖》初本之上。知宋世實師南唐舊法，而已有上下牀之差别，古今拓墨之妙，無逾南唐者，然使不見此帖，亦烏乎知之。

斯帖在明代傳世僅三本。邢少卿得二卷，《來禽館集》不言所得卷數。此據董文敏所記。《大瓢偶筆》云：「邢得半部」。又云「王昊庵家有六卷，即邢氏物」。其説已自差異，恐不可信也。陳眉公得三卷，以歸董宗伯。楊大瓢言會稽董氏有十卷，曾載入董文敏《容臺集》。世間無第二本。今歸張侯雲翼。予案：董所得乃五卷，文敏及眉公所記均同，不云十卷。大瓢求觀此帖，終身未得見。《偶筆》言「陸圃玉爲予言：『首卷刻《蘭亭》，次《洛神》，次《屏風》。』」與此帖卷一所載全然不合，則所云十卷亦爲傳聞之誤可知。孫北海得三卷，此外無聞焉。今孫退谷本藏虞山，邵氏邢本藏常州廉氏，幸尚在人間。董本不知存否。此本爲朱竹君先生舊藏，後歸涿州李芝介在銛，由李歸於余齋。是今日寓内所存，仍是三本。但卷數恐又少於有明耳。此本今歸帖祖齋。已得復失，固不能無憾。然篋藏三年，既得窺山陰真面，文字之福已多，天下之寶，當與天下共之。至此帖所以關於右軍書法絶續之故，顯揭之以告天下，是則予之責也。因再從帖祖齋叚歸，備書此帖之所以可貴者，不覺言之冗長也。壬子三月。

甲秀堂帖跋

《甲秀堂帖》刻於北宋，石佚已久，故吴匏庵僅見殘卷。孫退谷《庚子銷夏記》雖著録，然沿趙氏《洞天清禄集》之譌稱廬江李氏，是退谷但據趙説入録，此帖刻本孫氏已不能目睹也。足徵拓本流傳稀如星鳳。光緒辛丑得此本於南中，爲歙州鮑氏舊藏。楮絜如玉，墨黝如漆，爲宋拓中至精者。雖僅存殘卷，而魯公《二祭稿》橅勒精絶，遠出《餘清》、《停雲》諸本之上。魯公仿右軍書，佗帖所未見。《岐易石鼓》縮本爲考石鼓存字者之至寶。是不僅爲寒齋瓌寶，亦寓内僅見之秘刻矣。

程氏《南村帖考》見聞頗博，鑒衡亦多精當。然於此帖源流則疏略之甚，而前代諸家著録亦未詳。刻石者之名字，致有疑爲元人陳惟寅者。予案：此帖宋朱樂圃《墨池編》已著録。據米海岳所撰《樂圃先生墓表》及張景脩所撰《墓誌》，樂圃卒於元符元年二月。則斯帖之刻更在元符以前可知。又曹士冕《法帖譜系》載《絳帖》有木本，前十卷甲秀陳氏藏。所稱甲秀陳氏爲刻此帖者，殆無可疑。趙希鵠《洞天清禄集》稱廬江李氏刻《甲秀堂帖》，前有王、顔書，多世所未見，但繼以本朝名人書頗多云云。雖誤陳氏爲李氏，然希鵠南宋人，則此帖出于北宋，非出于陳惟寅斷斷然矣。又董史《皇宋書録》於此帖凡再見，一云「廬山陳氏甲秀堂刻蔡君謨飛草一卷」，一云「甲秀堂帖中刻米南宫書一卷」。于朱、曹、趙三家外，又得此證。董爲淳祐間人，其時殆尚見此帖全帙也。至帖中曾刻米、蔡書，則斯帖之刻殆在元祐、紹聖間。惟陳氏姓名終不可知，異日當再考之。

是帖明以前已久佚，故王弇州言《甲秀堂帖》近忽盛行，想是橅本。今此本之末，董思翁跋言丹陽姜宗伯家再刻，亦具形模。寒山趙氏《金石林時地考》亦謂此帖在丹陽姜氏，殆即指姜宗伯重刻本。弇州所謂近忽盛行者，當出姜橅。弇州蓋未見原本也。屠隆《考槃餘事》又云此帖吴中有重橅者，則明代橅刻不止一本。顧今日即復刻本亦罕見。張叔未先生曾藏甲秀堂刻《周秦篆譜》，爲曹倦圃舊物。卷首有秋岳名印，叔未先生珍爲宋拓。有跋尾載《清儀閣金石題識》第四卷，其本亦藏予家。以此本校之，異同甚多。標題此本作「廬山陳氏甲秀堂法帖」，彼本則作「廬山陳氏甲秀堂帖」，知彼本實出重橅，特不能定爲姜本抑吴中本耳。

此帖不但有復刻，且有贋本。道光中，仁和惠秋韶所譔《集帖目》上卷，載《甲秀堂帖》云：卷末篆書「寶慶□元春三月既望」。考此帖，刻於北宋，確切可據。無題寶慶紀元之理，則惠氏所見之本爲贋刻無疑。殆與《大觀》、《淳熙》、《星鳳》諸贋本，同出吴下黠工之手也。庚申三月。

與林浩卿博士論卜辭王賓書

惠書垂念，拳拳之情，至爲感荷。僕自去冬患胃，荏苒四月，食減體羸，至今未復。有「甚矣吾衰」之歎。雖神明如常，而讀書減於疇昔，不堪告慰于左右也。病中無事，念前者僕釋卜辭之「王賓」，謂爲嗣王對先王之稱。引《洛誥》爲證，足下不遽謂然，具徵「實事求是」之盛心。往欲略陳禮家所言以釋懷疑，逾歲未果。今借楮墨布其區區，幸裁正之。

竊謂古君子之事其親也，存則親之，没則神明之。存則主之，没則賓之。蓋三代之達禮也。漢之禮家尚能知之、言之。《襍記》曰：「父母而賓客之，所以爲孝也。」《記》又曰：「祭祀之禮，主人自盡焉爾，豈知神之所饗，亦以主人有齋敬之心也。」又曰：「弁絰葛而葬，與神交之道也，有敬心焉。」此存則親之，没則神明之，賓之之證也。禮家所記，此類甚多，略舉一二示例而已。蓋人子事親，其道有二：曰愛，曰敬。存則盡其愛，没則致其敬。而致敬之道，不外神明之，賓之而已。祭稱「主人」，主人者對乎賓之言也。既封，以幣送死者曰「主人贈」。贈也者，又對乎賓之言也。《記》又謂：「夏后氏殯于東階之上，則猶在阼也；殷人殯于兩楹之間，則與賓主夾之也；周人殯于西階之上，則猶賓之也。」又曰：「飯於牖下，小斂於户内，大斂於阼。殯於客位，祖於庭，葬於墓。所以即遠也。」蓋君子執親之喪也，親雖死不忍遽死之，復而後殯。未殯以前，仍事以生人之禮。夏后氏殯於東階，猶主之也。殷人於兩楹之間，蓋在賓主之間。周人於西階，斯賓之矣。《釋名》「殯者，賓也」。賓之，蓋自殯始。由始死而飯、而斂其禮。猶親之、主之也。而殯、而祖、而葬、而贈、而虞、而祔於祖父之廟，於是親之、主之之禮廢，而賓之、神明之之禮成矣。賓之、神明之，君子之愛于是窮，而敬于是始，愛盡乎親之身，而敬則至于没齒，此孝子之事也。明乎此，則稱先王曰「王賓」，殆無復疑義乎？

往歲之爲《殷虚書契攷釋》，意取簡要，不免失之苟略，此亦其一端。今得足下啓發，得啚申其旨，拜惠多矣。長日如年，藥裹閒暇，裁書奉謝，遂及兹事，幸有以教之。

致王静安徵君釋上甲書

昨郵局送到大稿，鐙下讀之，忻快無似。憶自卜辭初出洹陰，一見以爲奇寶。而考釋之事，未敢自任。攷究十年，稍稍能加釋。往者寫定尚未能自慊，固知繼我有作者必在公矣。上甲之釋，無可疑者。

鄙意田即小篆之甲所從出，卜辭於十外加口，所以示别。與乙、丙、丁之加匚同例。而小篆以甲代十者，蓋因古文甲作十，與數名之十相混也。小篆之甲，初作甲。从冂，从十。觀秦陽陵、新郪兩虎符，甲兵之符字作甲，《吴天發神讖刻石》作甲，可知許書作甲，乃寫失也。然以田代十，周代已然，不始於小篆。兮田般之「兮田」，即兮甲也。小篆變田爲甲者，蓋作田，又與田疇之田相混，故申其直畫出冂外，以别於田疇字。蓋小變口爲冂，而缺其下口。今隸作甲，尚不失古文初形，惟直畫申長，與古文略異耳。此字初以嫌於數名之十，而以田代十，既又嫌於田疇之田，而申長其直畫以示别。既又變口爲冂，更由冂譌冂，由十譌丅，而初形遂晦矣。反不如今隸作甲，尚存古文面目。玉往歲考卜辭，知今隸多存古文，此亦其一矣。又⊞或作⊞者，蓋即「上甲」二字合書。許書「帝」，古文从丄。注：「古文諸丄字，皆从一。篆文皆从二，二古文上字。」考之卜辭及古金文，帝、示諸文或从二，或从一。知古文二，亦省作一。⊞者，上甲也。許君之注，當改正爲「古文諸丄字，或从一，或从二。一與二皆古文丄」。意者汲長原文本如此，後人傳寫失之耳。尊稿當已寫定，似不必增改。或以此書寫坿大著之後何如？

久不作書與公論學，病體支離，遂疏筆硯。今乃纍纍盈幅，忘其勞矣。近補釋卜辭中文字二十餘，尚未能詳書奉政，異日再奉大教。臨楮神馳，不能悉意。

與友人論古器物學書

承詢古器物學條目及其修治之法，以振興斯學爲己任，甚盛，甚盛。今姑述其梗概，以副虛懷。考宋人作《博古圖》收輯古器物，雖以三代禮器爲多，而範圍至廣。逮後世變爲彝器款識之學，其器限於古吉金，其學則專力于古文字，其造詣精于前人，而範圍則轉隘。古器物之名亦創于宋人。趙明誠撰《金石録》，其門目分古器物銘及碑爲二。金蔡珪撰《古器物譜》，尚沿此稱。嘉道以來，始于禮器外兼收他古物。至劉燕庭、張叔未諸家收羅益廣，然爲斯學者率附庸于金石學，卒未嘗正其名。今定之曰：古器物學。蓋古器物能包括金石學，金石學固不能包括古器物也。

方今地不愛寶，古器日出，此斯學發達之時也。爰略述考究之法，以告當世。姑括以二綱：曰「類别」，曰「流傳」。而分疏之如下：

古器之類别至繁，今約之爲十五目：一曰「禮器」。古之宗彝，禮家所記，後儒罕見。漢季經生箋注《禮經》，已多舛誤。若康成之説犧尊，洨長之釋簠簋，已與古物不合。後世爲《三禮圖》者，憑依經注，肊定形狀，證以實物，十無一符。宋翟汝文嘗上疏，欲據傳世古器訂正《禮圖》，惜當時不及施行。而宋人三《古》諸圖，據器定名，得者什九。然若彝與敦，殊形而同物。散與斝，同物而異名。如此之類，尚未盡曉。又有傳世古器，若鴞鳳、饕餮諸尊，皆不見《禮經》。當憑目驗，以補舊聞。二曰「樂器」。若鐘鎛，若石磬，若錞于，若律管。其視禮器流傳爲少。前人以鐘鎛屬禮器，今别自爲類者，蓋古昔樂器今日所見廣于前人也。如旋蟲之制，程易疇先生以意爲圖。今有其物，而前人不及見。殷虚石磬與《考工》所記形製迥殊，而與《博古圖》所載正合。漢四時嘉至斷磬，則與程氏《通藝録》所考略同，若箜篌、羯鼓、箏築、阮咸及樂舞之面具，近山東出土銅面具一，已歸海外，未見第二品也。並存其式于海東。僉當橅擬，以存古制。三曰「車器馬飾」。古車馬之飾，其物至繁，大率名存而物不可見。其可知者，若鸞和之名定于阮氏，足訂宋人之失。又旂常之鸞，馬首之鑣，今有傳世者。《積古》所載安昌車釭，其器今在予家，乃轅端之冒，非轂中之釭。文達專精車制，且有此失。今出土車器馬飾至多，觀其物又不能遽得其名。好古之士若精心考求，當什得七八。四曰「古兵」。古兵之屬，其類實繁，若勾兵、刺兵、矢鏃種類尤夥，苦難强别。其無異制者，惟劍、匕耳。戈、戟之異，定于伯思，程氏易疇乃與㝠合。然漢石所畫戈形，已有譌誤。近儒見勾兵有署二目字者，遽定爲《顧命》之瞿，則爲未安。至近畿舊出匽王鍨，製與戈類，而胡下之刃，有若鉏牙者二三，殆即《書·顧命》「一人冕執戣」之戣。又近時出土古兵，若盛矢之葡，弩矢之括，則確可定名。又知刀削之制，但殊長短大小，伍伯所用，簡牘所資，並無差異。《孝堂山漢畫象》有大狩示罰之圖，所畫伍伯握刀，與今日中州所出正復無殊。中州、關中古人墟墓，近出鎧胄之飾，雖零落不完，並爲昔所未見，允宜蒐集以資考古。五曰「度量衡諸器」。古之權石，前人著録始于先秦，迄乎元明。度量則起秦、漢、新莽，以迄天水之世。予嘗見三代小權，銘以古文。又藏漢尺二，無文字，與建初尺長短正同。又得《蜀章武弩機》，其所刻尺度，絜之建初，亦復符合。知蜀漢尺度不異東京。惟唐尺中土不傳，日本正倉院尚有之，當仿製以資參考。又古代酒器及漢器之記容量者，並當資以考古。六曰「泉幣」。三代以來，泉幣流傳，形制屢變，刀幣以外更有圜金。近世復流傳古貝，有天生之貝及貝制、骨制、銅制者，又有小于漢之榆莢，圓穿無文字，殆爲漢莢錢所自昉。今臺灣土番國尚沿斯制，但較小耳。又發見寓錢，摶土成之。昔傳「大泉五十」，今又見「五銖」，知古人瘞錢，初用通貨，後以寓錢，最後乃易以紙錢。又壽陽之餅金，朱提之銀片，宋元之錠金，元之鈔板，凡是之類，前人罕見。宋元以來，譜録衆矣。考諸化、布，語多誣妄。近人所撰，鑒别益精。見聞益廣，惟癖錢者尚無博古之儒，故修明此學，尚有待于後賢。七曰

「符契鉨印」。前人著録符契，但及秦漢迄于隋唐。雖有專書，舛誤實夥。今則有先秦及三代諸符，其尤先者，或鷹或馬，不皆虎也。逮乎嬴氏，新郪、陽陵諸符，始爲虎形。漢魏承之，訖於有隋。宋元以後，變爲符牌，亦爲考古者所不可忽。至於鉨印，亦日出不窮。而唐宋以後官印則譜録家多棄而不録，今宜留意采集，以補苴前人。又《古封泥譜録》近雖漸備，仍宜訪求。至印鉨之學，有裨考古甚巨。古人但爲譜録，考訂之事，尚待來兹。八曰「服御諸器」。其類實繁，其尤多者，則若鐙錠、燭盤，若鏡洗、師比，下至門鋪、帳構、斧斨、管鑰，農用之犂與錢、鎛等，未遑縷數。而師比中州所出，有長建初尺尺許者，塗金彫鏤，至工極巧。前人未覩，多流域外。又見婦人裝飾之品，有古釵及燒料諸物，多漢唐故物。釵有施以銘識者，惜但見墨本而已。九曰「明器」。明器雖出近年，而自三代以迄宋元，尊鼎、田宅、井竈、家畜、僕隸、伎樂、鬼神無不畢具，然仍日出不窮。近見漢人獸圈中有一人，以足踏弩，可考古者蹶張之狀。中州、關中所出瓶、瓿，每有漢人朱墨書，實爲前所未見。又壙中遺物，若黄腸、木石、金蠶、玉豚之類，前籍所記，往往遇之。惟多流海外，宜及早收儲，俾無孑遺之歎。十曰「古玉」。三代古玉，關中出土至多。龍、朱兩家之書，見聞既狹，考證多誤。愙齋中丞《古玉圖考》突過前人，而後來所出，若赤刀、巨璋之類，多未登載。斯業未竟，紹述之事，尚待後賢。十一曰「古匋」。三代匋器，出土尤晚，大率登量之類，出土之地，厥爲燕齊。亦有兩漢之器，其完全者可考古量，其文字斷片與古文或異。嘗謂古泉幣、古匋器、璽印，皆古文之一體，亦小學家所當取資也。

十二曰「瓦當專甓」。瓦當文字，舊出關中。羽陽諸瓦，宋人已著録。後山左、中州、易州，遠及歸化城，所出不少，奇品益多。比來近畿出花紋半瓦筩，上印以古璽，爲列國時物無疑。又關中出土古瓴甋，乃屋上瀉水之器。可據以正前人「高屋建瓴」注釋之譌。至專甓出古人墓中，前人所見，文多在側。近則平面鑿字者不少。又有圖古賢列女者，冢中間有壁畫，多流海外，宜保存也。十三曰「古器橅範」。昔賢所見泉範爲多，後乃復見古幣布範及鏡、瓦、弩、機諸範，最近見印範、斧範、矢族範，古禮器銘識範。又有漢時製器械齒輪範，可考漢代已有機輪，尤爲考古者之所取資也。十四曰「圖畫刻石」。漢人畫象石刻，多圖古事，所載物象，多可考見兩京制度。然如掩兎之畢，與古文[illegible]字之形正合。知三代物象，尚有存於炎漢者。歐人頗爲考證，然以西人而考我國古器，固不能無疏也。又唐宋古圖畫名迹之存於今者，多可考見古衣冠輿服制度，宜選工橅寫，以資考古。十五曰「梵像」。自漢永平之世象教西來，爰逮六朝，至於李唐，鑄金刻石不絶於代。其刻鏤之工，可考見古美術而知其流派。歐美、海東斯學頗熾。而中土但考文字，尚未及此，亦當兼采以存藝術。以上所舉，乃其概略。他若殷虚之古骨角、蚌甲、象齒之類，並可考求古生物學。雖與古器物出於人造者略殊，並宜蒐求以廣學術。

至於流傳之事，約爲四目：一曰「鑒定」。古器每多僞造，或真器而僞文，或仿古而復製，其精巧者至可亂真。古人著録，贋器甚多，宜知鑒别乃無詒誤。但非學識兼優，不克任此。二曰「傳拓」。古器文字，宜多傳拓，天下學者乃可具覩。每惜歐美諸國不知拓墨之法，但知藏弆。人間不傳，並當橅拓器形，以存物象，俾得墨本如覩原器。蓋有傳拓而考古之學一進。至僧六舟、馬傳巖諸人創傳拓器形之法，其于傳古，厥功尤偉。宜僱人傳習，以廣其傳。三曰「模造」。古器出土，藏在私家，或器僅一品，衆覩爲難。其小器宜以石膏模寫其形，即以真物爲範，決不失真。予嘗取古塼甓和細土爲範，鎔錫鑄其文，可供傳拓，與原塼無殊。又在海東見有溶石膏爲小石造象者，亦能傳拓。可推此意多爲模造，俾此學傳被日廣。至古吉金、貞石之入海外者，宜謀之各國，拓其文字，或橅造其形，以資參考。至於古者宫室、車制，宜據先儒所考，遴選巧匠，以木製成小樣，以便學者之考究。往備官大學，嘗持此議，惜不果行。此亦考古禮制、古名物之不可忽者也。四曰「撰述」。此尤考古第一急務。蓋古器不能久存，設館陳列，宇内學者不能人人就觀，故宜遴簡通人撰成圖籍，付剞劂以永古器之壽年，使薄海異域之士，亦得手一編而窺古器之圖象。宜編《名物圖考》一書，分別部居，一以傳世實物爲根據，合以先儒之經注，繪圖列説，勒成一書。雖編帙浩繁，非數百卷不能容載，然可先請耆宿訂定條例，分類編輯。一類告成，即可印行。需以歲時，終有觀成之日。前人所爲《三才圖會》、《圖書編》等書，類皆展轉承襲，訛(譌)〔謬〕相仍。此編若成，足以去僞得真。

予嘗觀前人以傳世古圭璧考古尺度，據古人鼎鍾之記容量、重量者，以考權量。未嘗不歎其用心之善，而惜其未潰于成。予又嘗撰《古矢鏃圖考》，就傳世古鏃以求先儒之説。若三鐮四鐮之判，鳴鏑平題之殊，求之前説，不能分明者，一見古物便自瞭解。即今不圖，更一二十年，古物日湮，老成盡矣。此于傳古功尤偉而事尤繁要，不可以煩難而自阻也。

此修古器物學之大略，至欲舉而行之，則條理萬端，非區區數千言所能盡，此書不過爲之導耳，幸裁正之。不宣。

雪堂校刊羣書叙録（永豐鄉人乙稿）

序

近世學術之盛，不得不歸諸刊書者之功。刊書之家約分三等：逐利一也，好事二也，篤古三也。前者勿具論。若近世吴縣之黄，長塘之鮑，虞山之張，金山之錢，可謂好事者矣。若陽湖孫氏，錢塘盧氏，可謂篤古者矣。然此諸氏者，皆生國家全盛之日。物力饒裕，士大夫又崇尚學術，諸氏或席豐厚，或居官師之位。有所憑藉，成書較易。其事業未可云卓絶也。

若夫生無妄之世，小雅盡廢之後，而以學術之存亡爲己責，蒐集之，考訂之，流通之。舉天下之物不足以易其尚，極天下之至艱而卒有以達其志。此於古之刊書者，未之前聞，始於吾雪堂先生見之。嘗譬之爲人臣者，當無事之世，事聖明之主，雖有賢者，當官守法而已。至於奇節獨行與宏濟之略，往往出於衰亂之世。則以一代興亡與萬世人紀之所繫，天固不惜生一二人者以維之也。學術亦然。孫、盧諸氏之於刊書，譬之人臣當官守法而已。至於神物之出，不與世相應，天既出之，固不能聽其存亡。而如先生之奇節宏略，乃出於其間。亦以學術存亡之所繫，等於人紀之存亡，故天不惜生一二人者以維之也。

先生校刊之書，多至數百種。於其殊尤者，皆有叙録。戊午夏日，集爲二卷，别行於世。案先生之書，其有功於學術最大者，曰《殷虚書契前後編》，曰《流沙墜簡》，曰《鳴沙石室古佚書》及《鳴沙石室古籍叢殘》。此三者之一，已足敵孔壁、汲冢之所出。其餘所集之古器、古籍，皆間世之神物，而大都出於先生之世。顧其初出，舉世莫之知，知亦莫之重也。其或重之者，蒐集一二以供祕玩斯已耳。其欲保存之，流傳之者，鑒於事之艱鉅，輒中道而廢。即有其願與力矣，而非有博識毅力如先生者，其書未必能成，成亦必不能多且速。而此間世而出之神物，固將有時而毀且佚，或永錮於海外之書庫中，雖出猶不出也。

先生獨以學術爲性命，以此古器、古籍爲性命所寄之軀體，視所以壽其軀體者，與常人之視養其口腹無以異。辛亥以後，流寓海外，鬻長物以自給，而殷虚甲骨與敦煌古簡佚書先後印行。國家與羣力之所不能爲者，竟以一流人之力成之。他所印書籍，亦略稱是。旅食八年，印書之費，以鉅萬計。家無旬月之畜，而先生安之。自編次、校寫、選工、監役，下至裝潢之款式，紙墨之料量，諸淩雜煩辱之事，爲古學人所不屑爲者，而先生親之。舉力之所及，而惟傳古之是務。知天既出神物，復生先生於是時，固有非偶然者。

《書》有之曰：「功崇惟志，業廣惟勤。」先生之功業，可謂崇且廣矣。而其志與勤，世殆鮮知之。余從先生游久，知之爲最詳，故書以爲之叙。使世知先生之所以成就此業者，固天之所啓，而非好事者與尋常篤古家所能比也。戊午六月既望，海甯王國維。

雪堂校刊羣書叙録目録

卷上　序……一六七

殷虚書契前編序……一六七
又後編序……一六九
又考釋序……一七〇
又待問編序……一七二
鐵雲藏龜之餘序……一七三
殷虚書契菁華序……一七四
殷虚古器物圖録序……一七四
鳴沙石室佚書序……一七五
流沙墜簡序……一七七
小學術數方技書序……一七九

簡牘遺文序……一七九
高昌壁畫菁華序……一八〇
墨林星鳳序……一八一
國學叢刊序……一八四
高昌麴氏系譜序……一八五
瓜沙曹氏系譜序……一八六
石鼓文考釋序……一八八
秦金石刻辭序……一八九
赫連泉館古印存序……一九一
又續存序……一九四
齊魯封泥集存序……一九六
隋唐以來官印集存序……一九八
歷代符牌録序……二〇〇
又後録序……二〇二
唐風樓秦漢瓦當文字序……二〇三

古器物范圖録序……二〇五
金泥石屑序……二〇七
四朝鈔幣圖録序……二〇八
蒿里遺珍序……二〇九
古明器圖録序……二一〇
古鏡圖録序……二一一
夢郼草堂吉金圖序……二一三
又續編序……二一五
昭陵碑録序……二一六
又補序……二一七
唐三家碑録序……二一八
西陲石刻録序……二二〇
又後録序……二二一
恒農冢墓遺文序……二二二
恒農專録序……二二五

芒洛冢墓遺文序……二二一六
又續編序……二二一八
又續補序……二二一八
鄴下冢墓遺文序……二二一九
襄陽冢墓遺文序……二二一九
廣陵冢墓遺文序……二二三一
吴中冢墓遺文序……二二三二
石屋洞造象題名序……二二三二
龍泓洞造象題名序……二二三三
漢晉石刻墨影序……二二三四
重訂漢石存目序……二二三五
重訂魏晉石存目序……二二三七
六朝墓誌菁華序……二二三七
兩浙佚金佚石集存序……二二三八
洛陽存古閣藏石目序……二二三九

海外吉金録序……二四〇
海外貞珉録序……二四〇
三韓冢墓遺文目録序……二四一
唐折衝府考補序……二四一
續彙刻書目序……二四二
雲窗漫稿序……二四三
雪堂金石文字跋尾序……二四四
雪堂書畫跋尾序……二四四
徐俟齋先生年譜序……二四五
萬年少先生年譜序……二四七
宋元釋藏刊本考序……二四九
王子安集佚文序……二四九
臨川集拾遺序……二五二
南宗衣鉢序……二五三
五十日夢痕録序……二五四

昭代經師手簡序……二五五
又二編序……二五六
二十家仕女畫存序……二五七
古兵符考略殘稿序……二五七
權衡度量實驗考序……二五八
續百家姓印譜序……二五九
日本橘氏敦煌將來藏經目録序……二六〇

卷下　跋

……二六二
唐殘本易王注跋……二六二
唐殘本易釋文跋……二六五
唐殘本古文尚書跋夏書　商書　周書……二六五
又顧命……二六七
唐殘本書釋文跋……二六八
毛詩故訓傳殘卷跋……二六九
唐殘本禮記檀弓跋……二七〇

唐殘本春秋經傳集解跋……二七一
唐殘本春秋穀梁傳解釋跋……二七二
又集解殘卷跋……二七四
唐殘本論語鄭注跋述而至鄉黨……二七六
又子路……二七九
唐殘本春秋後語跋畧出本……二八〇
又秦語……二八一
又魏語……二八三
唐殘本漢書跋王莽傳……二八四
六朝殘本晉紀跋……二八四
唐殘本水部式跋……二八七
唐殘本閫外春秋跋……二九一
唐本張延(壽)〔綬〕別傳跋……二九二
唐殘本貞元十道録跋……二九四
唐殘本諸道山河地名要略跋……二九九

唐殘本沙州圖經跋……三〇一
唐殘本西州圖經跋……三〇四
唐殘本慧超往五天竺傳跋……三〇六
唐殘本本草集注序録跋……三〇七
唐殘本星占跋……三〇八
唐殘本陰陽書跋……三一〇
唐殘本道德經義疏跋……三一一
唐殘本道書跋……三一二
唐殘本莊子郭注跋……三一二
唐本二十五等人圖跋……三一三
唐殘本太玄真一本際經跋……三一三
唐殘本无上祕要跋……三一四
唐殘本化胡經跋……三一四
唐殘本摩尼教經跋……三一五
又……三一八

唐本景教三威蒙度讚跋……三一八
唐殘本修文殿御覽跋……三一九
唐殘本類書三種跋……三二一
殘本文選四種跋……三二二
唐殘本玉臺新詠跋……三二三
唐殘本詩選跋……三二五
鳴沙石室佚書續編跋……三二六
日本唐殘本古文尚書跋周書……三二七
又……三二八
又商書……三二九
日本古寫殘本毛詩單疏跋……三三〇
六朝殘本禮記子本疏義跋……三三二
古寫殘本玉篇跋……三三四
又……三三五
古寫殘本史記跋河渠書……三三六

又殷本紀……三三八
唐殘本卜筮書跋……三三九
唐殘本世説新書跋……三三九
日本古寫殘本文選集注跋……三四〇
日本古寫悉曇字記跋……三四二
祕府略殘卷跋……三四三
魏石經殘石跋……三四三
蜀石經穀梁殘石跋……三四四
嘉祐石經殘石跋周禮　禮記……三四六
又禮記初拓本……三四七
急就章石本跋……三四七
宋槧趙注孟子跋……三四八
宋本東漢刊誤跋……三四九
宋槧廬山記跋……三五〇
影宋本律音義跋……三五二

天聖本齊民要術殘卷跋……三五二
影宋本天竺字源跋……三五三
宋槧文殊指南圖贊跋……三五五
宋槧三藏取經詩話跋……三五五
又別本……三五六
宋槧二李唱和集跋……三五六
宋槧草窗韻語跋……三五七
元槧國朝風雅跋……三五八
大典本宋吏部條法跋……三五九
鈔本黄山圖經跋……三六〇
朝鮮紀事跋……三六一
石渠寶笈三編目録跋……三六一
金石萃編未刻稿跋……三六三
西夏姓氏録跋……三六三
增訂杜東原年譜跋……三六四

姚雲東年譜跋……三六四
吉貝居雜記跋……三六五
襄理軍務紀略跋……三六五
洛陽石刻録跋……三六六
陶齋金石跋尾跋……三六六
簠齋金石文考釋跋……三六七
鶴澗遺詩跋……三六七
匪石文集跋……三六八
浣花詞跋……三六九
頤志齋文鈔跋……三七〇
恒農冢墓遺文跋……三七〇
楚州甎録跋……三七一
甎誌徵存跋……三七二
地券徵存跋……三七三
三韓冢墓遺文目跋……三七三

雪堂校刊羣書叙録卷上

殷虚書契前編序

光緒二十有五年，歲在己亥，實爲洹陽出龜之年。予時春秋三十有四，越歲辛丑，始於丹徒劉君許見墨本。作而歎曰：此刻辭中文字，與傳世古文或異，固漢以來小學家若張、杜、楊、許諸儒所不得見者也。今幸山川效靈，三千年而一洩其祕。且適當我之生，則所以謀流傳而攸遠之者，其我之責也夫。於是盡墨劉氏所藏千餘爲編印之，而未遑考索其文字。蓋彼時年力壯盛，謂歲月方久長，又所學未邃，且三千年之奇跡，當與海内方聞碩學共論定之。意斯書既出，必有博識如束廣微者，爲之考釋闡明之，固非曾曾小子所敢任也。顧先後數年間，僅孫仲容徵君詒讓作《契文舉例》，此外無聞焉。仲容固深於《倉》、《雅》、《周官》之學者，然所爲《舉例》，則未能闡發宏旨。予至是始有自任意。

歲丁未，備官中朝，曹務清簡。退食之暇，輒披覽墨本及予所藏龜，於向之蓄疑不能遽通者，諦審既久，漸能尋繹其義。顧性復懶散，未及箋記。宣統改元之二年，東友林君泰輔寄其所爲考至，則視孫徵君《舉例》，秩然有條理，並投書質疑。爰就予所已知者，爲《貞卜文字考》以答之。已而漸覺其一二違失，於舊所知外，亦別有啓發，則以所見較博於疇昔故。於是始恍然寶物之幸存者有盡，又骨甲古脆，文字易滅。今出世逾十年，世人尚未知貴重，不汲汲蒐求，則出土之日，即澌滅之期。矧所見未博，考釋亦詎可自信。由此觀之，則蒐求之視考釋，爲尤急矣。因遣山左及廠肆估人至中州，瘁吾力以搆之。一歲所獲，殆逾萬。意不自歉，復遣人至洹陽采掘之，所得又再倍焉。寒夜擁爐，手加氈墨。擬先編墨本爲《殷虛書契前編》，考釋爲《後編》。並謀投劾去官，買地洹陽，終我天年，以竟此志。乃逾年冬而國難作，避地浮海。將辛苦累蓄之三千年骨與甲者，鄭重載入行笈，而展轉運輸及税吏檢察，損壞者十已五六，幸其尤殊者，墨本尚存。乃以一歲之力，編爲《前編》八卷，付工精印。其未及施墨者，異日當輯爲《續編》，而《後編》亦將次寫定。

嗚呼！喪亂以來，忽已匝歲，神州荒翳，文獻蕩然。天既出神物於斯文垂喪之時，而予又以偷生忍死之餘倉皇編輯。須鬢日改，犬馬之齒亦既四十有七，上距己亥已閱十有四年。買地洹陽之願既虛，茫茫斯世誰復有讀吾書者？亦且抱此遺文以自慰藉而已。窮冬濡豪，萬感百憂，一時交集。歲在壬子十二月。

殷虚書契後編序

宣統壬子，予既類次所藏殷虚文字爲《書契前編》八卷。書既出，羣苦其不可讀也。越二歲，予乃發憤爲之考釋。私意區宇之大，圓顱方趾之衆，必將有嗣予而闡明之者，乃久而闃然。復意並世之士，或不樂爲此寂寞之學，當有會最殷虚文字以續我書者，久亦闃然無所聞也。一若發潛闡幽爲區區一人之責者，至是予乃益自厲。曰：天不出神物於我生之前、我生之後，是天以畀予也。舉世不之顧，而以委之予，此人之召我也。天與之，人與之，敢不勉夫？爰以乙卯仲春，渡海涉洹。弔武乙氏之故虚，履發掘之遺迹，恍然如見殷大史藏書之故府。歸而發篋，盡出所藏骨甲數萬。遴選《前編》中文字所未備者，復得千餘品。手施氈墨，百日而竣。方謀所以流傳之，家人聞而匿笑曰：「往以印書故，竃幾不黔。今行見釜魚矣。」乃亦一笑而罷，然固未嘗恝置也。

今年春，游滬瀆，有歐人某君者，聞予爲此書，請而刊焉。乃以十日之力，亟釐爲二卷付之，俾與《前編》共傳當世。往嘗念言學術傳布之責，天下有力者當共肩之。顧久無所遇也，今乃幸得之。異日者，當更就篋中所藏，並再至殷虚，蒐求其孑遺，以補此兩編之所未備。不知尚有好古如某君者，爲我任剞劂之事者乎？爰書以召之，歲次丙辰上巳。

殷虚書契考釋序

宣統壬子冬，予既編印《殷虚書契》，欲繼是而爲考釋。人事乖午，因循不克就者，歲將再周。感莊生「吾生有涯」之言，乃發憤鍵户者四十餘日，遂成《考釋》六萬餘言。既竟，書其端曰：予讀詩書及周秦之間諸子、太史公書，其記述殷事者，蓋寥寥焉。孔子學二代之禮而曰：「杞宋不足徵。」殷商文獻之無徵，二千餘年前則已然矣。吾儕生三千年後，欲根據遺文補苴往籍，譬若觀海，茫無津涯。予從事稍久，乃知兹事實有三難：史公最録商事，本諸《詩》《書》，旁攬《系本》，顧考父所校，僅存五篇。《書序》所録，亡者逾半。《系本》一書，今又久佚。欲稽前古，津逮莫由，其難一也。卜辭簡質，篇恒十餘言，短者半之，又字多假借，誼益難知，其難二也。古文因物賦形，繁簡任意，一字異文，每至數十。書寫之法，時有淩獵，或數語之中，倒寫者一二。兩字之名，合書者七八。體例未明，易生炫惑，其難三也。今欲祛此三難，勉希一得。乃先考索文字，以爲之階，由許書以溯金文，由金文以窺書契。窮其蕃變，漸得指歸，可識之文，遂幾六百。循是考求典制，稽證舊聞，途徑漸啓，扃鐍爲開。稽其所得，則有六端：一曰帝系。商自武湯逮于受辛，史公所録爲世三十，見卜辭者二十有三。史稱太丁未立，而卜辭所載祀禮，儼同於帝王。又大乙、羊甲、卜丙、卜壬，校以前史，與此異文。而庚丁之作康祖丁，武乙之稱武祖乙，文丁之稱文武丁，則言商系者之所未知。此可資考訂者一也。二曰京邑。商之遷都，前八後五。盤庚以前具見《書序》，而小辛以降，衆説多違。洹水故墟，舊稱亶甲。今證之卜辭，則是徙於武乙，去於帝乙。又史稱盤庚以後商改稱殷，而徧搜卜辭，既不見殷字，又屢言入商。田游所至，曰往，曰出，商獨言入。可知文丁、帝乙之世，國尚號商。書曰戎殷，乃稱邑而非稱國。此可資考訂者二也。三曰祀禮。商之祀禮，夐異周京。名稱實繁，義多難曉。人鬼之祭，亦用柴尞。牢鬯之數，一依卜定。「王賓」之語，爲《洛誥》所基。騂牡之薦，非鎬京始剏。此可資考訂者三也。四曰卜法。商人卜祀，十干之日，各依祖名。其有奭者，則依奭名。又大事貞龜，餘事骨卜。凡斯異例，先儒未聞。此可資考訂者四也。五曰官制。卿事之名，同於《雅》、《頌》。大史之職，亦載《春官》。爰及近臣，並符周制。乃知姬旦《六典》多本殷商。此可資考訂者五也。六曰文字。召公之名，是奭非奭。鳥鳴之字，從鷄非鳥。隹鳥不分，子巽殊用。牝牡等字，牛羊任安，牢牧諸文，亦同斯例。又藉知大小二篆，同乎古文。古文之真，間存今隸。如此之類，未遑僂數。此可資考訂者六也。

予爰始操翰，訖於觀成，或一日而辨數文，或數夕而通半義。譬如冥行長夜，乍覩晨曦，既得微行，又蹈荆棘。積思若痗，雷霆不聞。操觚在手，寢饋或廢。以兹下學之資，勉幾上達之業，而既竭吾才，時亦弋獲。意或天啓其衷，初非吾力能至。但探賾索隱，疑藴尚多，覆簣爲山，前脩莫竟，繼是有作，不敢告勞。有生之年，期畢此志。訂譌補闕，俟諸後賢。它山攻錯，跂予望之。宣統甲寅十二月。

殷虛書契待問編序

宣統甲寅，予考釋殷虛文字，得可讀之字不逾五百。今年夏，爲之校補，乃增至五百四十餘，合重文得千八百有奇。又最録不可遽釋之字得千名，合以重文，共得千四百有奇。兼旬而竟，乃序其耑曰：

昔南閣祭酒作《説文解字》，説解中注闕者數十字。金壇段先生曰：自序云「於所不知蓋闕如也」。凡言闕者，或謂形，或謂音，或謂義。觀乎是，知許君之書，蓋並不知其形、音、義三者諸文而悉載之矣。顧厥後字書，罕沿斯例。惟吴愙齋中丞作《説文古籀補》，附録不可識之字之見古金文者於末篇，爲能得許君遺意。予往嘗與同好言，晉世汲冢古文悉易以今字，意不能無失，束廣微輩雖博聞，未必遽勝許祭酒乃一一寫定無疑滯。殆亦如宋以來之釋金文者，每字注以今文而不復有闕疑也。然宋以來金文考釋，古今之字並列行間，有所違失，得爲之糾正。汲冢之書則原文不復存，若寫定時將疑滯諸文附録卷後，吾知今日必有能糾其失，而正其違者。予今兹所録，蓋上師許君，而引廣微以爲戒。編中諸字，亦有能知其形義與其音者，如从攴人，从攴隹，从玉，从角，从匚羊，从攴席，即席。从又戉，从又矢，从爪貝，从犬，則人陷井中，則人偃廾上，□則手在目下。又畫衣爲□，大豕爲□，舉鼎爲□，蕩舟爲□，薦首爲□，酌酒爲□，畢豕爲□，畢隹爲□，奉禾以祭曰□，奉雞以祭曰□，□象提攜，□象儋何，□象秉炬，□象建斿，□象舞勺，□象灌地，□奉覆尊，□與□疑皆灌降之灌，乃一字。□象内手水中，□象執事爨下。□亦作□，即許書之[illegible]。□象陳羊於𣪊，□即𣪊字。□象攴它於水，此皆形與義可知者也。娃从女从圭，[illegible]从女从衣，妊从女从王，[illegible]从女从戈，[illegible]从女从牢，[illegible]从彳从京，[illegible]从文从戈，[illegible]从馬从夜，[illegible]从馬从牢，[illegible]从馬从工，古文壬作工，此字疑从壬。[illegible]从馬从豕，凡斯諸字，並合形聲，此音之可知者也。如是之類，殆不勝舉。聊示大凡，它可隅反。大抵編中諸文，古今異體者什一二三，古有今佚者什六七。今日所不知者，異日或知之，在我所不知者，它人或知之。予往昔撰《考釋》，所識之文，再逾歲而增什一。吴中丞《説文古籀補》附録諸字，當日以爲不可釋，今得確定者，什佰中亦恒二三。此均其明驗矣。闕疑待問，敢竢高賢。

若夫俗儒鄙夫，不見通學，以其所知爲祕妙，取斯編所載，供其私智穿鑿，則非予之所敢知也。

丙辰五月十九日。

鐵雲藏龜之餘序

予之知有貞卜文字也，實因亡友劉君鐵雲。劉君所藏，予既爲之編輯爲《鐵雲藏龜》。逾十年，予始考訂其文字爲《殷商貞卜文字考》，時君則以事流西陲死矣。又二年，選予所蓄，手自拓墨，以成《殷虚書契》八卷。又二年，成《考釋》一卷，則距君之死且數年矣。居恒輒歎殷虚遺寶由君得傳於斯世，而君竟不及見予書之成也。欲揭君流傳之功，以告當世。乃搜篋得君曩日詒予之墨本，選《藏龜》所未載者，得數十紙，爲《鐵雲藏龜之餘》，以旌君之績，以慰君於九泉。嗚呼！劉君殆將藉二書留姓名於人間矣，豈不哀哉。乙卯春正月。

殷虚書契菁華序

予曩蒐集殷虚遺文，得骨甲逾萬。既拓其尤要者，爲《殷虚書契》，而篋中所存最大之骨，尚未拓墨。蓋骨質至脆，懼或損文字也。然又不忍使湮没不傳，爰影照精印，並取往者拓墨所遺、脆弱易損者數十枚益之。顔之曰《殷虚書契菁華》，俾與《前編》並行焉。甲寅十月。

殷虚古器物圖録序

光緒戊申，予既訪知貞卜文字出土之地爲洹濱之小屯，是語實得之山左估人范么。予復咨以彝器法物有同出于是者乎，云無之。予疑其言非實也。嗣讀宋人《博古圖》，于古器下每有注出河亶甲城者，河亶甲城其地蓋即今之小屯。知曩疑爲不虚。蓋宋以來殷虚所出古器已夥，今不應無之，特未寓目耳。

宣統庚戌，乃遣人詣洹曲搆之，往反者數四。初得古獸骨、骼齒角及蜃甲數十，而卒得犀象彫器、石磬、骲族等物。彫器至精雅，與彝器彫文同。顧彼出模法，而此出手工。又得古㻬戈之殘者，精巧無與倫匹，而飾以寶石，亦手工所成。念吾人生于今日，得觀三千餘年前良工手迹，洵爲人世之奇遇，宇內無二之重寶。欲以暇日爲之考究，並寫影精橅，以餉當世。又疑殷虚遺寶或不止此，欲再往以求益，然後著之録。用是荏苒，不覺數歲。乃乙卯春，游洛涉洹，僅得珧璧一，而它物不復遇，蓋寶藏亦幾空矣。

頃既成《殷虚書契後編》，私念殷虚遺物，雖殘闕斷爛之餘，而可窺見古代良工制作，兼可考見古器之狀，收多識之益。祕予篋中且將十年，世莫得而見也。其存其亡，惟予是繫。不即今著録，後且無復知有是者，遺憾將不可弭。乃親督工寫影，成書一卷。計古器物五十有五，于曩之不能名者，若疏七，若柶，若笄，乃漸得其名。而卒不能名者，尚什二三，將以竢之博雅君子。器物之大小長短一如其形，大者析之，合觀焉可得其原狀。其尤大，幅中不能容者，始縮而詳注其尺寸。考證所得，爲録一卷，附于圖後。當世博雅，幸裁正焉。丙辰四月。

鳴沙石室佚書序

距晉太康初紀汲郡出竹書之年，又于七百餘載，爲我先皇帝光緒之季歲，海內再見古遺寶焉。

一曰殷虚之文字，二曰西陲之簡軸。洹陽所出，我得其十九，既已氈拓之，編類之，考證之。雖舉世尚未知重，而吾則(快)〔快〕然自足，一若天特爲我出之者。鳴沙之藏，則石室甫開，縹緗已散。我國人士，初且未知。宣統改元，伯希和博士始爲予言之。既就觀目録，復示以行笈所攜。一時驚喜欲狂，如在夢寐。亟求寫影，遽承許諾。後先三載，次第郵致。則斯編所載者是也。自夏徂秋，校理斯畢，爰書其端曰：

予於斯編之成，欣戚交併，有不能已於言者七事焉。古人有言，名世之生，期以五百。神物出世，數且倍之。即時會幸至，而我生不辰。今則大卜所掌，若詔予以典守。荒裔寶藏，亦並世而重開。此可欣者一也。鼇冢簡册，載以數車，而諸家寫定，僅得七十五篇。今則簡册盈千，卷帙逾萬。茲編所刊，千不逮一，數已相埒。此可欣者二也。祕藏既啓，遺書西邁。東土人士，末由沾溉。博士念我所自出，亟許以傳寫。一言之諾，三歲不渝，郵使屢通，異書薦至。此可欣者三也。敦煌之游，斯丹前驅，伯氏繼武，故英倫所藏，殆逾萬軸。法京所弆，數亦略等。吾友狩野君山近自歐歸，爲言諸國典守森嚴，不殊祕閣。苟非其人，不得縱覽。英倫古簡，法儒沙畹，考釋已竟，行將刊布。其餘卷軸，撿理未完，刊行無日。此可戚者一也。往者伯君告予，石室卷軸，取攜之餘，尚有存者。予亟言之學部，移牘甘隴。乃當道惜金，濡滯未決。予時備官大學，護陝甘總督者適爲毛實君方伯慶蕃，予之姻舊，總監督劉幼雲京卿廷琛，與同鄉里。與議購存大學。既有成説，學部争之。比既運京，復經盜竊。然其所存，尚六七千卷，歸諸京師圖書館。及整比既終，而滔天告警，此六七千卷者，等於淪胥。回憶當時，自悔多事。此可戚者二也。遺書竊取，頗留都市，然或行翦字析，以易升斗，其佳者或挾持以要高價，或藏匿不以示人。遇此傖荒，何殊覆瓿。此可戚者三也。往與伯君訂約寫影，初冀合力，已乃無助。予爲洓陽端忠敏公言之，忠敏亦謂前約已定，義不可爽。因慨任所費，然時公已罷職，力實未逮。滬上書估某，適游京師。予爲撝合，償忠敏金。約以估任剞劂，予任考訂。顧時逾數年，未出一紙。乃復由予贖回，自任刊布。而既竭吾力，成未及半。此可戚者四也。

嗚呼！天不出神物於乾嘉隆盛之時，而見於國勢凌遲之日。今且赤縣崩淪，禮亡樂斁。澄清之事，期以百年。而予顧汲汲爲此，急若捕亡。揆以時勢，無乃至愚，而冥行孤往，志不可奪。此編既成，將如孔鮒所謂「藏之以待其求，無甯守之以慰幽獨」。苟天不使我餒死海外，尚當移書博士，更求寫影，節嗇衣食之資，賡續印行，以償夙願。知我笑我，非所計也。癸丑九月。

流沙墜簡序

光緒戊申，予聞斯坦因博士訪古於我西陲，得漢晉簡册，載歸英倫。神物去國，惻焉疚懷。越二年，鄉人有自歐洲歸者，爲言往在法都，親見沙畹博士方爲考釋，云且版行，則又爲之色喜。企望成書，有如望歲。

及神州亂作，避地東土，患難餘生，著書遣日。既刊定《石室佚書》，而兩京遺文，猶未寓目。爰遺書沙君，求爲寫影，嗣得報書，謂已付手民，成有日矣。於是望之又逾年，沙君乃寄其手校之本以至。爰竭數夕之力，讀之再周。作而歎曰：古簡册之出世，載在前籍者，凡三事焉。一曰晉之汲郡，二曰齊之襄陽，三曰宋之陝右。顧盩冢遺書亡於今文之寫定，楚邱竹簡燬於當時之炬火。天水所得，淪於金源。討羌遺刻，僅存片羽。異世間出，澌滅隨之。今則斯氏發幽潛於前，沙氏闡絶業於後。千年遺跡，頓還舊觀。藝苑争傳，率土咸誦。兩君之功，可謂偉矣。顧以歐文撰述，東方人士不能盡窺，則猶有憾焉。

因與王静安徵君分端考訂，析爲三類，寫以邦文。校理之功，匝月而竟。乃知遺文所記，裨益甚宏。如玉門之方位，烽燧之次第，西域二道之分歧，魏晉長史之治所。部尉曲候，數有前後之殊；海頭樓蘭，地有東西之異。並可補職方之記載，訂史氏之闕遺。若夫不觚證宣尼之歎，馬夫訂墨子之文。字體别構，拾洪丞相之遺；書跡遞遷，證許洨長之説。此又名物藝事，考鏡所資。如斯之類，僂指莫罄。

惟是此書之成，實賴諸賢之力。沙氏闢其蠶叢，王君通其衢術，僧虔達識，知《周官》之闕文；長睿精思，辨永初之年月。予以譾劣，濫與編摩，蠡測管窺，裨補蓋鮮，尚冀博雅君子爲之紹述，補闕糾違，俾無遺憾。此固區區之望，亦兩博士與王君先後作述之初心也。爰弁簡端，用詔來學。宣統甲寅正月。

小學術數方技書序

往聞伯希和君言斯坦因博士所得古簡中，有字書、歷書、占書、醫方。意其中或尚多古佚書，乃今詳撿諸簡，則僅得《蒼頡》、《急就》、《力牧》、《歷譜》、《算術》、《陰陽書》、《占書》、《相馬經》、《獸醫方》諸書而已。始悟屯戍所用，得此已足，故不復有他籍也。凡此諸書，不出班《志》小學、術數、方技三類。因顔之曰《小學術數方技書》。昔汲冢書有《瑣語》十一篇，記諸國卜夢、妖怪、相書，此編所輯，亦《瑣語》之類。既隨文加釋，並將考證所得著於篇。甲寅正月。

簡牘遺文序

古簡文字最難識，其時最先者，上承篆書，下接章草，一也；邊徼急就之書，頗多譌略，二也；斷爛之餘，不能求其義理，三也。諸簡皆然，而書牘爲甚。此編所録，合簡紙計之都八十有八，而完整者不過二三，其可考見事實者亦甚鮮。然藉以知書體之變遷，窺簡牘之體式，其裨益固亦甚鉅。兹略著一二於釋文之下，其於所不知，蓋闕如也。甲寅二月。

高昌壁畫菁華序

予往讀歷代書畫著録，每歎魏晉以來，訖於天水，名工妙迹，施於寺壁者十恒八九，施縑素者十二三而已。名山大刹，萬衆瞻禮，丹青之士，觀摩其旁，得增進藝術，此其善也。若夫象教有興廢，滄桑有變革，與夫風雨之所頹圮，妄人之所圬墁，則其淪失恒易於縑素。《圖畫見聞志》載會昌廢佛教，李衛公時鎮江浙，潤州甘露寺獨奏存，因盡取管内名賢畫壁，置之甘露。又載成都静德精舍有薛稷畫壁，福聖寺有展子虔畫壁。有胡氏者，募壯夫操斤力剟于頹坌之際，歸陷於屋壁中，號爲寶墨亭。是壁畫亦有時可轉移如縑素，而其保存終不能如縑素之永遠。故甘露寶墨之迹，絶於人間者，又千歲矣。

予生長江淮間，地土卑溼，益以兵燹頻仍，無數百年不毁之古刹。故元人筆記所載江浙間古人畫壁，無復孑遺。曩恭讀我高宗皇帝《御製詩二集》，有《題真定隆興寺畫壁詩》及《趙州柏林寺觀吴道子畫水與諸臣聯句》，恨不獲驅車河朔，一往觀覽。及光緒丁未，備官京師。每遇同好，輒詢兩寺畫迹之存亡，均無能言之者。惟膠州柯鳳孫京卿言磁州響堂山有六朝畫壁，聞尚無恙。予爲之驚喜，欲往觀而卒不果。私意古人畫壁，此生殆無一見緣矣。

迨宣統紀歲，遘伯希和博士於京師，其行篋所攜敦煌古畫壁影本，多至數百。時以留心古卷軸，未遑偏觀。僅影寫其一二，然至是乃得見古畫壁矣。比至海東，又於大谷氏兵庫别邸見壁畫數十，皆剷削於屋壁間，由西陲載歸。間有施之縑素者，亦徧觀焉。已又得見德人勒柯克博士《高昌訪古志》中有壁畫數十，尤精絶。於是二十餘年之夢想，不得見諸國中者，顧得之異域。又竊歎邊裔畫壁，轉壽於中土之縑素也。然今既剷削之矣，恐亦將且爲甘露、寶墨之續。

勒柯克氏之訪古於西陲，在我光緒甲辰，《訪古志》之成，則在我宣統癸丑。而中土人士罕知其事，更無藏其書者。予乃選尤精者二十幀，影印以餉我國士夫，並將大谷氏所得二縑畫附焉。諸畫時代雖不能確知，而縑本仕女背有開元户籍，則在開元前可知也。其勒柯克氏所得，殆在麴氏有國時。高昌佛法，麴氏時爲最盛。又以畫迹觀之，亦當在李唐以前。我國圖寫梵像，以曹仲達、吴道子爲最工，曹本曹國人，而馳稱於高齊之世。畫家及雕塑家皆取則焉。是我國六朝以後梵畫，本自西來，及大小尉遲尚與二閻競爽。今以此編所載，證以尉遲遺迹，頗若合符。曹迹雖不可見，而張彦遠稱仲達之筆，其體稠疊，衣服緊窄，與此編梵像用筆稠疊緊窄者，正復無殊。我國尉遲之迹，向僅存一天王像，藏端忠敏公許，今已歸諸美國，爲藝林憾事。然此編之成，則不啻以二十而償一也。當世君子，有夢想古壁畫若予者，倘亦見而知所寶乎。丙辰六月。

墨林星鳳序

金石刻之有墨本，猶書籍有雕印，其傳古之功，略相等也。顧書籍雕印濫觴於唐，盛於五代，大昌於宋，可得而知也。石刻墨本所自始，則前人未有能確徵之者。程大昌《演繁露》卷七曰：「刻石爲碑，蠟墨爲字，遠自秦漢而至於唐。」方以智《通雅》亦謂《漢書・蔡邕傳》鴻都石經觀視及摹寫者，車乘日千餘兩，即石刻傳拓之始。予謂此皆想象之詞，固未足以徵信。摹寫云者殆謂以筆摹取，未必若後世之濡紙施墨也。惟《隋書・經籍志》著録一字三字石經，其言曰：「相承傳拓之本，猶在祕府。」似梁隋所藏石經，信爲墨本者。然傳拓之名，書畫家皆用之，乃就本響拓摹放。《隋志》之言傳拓，果爲就石施墨與否，亦尚未能斷定，而確可徵信則在李唐之世。此有三證焉。

許祭酒《説文解字》自序言：「郡國山川往往得彝鼎，其銘即前代之古文。」而其書中所載古文，則無言某字出某器者，惟間載秦刻石文而已。此漢代金石刻尚無墨本之證。「山川所出彝鼎」，許君固不能得墨本以證據之。至秦石刻當代殆有摹寫者，故許君得據以入録。然則梁隋著録石經，所謂相承傳拓之本，恐亦如許君所見之秦刻石。此秦漢未有墨本之明徵。其證一也。許君《説文解字序》雖曰：「著於竹帛謂之書。」然當時經籍著之簡册者爲多，諸生受經，削牘寫其文，師口授其義。鴻都所刊，意在定正文字，示當世準則已耳。故刊以穹碑，每行字數雖未可確知，而就宋人所録推之，每行蓋七十餘字。觀其刊石之制，則非能以拓墨代簡册，蓋可知也。至唐代開成石經，一石刻數列，每列横截而連屬之，則成卷軸，始可以拓墨代傳鈔。因唐代既有拓墨之法，故易直書爲横刻。其證二也。古金石刻拓本出唐代者，世人每言之，然未盡可信。唐拓確可信者，莫如敦煌石室之唐太宗《温泉銘》、歐陽詢《化度寺塔銘》、柳公權《金剛經》。《温泉銘》後有永徽題字，其出於李唐初紀，了然無疑。《金剛經》雖已裝卷軸，其連合之處尚可見，蓋亦爲巨碑。而横刻數列，每列首行傍記數字，其第三第九兩列尚存三九兩半字，未盡割棄。蓋每列爲四十行，制與開成石經正同，故已横截連合而爲卷軸。則予初意開成石經可横截連合成卷以代傳鈔者，至此乃確有明驗。其證三也。然則金石墨本雖未必自唐始，意亦必去唐不遠。程方兩家謂秦漢有之，其説之未可信亦明矣。予往歲見敦煌三刻，既喜遘天壤間之墨皇，又喜墨本之出於唐代，得此益可徵信。亟影寄滬上印之，乃拙工鹵莽，致與原本大小殊形，印本尤劣，存形似而已，而原本不可再見，恒引爲至憾。

今年夏曝舊藏碑版拓本，見《絳帖》中所刻唐太宗《秀岳銘》，即重摹《温泉銘》之後半。其筆意雖失，而字之大小可依據。傳世之《化度寺銘》，宋拓本亦然。因取往昔影本，依據兩刻命良工釐正。《金剛經》則改正其前後參差，俾大小一致。影寫既成，神采焕發，頓還舊觀，不異在春明披玩原迹也。爲之狂喜，亟精印以詒當世。名之曰《墨林星鳳》，並取曩所考墨本原始，書之卷端。俾考古之士知此三刻之可寶貴，固不僅在刻畫之工，氈墨之古，可供臨池之助已也。

聞西陲寶藏，尚未盡啓。斯坦因博士曾再渡流沙，所得尤夥。以戰事方亟，未遑展覽，中或更有唐以前墨本亦未可知，予將與宇内同好翹企以俟之。丙辰九月。

書卷之改葉子式亦始於有唐。敦煌三刻中，《化度寺塔銘》存裝本二葉，此録所印一葉，乃法京所藏。斯坦因博士更得一葉，則存英京，影本末由致也。又古人裝碑版文字多爲巨軸，歐、趙諸家尚爾。今日翦裝之法，曩不知始於何時，意當在有宋以後。今觀《化度寺銘》翦裝成葉子，《温泉銘》則翦裝爲卷，乃知此事自唐代已然。宋人裝軸者，取存原式耳。此亦考古者所當知，並附記之。

國學叢刊序

間嘗聞今之論學者言稽古之事，今難於昔。又謂道莫大於因時，事莫亟於致用。禮教足以致削，詩書不能救衰。古先學術，必歸淘汰。蒙竊以爲不然。

夫自三古以來，人文斯啓。東遷以後，百氏踵興。至秦定挾書之律，漢嚴中祕之藏。兩京師承，率資口授。四部羣籍，咸出手寫。成學匪易，往哲所嗟。今則刊本流傳，得書至便。加以地不愛寶，山川效靈。雍郊獲鼎，補伏孔之逸篇；洹陽出龜，窺倉沮之遺蹟。和闐古簡，鳴沙祕藏，繼魯壁而重開，嗣盩冢而再出。古所未有，悉見於今。此今易於古者一也。古者風化阻於山川，學子勞於負笈。文翁莅蜀，西州方起誦聲；道真還鄉，南域乃興文教。然交游終限於九州，馳觀不及於域外。今則聲氣相應，梯航大通。長慶《樂府》，傳入雞林。《尚書》百篇，攜來蓬島。將見化瀛海爲環流，合區宇爲藝府。觀摩逮於殊方，交友極於天下。此今易於昔者二也。繼事者易爲，後來者居上。是以漢末經師兼綜六藝，唐初正義備采南北。國朝二百餘年，儒風益振。王郝詁訓，上扶五雅之衰；段桂説文，遥奪二徐之席。焦張之圖禮制，陋李聶之前聞；阮吴之釋鼎彝，壓宣和之御製。謦欬匪遥，流風未沫。此今易於古者三也。

至若先聖遺書，經世大典，固已範天地而不過，揭日月以俱行。即諸子之學説，百家之撰論，文字之訓詁，名物之考證，挹其精華，固光燄之常在；存其糟粕，亦史氏所取資。求其義理，則有光大而無淪胥；語其方法，則有變通而無棄置。在昔六籍灰塵，東魯之弦歌自若。五季俶擾，羣經之彫槧方新。今且旁行斜上，盡譯遺經。海嶠天涯，争開文館。矧茲宗國，尚有典型。老成未謝，睹白首之伏生；來者方多，識青睛之徐監。方將廣魯於天下，增路於椎輪。張皇未發之幽潛，開闢無前之涂術。信斯文之未墜，伫古學之再昌。杞人之憂，斯亦惑矣。

予性不通敏，幼學多歧。屠龍之技未成，雕蟲之心轉熾。朝市中隱，閉户自精。朋從往還，稽古相勖，於是乃有《國學叢刊》之約。歲成六編，區以八目：曰經、曰史、曰小學、曰地理、曰金石、曰文學、曰目録、曰雜識。將以續前脩之往緒，助學海以涓流。蟊負之身，知非可任。鴻碩之士，幸共圖成。跂予望之，毋我遐棄。宣統辛亥春。

高昌麴氏系譜序

高昌有國，肇於元魏之中葉，而亡於李唐之初紀。其人民爲炎漢遺裔，其君長爲西陲豪族。雖開剏之始，三十年間已更三姓，而逮麴氏有國，内興文教，外事列强。故當中原鼎沸，海宇分崩，而西土之人轉得小康，麴氏仍世繼承，撫土有民者百四十有餘年。故梁、魏、周、隋、南、北《史》並爲之傳。而記述疏略，先後牴牾，諸史殆出一轍。

今年夏，予觀大谷伯所得高昌故墟遺物，既編録延昌、延和、延壽諸誌，爲《西陲石刻後録》。復取諸史紀傳，比勘異同，證以諸書，以定從違。復就諸誌，補正疏失，以成是譜。於是麴氏世系粗可觀覽，惜其中世不通朝貢，事多奪佚，末由取徵。爰守古人蓋闕之義，他日更有所見，當再理而董之。宣統甲寅八月十有三日。

瓜沙曹氏系譜序

唐復河湟，張氏子孫世守其地。終唐之世，西陲晏然，不見兵革。逮至朱梁，允嗣中絶。衆推曹氏繼帥其土，世稱唐官，朝貢者又百餘歲。雖所領僅瓜、沙兩州，而息民事大以保守其疆土，猶承義潮遺訓也。歐、薛兩《史》僅附其事實於《吐蕃傳》，而云卒立世次，史失其紀。《宋史》雖立《沙州傳》，疏略又甚焉。今合歐、薛二書及宋、遼兩《史》紀傳，《續資治通鑑長編》、《册府元龜》與敦煌石室遺籍考之，其卒立世次，粗可觀覽。

曹氏自五季以還，兼事遼、宋。玉帛恒交於兩境，比勘兩《史》所記，其先後君長承襲若合符契。

惟《遼史·聖宗紀》載統和五年沙州節度使曹恭順授于越，恭順之名，不見他書。且是時帥沙州者，方爲曹延禄，不容同時有兩節度。又敦煌遺籍中有《開寶八年歸義節度使曹延恭施捨疏》，考之諸史，是時元忠尚存，且元忠卒後，代者延禄，亦非延恭。二者均牴牾不可通，乃尋繹再三，知元忠之卒必在開寶八年以前。自乾德紀元以後，朝貢不至中土者十有九年。於時西陲朝貢多爲黨項所刼，至執其使者賣之他族，以易牛馬。故瓜、沙貢使或附回鶻、于闐以至。逮太平興國五年，使者入貢始知元忠已卒，史家乃誤以是歲爲元忠卒年。至嗣元忠之延禄，當是延恭之譌，又譌延恭爲延繼也。延恭前既爲瓜州防禦使矣，延禄之名先是固未嘗一見，至《遼史》之恭順，亦必爲延恭。曹氏貢宋用二字名，貢遼則用一字。觀宗壽之稱壽，賢順之稱順，可以類推。《遼史》恭順之順，當是衍文。蓋涉下曹順而誤也。既定正元忠之卒年與延禄之名誤；於是曹氏世系釐然無復疑滯。此雖出自臆斷，恐亦十得八九。或延恭以後尚有延禄，史家佚延恭，而以延禄直接元忠，亦未可知。惜前籍不足徵矣。

至曹氏之統絶於何時，史亦無徵。東吴曹君直舍人元忠，《沙州石室文字記》謂未嘗亡於景祐中。夏人之取瓜、沙，蓋因皇祐之前尚有朝貢也。然《宋史》雖記景祐至皇祐七貢，而不及其君主之名，意曹氏即絶於是時。蓋自宗壽以篡弒得位，必不能信其民而綿其祚。是不待夏人之入，固已自取覆亡矣。景祐以後之朝貢，或爲他首領所遣，史文記之未審耳。今表雖至皇祐之貢而止，固非謂其必出於曹氏也。去年夏，予既撰《張義潮傳》，並欲考曹氏事實，匆匆未果。今始以三日之力成之，而將表中疑不能決者，以意判定，書之卷端，考西陲史事者幸裁正焉。宣統甲寅八月二十日。

石鼓文考釋序

光緒辛巳夏，予在杭州偕仁和王同伯丈同謁郡庠，觀宋高宗書石經於堂壁，見阮文達公所橅天一閣本《石鼓文》墨一本以歸。明年得國學原本，氈墨不緻，欲得善本，末由搆也。歲丙戌，始得盛伯羲祭酒監拓本，紙幅寬大，施墨精到。凡常本不能辨之字，咸朗朗如撥雲霧。取校阮本，始知傳橅之失。有可據今本是正者，如丙鼓第七行第二字，阮本存下半从[illegible]，今本則是从[illegible]。第九行第二字，阮本存上半之一角作[illegible]，今本則存彳旁。又有今本可辨而阮本轉無者，若丙鼓第九行第七字存上半作[illegible]，乃多字之半。壬鼓第二行第四字上半作[illegible]，乃遊字上之半。第八行第四字作[illegible]，明白可辨，而阮摹皆無有。私意以今本校之，其失誤已如此。若今本所無之字，其必有違失可知也。恨不獲古拓及宋甲秀堂明顧氏研本，一一爲之勘校，而定其得失，寫定以傳當世。

壯遊四方，始得見明以前舊拓。年四十始見《甲秀堂周秦篆譜》宋拓本，又後得見顧研本，並几互勘，始知諸復本中阮本實最善，顧研本亞之，甲秀本又亞之。至是欲亟寫定本，又慮前人有爲之者，因循且十年。自海外索居，屏棄人事，閒取諸家著録徧觀之，則傳寫之失同於橅勒，蓋無一書能精慎不悞者。爰以長夏比勘諸本異同，以爲之譜，復折衷諸家以成定本。又就管窺所及，說解其文字，以補苴前人而爲之箋。及成，顔之曰《石鼓文考釋》。陳譜顧研，予求之數十年始得之，世之君子當有求之畢世不可得者。翁氏辛鼓復本，傳拓亦罕，並附印於後，以供當世學者考察。

寫印既終，秋風將動。追維「吉日車攻」之盛烈，益悲「萇楚苕華」之身世。草間忍死，忽已數年。俟河之清，未知何日？乃辨異同於微芒，耗居諸於寂寞。灰心喪志，俯仰增慚。斯編之得失，更何足云。攬素弁言，用告來葉。丙辰七月。

秦金石刻辭序

光緒壬寅，予始見溲陽端忠敏公於武昌官寺。公時新得吴愙齋中丞所藏石權，出以見示，予摩抄不忍去手。公曰：「君何愛之之笁乎？」予曰：「嬴秦文字在天壤間者，僅『泰山十字』與『琅邪殘石』爲秦刻耳。今琅邪殘刻又燬於火，相斯之跡幾絶，權量文字烏得不爲重寶？」公曰：「然。」因盡出所蓄權十有一，列几上。且言曰：「傳世秦器，海内藏弆者簠齋與恒軒二人而已。恒軒官秦中久，而簠齋之力足以奔走天下，故不出户庭而所得轉多於恒軒。簠齋素封，子孫能世守，其藏量及詔版海内故家所有悉歸之。予求其一，不可得也。恒軒吾老友，罷官後貧且病，所蓄多歸予。此纍纍者，半愙齋物。惜所藏詔版已爲他人有耳。」予因言：「恒軒中丞考古之學爲當世冠冕。其著書當有未刊布者，能並求之乎？」公慨然曰：「此我之夙志矣。」指几上諸權曰：「聞恒軒於此亦有考證，予未之見也。」因手題「石權拓本」以贈，且允盡拓十一權以餽予。

及公移節江蘇，再相見於滬上，亟請踐前諾。公曰：「近又有增益，當並新增者拓之。」然以政事叢脞，卒不果。宣統紀元，公罷官家居。一見即語予曰：「十年之諾，當償於今矣。」並詰予亦得秦器否。時方得「甲兵虎符」，因以示公。公遽曰：「此曾至寶華庵者，以索值奇昂，姑稍抑之，乃已爲君有耶。」復慨然曰：「百鳥不如一鶚。君一日之獲，乃過予廿載之求。」窺其有欲得色，而不能措諸口。乃慰公曰：「予將合傳世之先秦金石刻辭，勒爲一書。而以此符爲之冠，異日書成，此或歸公。」公曰：「善，謹俟之，毋食言。」予戲答曰：「公不與我墨本者，此書終不成，此符或且終爲我有耳。」相與大笑。

及辛亥國變作，公遽捐軀於西川，予亦避地東土。追思疇昔，如隔世事，而甲兵之符遂成徐君之劍。公之墨本亦竟不可得。往昔戲言，乃成先讖。恒軒中丞考權度之書，公所未見者，顧於意外得之。既以授諸梓，復念公所藏墨本，予雖不能悉致，而巾笥所弆海内諸家墨本，殆略盡於是。且簠齋所藏，今頗流入海外，非復如公曩言子孫能世守矣。不亟集録，異日求如今之所獲，或不可得。因釐訂爲三卷，曰「金」，曰「石」，曰「陶」。於以存先秦一代之制，並以踐往日語公之言。編印既竣，爰記當日與公燕語以爲之序。濡豪攬素，悽愴滿懷，蓋不勝今昔之感，西州之慟也。

宣統甲寅九月朔。

赫連泉館古印存序

予年十五，始學製印。苦無師承，嘗以百錢從持竿售舊物者得漢人私印一，愛其深厚古穆，佩衣帶間，斯須不去身。此予有印癖之始，然第知重其彫篆之工而已。稍長，漸聚諸家譜集，始知古印璽者，實於小學、地理、官氏諸學，至有禆益。好之乃彌篤，私意數百年來，固未有能闡斯學之藴者也。四十游京師，求古璽印於都市，累歲所得不逾百。已聞人言山東估人歲至歸化城搆之，乃與東估約，有所得悉歸予。於是先後遂得璽印千餘，選其尤精者數百，爲《磬室所藏璽印》。及國變作，攜以自隨。孤棲海外，無以給晨夕，乃鬻以餬予口。致辛苦數年而後得之者，至是悉爲他人有。每念之不去懷，則又稍稍託同好搆致之，然所得不及往歲之半矣。力仍不能有，再聚者復再散。

去年長夏，撰《歷代官印輯存》，頓觸舊好，復搆求之。又得古印璽約四百，復製爲《赫連泉館印存》。爰書其端曰：古璽印之制，夏商以前吾不能徵之，其可徵者，莫先於有周。《周禮・掌節》：「貨賄用璽節。」注「璽節，印章」。《漢舊儀》：「秦以前皆以金、銀、銅、犀、象爲方寸璽。」《後漢書・祭祀志》：「自五帝始有書契，至於三王，俗化彫文，詐僞漸興，始有印璽，以檢姦萌。」此載籍言印璽之最先者。證以今世所流傳周之私璽，大不逾今尺一寸之半，即古所謂方寸也。其材有犀，有象，有石，有陶，而銅製者百之九十九。其官璽，大者倍於方寸，或再倍數倍之。其材銅爲之，或以玉，偶有鐵者，千百中不一二見也。其書體與古文或異，其製或方，或圓。方者爲壇鈕，圓者蟻鼻鈕。文字皆以範鎔鑄而成，多朱文，其白文什一二而已。白文中偶有出自刻畫者，此秦以前之制也。秦人印大小同於周，有半方印，皆白文，皆刻畫成之。其書體與傳世權量銘同。許祭酒謂秦書有八體，五曰摹印。今以秦印傳世者證之，未見有殊體。如有周官私璽者也，此爲周秦璽印之别。今之譜録家則每混周之璽爲秦，秦之印爲漢矣。

漢之私印，西京初紀，大小同秦，寖以增大，至東漢有與官印等者。其鈕初爲壇鈕，後爲橋鈕，又後爲獅鈕，又間有觽鈕，有泉鈕，朱文長印有橛鈕。始有兩面印，有五面印，或刻於觽，於師比。其材皆以銅，或以玉，以象，以角，以漆，以鉛，以土，以燒料，以滑石，然亦千百中一二遇而已。官印之材，或以金，以塗金，然不盡如史家所記，有定制也。其文字初承先秦而日趨方正，與漢代傳世器物銘相似，吾邱竹房所謂「方正如隸」者是也。偶有屈曲其文如世所謂「繆篆」者。私印多白文，偶有朱文，皆鎔鑄。官印皆白文，皆刻。《史記·留侯世家》所謂「趣刻印」，《漢書·韓信傳》所謂「刻印刓」者，皆其徵也。六朝以後，官印皆用朱文，皆鎔鑄，皆爲橛鈕。古制乃日變矣。唐宋私印，傳世甚罕。至宋以後，則單用姓爲押字，又私印之一變。此周秦以來，古璽印沿革之大略也。

璽印有裨於考證至巨，即就此編所載者言之，古璽印皆記姓名，漢人始有封完及吉語諸印，此前人所習知者。然徵之古璽，已有取成語爲印者，如編中所載曰「富」，曰「得志」，曰「右生」，右即佑。曰

「安官」，曰「敬事」，曰「敬上」，曰「上明」，上即尚。審其書體，皆在秦前。又漢人或鑄物象印，其所繪人物與漢石刻畫象同。前人稱爲古蠟封印，不能斷定時代，今乃確知爲漢物。據此知周代有成語印，漢人有物象印，此有裨考證者一也。兩漢以來，官印可補正官制譌闕者，多不勝舉。此編有「廿八日騎舍印」，於前籍無徵，當爲傳舍之印。往見漢木簡，知塞上亭隧受書發書，皆紀日時，此印蓋亦爲傳舍紀日之用。予又嘗見漢官印，文曰「執法直二十二」。殆漢御史亦分曹當直，此均可補史志闕文。有裨於考證者二也。《漢志》膠東國有挺縣，高氏《齊魯古印攈》有「梃縣左執姦」，梃字從木旁作。此録又有「梃中」二字半印，亦出齊地。殆東漢廢梃縣改爲鄉之名，字亦作梃，與高氏藏印正同，足正史志從手旁作之譌。此有裨於考證者三也。古璽文字雖多難曉，然如人姓之長，之王，可確知其不誤。後世無長姓，《孟子》則有長息。又此編漢人印中有「傷禁」、「傷□」。吴清卿中丞藏印有「傷咸」。傷姓亦不見古姓氏書。然唐有《湯府君妻傷氏墓誌》稱受氏於傷琳，得姓於湯武。古刻所記，族望多不可信。然得知唐初尚有傷姓，足爲諸印之證。此有裨於考證者四也。六朝石刻書觸字，作觕，從牛角。初謂是當時別搆，今觀小璽中實有是字。其義雖不可知，而從牛角則同。知先秦之前有之，可補字書之闕。此有裨於考證者五也。西夏文字前人僅知《感通塔記》及西夏錢文，皆楷書。《塔記》有篆額，乃就其楷書略屈曲之，初非有二體。予所藏西夏官印，作疊篆，與《塔記》額字大異，知西夏實有篆書。前人亦有藏西夏官印者，初不能定爲何國書。予以其背有西夏楷字，始得斷定。

予又得西夏人楷書方印，與元人押字同，殆西夏人私印，則爲前人所未見。此有裨於考證者六也。古印中有鄉印，無村印。予所藏則有朱文「大毛村印」，大與隋唐官印等，書體亦相似，知爲隋唐閒物。是隋唐閒有村印，前籍所未載。此有裨於考證者七也。宋金元以來，行用楮幣，史家記其式頗疏略。賴傳世銅鈔版得知其詳。然現幣存於今者至罕，故鈔背印記苦不能悉。此編有「一貫背合同正書銅朱記」，始知鈔背實有合同印。雖不能遽定爲宋，爲金，亦足補載籍之闕。此有裨於考證者八也。其不見此録者，不遑備舉。

至於宋以來諸家譜録，前人鑒定多疏，頗收贋品。至近代吴氏雙虞壺齋，高氏、郭氏《齊魯古印攈》兩集，吴氏兩罍軒，周氏共墨齋，吴氏十六金符齋諸譜，抉擇始益精。聞簠齋陳氏《萬印樓譜》尤爲海内巨觀，惜舊印百部，數十年來訖未裝治行世，此則藝林之至憾也。予之此編以視諸家，如培塿之於泰山。然世之君子將如予之所言，欲闡斯學之藴者，或有取乎。宣統乙卯九月。

赫連泉館古印續存序

予之於古印璽也，嗜之最早而得之恨晚。比來海東，鬻長物以充旅食。於是晚得者復先失，念之不去懷，乃復搆之。歲甲辰，得尤精者三百餘，既譜而序之矣。今年春，又得古璽印五百，長夏無事，復課兒子輩鈐之，以續前譜，並書其端曰：古璽印有關於學術，前序備述之，今兹所得有可補前譜未盡者三事焉。

古璽文字自爲一體，今知有與古金文、陶文及殷人卜辭合者。編中所載吴侃，璽文作□□，吉字璽文作□。考之古匋文，吴作□，《説文》吴古文作□，殆□之誤。兮仲鐘侃作□，宅陽戈作□，殷人卜辭吉作□，並與璽文合。此關於小學者一也。《漢書·地理志》載新莽所改郡國名甚詳，間有不著改名者，頗疑新莽未必因仍不改，或史家有所闕佚。今録中有「含涯宰之印」，含涯乃漢名，而曰宰則爲莽時印無疑。《漢志》含涯下不載莽改名，則凡《漢志》不出莽名者，皆仍舊未嘗改也。此關於史事者二也。印文多載僻姓，吴恒軒中丞采之作《續百家姓印譜》。此録中則有若「荆」，殆即後世之邢。若「狡」，若「輔」，若「闐」，若「新垣」，若「東里」，若「叔中」，中即仲。皆可補吴《録》所未及。此關於姓氏者三也。又古璽有吉語印，前既已言之，此録又有曰「昌」，曰「吉」，曰「生」，曰「富生」，曰「思言」，曰「千万」，曰「宜有千萬」，則皆前録所未見。又有曰「私璽」，曰「公私之璽」，曰「敬璽」者，於此知古人初不必用名印，即此通用之文，已足昭信也。又押字印中，前譜有西夏文者，爲前人所未見。此譜更有類金源國書者，此尤押字中罕見之殊品也。往昔吾竹房説印作《三十五舉》，桂氏續之。予異日者欲將平日所見聞爲《印話》，更續兩家之書。考古之士，倘亦樂觀不廢乎？丙辰九月。

齊魯封泥集存序

道光初葉，古封泥始出於巴蜀，劉燕庭先生盡得之。已而山東之臨淄，稍稍有出土者，亦歸嘉蔭簃。顧當時所出雖盈數百，而多複重，故《長安獲古編》所著録三十種而已，且未明古封泥之用。至同治初，吾鄉趙益甫司馬著録仁和龔氏所藏六種於《寰宇訪碑録補》，尚稱之曰「印范」。雖趙氏好奇臆斷致有此誤，然亦由當代好古家未嘗博考論定之也。予年逾冠，得燕庭先生手拓本，愛其文字精妙，且其所載官名、地名可刊正史志。而深惜其傳世有限，未能輯爲專書。嗣於虎林遇關中估人董伸，爲言同光朝山左所出至多，殆十百倍於蜀中，皆歸吴子苾閣學、陳壽卿太史。予託其搆墨本不可得也。

及光緒庚子，始見丹徒劉氏所藏百餘種，詫爲大觀。時劉君方編輯所藏古璽印爲譜録。予舉沈存中之説告之曰：「古印章多軍中官古之佩章，罷免遷死皆上印綬，土中所得多是没於行陳者。其言至確。故封泥所鈐十九不見於傳世印章，其可貴更過於璽印。且質脆不任傳拓，盍亟謀所以傳之。」劉君韙予言，至甲辰春，乃附印於《鐵雲藏陶》之後，於是封泥始有專書。是年秋，海豐吴仲懌中丞又印《封泥考略》十卷，則吴陳二家所藏囊求之十年不可得者，一旦盡得。披覽其都數七百餘，去其復，尚得五百餘。考證類次，亦精善有法。意謂二書踵出，古封泥殆盡於是，後人不復能繼作矣。

乃翌年，於吴中書肆得封泥墨本三百種，肆主云是潘文勤公滂喜齋所藏，以校吴、劉兩録，則軼出者十八九，因亟印入《陸庵孴古録》。歲丙午，至京師，聞濰縣郭君聞庭所藏封泥與陳、吴、劉所著録絶異，苦不克披覽。是時歐人又於西域得古函牘，往往封泥具存。歐人不解拓墨，其文字末由寓目，僅於雜誌中窺知一二，以爲憾事。然至是始悟吴、陳、劉氏所録，猶未能盡當世之藏，繼作爲不可緩也。

宣統紀元，滕縣之紀王城又出官私封泥三百餘。予悉搆致之，汰其復，得七十餘。則又以前著録所未有，頗欲裒集諸家，去其復出，會爲一編。卒以未見郭氏所藏，多方搆求，以期合并。至今年春，濰縣高君翰生始爲我郵致，發函急讀，則編中所載與予曩歲得之吴市者正同，向之傳爲滂喜所藏者誤也。至是又悟海内所傳，實亦不能逾此。亟欲從事編輯，以償夙願。而篋中所儲陳、劉、郭三家墨本具存，獨無吴氏。滬上所印《考略》，石印未精，不可復寫。因就劉、郭及予所藏，勒爲一書，以補《考略》之闕。吾友王静安徵君熟精史漢，請其仍《考略》之例，爲之類次，並序其旨要。是編所載，爲數四百有奇，視陳、吴前録，雖略減，而以玻璃板精印，濃淡逼真，不異出之氈墨，則遠勝之。是編既出，與《考略》並行，俾當世考求此學者，得此二書已足，而不煩他求，豈非快事哉！

郭氏及予所藏，皆出山左，劉氏偶有出蜀中者，然百不一二。故顔之曰《齊魯封泥集存》。王君所著《簡牘檢署考》，於封泥之制，考證至密。别刊行之，俾讀此編者，得並觀省焉。歲在癸丑重九後五日。

隋唐以來官印集存序

宋元以降，爲古官私印譜集者衆矣，而收隋唐以來官印者至罕。其收隋唐以後官印者，近數十年間，吴氏二百蘭亭齋及近人頤素堂等三數家已耳。往昔雖亦或散見金石著録中，若《山左兩浙金石志》、《長安獲古編》、《三巴金石苑》，亦僅閒及一二。至馮氏《金石索》著録漢魏以來官印直至有元，始録隋唐以後官印三十餘。然或出自傳模，又雜以道家諸印，未爲精備。瞿氏《集古官印考證》成書略後於馮氏，亦訖於元代。而所收唐以來官印多至一百有九，視馮氏加詳。顧但刻考證，不摹印文，考古者憾焉。往於同鄉某君許，讀陳受卿太史致吴平齋太守書數十通，多討論金石文字，中一函言吴江翁氏有續瞿氏書，屬平齋訪其稿本。予乃知有翁氏書，求之南中者數年。甲寅春，始邂逅於滬上。其書名《古官印考略》，手稿零落，目録僅完。由周秦訖有明，收官印五百餘。唐以後得九十有八，其蒐輯亦勤矣。而印文多紛失，其閒存者，又多出摹寫，蓋翁氏或就同好所藏轉摹，非必自有其本也。予蒐求歷代古官印者，垂三十年，其得自譜録閒及手自鈐印與前人舊本，殆盈巾笥，而於隋唐以來至於有明，求之尤力。因此爲當世之所忽，而可考證史志，裨益至宏，不殊六朝以前諸印也。

歲在癸丑，始就予所藏編《歷代官印集存》。再越寒暑，粗有成書。擬俟得簠齋《印舉》後，乃爲定本。感歲月之易邁，先取隋唐以來諸印付諸影印，計其都數得二百二十有五。陳印一，在隋唐之前，取冠編首。僭僞諸印，則附於後。沿瞿、翁兩家例也。至前人著録，多昧於時代。如馮氏誤以金「行軍都統印」屬之唐，不知武成之款爲後人所加。《山左志》誤以金「都統之印」及「曲阜縣酒務記」屬之宋。《瞿考》誤以隋「觀陽縣印」屬之唐，金「勾當公事印」屬之宋。如是之類，粗爲釐正。然古印舊本，每多失拓背文，或背文本未刻年月，區分時代，良亦匪易。則今兹所定，固亦未敢遽云無失矣。斯編所載，以予有印本者爲斷。其出於前人舊藏十六七，予手鈐者十三四。其物今或亡佚，即以手鈐者言之，若「岳鄂王印」，曩藏西湖照膽臺。光緒辛巳客杭州，曾與斯印守者桐城吴康甫縣佐摩抄累日。閲十餘年，吴君没而印遽亡。淮安丁氏頤志齋所藏「移相哥大王印」，二十年前曾借至予齋兼旬，後丁氏遺物斥鬻殆盡。再訪斯印，亦不可蹤迹。即吾身數十年間，其轉徙亡佚已如此。然則斯書之成，亦烏可以或緩歟？

顧予居海外五年，聞見日隘，同好所藏，不能徵取。今兹所録，雖增於瞿、翁兩家之書，而瞿、翁所見兹不及者十四五，其不能無遺佚亦可知也。世有爲我續之者，斯予之所企望已。丙辰重九。

歷代符牌録序

古者合符以徵信，其器之傳於後世，著録最先者爲《續考古圖》之「漢濟陰虎符」、「唐廉州魚符」。明顧氏《印藪》、吴氏《印統》，亦著録二符。國朝則頗散見於錢、翁諸家之書，而爲專書者則始於瞿木夫先生《集古虎符魚符考》。顧歷覽諸家著録，顧、吴所載，並是贋品。翁、瞿所考，亦多疏失。今略舉一二，以示大凡。

顧氏所録「上郡虎符」，中間剖別處書「與上郡太守爲虎符第一」，而兩側則書「左二」、「右二」。吴氏所録「南海虎符」，中間書「與南海太守爲虎符第一」，而兩側則一書「左二」，一書「右三」。考兩漢諸符皆中間不書弟幾，而但書於兩側。魏晉以後，始於中間及兩側並書之。今二符中間書弟幾，已與漢符異，而兩側紀數又與中間不同，左右又自相異，決無是理。又兩漢諸符以建初尺度之，長皆二寸許，無逾三寸者。新莽之符倍之。魏晉以後，則大於漢而小於莽。翁氏《兩漢金石記》載「五原太守符」，乃云長三寸四分，而中間剖別處書「弟一」，有此兩徵，當是魏晉之符，而非漢符。然魏晉以後，無五原郡，是此符亦贋作。此真贋之不別，一也。《兩漢金石記》載「騶男虎符」，文曰：「□□與騶男爲銅虎符第五」。翁氏謂魏晉始有五等之封，而晉則伯子男以下不置軍，定爲魏物。瞿《考》謂歷代虎符背文皆止云「與」，則騶男上不當有漫滅二字。今詳觀此符拓本，「與」上是「晉」字，與「丞邑男符」之稱「晉與丞邑男爲虎符」正同，是爲晉而非魏也。又「與」上加朝代，新莽諸符皆然，晉符蓋沿莽例。「高平虎符」稱「詔與高平太守爲虎符」，其例又異，惟漢符「與」上無字。瞿氏乃謂「與」上不當有字，歷代皆然，此實考之未審。惟「與」上一字而空二格，則翁氏之誤耳。此朝代及制度之混淆，二也。瞿氏謂「漢虎符」稱「與厶厶太守爲虎符」，而「騶男虎符」作「爲銅虎符」，蓋魏晉始有之。今觀「騶男符」拓本，明明無「銅」字，乃翁氏誤釋，非魏晉有之也。又瞿《考》載「右武衛和川府魚符」，其文作「武衛和川府」，云唐有左右武衛，《隋・百官志》有「武衛」，定此爲隋符。然此符實是「右武衛」，「右」字在「同」字上，嘗見精拓本有之，尋常拓本往往失拓。此爲唐符而非隋符，瞿氏所見本亦失拓「右」字耳。此著録辨釋之未確，三也。如是之類，並爲缺憾。

予曩既得「秦虎符」，頗欲類聚藏本，以爲專書，以補前籍所未備。而虞海内所藏，予或未盡知聞，故遲回者數歲。乃浮海以來，見聞益隘，恐不能復有增益。而中邦文獻日益陵替，今我不作，後來何述？因裒輯所有，由秦逮金，得符五十有二，又遼金至明之「銅牌」，亦符類也，得墨本十有八，附益之，成《歷代符牌圖録》二卷。皆取墨本精印，纖毫畢肖，可徵信傳後。至於考證，別爲一録，嗣有所得，當再賡續。爰論次前著得失，以示來者。考古之士，倘有取乎。宣統六年九月。

歷代符牌後録序

宣統甲寅，予既撰集古符牌墨本爲《歷代符牌圖録》。自知聞見狹隘，遺佚必多，方期它年爲之賡續。乃書成之明年，游魯、豫，得「遼盧龍縣銅牌」於洛下，返滬則又得「明錦衣衛旗尉牙牌」。又閱歲，復於滬上得「東平守禦銅牌」，皆前人所未及見者。尋又得六舟上人及秀水王氏、虞山趙氏所集金石文字小品五十餘册，其中符牌墨本得六十餘品。汰予前録所已著及複重，尚得符八、牌二十有八，乃合以予所得三牌復成《後録》一卷。與前編所載並計之，總得符六十、牌四十有六。海内所藏雖未敢謂畢萃於是，殆庶幾矣。

往昔瞿木夫先生作《古虎符魚符考》一卷，翁叔均先生又作《古兵符考略》，以補其所未備，此符牌有專書之始。瞿考已刊附《集古官印考證》之後。翁書則未梓行，其手稿在予齋，墨本盡失，而目録完具，其考證存什一二三而已。瞿書僅收十有八品，且有贋作。翁目所載符十有五、牌三十有二，合文同而字號異之重品計之，得牌四十有三，視瞿氏爲備矣。然如「磐石衛夜廵牌」等多據傳橅，非必皆有墨本。今合二家之書以校予前後兩《録》，予之所有固多爲二家所未見，而二家所有而予無之者，亦什之一二。予書之成，上距翁氏不逾七十年，所見之差已如此。良由中更兵燹，故家文物散亡大半，予齋墨本多爲陳粟園、李方赤、吴子苾、蔣生沐及六舟上人所手拓。其器之存否，今不可知。

則此録之成，非可或後。使更後數十年爲之，恐欲求予今日之所見，殆又不可必矣。

翁氏殘稿藏予齋者，雖所存不及半，又塗乙狼籍。予當以暇日手自清寫付印，以與此編並傳。俾前人辛苦纂輯不至湮没，倘亦好古之士所同慰乎！宣統丙辰三月晦。

唐風樓秦漢瓦當文字序

自《澠水燕談録》載羽陽宫瓦，黄伯思《東觀餘論》據「益延壽瓦」以訂小顔《漢書》注文之誤，爲瓦當著録與以瓦當文字考古之始。至林同人、朱排山、申鐵蟾諸氏作，而瓦當始有專書。至翁氏《兩漢金石記》、畢氏《關中金石記》、王氏《金石萃編》，于金石刻外兼收瓦當，于是瓦當文字乃爲金石學之支流。瓦當者，所以施之簷際，其明著其名者，曰「瓦」，「都司空瓦」之類。曰「當」，「八風壽存當」、「示正官當」之類。曰「甍」，「長陵東甍」之類。曰「甯」，「麃氏冢甯」之類。其文字或記宫觀、殿闕、陵厩、關倉之名，或著吉語，或圖寫物象。官私上下，得通用之。其時代則始于周秦而訖于六代。羽陽宫作于秦孝公，則羽陽諸瓦實當周之晚季。又有奇字諸瓦，文字古異，其非嬴、劉以後之物可知也。其圖寫物象者，精粗巧朴有等差。或有出於魏晉以後者，又可知也。今考古家但稱秦漢者，蓋以周與六代之迹流傳爲少，故以周歸之秦，魏晉以後並于漢而總括言之，非其實也。

其始見之地爲關中。咸同以來，齊之瑯琊臺、萬里沙之瓦，多出土者。光宣之世，則有若真定，若易水，若中州，且遠及歸化城，漸發見于當世。其收藏家，乾嘉以來，林、朱、申三家外，曰趙氏魏、錢氏坫、俞氏肇脩、張氏塤、宋氏葆湻、王氏昶。嘉道以後，則張氏廷濟、王氏福田、吴氏式芬、陳氏介祺。其與予並世者，則潘文勤公祖蔭、吴中丞大澂、王文敏公懿榮、端忠敏公方、高氏鴻裁、劉氏鶚。其著録，乾嘉以前，程氏敦爲詳，道咸以後，則僅王氏《竹里瓦當文存》一書而已。吴清卿中丞欲續諸家之書而未之就，端忠敏公則以其一家所藏勒爲一書，稿既具矣，而未印行。

予繼諸家之後而治斯學。志學以來，即有所藏弆。壯游四方，見輒搆致。及居京師六年，歲有增益，先後所得垂二百品。每得一瓦，輒撿前人著録，每歎其用力已勤，而猶不免有千慮之一失。如吉語諸瓦，不必皆爲宫殿之名。乃必謂「長生無極」爲阿房瓦，「長樂未央」爲長樂與未央兩宫瓦，「長生未央」爲甘泉宫瓦，「千秋萬歲」爲萬歲殿瓦。今則近自齊、豫，遠及歸化城，出「千秋萬歲瓦」，文字殊狀，多至數十百品。而歸化城所出十二字、八字方磚，亦有「長樂未央」語。凡此之類，皆爲吉語，隨處可施。前人以其得自關中，遂致傅會。然非今日諸方出土者多，固末由訂正之也。又「四獸瓦」，曩但著録「朱鳥元武」，今並見「青龍白虎」。前人謂朱鳥不知何鳥，因《周禮·春官·司常》：「鳥隼曰旟。」鄭注：「鳥隼象其勇捷。」定爲鷹隼之屬。案朱雀即鶉火之鶉。《考工·輈人》鄭注明言之，沈存中《夢溪筆談》誤以爲短尾之鶉，認爲鵪屬。然鶉實鷻之假字。《説文》注鷻，「雕也」。雕注「鷻也」。《詩·小雅》「匪鶉匪鳶」，《毛傳》：「鶉，隼也。」今參以瓦當所圖，勁翮翹尾而捷足，與《隸續・碑式圖》及予所藏「漢四獸方瓦竈」所畫朱鳥正同。其爲雕無疑。前人以爲鷹隼之屬，不能確定。沈氏又以爲鶬屬之鶉，則失之彌遠矣。又黄伯思據所見瓦文，證《史記・封禪書》「益延壽」之爲一觀，其論至精。程氏乃謂今有「延年益壽」、「延壽萬歲」，以爲即二觀之瓦，疑黄説爲不可據。而予實見福山王氏「益延壽」三字瓦，則程氏于目所未見，不能闕疑而輕議古人。如此之類，屈指匪一。嘗欲別爲記録，以補苴前説。又以近世諸家所藏，不見著録者至多，欲續程、王二家之書，故平生所蒐集諸家墨本多至三千餘紙，乃懷此有年，未遑從事。

爰以去夏經始，選存什一。其諸家所藏，有未敢確信爲真品者，如陳氏「漢榼詣宮」，王氏「承光」之類。則汰之。選擇手民，親授勾勒刊刻之法，期年乃竟。剞劂之精較舊譜之鑿甎鎔錫似轉勝之，計其都數得三百餘。諸家所藏，雖未能盡，亦粗具矣。圖後不別著考證，而分注出土之地與收藏姓名於目録之下。並述此學之津逮，與此書之所以作爲序録，以告當世君子，異時所得，再賡續焉。宣統甲寅九月。

古器物笵圖録序

古陶冶之制器也，必先(涑)〔煉〕土鎔金以爲之笵。器成，笵斯毁矣，故不獲傳於後世，世之考古家亦遂無著録之者。自秀水朱氏始得「莽泉笵」，爲之跋尾，嘉定錢氏、海鹽張氏又傳其墨本於《十六長樂堂古器款識》及《金石契》中，世之爲泉幣學者，遂莫不知有「古泉笵」，而他器物笵無聞焉。及嘉道間，嘉興張叔未解元始見衛字瓦笵於趙謙士太常，見「尚方鏡笵」於宋芝山學博，見「弩笵」於蔣生沐孝廉。於是「古泉笵」外，它器物笵之傳世者凡三品。予往求三笵墨本，但得「弩笵」一，它二器不可得也。然平生購求海内諸家藏器拓本，合前後所得不下數百册，其中古鏡、古瓦笵頗有出張氏所見外者。

光緒丁未，在京師偶游廠肆，見有售「銅斧笵」者，遽懷之歸，私喜傳世古器物笵遂增其一也。已又得福山王文敏公舊藏「日光鏡笵」二。閲二年，於齊、魯間得「矢鏃沙笵」，得「師比沙笵」。國變後，又得盛伯熙祭酒所藏「元代銅犂笵」，蓋自是予所藏古器物笵，殆倍於海内諸家之所蓄矣。顧以流離轉徙之餘，未獲從容拓墨，以詒同好。故予齋所藏予知之，世莫得而知也。以視乾嘉士夫一器一物之出拓本千百，復爲文詠以章之。越數十百年，器或已佚，而名得長存，其幸不幸爲何如哉！然以前人拓墨之勤，予求「衛瓦笵」及「尚方鏡笵」，猶且三十年不可得。則予之所藏，其泯没不必待至數十年後，又可知也。念之滋懼，用是亟施氈墨，又會最諸家所藏予有墨本者，釐爲三卷，名之曰《古器物笵圖録》，以廣其傳。

諸笵中，「泉笵」爲多，而「古化幣笵」譜録所載不及今所見之什一，則悉著之漢以後，略選精異者而已。至前人所傳書笵，乃刊書之模式。初非爲鎔鑄之用，亦舍之。當世君子有見我之所不見者，幸爲我續之。丙辰三月。

金泥石屑序

金石文字之著録，以三代禮器及寰宇石刻爲大端。至其支流，若古圭璧，若璽印，若泉布，其在先世亦莫不有專書以記述之。至我朝而金石之學益昌，乃推衍而至於專甓、瓦當、封泥、權衡、度量之類，亦各爲專書以補前人之闕，意亦既美備矣。而私衷猶以爲未盡，居恒欲取海内貞石墨本，依文體類次之。其大要若「頌」，若「序」，若「記」，若「神道碑」，若「墓表」，若「墓誌」，若「造象記」，若「刻經記」，若「題名」，若「詩詞」，分類輯録，羅列衆本，精意校寫，名之曰《寰宇石刻文編》。其於「古禮器」及「庶物銘識」，則斷代爲書，若殷，若周，若秦，若兩漢，若新莽，若三國，至於六朝，各爲一集，名之曰《集古遺文》。又將爲依物分類之書，若「貞卜文字」，若「古匋文」，若「古兵」，若「符牌」，若「古器物笵」，若「鈔幣」，若「笵金釋老氏象」，若「古明器」，若「泉布、專甓、瓦當、璽印、封泥、鏡鑑」之晚出者，各以類別，總名之曰《集古圖録》。其不能胲於斷代、分類二録中之小品，則仿前人《金石契》諸書之例，别爲一編以會最之。懷此者二十年矣。

頻歲以來，索居海外，頗事造述。於石刻文字成《昭陵碑録》、《三原三氏碑録》及《芒洛冢墓遺文》、《龍泓諸洞造象題名》。於斷代之書成《殷文存》及《秦金石刻辭》。於依物分類之書，其成者曰

《殷虛書契》，曰《齊魯封泥集存》，曰《歷代符牌圖録》，曰《四朝鈔幣圖録》，曰《古器物笵圖録》。其它則編次未竟，限于資力，不能旦夕就也。兹春晝漸長，爰取斷代、分類二録所不能賅之古器物小品，遴選藏本之什一，始于有周而終于近代。其物皆世所罕遘，或已亡佚，其打本亦皆一時所難致者，編爲《金泥石屑》二卷。顧一人之所得有限，而古物之出世不窮，期以它年更爲《續集》，搆求纂輯之勞所不辭也。丙辰三月。

四朝鈔幣圖録序

《周官・載師》：「宅不毛者有里布。」先鄭司農注：「里布者，布參印書，廣二寸，長二尺，以爲幣，貿易物。」孫氏詒讓曰：「此説里布爲即布帛之布，布參印書蓋爲書布之上而加璽印，此殆爲後世楮幣之所自昉。」然司農所釋僅據舊聞，其制用之方，莫可得而詳焉。

考楮幣之作，實始於唐之飛錢，宋之交子。民間爲之，則省轉輸之勞。國家行之，則啓無窮之害。前自天水訖於金元三百年間上下交病。北宋晚季，不蓄鈔本而增造無藝，至引一緡直錢十數。馬氏《通考》謂嘉定以後，糴本以楮，鹽米以楮，百官之俸以楮，軍士支犒以楮，州縣支吾無一而非楮。每讀此言，輒爲失笑。然弊害猶未極也。至於金源，紊亂尤甚。初因大鈔滯而行小鈔，已乃加重貫例，至於千百，致貫直一錢。南遷後，造「貞祐寶券」，踰年造「貞祐通寶」，則一貫當寶券千貫矣。嗣作「興定寶泉」，一貫又當「通寶」四百貫，顧鈔乃愈賤。元光二年，乃限銀一兩不得過「寶泉」三百貫。是「寶券」之行未逾十年，以十有二千萬貫才貿銀一兩。振古以來，天下最可駭怪之事甯過於此者。政令至是，欲國之苟延，其可得乎？元沿金制，以中統、至元兩鈔子母相權，害略減于金源，然至末葉，料鈔十錠亦不能易斗粟。明代以錢爲主，以鈔爲輔。弘正以後，格而不行，故爲害尚淺。我朝行鈔不及二十年，而弊已百出。使非收回迅速，其不成巨患者亦僅矣。

夫國家當財匱之時，不得已而爲權宜之計，果嚴其出入而持之以信，尚可拯一時之急。若朝令夕更，指虛爲實，强出而吝入，以愚天下之民，烏有不敗者哉！予既輯金以來鈔幣及鈔版之傳世者，爲之《圖録》，並書制鈔以來幣害於卷首，並考證文字，別書於《圖録》之後。俾後來者有考焉。宣統甲寅九月。

蒿里遺珍序

予曩既編寫所藏歷代冢墓間文字爲《蒿里遺文》，校刊之事，尚需歲月。意欲拔其殊尤，約得什一，影印以傳斯世。而患難餘生，勉給朝夕，力不副懷。不得已，乃又於什一之中，選「地券」四，「冢記」一，以爲之權輿。此五種者，或久佚人間，或傳拓至罕，予以三十年之力僅乃得之。選工精印，躬自督視。以校原刻，不差銖黍。顔之曰《蒿里遺珍》。雖寥寥百本，未足廣傳。戔戔數紙，不厭初志。倘彼蒼未喪斯文，終當勉成茲事。爰書卷首，以俟方來。宣統甲寅九月五日。

古明器圖録序

光緒丁未冬，予在京師，始得古俑二于廠肆。肆估言俑出中州古冢中，蓋有年矣。鬻古者取他珍物而皆舍是，此購他物時以爲媵者，不知可貿錢也。予具告以墟墓間物，無一不可資考古。並語以古俑外有他明器者，爲我畢致之。估請明器之目，適案頭有《唐會要》，檢示之，估諾諾而去。明年春，復挾諸明器來。則俑以外，伎樂、田宅、車馬、井竈、杵臼、牲畜，諸物略備矣。予亟厚值酬之，此爲古明器見於人間之始。是時海内外好古之士，尚無知者。廠估既得厚償，則大索之芒洛間，于是邱墓間物遂充斥都市。顧中朝士夫無留意者，海外人士争購焉。廠估在關中者，遂亦挾關中之明器至。方予初見時，有所遇必盡之，已則選尤精異者。不逾歲，乃盈吾几案間，室隅坐下亦羅列殆偏。客入予齋者，僉愕然，謂是畢良史「死軒」也。

予時方考歷代明器制度爲《考釋》，第以所見多出唐代，間有出天水之世者。其自關中來者，時有漢物，而先秦及六朝者不得見。欲更有所待，用是因循。逾歲，削藁未及半而丁國變。予既攜家避世，此纍纍者，不能盡攜。乃先棄其重大者，次及習見者，其精好者，或爲臧獲輩竊取，已去所藏太半矣。此少半者，篋藏而東航。比至，人物皆斷脰折肢，尊瓻之類亦多破損。乃嗒然若喪，閉置不復觀覽。及歲乙卯，返國展視先壟，並訪古汴洛間，則蒿里之藏已垂盡，不復如往者之充斥。然得見辛亥冬磁州所出六朝明器，又見山西所出古俑及尊斝等物，喜酬夙望，復傾資購歸。今年秋，就門側之塾，取先後所得，依世次列之。雖零落之餘，尚三百餘品。乃選工寫影，汰其複重，爲《明器圖録》四卷。以「人物鬼神」爲先，「田宅車服井臼」次之，「家畜」又次之，而「古畫專」爲之殿，都百八十有一品。古畫塼者，彫刻古孝子、列女像，旁刻姓名，間有墨書者，已漫不可辨。乃五年前出中州古壙中，前此考古家所未嘗見者也。

既成書，憶前籍之記古明器者，僅宋岳珂撰《古冢槃盂記》，《博古圖》載一「陶鼎」而已，他無聞焉。予之此書，雖較前籍差詳，然悉取諸吾齋，間有假之他人者，則不及什一。其舶載至海外者，視此殆什百千萬，則此編之隘且陋可知也。著録者一，而遺者倍蓰千萬，則吾書者不過爲之權輿爾。所冀當世繼吾而有作，廣吾所不備，而大餉斯世以考古之資。俾此古器者，不虛出于人間。此固不僅予一人之私幸，蓋學術之幸也，予日望之矣。丙辰九月。

古鏡圖録序

予年逾冠，即嗜吉金文字，三古法物。力不能致，乃頗蒐集古鏡鑑，然亦不能多得。居恒摩抄賞玩，以爲刻畫之精巧，文字之瓌奇，辭旨之温雅，一器而三善備者，莫鏡若。每見同好所藏，輒手施氈墨，復就前賢著録，若《博古圖》，洪氏《隸釋》、《西清古鑑》，錢氏《浣花拜石軒鏡銘集》，馮氏《金索》諸書，移録其銘辭。嘗置坐隅，閲歲稍久，儲墨本將三百紙。然所見多常品，鮮新異者。光緒戊戌，旅居滬上，識周季貺大守星詒，見所藏「新莽始建國鏡」，始見鏡文中紀年號者。又數年，客武昌，於端忠敏公方署齋中，見襄陽錢氏所藏「熹平鏡」，其製造絶異，按以指有聲如中空。始知《博古圖》所謂夾鏡者，世尚有之，於是好之益篤。歲辛丑，見丹徒劉君鐵雲藏鏡百餘，既一一施墨，鐵雲復以所藏墨本重複者，盡以畀予。至是拓本乃驟增。

丁未入京師，每省俸錢購求之。曾與亡友蔣伯斧諮議同游廠肆，一日得三十五鏡，中有「建安十年鏡」，乃濰縣陳氏得之南中故家，福山王文敏公又得之陳氏者。喜出望外，不及待駕，急持以歸。伯斧與予同癖，固乞之。予亦固不與。已乃盡畀以三十有四鏡，而獨留一「建安鏡」。時伯斧主予家，冬夜篝鐙下帷共賞，陳先後所得墨本約三千紙，同觀之。遇複品，伯斧輒乞取。其存者三之二，又去文字不精且習見或拓墨不緻者過半，約存千品。謀鐫木以傳之，時無良工，久不能舉其事。及辛亥變作，此墨本千紙者幸無恙，而藏鏡則多紛失。其在行篋者，又多損壞。「建安鏡」顧完好，尋又得「建安鏡」二，及他鏡二十餘，合之往日攜入行篋者，尚不逾百，蓋不及舊藏之半矣。東邦友人若内藤湖南，若富岡君撝，皆有同癖，各得吾「建安鏡」一，他鏡亦多隨手散去，於是此不逾百者，所存又不及半矣。

回思三十年嗜之之篤，今且散亡垂盡，而墨本幸存，集録之願用是益熾。力不副懷，乃就千鏡中又拔取其尤，成書三卷。其有紀年者，最先列之，由漢之元興迄明之洪武，得三十餘品。其無年月者，可據此參證而得其時代與其製作變化之迹。中卷以後，則選文字刻鏤精好者。其但有彫紋無銘辭者，千百中遴選一二。不習見者，不能徧及也。鏡大非篇幅可容者，或略縮之，然僅十百中一二耳。逾月書成，影印精善，視墨本不殊銖黍。較往昔巧工所鐫，勝之奚啻倍蓰。惜尚不能盡吾之藏而流傳之，則猶有憾焉矣。爰弁語於首，備書三十年中之悲欣得失，以志今昔之感。曩所録《鏡銘集》，異日當别刊之。並將述生平聞見爲《鏡話》附焉。倘亦宇内同好所欲覩乎？丙辰八月既望。

此書就舊藏墨本遴選，亦有近歲得之同好者。書既編定印過半矣，南陵徐積餘觀察乃昌復郵贈所藏「建安元年」及「至元四年鏡」墨本至。不及列入，爰補附於後，以誌友朋嘉惠。

夢郼草堂吉金圖序

古之私家藏蓄古器者，莫先於劉之遴。史稱其在荆州聚古器數百十種。厥後宋之劉原父在長安得先秦古器數十，著《先秦古器記》，此又私家藏器著録之所自始。我朝藏器之風至道咸而寖盛，美富殆什百倍於前人。若濰之陳氏，吴之潘氏諸家，輪指不可竟也。顧陳氏所藏僅有簿目，潘之著録未及什一，其私家所藏有成書者，曰諸城劉氏清愛堂，曰吴中曹氏懷米山房，溴陽端忠敏公匋齋三家而已。而匋齋所録頗雜贋器，蓋精鑒之難也。

予少好古器，貧不能致。三十客春申江，故家所藏偶獲一二，輒玩賞窮日夕。亡友丹徒劉君鐵雲有同好，聚古器數十，所居距予寓齋才數十步，每風日晴好輒往就觀，相與摩弄，或手自拓墨，欣賞竟日夕。已而劉君以逋負故質所藏於人，則又相與太息，傷聚之之難而失之之易也。又十年，予始備官中朝，京師人海，萬方百物之所萃。世家所儲齊、魯、鄭、衛、燕、秦古物新出者，時時於肆中遇之。遂如窮子之八寶山，盡傾俸錢不能償。乃私歎有力者不必好古，好古者又絀於力，無力而好古鮮有不致累如予者。然是時所得古物已充牣左右，書室方丈，殆無措足地。在京師六年，三移居，長物多於家具。每值遷徙，躬自監護，惟恐有所損失。顧是時政綱日替，冷官末由報稱，思謝病退居江湖。顧此纍纍者不忍棄去，欲一一攜取，則陳篋數十，歸裝益不辦。於是曩昔愛之如護頭目者，至此益增吾累矣。

及盜起武漢，元兇柄國。不忍坐視宗社之變，乃亟鬻服用之物以充行資，攜孥浮海。圖書長物百餘篋，運之逾月乃竟，又棄其重大不易致者。既至海東，無所仰給。此古器者，稍稍出以易米，尋復悔之，更圖聚積。時丁桑海之變，士夫所藏乃大出。北則盛伯希祭酒意園所藏，端忠敏公匋齋所蓄，陳壽卿京卿簠齋所儲；南則吳陸諸家故物及鐵雲藏器質於人者，往往充斥肆廛。予先後共得數十品，曩之所失，乃得復償。

去年冬，病胃不能有所造述，鑒於前人著録未成而器已星散，乃課兒子輩拓墨編爲《夢郼草堂吉金圖》三卷。雖所藏不及諸家之宏富，然如商之勾兵，秦之虎符，鏤金之雕戈，異文之短劍，鷄鳴之戟，夜雨之鏄，或爲並世所希遘，或爲天水之舊藏。藝院珍琦，不忍終祕。付之影印，以廣流傳。惟念余以忍死餘生，殊方遯迹，抱器徘徊，辛苦著録。意園、匋齋所藏且不能保，此編所載異日將何所歸？仰思疇昔，俯念方來，攬素綴言，爲之長喟。丁巳十月。

夢郼草堂吉金圖續編序

宣統丁巳，予既集所蓄古吉金爲《夢郼草堂吉金圖》。其年燕、豫、齊、晉四省災，飢溺者數百萬衆，惻然有所不忍，欲盡散所藏長物，易金以振卹之。《吉金圖》中諸器，亦在所捐棄者也。乃所願不能盡達，古吉金之得讎者一鼎二爵而已。私念古器盡失則利災黎，不去我則予得翫而老焉，固有兩得無兩失也。顧振災之後，杼柚空矣，亦不復能求益。乃今年春親履災區，便道重入國門，則端忠敏公匋齋所藏與山左諸舊家遺物充牣于都市。間有新出泉壤間者，以歐美戰事方烈，舶市不通，則争求售于我。謝之不可，則與約延償金之期，肆估多能諒予，諾焉。于是遂又得古彝器三十餘。復自念言物之聚于所好，殆如風之聚籜，忽聚忽散，理之常也。今予謀棄而獲存，處損而得益。此諸器既入予齋，不可不謀所以流傳之。乃益以舊藏之未入前録者，總得六十有八品，爲《夢郼草堂吉金圖續編》。此書既成，則以後器之聚散，亦聽之自然而已。

新得諸品中，若昆瓶之鐘，雝庫之鑰，列國之弩機，新莽之水槃，或人間所僅見，或古器之殊尤。一旦不勞而集，意彼蒼所以慰我憂患耶？抑畀予流傳之責，俾廣之宇内學者，以爲學術之資耶？則予今日之影印，其亦所以答天貺與？戊午八月朔。

昭陵碑録序

唐昭陵陪葬諸臣之有碑版傳世者，據宋以來諸家著録凡八十有八。而今之存者，僅二十有八。此二十八碑中，《崔敦禮碑》久佚，《姜遐》、《裴藝》兩碑雖存，又漫漶不可辨。今姜碑不復椎拓，裴碑或僅拓額字，則昭陵諸碑之實存於今者，二十有六碑耳。諸家著録其文者，有青浦王氏，後有平湖孫氏。王氏以前諸碑皆僅拓上截，及蘭泉先生官關中，始並下截拓之。故《萃編》所録，其存字較明以來著録家增多，然碑字可辨而失録及繕録譌誤者所在不免。孫氏撰《昭陵碑考》，毅然欲補正王氏缺誤，今觀其書存字，誠又增於王氏而譌誤益甚。蓋王氏之失在疏略，孫氏之失在肊定，故孫氏失又甚焉。

予曩得何夢華先生舊藏精拓整本，欲手自校寫，顧奔走江海，久緘巾笥。比來索米長安，委他多暇。丁未長夏，日取讀一二碑，就王、孫二家之書校注於上，以爲程課。又博采舊拓善本，於《温彦博》、《孔穎達》、《房元齡碑》得見宋拓，於《李靖》、《李勣》、《姜遐》、《段志元》、《唐儉碑》得見明拓，一碑率校以六七本，或十餘本。於是丹黄旁午至不可讀。寒冬圍爐炙硯，寫定爲《昭陵碑録》三卷。計録所見二十七碑。《崔敦禮碑》未見拓本，則據陸氏《金石續編》録之，兩月而竟。然嗣每得一本，輒校一過。今年秋，又假徐梧生監丞坊整本精拓二十四種，其中《裴藝碑》竟録出二百八九十字。舊稿乃又塗乙狼籍，爰重加寫定。凡曩之殘泐不能讀者，至是多可成誦，於是益恍然於校録之難。

茲所著録，雖較密於前人，顧未敢自喜。昔蘭泉先生自謂於昭陵諸碑椎拓無遺憾，視前賢所得爲多，而孫氏亦自謂所録又增於王氏，致欲誇示蘭泉先生於地下。然此編補正二家一碑或至數百字，或竟至倍。以前事例之，予之疏漏恐亦難免。世有精心博見者，取吾書刊正之，如予之於二家者乎？予日望之矣。光緒戊申九月。

甲寅春，借錫山秦氏、天津龐氏所藏《崔敦禮碑》翦裝本，重寫定此録，乃得無憾。惜尚未見《王波利碑》耳，且期之異日。又記。

昭陵碑録補序

歲戊申，既寫定昭陵諸碑爲《昭陵碑録》。明年秋，晤法人伯希和學士，爲言近十餘年間昭陵新出土數碑，且言其行篋有墨本，惜束裝待發不及見示也。予聞而亟詢諸同好及碑賈，無知者。又函關中友人求之，亦不可得。嗣邂逅藍田閻君甘園培棠，允爲訪求而久不報，乃轉而假諸海外。

今年秋，伯希和氏乃將沙畹博士藏本郵示，計《程知節》等凡四碑。日本京都大學教授内藤虎次郎博士又增以《宇文士及碑》影本，更出沙畹博士四種外。於是昭陵新出諸碑得寓予目者，凡五石。仲秋以來，病痔累旬，頗廢人事，而閻君亦寄《程知節》等四碑至，爲之頓忘疾苦，參校諸本，忍痛著録，以補曩録之缺。既成，爰記致之之難，並誌東西諸博士及閻君將伯之助爲可感也。時宣統二年九月。

唐三家碑録序

宣統己酉，《昭陵碑録》既授梓，復校寫獻陵陪葬諸臣《樊興》、《李神符》二碑，寄鄂中將刊附《昭陵碑録》之後。逾歲而武昌亂起，剞劂之事遂阻，寫本亦淪佚。歲癸丑，搜篋中三原諸碑墨本，將再寫之，則《樊》、《李》兩碑不可得，蓋往歲校寫時别庋之，亦亡于辛亥之變矣。

然三原石刻之存者，於李氏得二碑，于氏得四碑，臧氏得二碑，皆整紙精拓。往嘗據以校《金石萃編》者，此整裝諸本外，予所藏尚有剪裝古拓，於《李孝同碑》有楊大瓢藏本，《李廣業碑》有馬硯珊藏本，《于孝顯碑》有初出土本，《于志甯碑》有畢竹癡藏本，《于大猷碑》有金冬心、吾竹房兩本，《于知微碑》有張文魚藏本。其先者四五百年，近者亦且百年，皆非一時所易致者。因復取校《萃編》，補正奪誤，少者數十言，多者數百言。而《于知微》、《于大猷》兩碑，首行碑題皆多至數十字。雖磨泐殆盡而殘迹可尋。《萃編》乃以意寫定，一題《容州都督于知微碑》，一題《唐明堂令于大猷碑》，以原石存迹校之，全不符合，蓋出自校録者之肊定也。鹵莽至此，爲之駭絶。蘭泉先生成是書時，已迫耄期，不及檢定宜也。然使予不得善本爲之詳校者，亦不能知其繆戾至於斯極。

春晝方永，因手自移寫李氏、于氏、臧氏三家之碑，各爲一卷，將與《昭陵碑録》並刊行。惟三原尚有于德芳碑》爲予所無，《李神符碑》又已亡。乃假諸繆氏藝風堂以補之。《李神符碑》前人無著録其文者，著之自予始。《于德芳碑》錢竹汀先生曾得吴門蔣氏本，跋稱失其前半。吾鄉魏稼孫先生著其文於《非見齋碑録》，亦云拓本前半全失。今予所見爲嘉蔭簃舊藏整紙足拓，前十九行字皆漫滅，後十一行朗然可誦。錢、魏兩家均謂失其前半者，蓋由未見整紙足拓也。魏氏所録與予寫定存字互異，不敢取魏録補予之闕。此予寫碑之例，蓋亦懲《萃編》之失而過乎正者也。

校理既完，付之劂氏。念録中諸人，三李爲宗支之秀，于、臧兩族，或運籌策以定太平，或佐撻伐以戡禍亂，並馳聲當代，功伐爛然。今者神州淪于羣盜，蒼生喪其覆育，安得彼蒼篤生方召，並得維城之彦如諸賢者，廓清戡定，以弼成我宣光之治。此又海外羇臣爲斯録之微意也已。七月既望。

西陲石刻録序

予年十有七，始蓄金石墨本。顧生長江淮間，又罕交游，於荒裔石墨不能致也。巾笥所儲於《裴岑》、《姜行本》兩刻外，他皆無之。光緒壬辰，吴興施均甫太守補華寄《劉平國治關城誦》屬爲考證。並媵以《沙南侯獲刻石》，乃施君佐張勤果公西征戎幕時所手拓者。於是遽備西域三漢刻，爲之喜而不寐。顧讀吾鄉徐星伯先生《西域水道記》所載諸碑，尚不能致。壯游四方，始漸備其所無。宣統紀元，又得見燉煌古卷軸，據唐寫本《李氏再修功德記》補石本闕泐百餘字，爲之狂喜，殆不異曩得三漢刻時也。去歲既校定《石室佚書》，復據《李氏再修功德記》及《索勳碑》得知張義潮家世，據以作《張義潮傳》，以補正前史闕失。竊謂古刻之裨益史事以邊裔石刻爲尤宏，於是擬將西陲諸碑勒爲一書。而經辛亥之亂，篋中所藏積三十年而漸致之者，頗有紛失。乃借繆氏藝風堂藏本以足之，遂成《西陲石刻録》一卷。由漢暨元，得十有五碑，而未見墨本者，如《水道記》所録「金滿縣殘刻」等。則闕之。

此卷所録雖已見前人著録者十六七，然前賢寫定往往假手門生書佐，故多疏誤。今手自寫定，一一爲之補正。一碑或參合數本，或依據舊拓，其考證所得則俟異日別録之，此固予寫碑例也。宣統甲寅二月。

西陲石刻後録序

癸丑冬，予既寫定《西陲石刻録》。顧以生平足迹未嘗度隴，僅就耳目所及，遺漏必多，頗欲從事補輯。今年春，在滬上繆氏藝風堂見元和葉鞠裳學使昌熾視學甘隴時所得墨本，於予所録外，尚得六十餘種，以行程匆迫，不及移寫，得其目以歸。已又聞新城王晉卿方伯樹枏儲關門以西石刻至備，意必有可補予書者。亟遺書乞假觀，乃久不得報書，方以爲恨。

夏六月，日本大谷伯光瑞以西陲所得古器物陳於武庫郡之别邸。予亟冒暑往觀，見《武周康居士寫經功德記》殘石，不能得打本，爰攜氈墨往手拓之。復見高昌墓磚千餘，朱書粲然，皆以延昌、延和、延壽紀年，具書月朔干支，手寫其文歸。依長術求之，則當陳、隋、唐三朝，蓋高昌麴氏有國時紀年也。爲之狂喜。諸史《高昌傳》多疏誤，予既據以作《高昌麴氏系譜》，復次第所録爲《西陲石刻後録》。諸誌既是朱寫，不可橅拓。而躬度流沙得此奇迹之吉川君小一郎乃影照見詒，其不可辨者，往就校焉，於是此録乃得無遺憾。

勘定既訖，爰書大谷、吉川兩君之嘉惠於卷端。並遺書方伯，載申前請，將續編爲三録，並將假葉氏所儲爲四録，而先寫定其目，爲《甘肅石刻目》别刊焉。宣統甲寅八月。

恒農冢墓遺文序

光緒丁未，予在京師。廠估有自中州攜斷專歸者，存分書殘字二，字方二寸許，古勁如《元氏封龍山碑》。詰其所自出，曰出靈寶縣。詰以所出幾許，曰百餘。詰以此百餘者今安所歸，曰歸浭陽端制府矣。明年夏，予視學南中，道出白下，就制府索觀之。公導予至一水榭，指小廡下曰：「此纍纍者皆是也。」時日已向夕，聚蚊成雷，秉燭摩抄，汗下如雨，不卹也。因戲語公曰：「此殆長沙之百甓歟？」公大笑。乃就公乞墨本，公許之，顧逾歲不至。已而聞出土時中州估人曾墨一本自藏之，遣人往購，得百餘紙，驚喜如獲異寶。私謂此百餘專者，不異百餘小漢碑也。

冬夜既永，將手自録之。先爲之類次，熟玩其文，皆刑徒執役者之埋銘也。其時代則由永平逮于熹平。其刑人則有「髡鉗」，有「完城旦」，有「鬼薪」，有「司寇」。其刑徒之籍里，則隸于司隸者八：曰河南雒陽，曰河南平陰，曰河内山陽，曰河内汲，曰弘農盧氏，曰京兆長安，曰左馮翊萬年，曰左馮翊重泉。隸豫州者六：曰潁川郟，曰潁川武陽，曰梁國穀熟，曰汝南山桑，曰陳國長平，曰陳國扶樂。隸冀州者三：曰常山，曰趙國邯鄲，曰河間莫。隸兖州者四：曰陳留酸棗，曰陳留襄邑，曰東郡聊城，曰東郡燕。隸青州者二：曰北海昌安，曰隰陰。隸荆州者六：曰南陽宛，曰南陽魯陽，曰南陽育陽，曰南郡臨沮，曰江夏蘄春，曰江夏安陸。隸揚州者五：曰六安舒，曰六安巢，曰廬江六安，曰廬江襄安，曰豫章宜春。隸益州者一：曰蜀郡江原。中都郡國刑徒殆畢萃矣。漢代大工役多募罪人爲之，凡死罪以下，戍邊屯田以外，並執雜役。《漢書·孝景紀》中四年：「赦徒作陽陵者，死罪欲腐者，許之。」此死罪執雜役者也。《武帝紀》元封元年封泰山，「赦所過徒」。《宣帝紀》五鳳元年：「赦徒作杜陵者。」《元帝紀》初元四年：「祠后土，赦汾陰徒。」永光元年幸甘泉，「赦雲陽徒」。《成帝紀》建始二年祀南郊，赦奉郊縣及中都官耐罪徒。三年：「赦天下徒。」鴻嘉元年幸初陵，赦作陵徒。《後漢書·光武紀》建武四年五月丙子：「見徒免爲庶人。」均諸刑人執雜役之證。《漢鄐君開褒斜道石刻》云：「永平六年，漢中郡以詔書受廣漢、蜀郡、巴郡徒二千六百九十人，開通褒斜。」又藉知罪人執役，以詔書命之也。今之靈寶爲漢弘農郡，由永平至於熹平垂百年間，罪人皆執役于是，所募幾徧郡國，所執何役，不可知矣。《漢書·刑法志》死罪以下諸刑，男子有「髡鉗城旦」，有「完城旦」，有「鬼薪」，有「司寇」。應劭謂「城旦」四歲刑，「鬼薪」三歲刑，「司寇」一歲刑。考城旦既有「髡鉗」與「完」之別，其刑期當有等差，而史無明文，宋徐天麟《東漢會要》謂「完城旦」亦四歲刑，此殆沿「髡鉗城旦」而誤。觀東漢罪人納贖之例，右趾至「髡鉗城旦」爲一等，「完城旦」至「司寇作」爲一等，則「完城旦」或亦三歲刑矣。專文于髡鉗、完城旦、鬼薪之上，或冠以「無任」二字。其文不見《刑法志》。《宋書·庾登之傳》：謝晦拒王師，欲留登之留守，登之不許。晦敗，登之以「無任」免罪，禁錮還家。是「無任」二字，宋代尚沿用之。《漢律》久佚，其義則不可曉矣。其所載郡國名與

《續漢書・郡國志》或有異文。如「東門當專」之潁川「武陽」，《志》作「舞陽」。「舞」、「武」同音，專用借字。「魯伯專」之陳留「尉是」，《志》作「尉氏」。古「是」、「氏」通用，專亦用假字。「□霸專」之江夏「蘄春」，《志》作「蘄春」。《史記・太史公自序》孫蘄集解引徐廣曰：「蘄亦作蘄。」今專作「蘄春」，亦用借字。「陳李專」之六安「巢」。安上缺一字，當爲「六」字。《志》有「居巢國」而無「巢」。專殆省「居」字，或當時亦得稱居巢爲巢歟？「田□專」之河間原缺「間」字。「莫」，《志》作「鄚」。「莫」、「鄚」殆古今字。「永元二年□□專」之趙國「邯郘」，《志》作「邯鄲」。予所藏漢印，人名有「邯鄲央」者，鄲字亦从郘作，知郘爲鄲俗字也。

徒在作死亡，例由官埋葬。《後漢書・孝桓紀》建和三年十一月甲申詔：「徒在作部，疾病致醫藥，死亡厚埋葬。」今觀諸刻，則不僅埋葬，且志其處矣。專書「厶厶死在此下」，「死」即「屍」字。古「死」、「屍」相通假。《史記・魯周公世家》：不如殺而以屍與之。《索隱》：「屍本亦作死。」其證也。又《史記・淮南王傳》：「詳聚土樹表其上，曰『開章死埋此下』。」與諸專文法正同。其云「死埋此下」，猶言（死）〔屍〕在此下矣。以上所記，並有裨于考古，固不止書法足珍已也。

宣統初元，湞陽制軍罷官居京師。予以已得打本告，公則亦以《匋齋藏甎記》刊本示予。予既卒讀，始知往者所得與匋齋所藏異者十且三四。爰復申墨本之請，將匯而録之《蒿里遺文》中。公謂往但拓一本，已爲幕僚編寫者攜去，專雖具存，而行篋山積，倉卒無以報，乃悵然而罷。今制軍殉國且數年矣，所藏又未知何如？然則予篋中百餘紙者，殆不異人間之孤本。今年夏，乃選擇文字尤完善者三十一紙，手自勾勒，以詒當世。匋齋所藏計二十有三紙，其八紙則不知誰氏藏弆。嘗鼎一臠，未爲不知味，亦慰情勝無而已。校印既畢，回思往歲在金陵官寺時與公笑言如昨日事，而公則竟不及見此編之成也。悲夫！宣統乙卯重九。

恒農專録序

浭陽端忠敏公得靈寶所出《漢徒役專誌》，予既拔其殊尤，句勒爲《恒農冢墓遺文》，序以行之矣。明年友人自關中來，爲予得徒役專墨本百七十餘紙，紙尾皆有「匋齋藏專」朱記，合以舊藏，總得皕卌有一品。取校《匋齋藏專記》，則著録者才百十有三品。其中予無墨本者廿有三，予有而《專記》無者百卌有一。「延平焦石專」爲江蘇徐氏藏，其他百卌品者驗其印記，固皆匋齋物也。而失録者太半，已爲驚異，及徐案其著録文字譌失，尤不可備舉：

如《元和殘專》卷上弟二葉但録首行「元和四年」四字，而失次行「八月」二字。《犂錯專》弟五葉次行弟一字是「日」而譌作「月」。《㝩升專》弟八葉次行「陳國」譌作「陳留」。《宛完城旦專》弟十一葉首行「十九日」譌作「十六日」，日下又失「無」字，弟三行「魏蘭死」失「魏」字。《永元殘專》弟十二葉次行「月廿六」失「六」字。《封平專》同上葉弟三行「六年閏月廿三日」之「閏月」譌作「八月」。《東郡殘專》弟十三葉首行「永元二年八□」失「永」字、「八」字。《張嬈專》弟十四葉首行「永元二□」失「永」字，弟三行「張嬈」失「張」字。《汲鬼薪殘專》卷下弟三葉次行「河内」上失「任」字，三行「在」上失「死」字。《平陰髡鉗專》同上葉首行「十日」上失「月」字，三行「此」下失「下」字。《酈髡鉗殘專》同上葉首行「三日」譌作「二日」。《車少殘專》弟四葉弟三行「車少」譌作「萬少」。《張仲殘專》弟五葉弟三行「在此下」失「此下」二字。《崔元專》同上葉首行失「四年」二字，次行「無任平原」譌「平」作「南」，又失「原」字。《臨沮殘專》弟八葉首行失「卅」字，弟三行失「死下」二字。《殘專》弟九葉首行「司寇」譌作「司完」。如是之類，觸目皆是。至《張弍專》之「弍」乃「武」字誤，以爲式。諸專「死在此下」，古「死」、「屍」通用，誤以「死」爲「⿱死土」之省，則不知而作，又不僅校録之疏矣。

其舛陋至此，詒誤來學，實匪淺尠。且專之存亡，今未可知。爰以寒冬短景，竭數夕之力，拾遺正誤，别爲校寫，顔之曰《恒農專録》。俾古物之出，不爲徒然，後之讀者，庶無憾乎。丁巳仲冬。

芒洛冢墓遺文序

關洛爲金石淵藪。予生平足迹未至關中，而中州則爲旅程所屢經，顧以未得攬轡嵩洛，一爲訪碑之游爲至歉。及官京師，密邇鞏洛，意斯願易償。乃職守所羈，游轍終阻。又於廠肆求關洛石刻，亦求百不獲十，益爲悵恨。不得已求之廠估往來中州者，懸厚值以爲之酬。於是新出之石，漸能拓致，而出冢墓間者爲獨多。

予於石墨中尤篤嗜者，爲墓誌之文。至是先後六年間所得遂逾千品，而中州居十之二，洛又居其半。海外蟄居，擬從事寫定，補入舊著《蒿里遺文》。顧一時不能偏及，爰就出土之地，分類校録，自芒洛始，歲律再更，成書三卷，顏之曰《芒洛冢墓遺文》。念洛陽之在往昔，屢爲都會，古刻如林，《中州金石記》所載乃不及什一。而異邦人之訪古於我河朔，購古刻以去者趾相接，有朝出重泉夕登市舶，未傳拓一紙者。士夫所獲或亦展轉歸於海外，其幸存者亦不謀流傳。及一入肆賈之手，則列石以市，不許施墨，謂傷古澤。一旦得善價，乃亟氈包席裹以去。如是者比比，故集録之事，其在今日，誠不宜或後。非如曩昔之在名山古刹，得隨時舐筆就鈔捫石手拓也。

又中州藴寶既多，椎埋者衆，名賢之壟，亦多盗伐。憶辛亥秋，有以韓通及夫人董氏兩《誌》乞售者，乍見爲之驚駭。方擬脂車遄往，求其埋碧之處，重爲封樹，用戒樵蘇，乃國變遽作，至今未果。拓本幸存，亟爲甄録，以彰忠節。如斯之類，恐耳目所未及者尚多。至此編中所録，既多得自估人之手，聞轉徙者十已二三，恐不數年，十不存一。

昔人有言，金石雖壽，或轉借楮墨以永之。揆以斯語，證之往事，則予之辛苦寫定，未爲徒勞。所恨去國三年，近時所出不得寓目，而京洛之游，徒存夢寐。他日者倘得横流静戢，襆被歸來，收千載之貞骨，窮故都之勝攬，則斯編之賡續，當非鮮少。爰書以俟之，彼蒼者天，其許我乎？宣統甲寅二月。

芒洛冢墓遺文續編序

宣統甲寅春，予既寫定《芒洛冢墓遺文》。其明年，始游洛，復得中州近年所出誌石墨本百餘紙。其出芒洛間者，凡五十有六。長夏度門，手自釐輯，益以漢建甯、中平兩《地（卷）〔券〕》，總得五十八品。命兒子福萇傳録爲《芒洛冢墓遺文續編》三卷。校訂既竣，撿巾笥所儲，尚有兩編未及録入者。異日當再寫定，以爲《補遺》。非敢遽期芒洛遺文悉收無遺，亦姑盡予之所藏而已。乙卯十月。

芒洛冢墓遺文續補序

宣統甲寅，既寫定《芒洛冢墓遺文》，尋爲之補遺。明年乙卯，成《續編》，而撿舊藏諸誌未録入者，尚二十餘通。丙辰夏，乃益以新得之品爲《補遺》，計先後著録都百九十有三品。私意續補之事或且俟之二三年後矣，乃不數月間，同好投贈與購自中州者，由曹魏迄於五季，又得二十又八品。冬仲病胃，無以自遣，乃課兒子福萇移録之，日竟一紙，每於燈下手自勘訂，以遣岑寂。逾月而竟，歲已闌矣。

念由甲寅季春初編寫定，逮乎丁巳正月，律琯三周，而成者四編。聞近日邱壟所出，尚有拓本未及寓目，異日者或竟歲成一編，未可知也。爰書以俟之。丁巳上元。

鄴下冢墓遺文序

中州郡縣之有《金石志》者，安陽、偃師二邑而已。往在京師訪兩邑石刻，每就兩《志》所載，至廠肆求之，十不能得一二。光緒戊申，山東估人有載石乞售者，視之乃《唐高德墓誌》，云出彰德。又嘗於廠肆見《李二墓誌》石刻，亦云出安陽，且爲予言中州出土誌石，洛陽最多，次之者彰德諸邑也。至是乃舍已著録而求新出于壟墓間者，曾不數年間，所見誌石不下七八十。估人售石不售墨本，以重值償之，十得四五而已。及去國東渡，巾笥所儲得六十餘品，新出者居半以上。

乙卯季春，始移録其文，三月而竟。其明年，復益以後得者數紙，編爲二卷。石可見而拓本不可得，不克入斯録者，殆且倍是也。然則是録雖成，而異日之賡續，將如芒洛諸誌例，亦烏可已乎哉。丙辰八月。

襄陽冢墓遺文序

光緒庚子冬，予應鄂督張文襄公之召，公將咨以神農之言。乃居數月，温温無所試，遂復歸滬江。當旅鄂時，客居無俚，頗與吾鄉章碩卿大令壽康討論金石之學，以慰岑寂。碩卿一日走告予曰：「襄陽近出誌石四五，已遣人搆之，且將求副以餉君也。」乃予去鄂三四歲，敻無消息。及予客吴下，則聞大令竟客死鄂中。同好既亡，墨本亦無由致，久且淡忘之矣。丁未在京師，書估某由武昌求書歸，言得章君遺書並石刻打本，邀往觀之，則襄陽後出諸誌在焉。已加韜緘，署予姓字，殆將付郵使而未果者，展觀爲之腹痛，亟購得之。至是予所藏襄陽石刻，於范陽張氏十《誌》外，《張漪墓誌》藏桂林唐氏，予未得打本。遽增五紙。又二年，復得曩所未備者四種，則碩卿亦未見者也。今寫定後先所得爲《襄陽冢墓遺文》，而以黄州之《東坡乳母任採蓮墓誌》附焉。言念斯編之成，實資良友之力。南北千里，生死殊涂，而遺函竟達，殆章君之精誠有以陰相之與？

君温雅好書，收藏至富。在京師時，嘗與人争搆古籍，及出宰百里，而與争古籍者適典郡，乃借端劾之。既罷職，貧不能自存。然尚典鬻所藏，以刊前人遺著，其篤學好古如此。章君與兩兄皆無子息。兩兄先殁，僅遺一孤女，親撫育之。既長，嫁關中某世家子。遇人不淑，摧折以死。予聞其所遭至慘，恨不得爲之申雪。使九原有知，其必有以殛此人倫之殘賊矣。此書既以大令之助得潰於成，爰記吾友之平生及其身世之可悲者於卷首，俾吾友之名、之學，不致與有生以俱淪焉。此則予之志也。宣統乙卯。

廣陵冢墓遺文序

光緒壬午秋，予自淮安返里應鄉試，歸途經揚州，於書肆中得真州張氏榕園藏石墨本十餘紙。皆誌墓之文之出廣陵者，此爲予儲藏墓誌拓本之始。後十年辛卯，聞有李氏者藏誌石一，乃揚州濬漕渠時所得，展轉搆求，卒假得之。文字雖多漫滅，而題署年月具存，乃《楊吴李濤妻墓誌》也。山陽邱于蕃大令崧生與予同好，乃移石至其家。予則與吴縣蔣伯斧部郎黼親施氈拓，於是此石始傳人間。嗣是廣陵誌石有續出者，予聞必購致，然僞迹頗間出。今撿行篋所儲，由唐洎元，都三十紙，廣陵先後所出具在是矣。

其大半爲張午橋觀察丙炎所藏，其少半則涇陽端忠敏公方督兩江時所得。後張氏所蓄又由(蘭)〔南〕陵徐積餘觀察乃昌購以歸諸忠敏，及忠敏移督畿輔，諸石悉載歸京邸。而《李濤妻誌》者則由李氏歸南清河王壽蘐比部錫祺，比部尋以商破其家，蔣君伯斧又載以庋諸所居雙唐碑館。蓋自是而廣陵諸石盡矣。自人家藏石之風日熾，古刻每多轉徙，然未有如揚州之甚者也。予既校寫江蘇諸誌之在江南者爲《吴中冢墓遺文》。江北諸郡所出以揚州爲多，爰録爲一卷。其出金陵者僅三石，不能成卷，乃別録附焉。

忠敏藏石之出揚州者，尚有「宋高鎮買地券」及《唐裴公夫人韋氏》天寶九載、《崔克讓》天寶十四載、《彭夫人》元和五年三《誌》，已著之《匋齋藏石記》，驗其文字，確爲僞作。予所藏墨本中，尚有《唐陸氏夫人宋氏誌》元和三年與韋、崔二《誌》出於一人之手，今删除不復入録。校繕既完，回思此編之成，上距儲集之始，忽已三十有五年。當時諸同好，忠敏既完大節，比部又餒死海上，邸、蔣兩君亦先後物化，風流頓盡。予則以喪亂餘生，羈棲異國。宗邦西顧，盡焉神傷！轉羨長逝者之一瞑不視也。嗚呼！鐘簴可移，遑論片石。萇楚之痛，逾於山邱。後世君子知我心否？乙卯十一月晦。

吴中冢墓遺文序

吴中誌石，傳世至少。陶南村處士《古刻叢鈔》録古誌之屬江蘇者，宋謝濤以下十有四。今皆不存，惟《永陽敬太妃誌》尚有孤本傳人間耳。至孫氏《訪碑録》則僅録《唐王夫人殘誌》一石而已。予寓吴門三年，亦僅得唐石二，宋石四，元石一。然往歲江南修《通志》所編《金石目》，予曾見之，乃不及予所蓄之半。然則予之所藏，烏可不亟寫定之乎？宣統乙卯十一月，校録竟題記。

石屋洞造象題名序

《石屋洞造象題名》百五十有二品。始石晉之開運甲辰，訖趙宋之開寶甲戌，凡三十有一年間，皆吴越有國時所刻也。前人著録石屋洞題刻者，以阮文達公《兩浙金石志》爲最備，然亦僅得四十有七品。視今兹所著不及三之一，然阮《志》所有而予無之者亦二品。知此百五十有二品者，固亦未能盡其數也。

今以墨本校阮《志》，石之漫泐又甚於昔，故阮《志》所釋，今本或已不可辨，顧亦有阮氏誤釋，得據今本是正之者。如《秦彦滔記》「造此羅漢」，阮氏誤「此」作「山」。《朱□□造觀音讚》「乾祐二年」，阮《志》誤作「三年」。《夏保威記》「不負所願」，阮《志》誤作「前願」。《梁文誼記》，阮《志》誤作「梁文謹」。《翁□記》「王二娘子」，阮《志》誤「子」作「上」。知阮《志》所釋，亦未盡可據矣。兹之寫定，仍依今本，不敢輕依舊釋以補缺文。此固予録碑例也。宣統乙卯十月。

龍泓洞造象題名序

予以光緒辛巳始游聖湖，摩挱諸山題刻，流連不忍去。歸而求墨本於坊肆間，不可得也。後十七年歲戊戌，寓湖上浹旬，欲選工徧拓，以償夙願。又以陰雨不克備拓，僅得石屋、龍泓兩洞造象題名二百餘紙，藏篋衍中。再越十七年，既校録石屋洞題刻，以龍泓諸刻諸家著録者尤尠，視予所得什且不及一，因復以一夕之力爲之寫定，將與石屋諸刻同授之梓。念往昔所見諸山題刻，視此何啻倍蓰。顧以神州荆莽，求如往者游觀監拓不可更得，而閲歲纔三十餘年，回首故山，已不勝今昔之感。

爰書示來茲，俾知予之慨喟，固不僅在此諸山石刻已也。乙卯冬。

漢晉石刻墨影序

古石刻文字之著録，昉于宋洪丞相《隸釋》。然洪氏之書易隸以楷，字形已失。王少寇《金石萃編》於漢魏諸碑乃各如其書體録之，形差得矣。而原石漫漶缺泐之處，不免以意增損。至張氏《金石聚》，始用雙鉤以存原形，視王氏爲勝而鉤勒未善，加以粗工拙刻，筆意全失，譌誤滋生，仍不能無遺憾。惟吾鄉趙撝叔司馬手摸《二金蜨堂漢碑十種》，其書初未付梓，原本在予齋。鉤勒精于張氏，而收《陳德殘碑》，蓋又不免真贋糅雜之失。

予早歲嘗欲取傳世漢魏石刻，求明代及國初善拓，手自鉤勒，以傳其真。而里居寡見聞，苦不能得佳本。及壯游四方，稍稍能致之，又人事旁午，求如里居之暇不可得。今且老矣，海外索居，篋藏幸無恙，似可償初志，而又不能如往昔之年少眼明。噫！即此小小著録，而求稱心滿志，其難已如是矣。

去年冬，予撿晚出之漢魏諸刻，咸、同諸家所未得見者二十餘種，付諸裝池。今年長夏，矢志影模，舍漫漶已甚及細書非吾目力所能勝者，日模二三紙，逾月遂得十有五種。其十四種者，皆出于我生以後，惟《嵩廟石人頂馬字》爲黄小松訪得，以少傳拓，亦並及之。顔之曰《漢晉石刻墨影》。取校原刻，自謂筆法具存，臨池家可取以臨寫，僅下墨本一等。然以視初志，僅償什佰之一二已耳。乙卯秋八月，校印既畢，漫書其首。殆不勝年華之感，今昔之悲也。

重訂漢石存目序

予初治金石目録之學，校孫氏《寰宇訪碑録》及趙氏《補録》，訂正譌複各得數百事。既乃苦其多不勝舉而止，欲別爲一目。意先成一代，詳加校核。而後徐及他代，如是譌誤庶可差減。逮歲乙未，諸城尹君竹年郵寄所刻福山王氏《漢石存目》二卷。其書分《字存》、《畫存》，僞刻不録，重模不録，佚石不録，體例頗完善。尹君附書言廉生太史已繼是爲《六朝石存目》，近擬撰《唐石存目》，則繁賾非旦夕所能就也。予喜與鄙意不謀而符，謂海内既有爲之者，予書可不作，乃撰集孫、趙兩家著録所未及諸石刻爲《再續訪碑録》二卷。於時頗撿閲是目，則稍稍見譌字，爲之是正，記於書眉。

比以二十年來，兩京石刻又有出土者，欲加入編中，乃一一校以墨本，始知是書之違失殆不下於孫、趙二録。爰舉其略：如《司馬長元石門刻字》注「建初八年六月」，校以石刻乃「六年十月」。《南武陽西石闕》注「元和八年八月」，元和無八年，他家或作元和三年，今驗石刻，「年」上一字雖半泐，然是「元」字，乃「元年十二月」，固非「八年八月」也。《韓勑造禮器碑》注「永壽元年」，石刻是「二年」。《魯峻碑》注「熹平元年」，石刻亦是「二年」。《樊敏碑》注「建安六年八月」，石本乃「十年三月」。此書年月之失也。《楊叔恭碑》附書碑兩側，今石但有一側。《三公山碑》有側，《曹全碑》有陰，録中並不著。此書陰側之失也。《楊君頌》注「篆額」而是「八分」，《劉梁殘石》一曰「秋博覽」云云，一曰「爲國」云云，又有碑側一行曰「歲在辛酉三月十五」。兹乃析一爲三而分著之。《稱弟故殘石》他書或作十三字，殘碑與《黄初五年殘石》書體大小方罫並同，確爲一碑，此録乃誤以爲漢刻。《禹陵窆石》形制書迹並同孫吴，宋人著録謂是「漢永康元年」。今刻石具存，並不見「永康」紀年，乃亦沿宋人之誤，列入漢代。此記書體名稱朝代之失也。今均一一爲之勘正。《朱博殘石》確爲贋作。蜀侍中楊公、中書令賈公二《闕》，劉燕庭方伯據宋人題字定爲李成時，其説可信。此録仍以爲蜀漢，兹並削除，而益以近年新出諸石二十有二。於是《字存》一卷，略可觀覽。至《畫存》彌復糾紛，著録益匪易易，此録舛謌葢亦非一。如《沂水鳳皇畫象》二石，其一署「白鳳」，誤録作「元鳳」。又誤「二石」爲「三石」。嵩高泰室、少室東西二《闕》，並有畫象，乃均屬之東闕。《武氏祠後石室畫象》十石均無題字，乃注題字八分書。《左室畫象》，十石誤作一石。《顔氏樂圃畫象》二石，一得之白楊店嶽廟者，有題字。一得之兖州劉氏者，無題字。兹録於二石僉注有題字。陳氏簠齋藏《君車題字畫象》二面刻而遺其陰。《射陽畫象》亦兩面刻，而誤以爲二石。《永元食堂畫象》一石裂爲二，亦誤以爲二石。如斯之類，並爲失實。又其記録之例，數石之中一石有字，便注有題字，而不明著幾石有字，亦令讀者迷惑。今一一取予藏本核定，予之所藏雖未盡備，然亦十得八九。往歲奉命視學山左，輶車所至，徵求盈笥。如《汶上兩石橋畫象》等，有前賢未曾寓目者，乃東邦友人借去，爲寫真工人乾没，遺失過半。兹之校訂，或轉據他籍，至爲憾事。又畫象諸石流出海外者不少，嘗欲爲《海外貞珉録》以記之，其成書尚需時日。兹先就可知者補入是編，雖未能盡，其視原録爲加詳矣。予於文敏初未識面，方予官京師，文敏久殉國，清風大節，夙所景企。兹之補正，非敢暴前賢之失，亦聊盡校字之責，且以示著録之難。至予之譌誤，正恐亦未免，又將須之後賢，倘有能如予之於文敏者，則厚幸矣。乙卯六月。

重訂魏晉石存目序

《魏晉石存目》尹君彭壽撰，原附刊於王文敏公《漢石存目》之後，凡著録石刻二十有四。然如《孝堂山畫象》題字三段，文字漫滅在有無間。《范式碑》及《太公吕望表》均有陰，並失録。今校補文敏書，因並刊正之，並補近年新出諸碑十有八，而删《孝堂山題名》，仍附刊於《漢石存目》之後。至文敏所撰《六朝石存目》，其稿本今存寒齋。分類瑣細，尚未遑校補，將以俟異日焉。乙卯六月。

六朝墓誌菁（華）〔英〕序

墓誌之傳世者，莫盛於李唐。雖屠估走卒，亦有薶銘，致有文不能施句讀，書不能具點畫者。六朝則不然，非貴胄顯仕無敢濫用，故傳世至罕，而文字則皆華贍可喜。間嘗都計乾、嘉以來諸家所著録者，其數不逾四十。欲會最影印以傳之，以中多佚石，不能備得而止。光、宣之間，中州古誌出邱隴間者多魏、齊物。予有所聞知，必百計求精拓。及辛亥去國，亦必展轉託知好搆求，或郵筒往返，經歲僅乃得之，而未嘗以難得隳吾志。比年以來，在巾笥者數逾五十，念致之之難也，乃遴選尤精異者十有八品，選工精印，以廣其傳。

此十八品者，其十六皆出漳洛間，惟《劉懷民誌》出山左，《楊胤誌》出關中。南朝無誌石傳世者，僅蕭敷及敬太妃兩《誌》爲人間孤本，今且不知存佚。《懷民誌》出于劉宋，爲六朝誌石之冠。關中舊無魏誌，《楊胤》一石等諸麟鳳，故亟入之編中。影印既完，顔之曰《六朝墓誌菁英》。其餘三十餘通，亦當次弟印行。至乾、嘉以來，所著録諸誌之已佚及難致者，當别爲一編，與此並傳。倘亦宇内治金石學者所欲睹乎！宣統丁巳中秋。

兩浙佚金佚石集存序

光緒戊戌，與章碩卿大令游滬肆，見隨軒舊藏《唐心經銅罄》拓本，予價不諧，已知爲亡友費君屺懷所得。予謂：「此是國清故物，爲吾浙佚金，請以他物相博易，可乎？」屺懷諾焉而久不踐約，念之常不忘。越七年乙巳，在吴中又見舊家所藏張叔未先生手拓《唐聚慶》、《包公夫人》、《周文遂》三專誌，亦吾浙古刻之久佚者。亦爲捷足者所得，復爲懊惱者累日。又逾歲而屺懷没，《心經》墨本爲臧獲竊售於人，展轉歸於予。及辛亥之亂，某氏所藏石墨至海東乞售，則三誌在焉。十餘年憾事先後釋於懷，喜可知也。

乃檢行篋所藏，於此四品外，又得《唐阿彌陀經銅鐘》、宋嘉興、元奉化、上虞三《銅漏銘》及《楊紹買地莂》，皆吾浙佚金、佚石也。念先後致之之匪易，爰影印以傳之，以詒我鄉人之留心鄉邦金石者。篋中所無，異日倘幸得之，再補入焉。丁巳十一月。

洛陽存古閣〔藏〕〔存〕石目序

宋孫莘老守吴興，作墨妙亭於府第之北，取境内自漢以來古文遺刻三十種以實之。此爲作堂聚境内石刻所自昉。至南渡淳熙中，蜀中有集古堂，聚近郊石刻，列植秦、漢、隋、唐以至有宋，其碑凡十。今雖遺蹟已湮，而堂記猶在。厥後關中有碑林，洛陽有存古閣，並嗣音前哲，有功藝林。存古閣者，道光癸卯介休馬又海恕令洛陽時所剏，儲石六十有八，刻石自爲之記，而未備列其目。後來有所增益亦無記録其名物者。今年夏游洛，聞辛亥國難，閣中儲石多被攘竊者。現閣中所存仍僅六十有九石。乃亟倩工拓墨，並簿記之，爲《存古閣存石目》。俾來者考焉。乙卯十月。

海外吉金録序

往在海東，既輯我國古石刻之流出各國者爲《海外貞珉録》，欲並録我國古吉金之流出者别爲一録。顧以古器之入歐美者不能詳悉其名，因是中輟。比返國逾年，見古器之入市舶者日益衆，合以往日所記，其數且逾二百。因以三日之力，寫定爲《海外吉金録》。録中所載大率流出海東者，其歐美各國所得百才一二而已。尚冀好事者爲我續焉。庚申六月。

海外貞珉録序

我國古金石刻最富之地，曰山左，曰關中，曰中州。訪古者足迹之所萃，亦估人獵利者所共趨也。嘗聞我關津税吏言古物之由中州運往商埠者，歲價恒數百萬，而金石刻爲大端。以此推之，其歲出之數可略知矣。顧古刻之隨估舶出重瀛者，無論入公室、歸私家，其名目均不可得而聞。蓋外邦有寫影，無拓墨，雖或經學者考證載入所著書中，然十不過一二。以視我邦歲拓數百十紙，得徧傳於人間者大異矣。予嘗謂古刻而至異域，殆不殊再入重泉。

予居東以來，頗見我國古石刻之流入東土者，又漸得知其藏弆家姓氏，每託友人録目。並於西人著書中及我國估人之商海外者，又稍知古刻之流入歐美者。每有見聞輒疏其名。積日既久，遂得百有四十種，蓋亦千百之十一而已。其東邦友人藏石，有曾摩抄其下，當時未録其目而遂遺之者。若大谷氏所藏殆不下二十餘，則此編所未及者，蓋亦衆矣。然既已分散於世界諸國，欲一一悉舉無失，此亦至難。矧我國今日視學術如弁髦，三千年之倫紀文物咸棄置不復道。則此後故家所弆，山川所出，連舳以趨海外者，方無窮期，亦安得一一簪筆而疏記之。即異日有所賡續，亦仍就耳目之所及，録十一而遺千百，如斯編已耳，噫！宣統乙卯九月。

三韓冢墓遺文目録序

自劉燕庭先生撰《海東金石苑》，我邦士夫遂頗留意於三韓古刻。惟誌墓之文流傳中土者至罕。比居扶桑，始得高麗墓誌二三紙。去歲又識東友末松君熊彦，實司高麗博物館，因得偏拓館中所藏誌石。合先後所獲凡七十種，皆以前我邦金石家所未見也。將寫定爲《三韓冢墓遺文》，而先編目一卷，以補我邦諸家目録所未備，且示同好焉。乙卯十月朔。

唐折衝府考補序

府兵之制剏於西魏，增於周隋，而大備於唐。顧所立府數，在當代已言人人殊。而《新唐書·地理志》所載府名又多亡佚，僅得四百四十有八。曩仁和勞先生經原作《折衝府考》，其子格又增輯之，凡補府百有九，合之《唐志》得府五百五十有七。又博考諸書，於《唐志》之羼亂譌誤者，一一是正。其書至精核，而刊本流傳至罕，有寫本藏振綺堂汪氏。光緒戊戌，從汪舍人康年假觀。適貴池劉京卿世珩方刻叢書，因以授之。劉君又轉授南陵徐觀察乃昌，遂刊入《鄦齋叢書》，於是人間乃得流傳。

當未刊時，予頗欲爲校補。乃以人事旁午，匆匆未果。比年以來，每於石刻及隋唐兵符見有府名爲勞氏所未及者，輒補録之。又《唐志》所載諸府，勞氏考注未詳者，瀏覽所及亦隨時記於書眉。始於宣統初元，逮於庚申，遂補府三十有八，正《唐志》羼譌四，補勞注六十有八。沿勞氏書例，别紙録爲《唐折衝府考補》一卷，而以隋兵府之見金石刻者十有六附焉。五月三日。

續彙刻書目序

會最叢刻諸書之目，勒爲專書，肇於顧菉厓氏。自顧《目》行而海内承學之士翕然稱便。顧其書刊於嘉慶己未，後此所刻不能及焉。至光緒初葉，唐棲朱氏始爲之增修，視原書幾倍。於是朱書行而顧書廢。今距朱氏增修且三十年矣，士夫刻書之風尤盛於咸、同以前，嘗憾當世尚無爲之賡續者。曩在京朝，與亡友蔣伯斧諮議黼謀共輯之。汪穀伯舍人康年復慫恿，謂宜亟圖毋後。時乃牽於人事，再閲寒暑，兩家所録才數十種。

曾不逾年，神州遽淪，伯斧、穀伯俄爲異物。予則轉徙東土，往昔之約遂不可復尋。顧幸予所藏書尚存行篋，乃發憤獨任之。始於今年二月，訖於閏月，凡百五十日間，就予大雲書庫所蓄，補録光、宣兩朝諸家叢刻及刊於光、宣以前而朱《目》失載者，凡得三百餘種，未敢云備舉無遺，然亦略具矣。間有所缺，則假之同好。其顧書所載，朱氏遺之者，亦就予儲書所有者補之。其不可見者，甯闕之不補也。於是數年以來，望之宇内學者及呼將伯之助於我友朋者，至是乃以一人之力，不半歲之期畢之。其必有漏略疏失又可知也。刊刻既竣，爰記其輯録之由，並傷伯斧、毅伯之不獲觀成也，爲之腹痛。然予以顛沛餘生，尚得執寫官之勞，幸有成書，以謝故人，則又差自慰已。宣統六年。

此書既寫定，讀吾友藤田劍峯學士豐八藏書目，見有此編失載者數種，爰移書求寫寄。又内藤湖南博士虎次郎、富岡君撝助教謙藏亦寫示日本、高麗諸叢刊，復據以補入，將伯之助不可以不記，附書之以誌受益。

雲窗漫稿序

古人之文以載道，以明藝，無苟作者。三十年來，篤守此義，未敢濫有造述。此雜文三十首，成於海外者十八九，舊作十一二而已。偶撿行篋得之，以付寫官，非謂有當於載道明藝之旨。以示後人，庶知吾之平生志意云爾。庚申六月。

雪堂金石文字跋尾序

予年十有六，即喜治金石之學。家貧少見聞，又生長僻壤，孤學無助而多暇日。偶得一古刻，即攤書爲之考訂。當斯時也，以不能多致墨本爲恨。至三十以外，饑驅出走，舟車所至，輒事購求。所積至七八千通，不異貧兒之暴富矣。四十官京師，見聞益廣。顧以人事旁午，不復能如里居時之閒暇，雖亦從事著録，而時有作輟。國變以後，八年避地，忍死著書，先後刊定殷虛文字、西陲簡軸，益不獲專力于斯學。致二十年辛苦蒐集之金石刻，一歲之中，偶得一披省而已。於是知人生百年間，雖區區游藝之事，欲躊躕滿志已若是之難也，矧大於是者乎？

自己未返國，草間苟活，又逾年矣。念我生之不辰，歎人間之何世。自顧平生志事，百無一成，安能俯首下心，更治此老博士業。往歲考訂之文，行將付之炬火。乃兒輩以爲可惜，且以編定爲請。勉徇其意，次第爲《金石文字跋尾》四卷付之。倘異日者此數卷書得流傳人間，後世或將以我爲金石學家，予且無辭以謝之矣。庚申八月。

雪堂書畫跋尾序

古者道與藝並重，據德依仁即繼之以游藝。游藝者固賢者之所不廢也。於古爲詩書六藝，後世範圍益廣，故書畫鑒賞之事，遂亦爲游藝之一。予少依鄉井，隘于見聞。壯游四方，瀏覽斯廣，時亦節縮衣食之資，購求名迹。而於古名臣碩儒事關倫紀及有裨學術者，尤所寶愛。意固不專在明藝已也。海桑以來，萬念灰滅，然偶一瞻對貞臣節士手迹，遂如航絶港而得指歸；或展玩國工妙蹟，亦能使我欣戚俱忘，若頓置身圖畫中。甚矣，游藝之益也。往歲海外多閒，時有題識，今撿理巾笥所儲，尚得數十則，爰付兒子輩録之，以存鴻爪。平生于立身行己不敢違道以求合，其于鑒賞，亦根據學術，不欲苟同于當世。此編之作，蓋將以美人倫，厚風俗，下之亦收多識之益。期無背于古人游藝之旨，而免玩物之譏。是則區區微意之所存，大雅君子其亦頷而許之乎？庚申七月既望。

徐俟齋先生年譜序

明季節義之風以吴中爲最盛，而志彌貞，遇彌苦，學彌醇，予所尤景仰者，莫如徐俟齋、顧亭林兩先生。亭林學行，二百年來海内人士所以闡揚欣慕者至矣。俟齋遺書則泯然無存，所著《居易堂集》雖間有傳本，而平生行誼士大夫罕能言之。澗上之祠，真如之墓，則頹廢之餘，鞠爲茂草，無復有薦馨香而申景慕者，寧非人世之至憾乎！予始以戊午仲冬捃拾先生事迹之載本集及他家記録者，編年繫月爲《年譜》一卷，並輯諸家别集中有記述先生遺事及投贈之作爲之附録，於是先生學行粗可觀覽。

顧先生事實，後世所記務爲怪誕，每致失真。即以湯文正公訪先生於澗上一事言之，當日踰垣以避，兩賢未嘗識面。卓氏《明遺民詩集》、《宋中丞自訂年譜》與《文正年譜》所載甚明，卓、宋與先生同時，所記必得其實。而《嘯亭雜録》乃云文正訪先生，久乃得見，食以粗糲，文正不敢不飽。至嘉慶間，有僞爲文正與先生書札者，極道相見之歡。夫據傳聞以致記載失實，此失之無心者也。僞札之作，則惑世誣賢，其罪莫逭。而吴江徐氏乃以載入《澗上紀略》，可謂暗且愚矣。故予爲此譜，務辨别真僞，以期紀實。至先生身世遭遇之奇窮，飢寒之凜慄，人事之舛迕，骨肉之崎嶇，無所不臻其極。誠如先生所自述，彼蒼之所以厄之者亦至矣。而先生處之泰然，先後數十年，不挫不辱，其行誼可感天地而泣鬼神。蓋自生民以來，遇之窮，節之苦，誠未有過於先生者也。子輿氏之誦伯夷曰：「奮乎百世之上，使百世之下聞者莫不興起焉。」墨胎氏以後，惟先生當之無媿色。嗚呼！時至今日，廉恥之道掃地盡矣。安得如先生者爲之師表，俾頑廉而懦立。故予特撰此譜，以風示當世。世之覽者，其亦怦然動其秉彝之好，而奮其觀感之心否耶？歲在己未仲春。

此譜以兩月之力告成，不能無疏失。既印行，王静安徵君爲舉正三事。仲夏既僑居津沽，友人爲致徐山民待詔《澗上草堂紀略》。又於上海王氏假楊無補、明遠兩處士《懷古堂詩選》。冬寒多暇，因取舊稿復加釐訂，付都下手民再刊之。附記歲月，且志諸君子之嘉惠。己未十二月。

萬年少先生年譜序

予生長淮安，乃彭城萬年少先生寄迹之地也。少讀顧亭林處士贈先生詩什，每慨慕其爲人。嘗訪先生遯居之處，曰隰西，曰南村者，杳不可得。第於荒蕪野潦間，想象遺址而已。光緒乙未，先府君佐郡彭城，郵寄臨川桂氏新刊《徐州二遺民集》，因得讀先生遺文，而苦多删節。後數年始得秦郵所刊足本，稍稍悉先生之平生。欲編輯先生《年譜》，而《江南通志》及淮安、清河兩《志》所載先生傳頗苟略。考先生卒年不可得，以是中輟。去年冬，既撰《徐俟齋先生年譜》，偶翻閱《白耷山人》及《周櫟園集》，始考知先生卒年在順治九年壬辰。廿載懷疑，得之一旦，爲之狂喜。乃重加輯録，以償夙志。事實多根據本集，而益以當時諸家記述。復於吴中章式之比部許見先生手寫詩卷，太半不見集中。又予舊藏先生手迹《沈孝子寫經葬親啓》，魯通甫孝廉一同所撰《白耷山人年譜》載先生爲閻古古寫《孝經跋》，亦集中所無。知全集所遺，尚復不少。又搜葺諸家集中與先生投贈及追弔之作，爲《年譜》一卷，《附録》一卷，《全集補遺》一卷，於是先生事實略備矣。而不可知者，則闕之。行篋無《徐州府志》，假之友人，久不得答書，不知能據《志》以補予之所遺否？爰先付手民，待之異日再爲增訂。

嗚呼，先生一明季孝廉耳，非有一民尺土之寄，而懷抱忠憤，起兵草澤。天命已移，身遭囚係，顛沛隱遯，垂死而志不衰。千載以後，尚論之士有餘慕焉。即其餘藝流傳亦足千古。每披覽手蹟，芳懿孤迴，如見其人。輒自恨生晚，不及執鞭。予與先生遭遇先後同揆，而才謝古人，勢殊往昔。八年浮海，寸衷莫白。文章餘事，亦復無成。以視先生，撫躬增赧。此譜之作，非敢云尚友古人，亦聊寄其景行之私云爾。歲在己未二月。

此譜之成在戊午歲末。今年春，寄滬江印之。海外少藏書，據《白耷山人集》及《賴古堂集》、《印人傳》，考知先生卒於順治九年壬辰，年五十，而卒之月日不可知也。魯孝廉所撰《傳》以爲卒葬隰西，又言或云歸葬徐州，孰是孰否，不可知也。順治己丑，先生返里，過沛主劉下邳家，下邳之姓名與事實不可知也。蓄疑待決，意以爲且俟之他年矣。乃孟夏返國，得銅山孫廣文運錦所撰《傳》，又得西江胡氏新刊王于一先生《四照堂集》，中有祭先生文，知先生果卒於順治壬辰，而其月日則五月三日也。卒之次年，歸葬徐之鳳皇山。又於徐州賨氏所藏舊寫先生《詩集》殘本中，見《悲哉行》、《飛雲橋行》二篇，爲秦郵刊本所佚。二詩記下邳事實甚詳，又於徐《志》及他書得補瑣聞數事，於是期之他年者，不匝歲而得之。殆先生九京之靈有以默相之與？比寓居津沽郊外，寒夜寂寥，爰取舊稿一一補正，付京師手民再刊之。半歲以來，頻見先生手迹，得佚文、佚詩爲前所未見者。秦郵舊刊先生集流傳日罕，並寄滬江重印行，而以《拾遺》附焉，不復附於《年譜》之後。至劉下邳，事實雖可知，而姓名終不可考，當俟異日考知，再行刊補。先生倘陰相之以彌此憾乎？將寤寐以求之矣。己未十一月。

宋元釋藏刊本考序

釋藏刊本源流，我國目録學家罕記述者。往歲在海東，於西京書肆先後得宋元槧殘經數十卷，後多有題記。欲據以考宋元刊本，而苦所見之隘。會彼國連年開大藏會，因得縱觀名山大刹之藏。知宋代凡五刻，始刊於蜀，繼刊於閩、浙。元代凡三刻，刊於浙者再，刊於吴者一。爰根據耳目所及爲《宋元釋藏刊本考》。庚申七夕。

王子安集佚文序

宣統紀元，予再至海東。平子君尚來見，與論東邦古籍寫本。平子君謂以正倉院所藏《王子安集》殘卷爲最先，乃寫於慶雲間，中多佚文。且言：「君欲往觀者，當言之宫内省，某願爲之導。」時以返國迫不克往，而以寫影爲請，平子君諾焉。既歸國，平子君以書來，言寫影事已得請於當道，一二月間必報命。並寄正倉院印刷局印本至，謂此雖僅十六紙，爲文二十首，尚少於楊氏《日本訪書志》者三之一，才當全卷之半耳，然印本近已難得，姑先奉清覽，可窺見一斑也。

予校以今集本，二十篇中佚者五篇，因以贈亡友蔣伯斧諮議，勸刻於其先德敬臣大令清翊《王子安集注》後。伯斧欲待正倉院全卷至乃刻之，而逾歲無消息。以詢之東京友人，則平子君者已以病肺卒，且數月矣。嗣老友内藤湖南博士來觀我學部所得敦煌卷軸，出《王子安集》古寫殘卷影本，計存《墓誌》三首，乃其國上野氏所藏；《祭文》一篇，則其國神田氏所藏，皆今集所不載者。於是子安佚文先後得九篇，因勸伯斧速授梓，毋因循。顧伯斧移書借楊星吾舍人藏本，書函往返者又經歲，則已辛亥之秋矣。伯斧又卒以暴病卒，於是刊刻之事，遂成泡幻。及予來寓京都，謀影寫正倉院本，則以御府祕藏，禁令森然，卒不果。乃大悔往者之在海東恨不寬歸程三日，一觀此祕笈也。至是寫影之事遂不復措諸懷。

乃今年秋，有神田君喜者，香巖翁之文孫。香巖翁者，即藏王子安《祭文》者也。其文孫篤學嗜古，嘗來予家。一日白予，近得正倉院《王子安集》印本，計二十餘紙。予亟請借觀，則爲文四十一篇，不見今集者凡二十篇。惟《送盧主簿序》中間佚數行，餘皆完好。以校《日本訪書志》所載佚文十三篇，其《聖泉詩序》，項刻《王子安集》載於《聖泉詩》之前，實非佚篇。其他十二篇中，若《送王贊府兄弟赴任序》、《冬日送閭邱序》、《江浦觀魚宴序》、《夏日仙居觀宴序》、《冬日送儲三宴序》、《初春於權大宅宴序》，或佚其半，或僅存數字、數句，咸非完篇。楊本佚文實僅六篇，而此本佚文二十篇，則完好無缺，爲之喜出望外。乃以三夕之力，手自移寫。合以《祭文》一篇，《墓誌》三篇，共得佚文二十四首。其見今集之二十一篇，亦手校異同，別爲校記。正倉院本字多譌別，或有衍脱倒植。其第二十八殘卷，譌誤尤繁。皆一一爲之是正，其不可知者，則守「蓋闕」之訓。蓋校勘之事，昔人所難。敬臣大令箋注是集，以十年之力始潰於成。其刊正譌誤，如《上巳浮江宴序》：「茲以上巳芳辰，雲開勝地。」蔣注謂「雲開」殆「靈關」之誤。又「初傳曲路之悲」，蔣注疑是「曲洛之杯」之誤。《別盧主簿序》「况乎同得此義」，蔣注疑當作「同德比義」。《山亭興序》「粉償芝田」，蔣注粉義未詳，而引《古今記》烏孫國有青田核事爲之注。今校以古寫本，一一隱合，可謂精密矣。然如《遊廟山序》，今本譌作「游山廟」，而集中更有《游廟山賦序》，明言玄武山西有廟山，則當作「廟山」非「山廟」明甚，而蔣注未嘗舉正。又《上巳浮江宴序》「瓊轄乘波，耀錦鱗於畫網」，《文苑英華》及古寫本並是「瓊轄」，蔣注據項本改「瓊舸」，殆謂漁釣之事無取瓊轄。然《江浦觀魚宴序》亦有「瓊轄銀鉤」語。古人釣具今不可知，嘗見古畫，圖中畫漁者釣竿，之上附以小輪，以爲收放絲綸之用，其物殆即所謂轄耶？又有文義不洽，而無從校其譌誤者，如《歸仁縣主墓誌》「貞觀廿一祀丁某原誤其，今改正憂」。《誌》稱縣主爲齊王女下嫁姜氏，又稱「楊妃以亡姚之重，撫幼中闈，某姬以生我之親，從榮內閤」。是妃乃某姬所生，而齊王誅後撫於楊妃者。《誌》又稱「二尊齊養」，二尊者，謂楊妃與某姬也。則縣主所丁之喪，當爲某姬，或爲楊妃。故又有「爰有中詔，稱哀內府」語，則爲宮中母氏之喪明甚。而《誌》中乃有「陟岵」語，銘文中且再見「齊王既誅」，烏得更有喪父之事，此令人疑不能明者也。

此集雖以三夕之力成之，而夢想者且十年，昔之難也如彼，今之易也如此，知古籍之流傳，亦有前數。然微神田君之力不及此。惜平子君與伯斧竟不及見矣。京都老友富岡君謙藏別藏《王子安集》卷廿九及卷三十，與上野氏殘卷同出一帙。予曾披覽，勸君搨影印以傳之。君搨唯唯，意若有待者。今此集刊行，君搨或亦將出其珍祕而傳之藝林乎？企予望之矣。戊午八月。

臨川集拾遺序

宣統紀元，再游海東，觀書于宮内省之圖書寮。見宋槧本《王文公集》，每半葉十行，行十七字，構字下注「御名」，蓋刊于南渡之初，彫刻至佳，宋槧之最精善者。尚存七十卷而佚其末。典書官爲予言，曾以他善本與此比勘，他本往往有佚篇。時以行程匆遽，不及詳究，惟覺其類次先文後詩，與明代復刻紹興中桐廬本先詩後文者大異。爰記其目次：曰書，卷一至卷八。曰宣詔，卷九。曰制誥，卷十至卷十四。曰表，卷十五至卷二十一。曰啓，卷二十二至卷二十四。曰傳，卷二十五。曰雜著，卷二十六至卷三十三。曰記，卷三十四、三十五。曰序，卷三十六。曰古詩，卷三十七至卷五十一。曰律詩，卷五十二至卷七十。於小册中而歸。

亡友合肥蒯禮卿京卿篤好荆公集，求宋槧本不可得。歸以告之，並出所記目次。蒯君大喜而恨不得寓目，讓予曰：「君盍再作十日留，詳校其目，寫其佚篇以歸，不猶賢於僅記目次乎？」相與憮然。乃未幾而禮卿物化。及歲辛亥，避地扶桑。度門戢影，惟以校勘古籍消遣歲時。

今年春，念及斯集，計惟東友島田氏翰曾校書祕省，彼或校録，而數年前已以事自裁，墓草宿矣。彼固有增訂本《古文舊書考》，在武進董氏許，或載此書。又疑佚文未必備録，姑移書假之。比至展觀，則諸佚篇咸在焉，爲之喜出望外。長夏苦雨，取歸安陸氏所録荆公佚詩、佚文載入《羣書校補》者，合以宋槧本所載不見桐廬本《臨川集》者，得詩八章，文六十篇。依桐廬本類次，輯爲一卷，命兒子福葆録之。既成，顔之曰《臨川集拾遺》，將寄滬上校印，以償十年未竟之志，以慰禮卿、島田兩君於地下。並弁語簡首，以告讀是書者，俾知此編成之之難有如是也。

宣統十年戊申六月。

南宗衣鉢序

山水之畫，其興差晚。雖導源於魏晉，實啓宇於李唐。然尚論之士，於二閻之蹟猶有「工倍愈拙」之譏。逮乎開、天之際，王、李挺生，兩宗並峙。而南宗嗣續，孳乳尤繁。荆、關、董、巨競爽於五季，李、郭、范、米馳聲於天水。並能損益前人，津逮來學。降至元明，迄乎昭代，哲匠踵起，良工不絶。顧嘉、道以降，寖至陵夷。揆厥所由，非必靈明謝於古人，勤力殊於往代。良由年祀緜邈，名蹟日湮。其歷刼僅存者，又或藏諸天府，人間莫窺。或散在四方，一時難致。加以祕笈之儲，假貸或吝。丹青之士，搨寫末由。馴致流風歇絶，斯道逾微。有識之士，望古興慨。十年以來，我國士夫頗或撰集，創爲譜録。然朱紫不分，糅雜無紀。多采凡近，牖於知聞。雖意存師資，實無裨學者。

予不揣譾陋，取古今名蹟在天壤間者，類次爲《畫苑珠英》。山水樹石，位居第一。又分山水爲甲、乙兩部，以闡明南、北兩宗。此編所載，並是南宗之秀。上溯隋唐以前，下逮嘉、道之末，以示源流正變。循其統系，雜而不越。所取之蹟，甄別至嚴。不使苗莠並生，荆蘭同藝。先後之叙，約爲四期。魏晉今不得見，爰以六朝暨五代爲上古，宋元爲中古，明爲近古，嘉、道以前爲今代。案期分卷，摹印流傳。並各繫跋尾，用志管窺。將以振方衰之墮緒，續垂燼之傳燈。綆短汲深，願耆知絀。方聞之士，幸有以起予。宣統丙辰正月。

五十日夢痕録序

予自辛亥冬攜家浮海，瞬逾三歲。朝市既非，松楸日遠，故國之思，時形歸夢。去年春，返國擬展視先人壟舍。比至滬上，以漕渠水淺道阻而止，乃以今春復歸祭掃。又以平生誦習孔子，今髮垂白矣，尚未得一瞻闕里。頻年考究殷虛遺文，而足迹亦未嘗至洹曲。乃于展墓後，至曲阜敬謁，至聖林廟。復涉洹、濟、洛，弔殷虛，登龍門，復遵海而反東山寓廬。此行匆促，往返僅五十餘日間。比者長夏，忽已過半，蓋返寓廬又兩月矣。追思此行，山川親故，曾歷歷在目，而倏焉已失，固不異往昔之歸夢也。因述此行之聞見爲《夢痕録》。乙卯六月。

昭代經師手簡序

古人尺牘，弔喪問疾爲多。其千里遂書，從容問學，求之古昔，未嘗遘也。予好藏前賢墨迹，尤喜聚手札，以爲不啻親接几席而聆話言也。但有明以來簡尺，知好往還，或爲人關説，或敷陳瑣事，故其迹則可珍，其事鮮有可傳遺者，予恒以爲病。此十二家尺牘都廿有六通，皆高郵王石臞先生同志所貽書也。其人皆儒林之彦，其事皆商量學術，言皆馴雅，有裨來學。

諸書之中，如庸夫先生論當世學術，經術則程、戴，史學則錢、邵，小學則段、王，而以文章自許，品藻諸賢，洵爲精當。茂堂先生自述《説文解字注》，阮公爲刊一卷，石臞先生所贈四十金，乃至遂作它用。其晚年境遇清貧可知，而當世傳説，謂先生罷宰玉屏，履境豐豫，故得歸老吴中，優游晚歲。驗之手牘，知其不然。季仇先生駢儷文字，根桀齊梁，當時之士莫與抗手。而考證之事多疏，惟所著《尚書古今文注疏》完密有條理，與它著不同。今觀其手札，言欲邀宋定之疏《尚書》，知《注疏》之作實出宋手。庸夫先生初入《國史文苑傳》，孟慈觀察請之石臞先生，爲言之於阮文達公，得改入《儒林》。觀察學術不能承家，而此舉則釐然有當。凡是之類，並資多聞。

此諸簡牘，石臞先生後人丹銘太守藏之有年。吾友王静安徵君見之，移書見告。乃假而付諸影印，傳之藝林。丹銘遭遇國變，以黄冠歸里，皭然于濁亂之世，詩所謂「繩其祖武」、「無忝所生」者，太守有焉。太守所藏，尚有諸家致王文簡書，已從太守借付寫真，當繼此印行，以傳當世。戊午七月。

昭代經師手簡二編序

予既影印乾嘉間諸儒致王石臞先生手簡，又從丹銘太守假嘉道間諸儒致文簡公手簡，得十有六家，四十有三通，亦皆討論學術，無及它事者。當嘉道之際，江、戴、汪、錢諸先生既先謝，茂堂、石臞、易疇三先生雖健在，然已篤老。文簡巋然爲海内大師，寓内學者之所拱向。雖阮文達公以座主之尊，而語及學術，亦但有遜服而已。

册中諸簡其有關史事者，如吾鄉王蘭陔中丞以李許齋方伯之獄被黜，讞是獄者實爲文簡。今觀蘭陔先生致文簡書，作於歸田以後，情好敦洽，其虚心請益不異弟子之請業於師。此固蘭陔先生之虚衷宏量，益見文簡之至公無私。蓋閩獄之興，實由汪稼門制府，稼門堅愎忮刻，其不能受同寮之規正可知。中丞必諫而不見聽，卒至爲人分過而絶無怨尤。文簡之于中丞，亦不以夙好而屈法，兩先生皆古之人也。往者李文忠公作王中丞《説文段注訂補》序，謂李爲嘉定錢詹事弟子。按是獄者爲高郵王文簡，陰成是獄者爲金匱孫文靖，三公同州部，又皆小學家也。而中丞竟坐是不復出，意蓋爲中丞湔雪，而未免淺之乎測兩先生矣。陳左海手札中盛稱吴荷屋先生之治績。荷屋先生所至，倡導學術，有朱阮風，世皆知之。而勵精持正，釐弊安民，則於左海先生書牘知之。此諸簡者，當備異日史官之采。至若《字林考逸》校于庸堂。端臨遺書成于朱氏。又如閩中績學之士，因左海簡牘得傳其名字。海東之書舫，因孟慈之札知其嘗至吴中。凡是之類，並資多聞。影印既畢，序而傳之。聞華陽王雪澄方伯藏王文簡公手簡，異日當假付影印，倘亦宇内人士所欲快睹乎？戊午九月。

二十家仕女畫存序

繪畫之事，人物爲先。而曲逆解平城之圍，延壽寫後宫之象，又爲畫仕女之故實。厥後張萱仗女之圖，史官志之藝術；董源夷光之象，朝臣望而却步。自斯以降，專家輩起。時閱千祀，良工不絶。予往輯《畫苑珠英》，擬自人物始，而或以山水請，乃先乙而後甲。比又有請編歷代仕女畫者，乃蒐輯舊藏，編爲一集。肇於李唐，逮乎昭代，得二十家，爲軸廿九，以刻絲二畫附焉。雖一斑半豹，不免漏略之譏，而俾學者由今以知古，因流而溯源。窮昔賢之精藴，示來者以津梁，固不外是矣。諸家之目，列之左方。戊午九月。

古兵符考略殘稿序

《古兵符考略》一卷，吴江翁叔均先生手寫本，敗楮零落，塗乙滿紙，蓋初稿也。目録所列，計符十有五，牌三十有二。而有考證者，符五，牌十六而已。其中「金奉御從人牌」録錢少詹及胡氏虔跋，

「滁州太陽翼萬户木牌」録萬國賢跋，「磐石衛指揮使司夜巡銅牌」録孔洪谷跋，又不盡自作，意此書兼録前人考證，如《金石萃編》例也。其跋有而目無者，若「朗州魚符」，若「新浦縣印牌」、「敬字牙牌」，並不見目中，蓋翁書實補瞿《録》。「朗州魚符」已見瞿氏書中，删之宜也。而兩牌何以不載，則所未喻。殆不但考證爲未竟之作，即目録亦非定本矣。

目中列「酒泉太守」、「高平太守」兩符於漢代。考「酒泉符」明署「大涼」，誤作「天漢」。「高平符」制同魏晉，一見可别。均屬之漢，不免疏失。至諸牌則考證頗詳，蒐集亦富。惜未將拓本黏附録中，如「宋敕驗鐵牌」、「明守衛金牌」及「欽頒送往敬字」、「忠字」諸牌，今並不可見。予先後撰《歷代符牌》前、後二《録》，所收雖倍于瞿、翁兩家之書，然兩家所有而予無之者亦十餘品，蓋求備之難有如此。爰以三夕之力手寫是編，以詒當世。雖零落散佚之餘，不忍自我湮没。叔均先生九原有知，其亦差慰也夫。丙辰四月。

權衡度量實驗考序

考古禮器、百物制度，蓋肇于天水之世。至國朝一變而爲彝器款識之學，專力于三古文字，不復措意于器物制度，其塗徑乃轉隘。逮程易疇先生作《考工剏物小記》，始據實物以資考驗，其學識駕諸儒而上之。顧百餘年來，寂無嗣音。光緒朝，吴愙齋中丞作《古玉圖考》，根據《禮經》，證以實物，復據古圭璧以求古尺度，其精密殆與易疇先生匹。

予更欲推中丞之意，據古器之傳世者，以徧考度量衡諸法物。顧奔走南朔，有志未逮。嗣讀俞曲園先生所撰中丞神道碑，載中丞著書有《權衡度量實驗考》，知中丞實已先我爲之，苦無從得本。及避地東土，乃于舊友河井荃廬許邂逅遇之，爲驚喜出望外。展卷讀之，則目録完具，而書之後半「量」以下缺焉。蓋中丞此書作于撫湘時，殺青未竟而值日韓之役。中丞整師鞠旅，枕戈疆埸，及師衂于外，賫志没世。而名山之業亦與俱泯，是可悲也！

爰請于河井君，重墨於版，三月而工竟，將刷印以廣其傳。日月荏苒，匆匆逾歲。比歸自魯衛，始督工印行。爰弁語于簡端，以志荃廬借本之惠。且以記據傳世古器物以考訂前籍，此學實至中丞而中興，所造且愈精也。推而衍之，是在後之學者。寓内方聞碩彦攬是編者，倘亦知所則傚乎？宣統乙卯四月。

續百家姓印譜序

宣統乙卯，予既刊吴愙齋中丞《權衡度量實驗考》，意中丞遺書未刊者必尚夥。顧羈棲海外，末由搆致。春間返國，祭掃先人壟墓，見廬江劉惠之部郎于滬瀆。劉君夙伏膺愙齋中丞古文字之學，因以訪求遺著爲託。及秋間再至滬，劉君手一編授予曰：「此近得之吴中者。」展觀之，則中丞手寫《續百家姓印譜》，乃就古私印中姓氏集成均語。每姓之下，各鈐一二印，體例至簡便，蓋前人未有之剏製也。

因攜入行篋，于舟中讀之，知其采輯排類頗具苦心，而釋文間有小誤。如「吾閭敕定」句，「閭」字下鈐三印，其一作「閭青」，「閭」乃「閻」字之媘，非「閭」字。「敕」字下鈐「救自爲」印，乃「救自爲」，非「敕自爲」。「郯郇郅郅」句，「郅」下鈐「弳賽」二字印，「弳」字不可識，確非「郅」字。「浩然胡毋」句，「浩然」下鈐「浩□近孺」、「浩□賈之」二印「浩」下一字不可識，確非「然」字。「公徐困睦」句，「困睦」下鈐「困睦奴」三字印，「陸」字從自旁作，乃「困陸」，非「困睦」。以上諸字，並是誤釋。又「爰樹言坊」及「靳蟜奇芒」句，「言」下、「靳」下均未鈐印，意此二印乃在他家譜録中，未及翦附編内。此瑣瑣小失，固不足爲此書累也，爰亟付影印以傳之。

予往歲嘗欲據古印以考證姓氏之學，今中丞先我爲之。異日當拾遺補闕，以補兹編所未及，倘亦中丞之遺志乎！丙辰正月。

日本橘氏敦煌將來藏經目録序

敦煌石室古卷軸，西航者歸英、法，東漸者歸日本，我國搜其餘，尚得數千卷。予既一一披覽之，又影寫歸法京古經籍數十種，而英倫與日本所得則不獲寓目焉。

今年夏，至武庫郡觀西陲古物。始與親至石室之橘氏瑞超相見，亟請觀所得經卷，慨然見許。且示以編目，目中所列凡四百餘軸。詳記其卷第、尾題、印記，其經名則據原題録之，而以今藏校其異同、存佚，頗秩然有條理，爰據目一一備覽焉。其最先者始元魏，後者訖五季。其印記有「報恩寺藏經印」、「淨土寺藏經印」、「三界寺藏經印」、「瓜沙州大經印」。蓋合諸伽藍所藏併入石室，於是可窺見西域當時象教之興盛也。其經文橘氏已校勘，將次第印入《二樂叢書》。而題記中可考證史事者不少，因請假是目歸，篝燈録之，印行以詒當世。

噫，石室卷軸入歐洲者，其卷數不可知，然約計先後所出當不下二萬軸，予獲觀者三之一耳。其已編目者，若我學部所得，五六千卷。雖草剏而未寫定，今且存亡未可知。法京則編目而未印行，英國聞尚未遑編寫。其寫定可印行者，此卷而已。然則橘氏之功烏可泯而不傳與？惟橘氏所得尚未盡列目中，予所見尚有晉元康所寫《法華經》等。又繼橘氏而往之吉川氏小一郎所攜歸尚百餘卷，均未編入。今先印是卷，他日所編當請而續印之。爰書卷端，以誌欣慨。時甲寅八月。

雪堂校刊羣書叙録卷下

敦煌本周易王弼注殘卷跋

《周易・王弼注》第三、第四兩卷，第三存《噬嗑》後數行，訖《離》。第四存《解》至《益》，卷尾均存後題。卷三「虎」字缺筆，「民」字則否，乃高祖時寫本。卷四「民」字缺筆，則繕寫略後，然亦初唐人筆也。

今以校《釋文》，開成石本及宋以降諸本有與《釋文》本合者。《賁》「觀乎人文，以化成天下」，注「解天之文則時變可知也，解人之文則化成可爲者也。」兩「解」字閩、監本並譌作「觀」。阮刻十行本亦誤，瞿氏藏本不誤。而《釋文》出「解天」二字，知陸本亦作「解」。《剥》「剥无咎」，開成本以下均作「剥之无咎」，《釋文》出「剥无咎」，注「一本作『剥之无咎』」，是陸氏正本亦無「之」字。《復》「无祇悔」，岳本、十行本、閩、監、毛本「祇」均作「祗」。《釋文》盧校本亦作「祗」，唐寫本作「祇」。《釋文》言「王肅作『禔』」，古「是」、「氏」通，可證「祇」从「氏」，非从「氐」也。「有灾眚」，諸本「灾」均作「災」，《釋文》出「有灾」，是陸本亦作「灾」。《大畜》「煇光，曰新其德」，諸本「煇」作「輝」，《釋文》「煇音輝」，是陸本作「煇」也。「不犯灾也」，注「故能已也」。諸本「能」下有「利」字。《釋文》出「能已」，是陸本亦無「利」字。《頤》「觀我朵頤，凶」，注「而闚我寵禄之競進」，諸本作「闚我寵禄而競進」。《釋文》出「而闚」，與此本合。《大過》「枯楊生梯」，「梯」諸本作「稊」，《釋文》盧本同，唐寫本作「梯」。《大戴記·夏小正》「柳梯」，宋本亦作「梯」，知古本从木旁作也。「棟橈凶」，注「宜其淹溺而凶喪矣」，十行本、閩、毛本「淹溺」均作「淹弱」，「喪矣」作「衰也」。《釋文》出「淹溺」及「喪」字，盧本不出「喪」字，唐寫本有。是陸本亦作「溺」，作「喪」。《坎》「入于坎窞，凶」，注「最處欿底」，「欿」諸本作「坎」，《釋文》出「處欿」，是陸本不作「坎」。「象曰：樽酒簋」，諸本「簋」下有「貳」，《釋文》出「象曰：樽酒簋」，注「一本有『貳』」，是陸氏正本無「貳」。「祇既平」，十行本、閩、監、毛本並作「祗」，《釋文》作「祇」。《解》「而百菓草木皆甲坼」，閩、監、毛三本「坼」作「柝」，《釋文》作「圻」。「圻」、「坼」古今字。《益》「偏辭也」，注「求益無已，心無恒者也，無厭之求」。三「無」字諸本作「无」，《釋文》出「無厭」，是陸本不作「无」。此均與《釋文》本合者也。有與《釋文》一本合者，「復反覆其道」，諸本「覆」作「復」，《釋文》「反復」本又作「覆」。《无妄》「不耕而穫」，諸本無「而」字，《釋文》或依注作「不耕而穫」，非。《頤》「居貞吉」，注「得順之吉也」。「順」諸本作「頤」，《釋文》「得頤」一本作「得順」。《大過》「老夫得其女妻」，注「心無持吝」，諸本「持」作「特」，《釋文》「特」或作「持」。《坎》「來之坎坎」，注「出則亦坎」，諸本「亦」作「之」，《釋文》一本作

「出則亦坎」，誤。《益》「偏辭也」，諸本「偏」作「徧」，《釋文》「偏」孟作「徧」。此與《釋文》一本合者也。有與孔氏作《正義》所據本合，今本注文經後人妄改，而《正義》中尚不失孔本之舊者。《大畜》「不犯災也」，注「未果其進者也」，諸本「進」作「健」。《疏》云「不須前進」，則孔本本是「進」。《益》「王用享于帝吉」，注「居益以沖」，十行本「沖」作「中」，《正義》「居益而能用謙沖」，是孔本實作「沖」。此與《正義》本合者也。其有與諸本皆異，而此爲長者。若《賁》「故小利有攸往」，注「剛上而文柔」，諸本奪「而」字。「賁其須」，注「二俱无應而比焉」，諸本奪「二」字。「吝，終吉」，注「故施賁于束帛」，諸本奪「施」字。《剥》「剥牀以辨」，注「牀轉欲滅」，諸本奪「牀」字。「剥牀以膚」，注「豈唯消正」，「消」諸本作「削」。《无妄》「不可試也」，注「藥攻於有妄者也」，諸本無「於」字。《頤》「節飲食」，注「言語飲食」，諸本奪「語」字。「居貞吉」，注「以陰而居陽」，諸本奪「而」字。「上九由頤」，注「故物莫不由之」，諸本奪「物」字。《大過》「枯楊生梯」，注「老大更得其少妻」，諸本奪「其」字。「无咎无譽」，注「而以陽處陽，以陽處陽未能拯危」，諸本奪下「以陽處陽」四字。「過涉滅頂，凶」，注「過之甚者也」，諸本奪「者」字。《坎》「來之坎坎」，注「出則無所之，處則無所安」，各本奪兩「所」字。凡此者皆以此爲長，可據以是正今本者也。

予往既作校記，復摘其大要於此。得是書者其知所寶乎？宣統丁巳閏月。

敦煌本易釋文殘卷跋

敦煌石室本《周易釋文》一卷，起《大有》至卷末，前佚《乾》至《同人》十三卦。取校今本，異同詳略甚多，不可勝舉。卷尾書題後有記五行，記此卷寫于「開元廿六年」，又記「明年校勘」及「于晉州衛杲本寫指例略」，蓋非一時所成也。卷寫于玄宗時，而《周易略例》出「隆墀」字，「隆」字不缺末筆，草野之不謹于禮如此，使僅據避諱字斷定寫本時代，固不能無失矣。陸氏《音義》盧抱經先生作考證，勘訂至精，（措）〔惜〕不及見此本，亟爲印行，與《尚書釋文》殘本並傳藝林焉。丁巳十一月。

敦煌本古文尚書夏書商書周書殘卷跋

唐寫本《隸古定尚書》殘卷二，存《夏書》四篇，《商書》七篇，又《周書·顧命》九行半，乃在書帙之背，前後均斷缺。驗其書迹，三卷各殊。蓋初非出自一帙，而均未經天寶改字，猶是魏晉以來相傳隸古定之原本也。考自唐天寶三年，元宗詔集賢學士衛包改《古文尚書》爲今文，於是民間皆行改字之本。舊本藏於書府，人間不得而窺。幸陸德明作《音義》，於字有别體尚見之音内，可據以考見隸古定本之十一。及宋開寶五年，因陸氏所解與明皇所定今文駁異，令陳鄂删定，别爲今本《音義》，於是不但原本不可見，而别異之字僅存於《釋文》者亦無一存。蓋隸古定原本之絶迹天壤間者，將千年於兹矣。而《宋史·藝文志》乃著録孔安國《隸古文尚書》二卷。晁公武《讀書志》稱吕大防得本於宋次道、王仲至家，又云曾得《古文全編》於學官，乃延士張㚟仿吕氏所鏤本書丹刻諸石。薛季宣又爲《書古文訓》。王伯厚《困學紀聞》引《宋景文筆記》云楊備得《古文尚書釋文》，讀之大喜，書訊(剌)〔刺〕字皆用古文。《紀聞》所引《古文尚書》十餘則，一若天水以後隸古定之本固未嘗絶者。張氏石本今雖不傳，而薛《書》具在。予曩披覽，滿紙皆異字，與陸氏《釋文條例》所謂「古文無幾」之説頗戾，疑爲僞託。段茂堂先生亦斥爲不可信，顧無確證以折之。段氏並斥宋代流傳之本，以爲穿鑿之徒古今一也。而不能得作僞者之主名。薛氏《書》又不言其本之所從出，其與《宋志》所載，吕、晁所傳，同出一源與否，初不可曉。嗣讀《困學紀聞》卷二，伯厚自注云：「郭忠恕定《古文尚書》並釋文，今本豈忠恕所定歟？」是伯厚已疑當代流傳之本出於郭氏。今以《汗簡》所引《古文尚書》校薛氏《書古文訓》，合者十九。然則今傳世之薛本確出自郭氏，吕、晁所傳，楊備所讀，其均爲郭本，可以推測。今取此殘卷校薛本，違者十八九，而與陸氏所謂「古文無幾」之説正合，乃知郭氏所定全是摭拾字書以成之。宋世所傳皆承其繆，而《宋志》所載之二卷本，亦決非唐代書府之舊。試以殘卷證之，《商書·微子》第十七後題《尚書》卷第五，核以《開成石經》，卷第正合。《隋書·經籍志》亦《古文尚書》十三卷，孔安國傳。陸德明《經典敘録》、《舊唐書·經籍志》並同。《新唐書·藝文志》「《今文尚書》十三卷」，是天寶以後改字，並不改卷，而隋唐相傳之本，均以傳附經爲十三卷，與此殘卷次第悉合。何以《宋志》

乃僅二卷，即舍傳存經，亦非二卷所能了。即是一端言之，其非唐代書府之舊本已可斷定。蓋五代之亂，經籍蕩盡。今此殘卷乃轉以遠在邊陲，幸存至今，且得由此確證宋以來傳本之僞。又據伯厚所言，《汗簡》所載，得知宋代之本出於郭忠恕。數百年後竟得作僞者之主名，可爲段說左證，豈非無偶之快事耶！

吾鄉李慶百先生遇孫篤信薛《書》，以爲唐宋以來賴此存古文於一綫，爲作《釋文》八卷，恨不得起先生於九原而以此卷視之也。近聞英倫所藏尚有《洛誥》，有《大禹謨》，有《泰誓》，深以不得寫影與此殘卷同印行爲可惜。附記其目於此，以告好古之士。宣統癸丑八月。

敦煌本尚書顧命殘卷跋

敦煌唐寫本《尚書·顧命》九行半，乃往在京師時就伯希和君行篋寫影者。予得見天寶以前未改字《尚書》蓋自此始。厥後又得敦煌本《夏書》四篇，《商書》七篇影本，又見日本神田氏所藏唐寫本《周書·泰誓》至《武成》五篇，又得《周書·洪範》以下五篇於海東故家。復於亡友楊星吾舍人許影寫《商書·般庚上》至《微子》九篇。既先後印行矣，而深以所見未逾半爲恨。蓋英倫所藏尚有《洛誥》、《大禹謨》、《泰誓》。東邦岩崎氏得唐寫本，予曾見《禹貢》及《般庚》上、中、下，聞尚有《周書》數篇，則未之見也。

又閲楊舍人《日本訪書志》記所藏尚有古寫本第一、二及第七至第十三凡九卷。舍人在往昔未嘗以告予，今舍人亡，所藏不啻與之俱亡，可慨也！然去歲林浩卿博士爲予言，東京有内野氏藏古寫《尚書》全帙，則唐本之所無者，尚得以東邦古寫本足之。異日當謀之浩卿博士，倘得假付影印，則失之於楊舍人者，將償之博士。並將求岩崎氏所藏而印行之，或幸得完有唐書府之舊乎？丁巳閏月。

敦煌本尚書釋文殘卷跋

敦煌石室遺書在法京者，予既影照二十餘種，顧以不得見全目爲憾。歲壬子，吾友狩野子温博士游法京，乃手鈔目録以歸，中有《尚書釋文》殘卷。予大驚喜，謂必是開寶重脩以前本，蓋陸氏原書佚于人間久矣。亟走詢博士，則以手寫數行見示，且爲言存者百有二行，不及備寫也，因相對歎惋。歸即移書伯希和博士，請爲寫影，久不得報。及歐洲戰禍作，伯希和君從之轉徙，益不得音問。

今年春，忽得法京郵書，言將轉官北京使署，復言已爲寫影古卷軸十餘種，俟戰弭日見寄。已又聞其道經滬瀆，以此《釋文》詒諸同好。時子温亦得影本，畀予觀之。則《堯典》、《舜典》完具，開首序篇音釋闕焉。取校開寶重脩本，始知原文遭删薙者將及半，且多存音去釋，固不僅去其《隸古文字》已也。雖吉光片羽，彌足珍貴。方謀付諸影印，而王静庵徵君書來，言海上已印行。然原本頗闇澹，滬上恐不克精印，因復借子温博士藏本印入《吉石盦叢書》中。既成，書其後以傳之。至此書勝處，子温别有考，此不復贅。丙辰十月。

敦煌本毛詩故訓傳殘卷跋

敦煌本《毛詩故訓傳》殘卷五，計唐寫本二，六朝寫本三。唐本甲卷存《(召)〔周〕南·麟趾》至《陳風·宛邱》。《魏風》以上無注，《唐風》以下則有之。書迹凡拙，乃閭里書師所寫。然以較《釋文》，所載諸本頗有勝處，蓋依據六朝善本也。乙卷存《國風·柏舟》至《匏有苦葉》，字迹亦草率，二卷均避唐諱。六朝寫本之甲卷，存《小雅·鹿鳴》以下至卷九後題。前十三行書迹甚劣，以後甚清勁，蓋出兩人手也。乙卷存《出車》至卷九後題。書迹略遜，然望而知六朝人筆。卷末有「寅年淨土寺學士趙令全讀」款一行，則中唐以後惡札矣。丙卷存《六月》以下至卷十後題。書法尤精善，此三卷均不避唐諱。以上五卷，分卷與開成石本同。考隋、唐《經籍志》、《毛詩故訓傳》亦作二十卷，合以此本，知開成本分卷仍是六朝相承之舊矣。取此殘本與宋元槧本校，異同甚多。與《釋文》所載諸本亦多相合，亦有《釋文》所未載者。予撰《校記》四卷，入《羣經點勘》中，此不更舉。

予往者常刺取《釋文》所載經注諸本異同，手録於諸經之上，每憾陸氏但載異文，不言得失，且多存别構之字；盧氏作考證，厥功甚偉，然亦有未盡舉正者。如《詩》「陟彼砠矣」，陸氏出「確矣」二字，注本亦作「砠」。盧氏據《五經文字》考改「確」爲「碹」，是矣，而不知「碹」乃「礷」之譌變。「祖」字亦作

「禮」、「詛」字亦作「謯」，故知「磕」亦从「虘」，而非「宜」也。如此之類尚多，暇當别録書眉所記，兼采六朝唐人寫本，仿盧氏之例，加以考證，爲《六朝經注諸本異同考》，以便瀏覽。傳世羣經寫本，《詩》爲最多，當自《詩》始。

法京所藏此五卷外，英京尚有《豳風》殘卷。雖未得寫影，而吾友狩野子温博士直喜曾手記其異文，予得傳寫。惟《小雅》以後不見流傳，至爲憾事。但聞司坦因博士再渡流沙，所得不少。以戰事方殷，未曾發篋，或其中尚存殘卷乎？爰書以俟之。宣統丁巳十一月。

敦煌本禮記檀弓殘卷跋

敦煌本《禮記》卷三《檀弓》殘卷，存「貿貿然來」以下八十九行，又後題一行。卷中「民」字缺末筆，初唐寫本也。取校刊本，異同甚多。經文之異者，如「有殺其父者」，刊本作「弑其父」。《釋文》有「殺」本又作「弑」，下「臣殺」、「子殺」同。此本下「臣殺」作「弑」，「子殺」作「殺」。「公懼然失席曰」，刊本「懼」作「瞿」，《釋文》「瞿」本又作「懼」。「文子其中追然如不勝衣」，刊本「追」作「退」，《釋文》「追然」音「退」，亦作「退」。此異文與《釋文》同者也。「汙其宫」，刊本「汙」作「洿」。「弊帷弗棄」，刊本作「敝帷不弃」。「弗内」，刊本作「弗内也」。「閽人避」，刊本作「閽人辟之」。「丘聞之也」，刊本無「也」字。「死者如可作」及「其知不足稱」、「其仁不足稱」，刊本三句之末皆有「也」字。「謀其身亦不遺其友也」，刊本無「亦」、「也」二字。「昔吾喪姑姊亦如斯」，「姊」下原有一字，校時除去，刊本作「昔者吾喪姑姊妹亦如斯」。「末吾禁」，刊本作「末吾禁也」。則《釋文》所未載。至注文異同，「其妻魯人也」，注「言其魯頓」，刊本「頓」作「鈍」，《釋文》「魯鈍」亦作「頓」，此與《釋文》所載别本同者也。「毋使其首陷焉」，注「陷謂没于地」，刊本「地」作「土」。「曾子後入」，注「彌益恭也」，刊本「恭」作「敬」。「夫子爲弗聞也者」，注「詳不知也」，刊本作「佯不知」。「所舉於晉國管庫之士」，注「管，管鍵也」，刊本不重「管」字。「請繐衰而環絰」，注「時婦人好輕細而多服此」，刊本「此」作「者」。「末吾禁」，注「末猶無也」，刊本無「猶」字。則均《釋文》所未及。爲舉其略，俾得是本者知古寫之可貴也。宣統丁巳長至。

敦煌本春秋經傳集解殘卷跋

敦煌本《春秋經傳集解》殘卷四，甲卷存《僖公五年》至《十五年》，「世」字作「廿」，當是初唐寫本。而「丙」與「民」不缺筆，殊不可曉。乙卷存《僖公二十七年》至《三十三年》，唐諱皆不避，確出六朝人手。丙卷存《昭公二十七年》至《二十八年》，諱「丙」不諱「民」，殆寫於武德初年。丁卷存《定公四年》至《六年》，唐諱皆不缺筆，亦六朝寫本也。取以校宋以後槧本，異同甚多，予已載之《羣經點勘》中。惜此殘卷僅得全書之什一，不知司坦因博士攜歸英京者，尚有他卷否也？

予往在武昌，于亡友楊星吾舍人許見所藏古寫本《春秋集解・桓公》殘卷，乃舍人得自海東者，爲予見古寫本之始。詫爲奇寶，從舍人乞借校，舍人矜惜甚，竟不果。後十餘年景印于滬上，始得以校刊本。舍人跋稱是北齊人書。然觀「桓公十八年」《傳》「冬城向」，注引詩「定之方中」及「此未正中也」，二「中」字作「由」，缺末筆之下半，避隋諱，乃隋寫本，非出北齊，舍人未之知也。又東邦石山寺藏《昭公》一卷，舍人曾見之。予屢欲往觀，尚未果。異日當往假印之《海東古籍叢殘》中，則合西陲及海東所藏可影寫流傳者，凡六卷矣。日本《經籍訪古志》載楓山官庫藏古寫本全帙卅卷，今歸彼宮内省圖書寮。宣統元年，予游東京，曾一披覽。惜黎蒪齋星使刊《古佚叢書》時，未嘗借刊，致不獲流傳人間。因印此卷而附及之。好古之士當有同感也。丁巳長至後二日。

敦煌本春秋穀梁傳解釋殘卷跋

唐寫本《春秋穀梁傳解釋》，《僖公》上第五殘卷，前半已損，後半尚具書題，其存者百三十有九行。始《僖公八年十二月》，訖《十五年十一月》。不見作者姓名，考范甯《春秋穀梁傳集解序》云「釋《穀梁》者雖近十家，皆膚淺末學，不經師匠」。《疏》近十家者，魏晉以來，有尹更始、唐固、麋信、孔衍、江熙、程闡、徐仙民、徐乾、劉兆、胡訥之等。初不知此書屬何家，嗣撿《集解》「僖公十四年冬，蔡侯肹卒」，楊《疏》引麋信曰：「蔡侯肹父哀侯，爲楚所執，肹不附中國而常事父讎，故惡之而不書日也。」云云。今此注正在卷中，雖辭句小殊，此古人引書常例，不足爲異。知此書爲麋氏注矣。信，字南山，東海人，魏樂平太守。見《經典釋文·叙録》。隋、唐兩《志》並稱信注《春秋穀梁傳》十二卷，而不舉《解釋》之名，亦賴此卷知之矣。

其經傳之文取校今《集解》本，頗有異同，而以此爲優。陸氏《釋文》顧皆不出，今略舉之。如「十年」《傳》「汝其將衛士而往衛冢乎」，此卷無「往」字。「覆酒於地而地賁」，此卷無「而」字。「國子之國也」，此卷「子」上有「則」字。「子何遲於爲君」，此卷無「於」字。「吾與女未有過切」，此卷「過」字作「遇」。注言「吾與汝父子之情未有，待遇汝以切急」。知麋本確是「遇」，非「過」之誤。「明則麗姬必死」，此卷無「明則」二字。宋余氏槧本《集解》無「明」字，有「則」字。「不若自死」，此卷無「自」字。「十二年」《經》「十有二年春王正月」，此卷作「春王三月」。石經及余本與此卷同，《左氏》、《公羊》二家並作「三月」。「十五年九月」《傳》「諸侯五」，此卷「五」下有「廟」字。「又夷狄相敗」，此卷「狄」下有「自」字。如是之類，義皆優勝，可補陸氏之闕。又以文中避諱諸字考之，「世子」作「太子」，「治」作「理」，知是卷爲高宗朝所寫。書迹精雅，爲唐寫本中之至佳者。

麋氏此注，楊氏《疏》中偶有徵采。《册府元龜》、《太平御覽》亦尚引其書，似北宋初尚存。然晁、陳諸家書目均不及。殆天水初葉，祕府僅存，人間已久佚耶？往者伯希和君寄影本至京師，知爲佚籍，苦不能得作者姓氏。今一旦考知之，當移書伯君。萬里之外，當亦拊掌稱快也。癸丑七月。

敦煌本春秋穀梁集解殘卷跋

《春秋穀梁集解》起《莊公十九年》，盡《閔公二年》，前佚數行，後題「春秋穀梁莊公弟三閔公弟四合爲一卷」。又後題「龍朔三年三月十九日書吏高義寫」，又記用紙數及字數。考六朝以來《穀梁集解》，分卷十二，每公爲一卷。此以《莊》、《閔》合卷，亦六朝别本。陸氏《音義》于《莊公十九年》下注「傳本或分，此以下爲《莊公》、《閔公》合卷」，正與此本合也。

經注校以今本，異同甚多，其與《釋文》、别本合者，如「十九年」《傳》「不以難介我國也」，今本「介」作「邇」，《釋文》「邇」本又作「介」，蓋古「爾」字作「尒」，「介」古作「尔」，形似易混也。「廿三年」《經》「曹伯亦姑卒」，今本「亦」作「射」，《釋文》「射」本或作「亦」。「廿四年」《傳》「棗栗鍛脩」，注「取斷斷自脩勅」，今本「勅」作「整」，《釋文》作「脩飭」，注本或作「勅」，或作「整」。「廿七年」《傳》「衣冠之會十有一」，注「僖元年會于朾」。今本「朾」作「檉」，《釋文》「檉」本亦作「朾」。「廿七年」「杞伯來朝」，注「蓋時王所黜也」，今本「黜」作「絀」，《釋文》「絀」本又作「黜」。「卅年」《傳》「以齋終也」，注「齋，絜也」，今本「齋」作「齊」，《釋文》「齊」本亦作「齋」。「閔元年」「公及齊侯盟于路姑」，今本「路」作「洛」，《釋文》「洛姑」一本作「路姑」。「二年」「夫人姜氏遜于邾」，今本「遜」作「孫」，《釋文》「孫」本或作「遜」。此與《釋文》所稱一本合者也。有與宋本合者，「十九年」《傳》「其遠之何也」，今本無「之」字，余仁仲本有「之」。「廿二年」《傳》「公子之重視大夫」，注「視，比也」，今本「比」誤作「此」，余本作「比」。「閔元年」《傳》「其言齊以累桓也」，今本「桓」譌「相」，余本作「桓」。「二年」「吉禘于莊公」，注「廟成而吉祭，又不於大廟」，今本「又」譌「之」，余本作「又」。此與宋槧合者也。「廿八年」「臧孫辰告糴于齊」，注「臧孫臣告糴于齊」，今本「臣」作「辰」，陸湻、張洽並云《穀梁》作「臣」。此又與唐宋人所見本合。又有不見《釋文》而可確定此本是而今本誤者。如「十九年」《傳》「避要盟也」，注「不則此行也有辭」，今本作「不則止此行有辭也」。「廿二年」《傳》「高傒伉也」，注「與公敵禮」，今本「禮」譌「體」。「廿三年」「祭叔來聘」，注「祭天子寰内諸侯」，今本「祭」作「祭叔」。又「公至自齊」，《傳》注「他皆放此」，今本奪「他」字。「卅一年」「築臺于薛」，注「薛，魯邑也」。「築臺于秦」，注「秦，魯邑也」。今本「魯邑」均作「魯地」。《閔公第四》題下注「閔公名開，莊公之子。子般庶弟也。惠王十六年即位」。今本全佚此二十字。此外《經傳》及《集解》中異同甚多。予已載之《羣經點勘》中，特舉其略於此。

此本爲當時官府寫本，故書法甚精。卷内「慶」字皆缺末筆，考唐代諸帝無名「慶」者，此或是嗣道王府吏爲嗣道王所書，故避道王元慶諱與？附記于此以俟考。宣統丁巳長至後三日。

論語鄭注述而至鄉黨殘卷跋

鄭注《論語》唐以後久佚。宣統庚戌，東友内藤湖南、富岡君撝兩君先後寄其國本願寺主大谷氏所得西域古卷軸影本至京師，中有《論語·子路》篇殘注九行。予據《詩·棠棣》《正義》所引定爲《鄭注》，已詫爲希世之寶，爲印行矣。越四年，法友伯希和君又寄此卷影本至，則由《述而》至《鄉黨》凡四篇，視前所見逾十倍。每篇題之下皆書「孔氏本鄭氏注」，楮墨書迹與本願寺本不殊，蓋是一帙而紛失者也。

考何晏《論語集解叙》，謂古《論》惟博士孔安國爲之訓説，而世不傳。又云漢末大司農鄭玄就魯《論》篇章，考之齊、古，以爲之注。皇侃注考校齊、魯二《論》，亦注於張《論》也。今此卷明著孔氏本，一若所注爲古《論》者。而考其篇次，則《太伯》第八，《子罕》第九，《鄉黨》第十，固明明同魯《論》，知何《叙》、皇注爲可信。顧孔訓世既不傳，此卷乃題孔本，初不可曉。且陸氏《經典釋文》亦言鄭校周之本，以齊、古讀正凡五十事，與何、皇説略同。乃反復考之《釋文》所舉鄭氏校正諸字，則皆改魯從古，無一從齊者。始悟此卷所謂孔氏本者，乃據孔氏古《論》改正張侯魯《論》，而何、皇諸家謂考校齊、魯者，蓋張禹本受魯《論》兼講齊説，善者從之。見《集解叙》。鄭君既注於張《論》，則不異兼采齊《論》，其實固僅據古以正魯也。此卷寫官漫題孔本，雖不免小疏，然因此而得知其實，亦可喜矣。

《釋文》又云鄭以齊、古讀正凡五十事，鄭本或無此注者，然《皇覽》引魯《論》六事，則無者非也。今考鄭君校正五十事，《釋文》所著不及十五，《述而》以下四篇中載鄭君據古正魯者得八事，而校以此卷，則僅載其一，則與陸氏「鄭本或無此注」説合。然此卷「有美玉於斯」節，注「魯讀『沽之哉』不重，今從古也」。則《釋文》未及徵引，此殆五十事之一，又可據以補《釋文》者也。陸氏所見鄭本與此本異者四事，《釋文》「陳司敗」，注「鄭以司敗爲人名，齊大夫」。此卷則作「陳司敗，齊大夫」。「蓋名御寇子疾」，注「鄭本無病字」，此卷則有「病」字。「空空如也」，注「鄭或作『悾悾』」，此卷則作「空空」。陸言「或作」，則鄭本殆有不作「悾」者，與此卷同。「兩端」，注「鄭云末也」，此卷則作「兩端猶本末」。凡斯殊異，率此爲優。則斯卷者不僅爲今日幸存之祕籍，其在有唐，亦《鄭注》中之善本矣。鄭君此《注》既久佚，吾鄉陳仲魚徵君以前人所輯鄭注《古文論語》爲不備，且鄭注本非古文，乃以《集解》爲本，采輯古注爲《論語古訓》。《集解》之外，蒐輯鄭注獨多。今校以此卷，知前籍徵引每多違迕，有誤以他注爲鄭注者。《集解》「不義而富且貴」，注「鄭曰富貴而不以義者於我如浮雲，非己之有也」。今卷中所注與此全異。《後漢書・明帝紀》注引「踧踖如也」鄭注「踧踖，恭敬貌」，此卷則作「謙讓貌」，《集解》引馬注「踧踖，敬恭貌也」。是誤以馬爲鄭也。《世説新語》注引「式負版者」鄭注「版謂邦國圖籍也，負之者賤隸事也」，此卷無是語。《集解》及《文選・華子岡》詩注並引孔注「負版，持邦國之圖籍者也」，是誤以孔爲鄭也。有誤以鄭注爲他注者。《集解》「朋友死」，注「孔曰重朋友之恩也，無所歸，無親昵也」。又「居不容」，注「孔曰爲室家之敬難久也」。今檢此卷，並是鄭説，此誤以鄭爲孔也。又有徵引鄭注而不標明者。《士相見禮》《正義》引《鄉黨》「孔子與君圖事於廷，圖事於堂」，陳仲魚徵君云：今《經》無此文，《集解》無此注，必是《正義》。古人引經與注往往不爲區别，今檢此卷則確是「入公門」節注，但其文作「自此已上」謂「圖事於廷」，「攝齊升堂」謂「圖事於堂」。字句小殊耳。《集解》「吾未見好德如好色者也」，注「疾時人薄於德，厚於色，故發此言也」。又「君賜食」，注「敬君惠也，既嘗之乃以班賜也」。此二事不標注者姓氏，似爲何氏之言。而校以此卷，亦爲鄭義，殆作《集解》時，一時偶疏也。至《後漢書·趙壹傳》「失恂恂善誘之德」，注引《論語》曰「夫子恂恂然善誘人。恂恂，恭順貌」。陳徵君謂與《集解》異，爲鄭可知，並據《李膺傳》注、《吴志步隲傳》並引《論語》「恂恂然善誘人」，謂鄭注魯《論》「循循」作「恂恂」。今檢是卷則實作「循循」，亦無「恭順貌」之注。而《鄉黨》「恂恂如也」，注則曰「恂恂，恭順貌也」。此誤以《鄉黨》篇注入《子罕》也。又《集解》「賓退」，注「鄭曰邢本如此復命白君，賓已去也」。皇本、高麗本作「孔曰」，今此語實在卷中，則邢本是，則皇本、高麗本誤矣。又古人引書往往附加己意以足之，後人不能分别。如「不時不食」，《集解》引鄭注「不時，非朝夕日中時也」。《既夕》記《疏》所引則此句下更有「一日之中三時食」七字。核以此卷，則但有上句，知下七字爲引書者附加，初非鄭注所有。以上數者，均賴此卷之存得是正者也。

鄭君此注多根據《禮經》，殆成于《禮注》既成之後，晚年所寫定。《集解》采二三而遺六七，天祐斯文，俾不終閟於窮裔石室。豈非治鄭學者之至寶耶？表章流傳，予之責矣。爰影印以詒當世。至經文異同，別爲校記，入《羣經點勘》中，兹不更出。癸丑五月。

論語鄭氏子路篇殘卷跋

唐寫本《論語·子路》篇殘卷九行。前三行，每行上下均缺損；後六行，每行下損數字至十數字不等。乃日本本願寺主大谷伯爵光瑞得於中亞細亞。取以校日本正平本《集解》及皇侃《義疏》本，異同甚多。如「鄉人皆惡之」，上下兩句雖缺，然「鄉」字上有「如」字，「之」字下略見「何」字之一二畫。是此本作「鄉人皆好之何如，鄉人皆惡之何如」，二句之間無「子曰未可也」句。「悦之不以道，不悦也」，此本無「也」字。「悦之雖不以道，悦也」，此本「悦也」作「則悦」。「及其使人也求備焉」，此本作「及其使人求備焉」。「剛毅木訥近仁」，此本「近」上有「斯」字。「兄弟怡怡如也」，今本無「如也」二字，高麗本、皇本、正平本均有之，《文選》曹植《求通親親表》注、《初學記》十七、《藝文類聚》三十一、《太平御覽》四百十六引亦同。此本無「也」字。「以不教民戰」，此本「民」作「人」。「是謂棄之」，「棄」作「弃」，乃「棄」之譌，均避唐諱。此正文之異也。至注文與《集解》不合，初不知爲何氏所作。嗣觀《詩棠棣》《正義》引鄭注《論語》云：「切切，勸競貌。怡怡，謙順貌。」今此本注「切切，勸競貌。偲偲，謙順貌。怡怡，和協貌」。知此殘卷實爲鄭君注，《詩正義》所引有譌奪也。《論語鄭注》亡佚已久，此所存雖不盈一紙，烏得謂非人間之至寶耶？宣統三年二月。

敦煌本春秋後國語略出殘卷跋

孔衍《春秋後國語略出》殘卷，巴黎圖書館藏。前端殘闕，而中間每篇出書題及撰人名，計存《趙語》第五、《韓語》第六、《魏語》第七、《楚語》第八，凡四篇，後有番書尺許。此書《唐書·藝文志》史部雜史類、《宋史·藝文志》別史類均著録，作十卷。孔衍，字舒元，魯國人。晉明帝時官廣陵太守，見《晉書·儒林傳》。劉知幾《史通》内篇：「孔衍以《戰國策》所書未爲盡善，乃引太史公所記，參其異同，删彼二家，聚爲一録，號爲《春秋後語》。除二周及宋、衛、中山，其所留者七國秦、齊、燕、楚、三晉。而已。始自秦孝公，終於楚漢之際，比於《春秋》亦盡二百三十餘年行事。始衍撰《春秋時國語》，復撰《春秋後語》，勒成二書，各爲十卷。今行於世者，惟《後語》存焉。其書序云：『雖左氏莫能加。』世人皆尤其不量力，不度德。尋衍之此義，自比於邱明者，謂《國語》非《春秋傳》也。必方以類聚，豈多嗤乎。」云云。予案據諸書所言，則此書紀述七國，總爲十卷。而是殘卷則僅百四十八行，已有趙、韓、魏、楚四國，紀事簡略，殆已得全書之半。初以爲疑，及以予所藏《秦語》及巴黎所藏《魏語》兩殘卷校之，則詳略大異。蓋彼二卷爲衍原書，此則删節之本，唐人所謂「略出」者也。

宋初敕撰《太平御覽》引《後語》六十餘事。剡川姚氏亦據以勘正《國策》，然姚氏自記謂訪之數年方得，則南宋之初已不易遘。《玉海》言《通鑑外紀》引此書。元吴師道《國策識語》謂《後語》今不可得，賴姚本得見一二，則是亡佚於宋元之際，故深甯已不得見矣。《御覽》所引《後語》並出注文，章氏《隋書經籍志考證》謂《御覽》所引未知爲衍本注，抑李昉等所增。予案姚氏補高誘注《戰國策》卷一，顔率下續注：「率，名也，當如字，或云力出切。」《後語》注「又謀於葉庭之中」，續注引《後語》作「章華之庭」，注云徐廣曰「華容有章華庭」。以是證之，知《御覽》所引確是《後語》原注，非李昉等所增也，明矣。又據《御覽·服章部》「魏太子擊逢田子方於朝歌」，注「朝歌，紂之所都，今衛州地」，考衛州之名，始於五季，宋世因之。《御覽》成於太宗朝，已引注文，則作注者殆爲五季人，又可知也。至此書與《國策》、《史記》異同，别校録之，而第考其傳佚與其可貴者於卷尾。癸丑六月望。

敦煌本春秋後語秦語殘卷跋

《春秋後秦語》第一殘卷，前後斷損，存字九十五行。予以宣統庚戌得之燕市，蓋石室藏書由敦煌解送學部時爲人所盜鬻者也。初不知爲何書，檢宋本《白氏六帖》卷四鼎類引《後語》：「秦師臨周，以求九鼎。顯王患之，以告顔率。率曰：『請救於齊。』遂説齊王曰：『秦无道，欲興師求周之鼎。君臣計，不若歸齊，即願王圖之。』齊王悦，發師救周。秦師罷，齊求鼎。顔率曰：『周即獻鼎，不識何塗之所從。』王曰：『塗於梁。』率曰：『梁欲求鼎，謀暉臺之下，小海之上，梁必不出也。』

王曰：『從楚。』率曰：『謀之華亭之上，楚必不出矣。』齊王乃止之。」云云。今檢此卷，則正在卷末。又《國策》卷一紹興剡川姚氏本。「秦興師臨周」章，姚宏續注引《後語》，校勘同異，與此卷亦合，知此爲《春秋後秦語》矣。今以校《國策》，知姚氏所舉疏漏尚多，而《六帖》所引，率與此同。今列舉之：《國策》「周君患之」，此卷作「周顯王患之」，《六帖》引亦作「顯王患之」。姚校於「秦興師臨周」下注「周顯王」，《後語》此注應在「周君患之」句「周君」二字下，誤列「臨周」句下也。「謂齊王曰」，此卷作「謂齊宣王曰」，姚校同。「夫秦之於無道也」，此卷作「秦之無道」，《六帖》引作「秦无道」，今《國策》乃衍「於」字。「不若歸之大國」，此卷「大國」作「大王」姚校未舉。「使陳臣思將以救周」，此卷「陳臣思作田恒」姚校未舉。「少海之上」，此卷作「小海」，《六帖》引同。「謀之於葉庭之中」，此卷「葉庭」作「華庭」，《六帖》引作「華亭」。姚校引《後語》作「章華之庭」，所見本與此異。「所以備者稱此」，此卷「備」作「鉤」姚校未舉。傳世《國策》以剡川姚氏本爲最善，乃一章之中譌誤已至此。然微此卷，亦安所取正乎？

孔衍是書據諸家所述則紀録七國，都爲十卷。今所存雖僅二三殘卷，其分卷大略尚可考見。往在京師晤伯希和君，出其所得《敦煌書目》中有孟説《秦語》中第二，爲予言其書頗似《國語》，予當時即疑爲孔衍書，而苦無左驗。今考《史通》言《後語》始自秦孝公，終於楚漢之際。《史記·秦本紀》稱武王有力好戲，力士任鄙、烏獲、孟説皆至大官。王與孟説舉鼎，絶臏。八月武王死，族孟説。所謂「孟説《秦語》中第二」者，殆因秦事實較多，分爲三卷。此卷終於武王二年，後有闕損，然多亦不過十數行。

乃《秦語》上第一。其《秦語》中首端叙孟説事，遂以首章記卷，古書之例皆然。《秦語》既有上、中，必有下卷可知。《秦語》以後，齊、趙、韓、魏、楚、燕各爲一卷。《略出》本《趙語》第五，《韓語》第六，《魏語》第七，《楚語》第八，故據以爲次。惟齊、燕二國，不知孰先後耳。合之《秦語》三卷，共得九卷。其末卷當是叙目，否則齊、趙、韓、魏、楚、燕六國中，或尚有一國事實較多，分兩卷耳。

此卷書寫不精，殆出於有唐中葉，楮墨闇澹，故久不得售。予一見詫爲瓌寶，以重值得之。卷背記張義潮事實，爰附印於《張延綬傳》後，而以此卷與《略出》本同印之。癸丑六月。

敦煌本春秋後語魏語殘卷跋

《春秋後魏語》殘卷，百二十行，亦巴黎圖書館所藏。首尾均損，不見書題。而以《略出》本證之，知爲《春秋後魏語》。《略出》本《魏語》僅記樂羊爲將，文侯飲酒，西門豹治鄴，襄王爲中天之臺，秦始皇帝與鄢陵君易地，凡五事。此卷雖殘闕，然尚得十事。中間又有闕損，趙惠文王惡范痤章佚後半，吴起去西河章佚前半，而襄王爲中天之臺及秦易鄢陵君地二章則兩卷均有之。知此卷爲《後語》原本，確無可疑。且以此卷例之，知《略出》本所删節，蓋十六七矣。此書絶於人世者垂七八百年，一旦出於窮荒萬里之外。予復得伯希和君之遺珠，俾今日得會合印行，豈非快事。惜《秦語》中第一尚不得見，當更求之伯氏。延津之合，期諸異時，展對之餘，已爲神往矣。癸丑六月晦。

英京藏《敦煌書目》有《春秋後秦語》下，則《秦語》果分三卷。又有《春秋後語注》，存《楚》第八，《燕》第十，則此書卷第可考者，卷一二三爲《秦語》，五爲《趙》，六爲《韓》，七爲《魏》，八爲《楚》，十爲《燕》。所不可知者卷四及卷九耳。疑四爲《齊》，九則《楚》之下卷也。又予定《御覽》所引《後語》注非李昉所增。今英京本《楚語》、《燕語》有注，又爲鄙説得一證矣。是年十一月又記。

敦煌本漢書王莽傳殘卷跋

唐寫本《漢書・王莽傳》殘卷，存三十八行。起「馳白更始」而訖于「餘分閏位」。卷中「世民」二字缺筆，蓋書于太宗時也。以校今本，有可據以勘正者。如「城中無行人」，今本作「城中無人行」。「王莽始起外戚枝葉」，今本脱「枝葉」二字。「又乘四父世業之權」，今本「世業」作「歷世」。「亦有天時」，今本奪「有」字。「是以四海囂然，喪其樂生之心」，今本作「四海之内囂然，喪其樂生之心」。皆以此爲得。僅三十餘行耳，而所得已如此，甚矣古寫本之足貴也。丁巳仲冬。

敦煌本晉紀殘卷跋

此卷前後殘損，無書題。記晉元帝太興二年事，其存者始於二月，訖於六月。計百五十一行，約二千八百言。考隋、唐《書》《經籍》、《藝文志》，有晉一代別史至多。此卷體裁、編年繫月，乃《晉陽秋》、《晉紀》之類。此類作者亦多至十餘家，不知果出誰氏。觀此卷僅存五閱月中事實，已將三千言，其卷帙必宏大，即元帝一朝殆亦將二三十倍於是卷。《晉書・鄧粲傳》載粲著《元明紀》十卷，此或粲書耶？

此卷雖僅百餘行，然以較《晉書》，多可補正。《晉書・元帝紀》記石勒僭位在太興二年十一月戊寅，此卷則在正月。《元帝紀》記二月周撫之誅，四月陳川之叛，與此同，而此卷所記較《紀》爲詳。五月王敦表辭荆州牧，《晉書》敦傳亦載表文，惟詳略與此頗異。此卷表後有元帝答詔，則《傳》所不載，第云帝優詔不許而已。《元帝紀》五月平北將軍祖逖及石勒將石季龍戰於浚儀，王師敗績。《祖逖傳》則云逖率衆伐川，石季龍領兵五萬救川，逖設奇以擊之，季龍大敗。收兵掠豫州，徙陳川，還襄國，留桃豹等守川故城，住西臺。《紀》、《傳》所述即是一事，而勝敗相反。考之此卷，記平西將軍《元帝紀》作平北將軍。《祖逖傳》：「劉琨與親故書，盛稱贊逖威德。詔進逖爲鎮西將軍。」又作鎮西，均平西之譌。《紀》譌西爲北，《傳》譌平爲鎮也。伐陳川，聞石虎等濟河將救之。狄即逖之省寫入左伏，肅先馳，狄設伏謝殆射之譌而殺之。虎乃退，遂掠豫州諸郡。徙川襄國，留桃豹屯於川臺。與《祖逖傳》正同。知《元帝紀》言王師敗績者，誤也。段匹磾領幽州，以疑害劉琨，晉人離散，往依邵續於厭次，事見《磾傳》。而《元帝紀》於太興四年記石勒攻厭次，陷之，撫軍將軍、幽州刺史段匹磾没於勒。而以前並不記磾奔厭次事，《磾傳》亦不著奔厭次之歲月。此卷則於六月記段磾既爲末波所敗，殺太尉琨。石勒遣孔萇侵略范陽諸郡，礭部離散且飢，是月奔於厭次。可補《晉書》紀、傳之疏略。《晉書·劉琨傳》載琨故從事中郎盧諶、崔悦等上表理琨，繫其事於太興三年，據此卷則在二年六月。又《琨傳》載諶等表文與此卷詳略互異，表文中將軍「姬澹」，《琨傳》作「箕澹」。宋鄧名世《古今姓氏書辨證》卷四載晉劉琨嘗遣將軍「姬澹」帥衆十萬討石勒，則作「箕」者非也。《琨傳》「子姪四人倶被害」，而所録盧諶等理琨表則言「父息四人，從兄二息」。史臣作傳既明載是表，而記述乃自牴牾。此卷則作「害琨父息四人，兄息、從兄息三人」。則子姪遇害者且六人矣。此卷盧諶、崔悦理琨表之前尚有温嶠一表，亦全録其文。《琨傳》則但云太子中庶子温嶠亦上疏理之而已。《嶠傳》則並不及此事。琨之贈謚，《傳》繫於盧諶等理琨之後，不明著年月。此卷云至四年秋，乃下幽州刺史弔祭。知理琨在二年，而弔祭則尚在四年。此卷記六月己卯加太常賀循爲左光禄大夫、儀同三司，侍中劉隗爲丹楊尹。《元帝紀》「己卯」作「己亥」，又不及隗尹丹楊事。《劉隗傳》太興初兼侍中，尋代薛兼爲丹陽尹。據此卷知在二年六月也。此卷僅二千餘言耳，而以校《晉書》所得已如此。若得全卷，其所刊正更將何如？令我夢想不能自已矣。

又此卷書法至精，其中別搆之字與六朝碑版同。而隋唐諸帝諱，若忠、堅、虎、昞、淵、世民等字，皆不諱，爲隋唐以前寫本無疑。雖不能確指爲何代，然今日得見六朝精寫本，文字之福，遠過前哲，可不與藝林共寶永之乎！癸丑五月。

敦煌本水部式跋

此卷首尾皆缺，不見書題。檢宋本《白氏六帖》卷二十二水田類引《水部式》：「京兆府高陵界清、白二渠交口置斗門堰。清水恒隹爲五分，三分入中白渠，二分入清渠。若雨水邊多，即上下用水處相開放，還入清水。三月六日已前，八月二十日已後，任開放之。」云云，正在此卷中。知此書爲《水部式》也。考《唐六典》，唐律一十二章，令二十有七篇，格二十有四篇，式三十有三篇。此《水部式》蓋三十三篇之一。有唐初葉，式凡四修：曰永徽，曰垂拱，曰神龍，曰開元。此卷不知屬何時矣。《六帖》所引文多不可通，以此卷校之，數行之中得異文二，譌字五，奪字三。《六帖》「置斗門」，此卷「置」作「著」。「任開放之」，卷作「亦任開放」。「清水恒隹爲五分」，「隹」乃「準」之譌。「雨水邊多」，「邊」乃「過」之譌。「三月六日」，作「二月一日」。「二十日以後」，作「三十日以後」。「高陵界」，「界」上有「縣」字。「即上下用水處相開放」，「即」下有「與」字，「相」下有「知」字，《六帖》並奪佚。予所據之《六帖》乃宋槧本，譌奪尚爾，不知明以後刊本更何如也。

更以校《六典》及《唐書·百官志》，得據是卷訂正其疏誤者凡十事。《六典》「水部郎中」條：「河陽橋置水手二百五十人，大陽橋置水手二百人，仍置竹木匠十人。」今檢此卷則「置竹木匠十人」下有「在水手數内」句，知非水手以外別有竹木匠，故下文又有「蒲津橋水匠一十五人」之文。水匠乃合水手、竹木匠稱之。《六典》删「在水手數内」五字，則似水手以外别有竹木匠名額矣。《六典》「大陽蒲津竹索每年令司竹監給竹」，今檢此卷則作「每三年」，非「每年」也。《六典》「孝義橋所須竹索取河陽橋退者以充」，今此卷則云「孝義橋所須竹篾配宣、饒等州造送，其洛水中橋竹此三字已不可見，參以他條，知是此三字篾取河陽橋故退者充」。《六典》誤「洛水中橋」爲「孝義」也。此均《六典》之疏誤也。《六典》「修理河梁橋梁」，此卷〔前「梁」字〕作「陽」。《六典》「大陽、蒲津橋於嵐、石、隰、勝、慈等州材木送橋所造材」，此卷〔「造」〕作「採」。又《六典》刊本之譌字矣。《六典》都水使署條及《唐書・百官志》「河渠署令」注：「每渠及斗門有長一人。」《百官志》「水部郎中」條言京畿有渠長、斗門長，不言幾人。今此卷云「藍田新開渠每斗門置長一人，有水槽處，置二人」。《百官志》「諸津令」條「天津橋、中橋則衛士拚掃」，此卷作「令橋南北捉街衛士灑掃，所有穿穴隨即陪填」。《唐志》省去「衛士」上數字，不知爲何等衛士矣。《百官志》「諸津令」注：「唐改津尉曰令，有録事一人，府一人，史二人，典事三人，津吏五人，橋丁各三十人，匠各八人。」此卷作「都水監三津各配守橋丁三十人，三津仍各配木匠八人」。《唐志》省「都水監三津」諸字，語乃囫圇不可通矣。《百官志》「河渠署令」注：「有漁師十三人。」此作「都水監漁師二百五十人，其中長上十人，短番一百二十人，明資一百廿人」。《六典》及《舊唐書・職官志》「河渠署」文與此同。《志》不知何以誤爲「十三人」？《百官志》「諸津令」條：「灞橋、永濟橋以勳官散官一人莅之。」此卷作「灞橋、永濟橋差應上勳官並兵部散官，季别一人折番檢校」。其義乃二橋每季以一人檢校，其人差應上勳官並兵部散官更番充之。《唐志》節省其文，義乃全晦。格式文字與律令同，未容隨意增損點竄。《六典》專述典制，尚不免此弊。歐公素持「文省事增」之旨，其疏失更無足異矣。然使此卷不存，亦烏乎是正之。

又唐代轉漕於水陸常運外，曾行海運，兩《書・食貨志》中顧不載之。予徧檢紀、傳及《會要》、石刻、《册府元龜》、杜甫詩得十一事。知由貞觀以訖開、天，屢屢行之，咸通中再行之。《舊唐書・崔仁師傳》：「征遼之役，詔韋挺知海運，仁師爲副。仁師又別知河南水運。仁師以水路險遠，恐遠州所輸不時至海，遂便宜從事，遞發近海租賦以充轉輸。及韋挺以壅滯失期，除名爲民，仁師以運夫逃走不奏，坐免官。」此一事也。《册府元龜》卷四百九十八：「太宗貞觀十七年，時征遼東，先遣太常卿韋挺於河北諸州徵軍糧，貯於營州。又令太僕少卿蕭鋭於河南道諸州轉糧入海。至十八年八月鋭奏稱，海中古大人城西去黄縣二十三里，北至高麗四百七十里，地多甜水，山島接連，貯納軍糧，此爲尤便。詔從之。於是自河南道運轉米糧，水陸相繼，渡海軍糧皆貯此。」此二事也。《登州司馬王慶墓誌》：「萬歲通天元年，白虜趑趄，鋒交碣石。天子詔左衛將軍薛納絶海長驅，掩其巢穴，飛芻輓粟，霧集登萊。除公行登州司馬，仍充南運使。紅粟齊山，飛雲蔽海，三年歎美，僉曰得人。聖曆年運停還任。」此三事也。《李昊墓誌》：「萬歲登封年，以門子宿衛蘭錡，尋拜務州武義縣主簿，充海運判官。天塹無涯，連檣百里，風濤之下，舟檝所難。軍實指期，不差一息。」此四事也。《唐書・姜師度傳》：「神龍初，試爲易州刺史、河北巡察兼支度營田使。」「並海鑿平虜渠，以通餉路。罷海運，省功多，遷司農卿。」《冊府元龜》卷四百九十七記師度約舊渠傍海穿漕，號爲平虜渠，以備海南運糧。與《傳》所記略殊。此五事也。《唐書·方鎮表》：「開元二十七年，幽州節度使增領河北海運使。」《唐會要》《玉海》卷一百八十二引：「開元二十七年十二月，李適之爲幽州節度使、河北海運使。」此六事也。杜甫《後出塞詩》：「雲帆轉遼海，粳粟來東吳。」此七事也。《舊唐書·德宗紀》：「興元元年八月，淄青節度使承前帶陸海運、押新羅、渤海兩蕃等使。」此八事也。舊史《懿宗紀》：「咸通三年，南蠻陷交趾，徵諸道兵赴嶺南。廣州乏食，潤州人陳磻石奏：『臣弟聽思曾任雷州刺史，家人隨海船至福建。往來大船一隻，可致千石。自福建裝船，不一月至廣州，得船數十艘，便可致三萬石至廣州矣。』執政是之，以磻石爲鹽鐵巡官，往揚子院專督海運。於是康承訓之軍皆不闕供。」此九事也。又舊史《懿宗紀》：「咸通五年五月丁酉，詔曰：『淮南、兩浙海運，虜隔舟船，令三道據所搬米石數，牒報所在鹽鐵巡院，令和雇入海舸船，分付所司。通計載米數足外，輒不更有隔奪，妄稱貯備。其小舸短船到江口，使司自有船，不在更取商人舟船之限。如官吏妄行威福，必議痛刑。』」云云。此十事也。舊唐書《懿宗紀》：「咸通八年三月，《通鑑》作二月。安南高駢奏：『南邕管水路《通鑑》作海路湍險，巨石梗途，令工人開鑿訖，漕船無滯。』」《全唐文》卷八百有二載《高駢請開海路表》，又卷八百有五載《裴鉶天威逕新鑿海派碑》，均述此事。此十一事也。前八事爲太宗、武后、中宗、元宗、德宗四朝海運事實可考者。後三事則懿宗朝復行海運之事實。此卷載「滄、瀛、貝、莫、登、萊、海、泗、魏、德等十州共水手五千四百人，三千四百人海運，二千人平河，宜二年與替」。又云「安東都里鎮防人糧，令萊州召取當州經渡，得動人諳知風水者，置海師二人，拖殆即「舵」字師四人，隸蓬萊鎮，令候風調海晏，併運鎮糧」。所記海師、拖師、水手之制，足補紀、傳、諸書所未備。

兩史《食貨志》謂州縣方鎮，漕以自資，或兵所征行，轉運以給一時之用者，皆不足紀。然唐之海運行之數世，烏可不載。兩《志》乃均削而不著。幸散見紀、傳及諸書，石刻及此卷中，得知涯略。明邱瓊山謂唐代海運見於杜詩，可謂疏矣。予故采摘之附載於此，俾言唐代史事者有所稽焉。癸丑六月。

敦煌本閫外春秋跋

李荃《閫外春秋》十卷，《唐書·藝文志》史部雜史類，《宋史·藝文志》子部兵書類均著録。宋陳氏《直齋書録解題》亦載之，云「唐少室山布衣李荃撰。起周武王勝殷，止唐太宗擒竇建德，明君良將戰爭攻取之事。天寶二年上之」。《四庫全書》録荃所撰《太白陰經》八卷，《總目》云：「荃里籍未詳。《集仙傳》稱其仕至荆南節度副使、仙州刺史。」「又《神仙感遇傳》曰：『荃有將略，作《太白陰符》十卷，入山訪道，不知所終。』」云云。今傳本《太白陰經》則前有自序及進書表文，後並有結銜，序末作「唐永泰四年秋，河東節度使、都虞候」。表末作「乾元二年四月二十八日，正議大夫、持節幽州諸軍事、幽州刺史並本州防禦使、上柱國」。與《集仙傳》不同。序、表文辭鄙拙，當是僞託。序署永泰四年，考永泰無四年，二年十一月即改元大歷，作僞之迹顯然。至進表前有「臣荃少室書生，才非武職」，而後又有「臣自風塵悖亂，牧□邊陲，兵行天機，戰伐常勝。雖作偏裨之職，未展縱横之謀」云云。前恭後倨，又自謂「牧□邊陲，戰伐常勝」，幽州去兩京密邇，並非荒裔，何以史家絶不一及其功伐，且並其名氏而遺之？揆斯情實，誣僞可知。仙家紀傳，例多難信，序、表所署，亦復相類。而此卷署題作「少室山布衣」，與陳氏所云正合。意荃或竟以布衣終耳。

荃事實雖不可考見，而所著書《太白陰經》以外，又注《孫子》，散見宋吉天保所輯《十家注》中，則雖佚實存。此書不知佚於何時，直齋尚親見其書，記其起訖，是宋代尚有完帙。此僅存第四、五二卷。其紀述但具兩漢，與班、范二書時有同異，蓋其時謝、華諸家之書尚存。則此書者可爲攻治班、范諸史者考鏡之資，亦可寶矣。

往在京師，伯希和君爲言此書存第一、四、五共三卷。今僅得二卷，異日當更乞第一卷，俾得並傳，倘亦伯君所贊許乎？歲在癸丑五月。

敦煌本張延綬别傳跋

《張延綬别傳》，河西節度判官張□撰。《傳》稱延綬爲河西節度、金紫光禄大夫、檢校尚書、左僕射、河西萬户侯，南陽張公字禄伯第三子。以光啓三年三月授左千牛兼御史中丞。《傳》即作於是年冬。考《舊唐書・宣宗紀》，張義潮以大中五年獻瓜、沙、伊、肅十一州。其年冬，置歸義軍於沙州，以義潮爲節度使。新史《吐蕃傳》「咸通八年，義潮入朝，爲右神武統軍，賜第及田，命族子淮深守歸義。十三年卒。沙州以長史曹義金領州務，遂授歸義軍節度使」。此傳稱延綬父爲河西節度使，舉其字而不名。《李氏再脩功德記》述義潮之壻李明振脩寺功德，立於乾甯元年，碑末附記有伊、西等州節度使兼司徒張淮深，伊西以上已泐，淮深當是明振妻兄。妻弟前沙、瓜、伊、西、□、河節度使張淮〻名。記中又有「義立姪男，秉持旄鉞」語，是河西節度自大中以後，乾甯以前，三十餘年間皆張氏世守之。明振妻之姪男不知何名，然嗣義潮者爲淮深，嗣淮深者爲淮〻，淮〻以後尚有嗣者。雖中間沙州偶有篡奪，然不久即滅。詳予所作《張義潮補傳》中。張氏之主河西，殆終唐之世，延綬不知爲淮深抑淮〻之子？要爲義潮諸孫行。《傳》稱僕射之政，遠藩歸仁，塞下清晏。是光啓三年延綬之父方任節度，西河無事，延綬且以蔭得官，豈有如《吐蕃傳》咸通十三年曹義金已代張氏之理？且《舊五代史・吐蕃傳》稱唐莊宗時回鶻來朝，沙州留後曹義金亦遣使附回鶻以來，莊宗拜義金爲歸義軍節度使，瓜、沙等州觀察使。是義金之守歸義軍在同光之初，上距咸通將六十年。淮深守歸義時，義金當尚在襁褓，何能遂領州事。薛《史》即有譌誤，是《傳》必得其實。以此證之，《唐書》之譌，成鐵案矣。

此《傳》語多駢偶，文筆拙滯。延綬亦無事實可稱，然可正史氏之譌，則可喜也。傳後署「光啓三年閏十二月」。考唐自穆宗長慶二年迄昭宗景福元年，均用宣明術，依術推之，是年乃閏十一月，非十二月。證之《通鑑考異》所引《妖亂志》、《十國春秋》均合。惟《舊五代史·梁本紀》則是年十二月後亦書閏月，與《傳》正同。初不可解，嗣讀英、法兩京《敦煌書目》，法京有《同光四年具注歷》，後題「隨軍參謀翟奉達」。英京藏《太平興國ム年具注歷》，後署「押衙知節度參謀翟文進撰」。始知西陲所用歷書即撰於本土，非中朝所頒，故推步不免疏誤。(與)至《梁紀》何以與此《傳》正同，仍不解，著之俟考。

敦煌本貞元十道録跋

殘《地志》十六行，存劍南道十二州：曰姚，曰協，曰曲，曰悉，曰柘，曰静，曰保，曰霸，曰維，曰真，曰恭，曰翼。每州之下記所管縣名、土貢及距兩京道里與縣距州之里數。取以校《通典》、《元和郡縣圖志》及新、舊《唐書·地理志》，異同至多，諸書且於十二州數亦不全備。《通典》遺曲、真、霸、協四州。《元和志》遺保、霸二州。《新志》遺協、翼僅於真州下再見翼州之名二州。

各州所管諸縣，各書亦參差不合。如姚州領縣四：曰姚城、長城、長明、瀘南。《通典》及《新志》作領縣三：曰姚城、長明、瀘南，無長城。《輿地廣記》及《太平寰宇記》同。《元和志》作：姚城、長明、長城，而無瀘南。《舊志》則但有瀘南、長明，並無姚城、長城。協州領縣三：曰東安、西安、湖津。

《元和志》、《舊志》並與此同，惟湖津《元和志》作胡津。曲州領縣二：曰朱提、唐興。《元和志》、《舊志》、《新志》、《新志》列曲州於羈縻州中戎州所隸各州內，不入劍南道。《太平寰宇記》均與此同。悉州領縣三：曰識臼、左封、歸城。《通典》、《新志》作領縣二：曰左封、歸誠。《元和志》則有識臼，與此卷同。柘州管縣二：曰柘縣、喬珠。《通典》、《元和志》、《太平寰宇記》、《輿地廣記》並與此同。《寰宇記》柘誤作拓。而《舊志》則不載領縣。靜州領縣二：曰悉唐、靜居。《通志》及《舊志》與此同。惟靜居《通典》作靜川。《舊志》靜居縣界有靜川。《元和志》、《新志》、《太平寰宇記》、《輿地廣記》則二縣外別有清道。保州領縣四：曰定廉、歸順、雲山、安居。《新志》同。《舊志》及《太平寰宇記》則無安居。《通典》則保州作奉州。雲山郡但領定廉一縣。霸州領縣四：曰安信、牙利、保甯、歸化。《新志》及《太平寰宇記》與此同。《舊志》則但一縣：曰信安。殆安信之誤。維州領縣二：曰薛城、小封。《舊志》與此同。《通典》作領縣三：曰薛城、定廣、小封。《元和志》作薛城、定廉、鹽溪。《新志》又作薛城、通化、注：「本小封。」歸化。真州領縣四：曰真符、雞川、昭德、昭遠。《元和志》及《新志》與此同。《舊志》及《太平寰宇記》則無昭遠。恭州領縣三：曰和集、博恭、烈山。諸書並與此同。翼州領縣三：曰衛山、翼水、峨和。《元和志》及《輿地廣記》與此同。《通典》、《舊志》、《太平寰宇記》作領縣四：曰衛山、雞川、翼水、昭德。綜觀諸書所記，諸州領縣惟協、曲、柘、恭四州諸書悉同，餘八州則異同殊甚。雖未能盡決其得失，然維州所領縣《元和志》有鹽溪，考《新志》薛城注：貞觀三年置，又析置鹽溪縣，永徽元年省入定廉。則鹽溪永徽中既已併省，不應別出。至《通典》記維州領縣有定廉，殆由定廉致譌。而定廉已割屬保州，亦不應更隸於此。《新志》維州領縣又有歸化，考此縣已屬霸州，不合於此重出。則《元和志》與《通典》、《新志》誤也。翼州領縣，《通典》及《舊志》有雞川、昭德。《舊志》又云此二縣開生獠新置。《太平寰宇記》言《唐書》云開生獠置，不述年月。考《新志》於真州昭德注：顯慶元年開生獠置，本隸悉州，天寶元年隸翼州。又雞川注：先天元年析翼水縣地，開生獠置，本隸悉州，天寶元年隸翼州。雖不言由翼隸真之年，而二縣之開置，一在顯慶，一在先天，則瞭然可知。《元和志》及《新志》均以二縣隸真州，不應仍隸於翼。則《舊志》仍《通典》之舊者誤也，而此卷則均不誤。惟姚州領縣，此卷作姚城、長城、長明、瀘南。考之《新志》，謂瀘南本長城。故《元和志》有長城，無瀘南；《新志》有瀘南，無長城。此卷則長城與瀘南並列，爲不可解耳。

至各州距兩京道里，各縣距州道里，與諸書亦多不合。姚州注：上即上都三千一百里。《元和志》作四千三百里。《通典》及《舊志》作四千九百里，東即東都三千九百六十里。《元和志》作四千八百九里。《通典》及《舊志》不記距東京里數。長城注：州北五十。《元和志》作南至州五里。長明距州里數《元和志》與此同。協州注：上三千一百。《舊志》作四千里，東三千九百六十里。《元和志》則距兩都里數並與此同。西安注：州西卌七。《元和志》作二十七。湖津距州里數《元和志》與此同。曲州注：上三千三百里。《舊志》作四千三百三十里，《元和志》與此同。東四千一百六十里。《元和志》作四千三百三十里。《舊志》不載距東都里數。唐興注：州東五里。《元和志》同。悉州注：上三千九十五里，東四千一百六十里。《通典》去西京二千九百六十四里，去東京二千七十六里。《元和志》至上都二千三百里，至東都三千二百十里。《舊志》至京師二千七百五十里，至東都三千八百里。柘州注：上三千一百里，東三千七百里。《通典》去西京三千五百里，去東京三千九百里。《元和志》至上都二千二百六十里，至東都三千一百三十里。静州注：上三千四百五十里，東四千二百五十里。《通典》去西京三千五百里，去東京三千九百里。《元和志》至上都二千二百九十里，至東都三千一百五十里。《舊志》至京師三千一百里。《舊志》云至京師里數與當州同。此據當州書之。保州注：上二千九百四十里，《舊志》同。東二千五百九十里。《舊志》至東都三千七百九十里。《通典》奉州雲山郡去西京二千八百里，去東京三千六百里。霸州注：上三千一百二十里，東三千四百七十里。《舊志》至京師二千六百三十二里，至東都三千二百七十一里。維州注：上三千七百四十里，東三千九百四十里。《通典》去西京二千七百一十里，去東京三千五百六十里。《元和志》至上都二千八百三十里，至東都三千五百六十里。真州注：上三千六百里，東三千八百里。《元和志》作至上都二千一百八十里，至東都三千四十五里。《舊志》至京師三千里，至東京三千八百五十里。恭州注：上三千一百二十里，《舊志》同。東三千八百里。《舊志》無距東京里數。《通典》去西京三千一百二十八里，去東京一千九百五十里。《元和志》至上都三千三百三十里，至東都三千一百五十里。翼州注：上三千里東三千六百里。《通典》去西京二千四百四十里，去東京三千二百七十里。《元和志》至上都二千四百二十里，至東都三千二百七十里。《舊志》至京師二千九百三十里，至東都三千二百七十八里。此卷與諸書既異，而諸書亦互相差池。則末由决其異同得失矣。

至各州貢賦，校以《元和志》、《新志》，亦間有不合。如悉州貢麝香、犛牛尾、當歸、班布、蜀馬。《元和志》載開元貢有麝香、當歸、羌活、犛牛酥並尾，而無班布、蜀馬。《新志》亦無班布、蜀馬，而有柑與麩金。柘州貢麝香、羌活、當歸、犛牛。《元和志》載開元貢無犛牛。《新志》則無犛牛而有升麻。静州貢與柘州同。保州貢與静州同。《元和志》静州開元貢麝香、犛牛酥。《新志》作麝香、犛牛尾、當歸、羌活。《新志》保州貢有麩金，無羌活、當歸。霸州貢石蜜、升麻、麝香。《新志》失載。恭州貢麝香、羌活、當歸。《元和志》失載。《新志》與此同，而别出升麻。翼州貢麝香、當歸、犛牛、大黄。《元和志》載開元、元和兩貢均無當歸、犛牛、大黄，而别賦麻布。凡是異同，雖亦無由决其得失，而可據補《元和志》及《新志》之闕遺，亦可喜也。

此卷不見書題及撰人名。然據卷中所記考其時代，及以宋樂史所言定之，殆即賈躭《貞元十道録》。觀首行有「當、悉、恭、柘、真、恭、翼、保、霸、維等十州並廢」語，是作書之年僅存姚、協、曲三州。考《新志》載松州廣德元年没吐蕃，其後松、當、悉、静、柘、恭、保、真、霸、乾、維、翼等爲行州，以部落首領世爲刺史。是十州之廢，在代宗廣德以後。《元和志》記協州以天寶十三年没蕃，貞元九年南詔又以其地内屬。今此卷協州未廢，則作於貞元協州内屬之後可知。又卷中所記諸廢州中，若當，若悉，若真，若翼，《元和志》並載元和貢，是四州當元和時復内屬，此尚稱已廢，則作於元和以前又可知。貞元、元和之間，僅隔永貞一年，則此書作於貞元時代可以確定。《太平寰宇記》劍南西道峨和縣下言，此邑見《貞元十道録》。今峨和之名明記卷中，可爲此卷即賈躭《貞元十道録》之確證。

據《唐書・藝文志》：《十道録》凡四卷，其書本非詳博，故樂史進《太平寰宇記》表有「編修太簡」之譏。此卷則又似「略出」之本，然賈躭爲輿地學專家，此書殆與所撰《地圖》、《皇華四達記》、《古今郡國縣道四夷述》、《九州别録》諸書當參互考證，其所記必精確。此雖僅存片紙，仍當寶之如球圖矣。雖寫録未精，復多譌字，如「悉州」之「悉」，作「恙」，作「急」；「真州」譌作「直州」；「姚城」譌作「姚誠」；「東安」譌作「安東」；「歸誠郡」譌作「歸城郡」；「静川郡」譌作「静永永殆水之譌。郡」；「天保郡」譌作「大保郡」；「雞川」譌作「維川」；「昭德、昭遠」譌作「照德、照遠」。然均得就他書校正之，要不害其爲鴻寶也。癸丑十月。

敦煌本諸道山河地名要略跋

《諸道山河地名要略》第二殘卷，開首斷缺，存河東道州府八：曰晉，曰太原，曰代，曰雲，曰朔，曰嵐，曰蔚，曰潞。其體例前述建置沿革，次事迹，次郡望地名，次水名，次山名，次人俗，次物産。爲後世地志體例所自昉。《唐書・藝文志》史部地理類著録凡九卷，韋澳撰。一作「處分語」。今以校《元和郡縣圖志》，卷中所記建置沿革皆本《圖志》，其事迹、山川、風俗、物産則有所損益。物産後或附「處分語」，然此八州府中，惟蔚州、潞州有之，此爲全書中一門目。《唐志》徑以爲「一作《處分語》」，認爲書名，誤也。

澳仕宣、懿兩朝，卓然爲一代名臣。宣宗勵精圖治，洞知外事。是書頗簡略，或澳撰以供幾餘之覽者耶？此書既依據《圖志》，取以校勘，可據以是正誤字。《圖志》潞州八到，西南至上都一千三百三十里，此卷作一千二百四十六里。《圖志》晉陽縣晉澤溉田周迴四十一里，此卷作四十餘里。《圖志》祁縣有「胡甲水」，此卷作「護甲水」。《圖志》記此水東南自潞州武鄉界流入，而於潞州武鄉縣亦正作「護甲水」，可證作「護甲」者是，《圖志》祁縣下作「胡甲」者非也。亦有可補《唐志》疏略者，「代州」條記武德四年置代州都督府，今爲刺史理所，兼置代北水運使院。考代北水運，地理、食貨兩《志》均不載。惟《新書・盧坦傳》記遣吏案泗州刺史薛謇爲代北水運時畜異馬不獻事，及坦表韓重華爲代北水運使事。《册府元龜》卷四百九十八載開成三年四月度支使杜悰奏：水運院舊制在代州，開成二年移院振武。臣得水運使司空輿狀，言移院不便，請依舊移代。從之。則兩史紀、傳亦不之及。此卷代州有使院，蓋在杜悰奏復之後也。嘗謂有唐一代制度，表、志所述多依據《六典》、《通典》，中葉以後，無記制度專書，故表、志率詳於中葉以前，憲、穆以後之制，大半闕如。時見一鱗半爪於紀、傳中，史臣不能悉心鉤擿，一一載入表、志。嘗欲就紀、傳所記，參以唐人文集中所載，以補諸志所未備，顧匆匆未就。今讀此卷，若助成予志者，暇當卒就之也。

此卷繕寫多譌奪，如「太原府」條「天寶元年改北都爲北原」，「原」字乃「京」之譌。晉水注「伯遏晉水」，「伯」上奪「智」字。牢山注「劉聰遣子桀」，「桀」字乃「粲」之譌。代州勾注山注「漢高不聽敬之説」，「敬」上奪「婁」字。「雲州」條「開元十八年後置雲州，又雲縣」，「縣」上奪「中」字。「嵐州」條「隋大業中於静東縣界置樓煩郡」，「静東」乃「静樂」之譌。略舉於此，以諗讀是書者。癸丑五月晦。

敦煌本沙州圖經跋

《沙州圖經》殘卷，首尾缺佚。其存者，長不逾三丈，始於「水渠」，竟於「歌謠」。叙述詳贍，文字爾雅。其所記水渠、泊澤、池堰，如苦水、獨利河、興胡泊及三澤二堰均不見於他地書。七渠之名，僅都鄉渠一見於《使于闐記》。《圖經》又分一渠名都鄉渠。案高居誨《使于闐記》西渡都鄉河至陽關，殆即此渠。鹽池三所，《元和圖志》則舉其一而遺其二。《圖經》東鹽池水在州東五十里。案《元和圖志》作鹽池在縣東四十七里，即此池也。而不及西、北兩池。所記城塞、驛路，如漢武之長城舊塞，十九驛之名稱、建置，均爲古今地志之所不及。所記十六國時諸涼遺事，取校崔鴻書，如「張體順」之譌「張慎」，《圖經》：涼王且渠茂虔訪於奉常張體順。今本《北涼録》作張慎，誤。體順於李暠時爲甯遠將軍，李歆時爲左長史，見《西涼録》。殆西涼亡而仕北涼者。「宋承義」之誤「宋承」。《圖經》：郡人宋承義、張弘以恂在郡，有惠政。案宋承義今《西涼録》作宋承，奪「義」字，當據補下承義名兩見，並譌作「承」。涼武昭王之庚子紀年，直稱至五年，非元年稱庚子，二年稱辛丑。《圖經》：涼王李暠庚子五年，興立泮宮，增高門學生五百人，起嘉納堂於後園。案《西涼録》一載此事於癸卯四年，誤先一年。又案暠建元庚子元年，庚子二年以至五年皆以庚子紀之。今本《西涼録》作庚子元年，辛丑二年，壬寅三年，癸卯四年，甲辰五年。誤也。當據此改正。武昭之修塞城，敦煌之獻同心梨，繫年舛誤。《圖經》、《後涼録》：呂光麟慶元年敦煌獻同心梨。案「麟慶」今本《後涼録》一作「麟嘉」。又此事《後涼録》列於太安三年，云敦煌太守宋歆送同心梨。誤先一年，當據此改正。均足正明人纂輯兩本之譌奪。又如効穀古城在州東北，不在州西。《圖經》：古効穀城在州東北三十里，是漢時効穀縣。案《一統志》稱効穀、龍勒故城俱在沙州衛西。《西域圖志》云今日敦煌縣西踰黨河，舊城基址不一而足，効穀、龍勒城郭遺址疑于是乎在。此云在州東北，則非在沙州衛之西可知。惜徐星伯先生不及見此，當時未於城東北一尋迹之也。辛武賢所開井泉在州北，不在州西。《圖經》：辛武賢討昆彌至敦煌，遣使者按行，悉穿大井。案《漢書·西域傳》下《烏孫傳》載此事，作案行穿卑鞮侯井。孟康注：大井，六通渠也。下流湧出，在白龍堆西土山下。《西域圖志》：「白龍堆在敦煌縣西境。」引《漢書·地理志》：敦煌郡正西關外白龍堆沙。是均謂白龍堆在敦煌西。此志謂大井渠在縣北十五里，與孟康説不合。足訂《漢書》孟康注及《西域志》之譌誤。崔不意爲漁澤都尉，非漁澤尉。《圖經》：濟南崔意不爲漁澤都尉。案顏注作「濟南崔不意爲漁澤尉」。此云「意不」，殆「不意」二字之倒置。顏注「漁澤」下奪「都」字。當時諸障皆都尉治之，當據此補正。足補《漢志》顏注之奪文。《匈奴傳》「起亭燧」之「燧」，不作「隧」。《圖經》：建塞徼，起亭燧，築外城，設屯戍，以等守之。案此疏見《匈奴傳》，惟「亭燧」《匈奴傳》作「亭隧」。師古注：隧謂深開小道而行，避敵鈔寇。其義紆曲，宜從此作「亭燧」，謂起烽燧也。又《匈奴傳》「守」字上無「等」字，此衍。足正師古「隧道」之曲解。如是之類，指不勝屈。此戔戔殘卷，雖把不盈握，而有裨史地之學如此之宏。惜徐、張、沈、何諸先生生早不及見也。

至此書之作，殆在開、天間，雖卷中多頌揚武后，語及遇「大周」處多挑行空格，而無僞周之新字，且有開元之紀年。又避唐諱，如「虎」作「武」，「隆」作「降」，「基」作「其」，「四民」作「四人」之類，均爲作於唐而非周之確證。記事至開元而止，而不及天寶以後。其非作於肅、代以後，又可知矣。唐代《圖經》久絶於世，亟爲考其厓略，俾讀者知此爲人間鴻寶也。宣統元年十二月。

此書乃湕陽端忠敏公方向伯希和君影照，予從忠敏借印十本，分頒同好。乃逾二年，神州淪喪，忠敏遽完大節。此書影片，不知尚在京邸否。搜行篋得舊本，亟遣工復影，與《西州圖經》同印行之，以推廣忠敏傳古之雅意。攬卷悲往，爲之涕零。癸丑八月又記。

此卷無前後題。予往肊定爲《沙州圖經》，未敢遽自信也。近日本狩野博士直喜游歐，手録英倫及巴黎所藏《敦煌書目》，載法京有《沙州都督府圖經》卷三，知肊定固不誤也。英京所藏有《沙州圖經》卷第一，其標目弟一「沙州」，弟二、弟三、弟四「敦煌縣」，弟五「壽昌縣」，則篇目亦斑斑可考矣。附記於此。是年十一月又記。

敦煌本西州圖經跋

此卷首尾均缺，審其文乃《西州圖經》也。以證新、舊兩《唐書·地理志》多合。惟兩《志》均言西州領縣五，《舊志》爲高昌、柳中、蒲昌、天山、《通典》及《寰宇記》無此縣，《元和志》有之。交河。此名見柳中注中。《新志》則有前庭，無高昌，而於前庭注曰「本高昌，寶應元年更名」。《元和志》作天寶元年更名。今此卷所載凡六縣：曰高昌，曰前庭，曰柳中，曰蒲昌，曰天山，曰交河。高昌、前庭並載，疑《唐志》及諸地志誤也。六縣中之柳中，本漢舊稱，殆亦當漢舊地。《後漢書·班勇傳》：爲西域長史屯柳中，李賢注：「柳中，今西州縣。」又《西域傳》：車師前王居交河城，去長史所居柳中八十里。《通典》及《寰宇記》並云柳中在西州之東四十四里。《元和志》作「西至州三十里」，里數微不合。《輿地廣記》：西州柳中縣取漢舊地爲名。齊次風先生《前漢書》卷九十六《考證》因《漢書·狐胡國傳》中有「治車師、柳谷」之語，疑班勇所屯之「柳中」即「柳谷」。今考此卷，移摩、薩捍、突波三道下並云出蒲昌縣界西北向柳谷。他地道下云：出交河縣界西北向柳谷。柳谷凡四見。《唐書·地理志》「交河」注：「自縣北八十里有龍泉館，又北入谷百三十里，經柳谷。」與此正合。據《元和志》，交河東南至州八十里，是交河在西州之西北，柳谷又在交河之西北。而柳中據《通典》、諸書所記，則並謂在西州之東。方位迥異，截然兩地。今此卷四道之下並云「西北向柳谷」，爲《通典》、《唐志》、諸書之左證，可糾正次風先生之失。

至卷中所載十一道，《唐志》及諸地志均不載，惟銀山道見《新唐書·焉耆傳》，帝命郭孝恪爲西州道總管，率兵出銀山道。《新唐志》「西州」注謂「銀山磧又四十里至焉耆界」，銀山道殆以磧得名。又《元和志》云「大沙海在柳中縣東南九十里」。今此書大海道下云「出柳中縣界東南向沙州是大海道，因大沙海得名」。與《唐志》可互證。至白水澗之名，曾見《唐書·婁師德傳》「與虜戰白水澗，八遇八克」。《通鑑》亦載高宗永淳元年吐蕃入寇，河源軍軍使婁師德將兵擊之白水澗。注「白水澗有白水軍」。考《唐書·地理志一》叙隴右節度所統九軍，有「白水軍」。注「在鄯州西北二百三十里」。此卷中之白水澗絶非其地，蓋唐之鄯州爲今西甯，唐之西州爲今吐魯番。今由西甯至吐魯番計程三千餘里，此道不應如此遼遠。且此卷言白水澗道出交河縣界西北，向處月已西諸蕃。交河在西州之西北，而鄯州則遠在西州東南數千里，則此白水澗非鄯州之白水澗審矣。至此書之作，當在乾元以後，陷蕃以前。新開道下有「見阻賊不通」語，是作志時州尚未淪于吐蕃之證。且其叙述丁谷、甯戎兩窟風景，文字爾雅，尤非唐中葉以後所能爲也。

又考西州天寶元年改交河郡，乾元元年復爲西州。今卷中「丁谷窟」條云「西去州廿里」。「聖人塔」條云「在州子城外東北角」。則《圖經》之名確是西州，而非交河。其撰於乾元以後，而不在至德以前，又可知矣。宣統元年十一月。

敦煌本慧超往五天竺國傳殘卷跋

此卷首尾殘缺，楮紙寫本，每行自二十七字至三十字不等。記周游五天竺行程及國土、宗教、物産、民風。初不省其書名及作者之姓氏，檢慧琳《一切經音義》卷一百，有《慧超其目録作「慧超」，書中作「惠超」，古「慧」、「惠」二字多混書不別往五天竺國傳》，就其音義證以此卷，合者凡十五條，其次第並與此符。知此即《慧超傳》矣。惟慧琳稱慧超書凡三卷，其所引超書，如裸形國、波羅痆斯、毛褐、土堝四條在中卷，婆簸慈犛牛以下十一條則在下卷，而此卷則首尾連接，中間無裁割粘合之跡。又惠琳書所載中、下兩卷之音義有出此卷外者，知慧琳所見爲三卷本，此爲一卷本，殆即删節三卷本爲之，所謂「略出」本歟。慧師行業，釋氏記録多弗及，其成此書殆在(元)〔玄〕宗朝。書中有「開元十五年十一月上旬至西安」云云，其明證也。

書中記述不能如《西域記》之詳贍，然如稱胡密國北山中有九識匿國，國有一王。與《唐書·外國傳》五識匿各有酋長之説不合。謂疎勒外國人呼伽師祇離國。證以《唐書·疏勒傳》，足正慧琳《音義》伽師佶黎即葱嶺之非。其他可資考證者尚不少。古殊域紀行之書，惟存《法顯傳》及《西域記》。《宋雲行記》僅《洛陽伽藍記》所載數十行。其隋、唐兩《志》所載智猛、法盛等十餘家之書，放佚殆盡。此書晚出，得與法顯、宋雲諸書並傳，亦幸事矣。宣統元年十月。

敦煌本本草集注序録跋

《本草集注序録》一卷，前佚數行，後均完好。後題「本草集注第一序録華陽陶隱居撰」。書題後又字二行，曰「開元六年九月十一日尉遲盧麟於都寫本草一卷，辰時寫了記」。西陲石室舊藏。乙卯春，予得影照本，不知原卷在何許也。

本草之學，自《唐本草》行而《集注》微，《證類本草》行而《唐本草》又微，逮明李時珍《綱目》行，《證類本草》亦僅存舊槧矣。《證類本草序例》二卷，其上卷載隱居《序例》之上半，起序文，訖合藥分劑料理法，則其標題曰「梁陶隱居序」。下卷載諸病主藥起，至引藥對五條，亦隱居《序例》之下半。則不復注明陶氏説，使不得此卷校之，幾令人疑爲作《證類》時之《序例》矣。《證類》既截隱居《序例》爲二，中間復夾入他家《序例》，凌雜無序。於「諸病主藥例」中，各病條下於隱居所出諸藥外，復據他書續增。隱居所列諸病之舊次亦多錯亂，如霍亂之後，次嘔吐，次轉筋。隱居原書霍亂標目乃大字直行，嘔吐及轉筋乃小字横行。蓋霍亂是標目，嘔吐、轉筋乃霍亂條之子目，因霍亂而病嘔吐、轉筋也。《證類》則霍亂、嘔吐、轉筋三目並爲大字，誤析一病爲三。又隱居原書中，蠱之後次以解毒。《證類》則於中蠱以後，增出汗等九目，又將解毒一目析出，别爲「解百藥及金石等毒例」，殊失隱居之意。蓋作《證類》者改竄隱居《序例》，攘爲己有，故不著其所自出，又改所不當改，增所不當增。在作者固不虞七八百年後，山巖絶塞隱居之書，一旦復出人間，致發其覆而暴其失也。又作《證類》諸人似未見陶氏原書，隱居述諸病主藥曰：惟冷熱須明，今以朱點爲熱，墨點爲冷，無點者是平，以省於煩注也。《證類》本引此書，乃作「惟冷熱須明，今依本經別録注於本條之下」云云。而注中則曰「今詳唐本，以朱點爲熱，墨點爲冷，無點爲平」。《證類》竟以朱墨點記於始唐本，不知實昉於隱居。是作《證類》者未見原書之明證也。歷代官修之書，無不鹵莽滅裂，但以取盈卷帙爲止，固不僅《證類本草》爲然矣。

此卷以一日之力寫畢，故譌誤不少。然有非寫書者之過者，如序文中稱《本草經》謂今之所存有此四卷。考《神農本草》，《七録》以下皆言三卷，未聞有四卷之本，四卷爲三卷之譌無疑。而此卷與《證類》本均作四卷。可見承譌久矣。

予十餘年前得日本醫家森約之校輯《本草集注》七卷手稿本，據《新修本草》等書校勘至密，塗乙狼籍。久欲爲之寫定付梓，今又得隱居原書，於此書殆有夙緣。爰先以此卷影印流傳，森氏所輯，期異日成之。庶隱居之書不至遂絶於人間，亦藝林快事也。丙辰十月既望。

敦煌本星占殘卷跋

《星占》殘卷斷缺，不見前後題。其所存門目可考見者，曰外官占，曰占五星色變動，曰占列宿變五星逆順，曰五星守二十八宿各以其色定其福敗，曰分野，曰十二次，曰二十八宿位次，曰石氏中官外官，曰甘氏中官外官，曰巫咸中外官，曰玄象詩，末爲日月旁氣占。疑所存尚不及全書之半也。

唐代星占之書傳世者，有李湻風《乙巳占》，瞿曇悉達《開元占經》。今此卷作者姓名不可知。然中有「自天皇已來至武德四年二百七十六萬一千一百八歲」語，是撰此書者爲唐初人矣。今古之言星者，僉祖述甘、石、巫咸三家。此書備載三家内外官星總二百八十三坐，一千四百六十四星。核以《晉書・天文志》，武帝時「太史令陳卓總甘、石、巫咸三家所著《星圖》大凡二百八十三官，一千四百六十四星」之語正合。若今傳世之《甘石星經》，前署甘公石申撰。而巫咸内外官諸星，如齊、趙、鄭、越十二星等亦闌入，且計其都數僅得一百六十餘坐，糅雜奪佚，確出後人撮拾僞託。然宋晁氏《讀書志》載《甘石星經》一卷，云漢甘公石申撰，其署名與今本正合。陳氏《書録解題》載《星簿讚歷》，云《唐志》稱《石氏星經簿讚》。今此書明言「依甘、石、巫咸氏，非專石申書」云云，又頗與今本《星經》相類，疑宋人所見之《甘石星經》殆與今世撮拾之本略同，而此卷列記三家内外官諸星位次，坐數、星數，具存當時舊觀。晁、陳諸家所不得見者，一旦乃出諸石室，得與《乙巳》、《開元》兩占書並傳人間，可不謂快事乎！

又卷中所載《玄象詩》記述星躔方位，爲五言韻語，以便記誦。《唐書・藝文志》載王希明《步天歌》一卷，陳氏《書録解題》亦著之。其書以七言韻語記二十八舍諸星。《玄象詩》殆在此歌之前。鄭氏《通志・天文略》謂撰《步天歌》之丹元子乃隋人，於前籍無徵，恐未可信。《通志》據《步天歌》以作《天文略》，而此詩則世不復傳。予雖未習天官家言，然亦深喜此卷之佚而復存，固不得以占驗之學近於虛誣而輕視之也。歲在癸丑七月既望。

敦煌本陰陽書殘卷跋

《陰陽書》殘卷，二百四十行，尚存後題，曰「陰陽書卷第十三」，旁注「葬事」二字。其所存篇目：曰立成法第十二滅門大禍，曰立成法第十三。立成法之前乃記一歲十二月中殯葬吉日，其九月以前已缺，篇題不可見矣。考《舊唐書・吕才傳》，太宗以陰陽書近代以來漸致訛僞，穿鑿既甚，拘忌亦多。遂命才與學者十餘人共加刊正，削其淺俗，存其可用，勒成五十三卷，並舊書四十七卷。十五年書成，詔頒行之。夫云陰陽書近代漸訛，則陰陽書自是六朝舊著。吕才雖奉詔撰定新書五十三卷，而舊書四十七卷亦並行不廢。乃《隋書・經籍志》未著録，《唐書・藝文志》則於吕才《陰陽書》五十三卷外，《舊志》作五十卷，殆奪「三」字。別出王璨《新撰陰陽書》三十卷。《舊志》作王粲撰。王璨不知何人，而《新志》遠列於吕才書之前，《舊志》列吕才書之後。殆爲唐以前人。其書三十卷，與《吕才傳》所謂舊書四十七卷數不合，是各爲一書，則在唐時陰陽書有三家矣。此卷不知出於何人，初疑爲吕才書，乃審諦再三，書迹不類唐人。卷中不諱丙字，必唐以前人所作。其爲王璨所著抑爲《吕才傳》所謂舊書，蓋不可漫定矣。

葬事爲陰陽書中一部類，而此卷又爲葬事篇中之一斑。雖僅二百四十行，而六朝以來葬經之傳世者僅此。呂才《葬書叙》言葬書一術乃有百二十家，然隋、唐《志》所録才十一二而已。天水之世，晁、陳所記又僅隋、唐《志》之一二。嘗謂隋唐以前古方技之書除《醫經》外傳世絶少，陰陽家學説則尤鮮。予雖不習此學，亦知其至可貴也。亟刊布之，以質世之留心古方技者。癸丑八月晦。

敦煌本老子道德經義疏跋

敦煌本《老子道德經義疏》第五殘卷，前有損佚。不見撰人名。文内「治」字皆缺末筆，唐高宗時寫本也。考《隋書·經籍志》載爲《老子義疏》者凡四家：曰顧歡，一卷。曰孟智周，五卷。曰韋處玄，四卷。曰戴銑。九卷。此卷起「治大國」章，即「居位第六十」。而訖「信言不美」章，即「顯質第八十一」。是卷五乃末卷，與孟智周《義疏》卷數正合，與他三家卷數皆異，殆即孟氏撰也。陸氏撰《音義》，博采衆本至十餘家。此卷「治大國若亨小腥」，注：河上原奪「上」字公本作「鮮」；「聖人之不傷人」，注：諸本皆作「亦」字，唯張係天及陸先生本作「之」字；均不見於陸氏《音義》。又《音義》前叙録羅列諸家，亦不及張係天、陸先生、孟智周三本，則此書初唐已甚少，矧今日乎？

至此書體例，析每章爲數項而分疏之。又釋每章所以先後相次之義，與他經義疏大異，尤足以殘卷，良足珍矣。丁巳長至後一日。

資探討。惜僅存五之一，不得見全豹，爲憾耳。然老子古注今存者，僅河上公、王輔嗣二家。則此雖殘卷，良足珍矣。丁巳長至後一日。

敦煌本殘道書跋

西陲石室殘卷二紙，每紙二十八行，合得五十六行。中間文不貫續，前後亦無書題。詳審其文，知道家言也。文中「民歸于主」，「民」字改作「人」，避唐太宗諱。而「治」字屢見不諱，蓋書于貞觀之世也。書法清健，有鍾、薛風，初唐寫本之至精者。唐室肇造之初，崇尚道術，至祖老子而以明老之學詔天下。故此書寫于是時，殆是六朝人舊著。惜僅存此數十行耳。

癸丑春在海東，或以西陲所出殘寫經乞售，書法皆至劣，每紙長不逾四尺，擬留以裝畫卷。中有一紙無文字，訝其厚倍他紙，篝燈燭之，中間隱見字迹，知是粘合二紙爲一者。亟蒸治離析之，文字見焉，即此二紙也。藏篋中數歲，卒不能考爲何書。爰付影印以質通雅之士。時丙辰十月。

敦煌本莊子郭象注殘卷跋

敦煌本《莊子郭象注》殘卷三，曰刻意篇，首尾完具。曰山木篇，曰徐無鬼篇，皆佚其前。諸卷中「世」、「民」字均缺末筆，「治」字則否，太宗朝寫本也。甲與丙字迹相類，殆出自一帙，乙則別是一帙。以校今本，頗有異同，予已載之《羣書點勘》。今本《莊子》每篇皆首尾銜接，中間不分章。此本則《刻意篇》爲一章，他二篇則篇各數章，章皆跳行以别之，足正後來連寫之失，此古寫本之尤足貴者也。予往者曾見北宋及南宋刊《莊子》二殘本，又見何義門先生手校本，予皆一一移校于藏本之上。東邦尚有古寫本，曾列之京都博物館，異日當就彼一校，會合諸本，可成一善本矣。宣統丁巳十一月。

敦煌本二十五等人圖跋

右卷出敦煌千佛洞，今藏巴黎圖書館。人有二十五等之説見《文子·微明篇》。此卷所述與《文子》略合，惟上五等之次第，《文子》爲神人、真人、道人、至人、聖人，此卷作神人、聖人、真人、道人、志人。中次五等，《文子》第三爲虞人，此卷作庶人。下五等次第，文子作衆人、奴人、愚人、肉人、小人，此卷作衆人、奴人、肉人、小人、愚人，爲不同。其文理猥拙，譌脱滿紙，乃鄉曲陋儒取《文子》之説，敷衍成書。其譌「至人」爲「志人」，「虞人」爲「庶人」，則殆並「至人」、「虞人」之義亦不能解可知。以其千年遺迹，過而存之。宣統甲寅六月。

敦煌本太玄真一本際經殘卷跋

此殘卷前題已失，計經文一百九十九行。又後題及年月書款二行，共二百有一行。但卷係兩截，前百五十四行爲一截；後四十七行爲一截。中有脱佚，觀前後文義則確爲一經，而行字略有高低之差，或非一卷歟？經文頗鄙拙，以其不見今《道藏》中，姑命兒子福成録而存之。宣統三年七月。

敦煌本无上祕要殘卷跋

《唐書·藝文志三》神仙家《無上祕要》七十二卷，晁氏《讀書志》著録則作九十五卷，是宋人所見之本已非唐人之舊。今且不見《道藏》中。此殘卷第五十二後題具存，爲初唐寫本。亦僅存之祕籍矣。辛亥首夏。

敦煌本老子化胡經跋

《老子化胡經》一焚於唐，再燬於元。故諸史《志》既不著録，《道藏》亦無傳本。惟晁氏《讀書志》及《日本現在書目》有之。此殘卷存第一及第十，第一前題作「老子西昇化胡經」，卷十前題作「老子化胡經玄□」。而兩卷之後題則均作「老子化胡經」。晁録及《日本現在書目》所著録之《老子化胡經》十卷，稱名及卷數並與此同。是此本與晁本、日本本合。而元代所禁本題《老子化胡成佛經》，稱名已不符。而《辨僞録》所引經文證以此二卷，亦多不合。元代所傳之本或已非唐代之舊歟？

《辨僞録》第五篇言晉時王浮造《明威化胡經》，王磐《焚毁僞道藏經碑》則言「宋王浮昔居上清寶籙宫，與女冠爲姦」云云，則誤王浮爲宋人。《辨正論》卷六引《晉世雜録》言道士王浮改换《西域傳》爲《化胡經》，則王浮確爲晉人無疑也。

《唐書·藝文志》丙部神仙家類，有《議化胡經狀》一卷，注「萬歲通天元年僧惠澄上言，乞毁《老子化胡經》，敕秋官侍郎劉知璿等議狀」。晁録《化胡經》後附劉如璿《議化胡經八狀》，是此狀宋時即附於經末。俞理初《癸巳類稿·道笑篇》書「劉知璿」作「劉汝璿」，晁録又作「劉如璿」，均與《唐志》不合，俟再考之。

《舊唐書·經籍志》丙部神仙家類，有《老子消冰經》一卷。案甄鸞《笑道論》引《化胡消冰經》凡二條，據《唐志》則《消冰》自爲一書，要亦化胡類也。又《宋志》卷四神仙類有《老君出塞記》一卷，殆亦記化胡事。蔣君伯斧作《化胡經考》徵引甚博，兹補其所未及者於此。

敦煌本摩尼教經殘卷跋

《摩尼教經》首尾殘缺，但存中間寺儀第五，出家儀第六二篇而已。伯希和氏據經中「二宗三際」之文，證以《佛祖統紀》，定爲《摩尼教經》。吾友蔣君伯斧據《唐書》及《會要》謂摩尼至唐代入中國。予意當在唐前。《唐會要》謂大歷爲摩尼置寺，賜名「大雲光明」。以《長安志》考之，「光明」之名蓋昉於隋文，「大雲」之稱則改於武周，至大歷賜額，乃合二名爲一耳。《長安志》注言隋延興寺僧曇延，因隋文賜以蠟燭自然發燄，奇之，改所居爲光明寺。曇延請更立寺以廣其教。雖未明言曇延爲摩尼，然云其教則非固有之佛教可知。曇延時雖已置寺，而教未顯。至唐其徒衆乃僞造《大雲經》，託女主之符以媚武后，始得敕令天下創寺度僧，勢乃浸盛，而其教卒不昌。《長安志》所記雖略，然蛛絲馬迹隱隱可考。是其教隋文時已入中土，非唐代乃入也。伯斧韙之，乃據以作《㦗尼教考》。

然予終以未得其最初流入中國之時代爲憾。嗣細審唐劉秀所撰《涼州衛大雲寺碑》及《老子化胡經》，始知其教晉已流行。《涼州衛碑》云「大雲寺者，晉涼州牧張天錫所置。本名宏藏寺，後改爲大雲。因則天大聖皇妃臨朝之日，諸州各置大雲，隨後改號爲天錫庵」。《老子化胡經》云「我乘自然光明道氣，摩尼教中所謂二宗，乃辨明暗；所謂三際，亦發明明暗之旨。故隋代立寺取名「光明」，乃揭其教旨。不僅紀蠟燭自然之異也。然「光明」二字實已見於《化胡經》。從真寂境，《摩尼經》中有「次觀四寂法身」語，此云「真寂」，亦與經合也。至蘇鄰國中，誕降王室爲太子，號末摩尼。初名末摩尼，故各書或稱摩尼，或稱末尼。轉大法輪，説經戒律定慧等法，乃至三際及二宗門。三際二宗之名亦已見於此。教化天人，令知本際。上至明界，下及幽塗，所有衆生，皆從此度。摩尼之後，年垂五九，金氣將興，我法當盛。西方聖象，衣彩自然，來入中洲」。就此二者考之，知涼州衛大雲寺始創於晉。其教之流傳，乃由西而東，故涼州先有之。《化胡經》爲晉王浮僞造，其所言與此經一一符合，均晉代已有摩尼之證。

又《辨正論》稱王浮爲道士。《化胡經》亦有「中洲道士廣説因緣」語，知此教初託道教，故王浮僞造《化胡經》而羼入摩尼教旨。其人蓋道士而摩尼者也。《化胡經》雖爲道家，又頗攀附釋氏，其叙摩尼教亦有「轉大法輪，説經戒律定慧等法」語，均依傍竺法之證。經中又有「三教混齊，同歸於我」語。三教者，老也、釋也、摩尼也。同歸於我者，老子本爲道教，而令尹喜託生爲佛陀，而己又別創末摩尼也。既云三教同歸，故在晉以道士行之，隋以後又以比丘行之。其所居之寺，在晉曰「宏藏」，在隋曰「延興」，因燭錟之靈徵而改名「光明」，且以揭其教旨。因僞造《大雲經》，託女主之符，因改名「大雲」，名「天賜」以示寵異。初援於老，後入於釋，罔非欲依附以謀浸入，俾勢盛而後扇其宗風焉。乃先後數百年間，卒不得逞，終不能脱離老、釋而獨立。故從來記述，不以爲道士，即以爲僧徒，而不知其別爲一教。其來也自西涼，而終仍澌滅於沙州與高昌。宋王明清《揮麈前録》載太平興國六年，王延德《使高昌行程記》言高昌有摩尼寺，波斯僧各持其教。《宋史·外國傳》亦載之。是其教宋初在高昌尚有存者。宋以後遂無聞焉。

中國史家於宗教事實記載至略，釋氏撰著中偶及外道，亦語焉不詳。今幸於《長安志》、《化胡經》、《涼州碑》及此殘經參互考證，始得其教之涯略。不知尚有他書可考否，爰記之以質世之治宗教學者。宣統元年十月。

東友桑原博士隲藏謂摩尼教始於漢獻帝建安中波斯人摩尼。唐初其教似已由波斯傳入中國。其言創教之時代，不知其所自出。而以《化胡經》考之，則不甚合。《化胡經》言「襄王之時，其歲乙酉。我還中國後四百五十年爲末摩尼。其後年垂五九，金氣將興。我法當盛，西方聖象來入中洲」。據所云則摩尼教之創始在周襄王後四百五十年，乃漢高后之二年乙卯。又四百五十年而其教入中國，考其時則在晉武帝泰始元年乙酉。《化胡經》之作專爲倡導摩尼教而設，所記當不誤。然則摩尼之創始在西漢之初，而其教之東漸則確在司馬之世矣。《涼州衛大雲寺碑》言「寺有造經房翻譯經典」，則彼教所譯經典當不少，今僅存此數十行耳。其不至澌滅淨盡，亦幸事矣。聞德人在吐魯番得番文《摩尼教古經》甚多，安得好古而通番文者一詳考之。

敦煌本波斯教殘經跋

殘寫經一卷，敦煌莫高窟藏本，今歸京師圖書館。前半已缺佚，後半完好，然無後題。臨川李君證剛翊灼以其中專闡明明暗之旨，證以《景教三威蒙度讚》有合處，遂定爲景教經典。然考火祆、摩尼與景教頗類，似未易分別，且皆由波斯流入中土，故姑顔之曰《波斯教經》，以俟當世治宗教學者考證焉。宣統三年三月。

敦煌本景教三威蒙度讚跋

景教古經傳世絶少，數年前上海徐家匯天主教堂於開封回民家得猶太教羊皮《古經》，乃如德亞文，已寄羅馬教皇許。今此讚首尾完好，後附《景教經目》三十種，尤足資彼教之考證矣。

敦煌本修文殿御覽跋

古類書殘卷，前後皆佚，不見書題、卷第及撰人姓氏。其存者鳥部鶴類四十四則，鴻類十八則，鵠類十四則，雉類四則，總七十九則。其體例頗似《太平御覽》，而所引諸書至魏晉而止。宋陳氏《直齋書録解題》謂《太平御覽》以前代《修文御覽》、《藝文類聚》、《文思博要》及諸書參譯條次修纂。《玉海》卷五十六「太平御覽」條引《實録》，與陳氏説合。今撿宋代《御覽·鳥部》，其采取此書者十五六，而采取《類聚》者十二三。當日館臣任意刪節，復多譌奪，而因襲之迹昭昭可見，則此殘卷者必《修文殿御覽》也。

《修文御覽》天水初紀尚存，而佚於有宋末季。徵之前史，其撰述大略尚可考見。《北齊書·後主本紀》武平三年正月，敕撰《玄洲苑御覽》，後改名《聖壽堂御覽》，八月《聖壽堂御覽》成，敕付史閣。後改名《修文殿御覽》。此書隋、唐諸史《志》著録稱名不同。《隋志》子部雜家類載《聖壽堂御覽》三百六十卷。兩唐及宋《志》均作《修文殿御覽》三百六十卷。今以《後主紀》考之，則由《玄洲苑》而改《聖壽堂》，終定爲《修文殿》，乃一年中事。《顔之推傳·觀我生賦》注亦稱《修文殿御覽》，則《隋志》仍書《聖壽堂》舊名，誤也。此敕撰之歲與告成之期可考見者，一也。《顔之推傳·觀我生賦》自注「齊武平中署文林館待詔者，僕射陽休之、祖孝徵以下三十餘人。之推專掌其案此下似奪「例」字，據《文苑傳叙》知之，詳見下文撰《修文殿御覽》、《續文章流别》等，皆詣進賢門上之」。知當時修書者三十餘人，而未悉舉其名。《北齊書·文苑傳叙》「武平三年，祖珽奏立文林館，於是更召引文學士，謂之待詔。珽又奏撰《御覽》，詔珽及特進魏收、太子太師徐之才、中書令崔劼、散騎常侍張雕、中書監陽休之監撰。珽等奏追通直散騎侍郎韋道孫、《北史·文苑傳叙》「孫」作「遜」。陸乂、太子舍人王邵、《北史》「邵」作「劭」。衛尉丞李孝基、殿中侍御史魏澹、中散大夫劉仲威、袁奭、國子博士朱才、奉車都尉眭道閑、考工郎中崔子樞、左外兵郎薛道衡并省主客郎中盧思道、司空東閣祭酒崔德立、太傅行參軍崔儦、《北齊書·文苑傳叙》奪以上八字，兹據《北史》補入。太學博士諸葛漢、奉朝請鄭公超、殿中侍御史鄭子信等入館撰書。並敕蕭放、蕭慤、顔之推等同入撰例。復令散騎常侍王訓、《北史》作「楊訓」。前兖州長史羊肅、通直散騎常侍馬元熙并三公郎中劉珉、開府行參軍李師正、《北史》作「李師上」。温君悠入館，亦令撰書」。是監撰者爲珽、收等六人，撰書者爲道孫等二十六人，撰例者爲放等三人，合計三十五人。與《顔賦》注所謂三十餘人者正合。此撰述人之可考見者，二也。《玉海》卷五十四「聖壽殿御覽」條謂陽休之取《芳林偏略》加《十六國春秋》、《六經拾遺録》、《魏史》爲《玄洲苑御覽》。案《御覽》撰者三十餘人，乃獨舉休之，不知何本。《玉海》又引《陽休之傳》云武平三年與朝士撰《聖壽殿御覽》。今檢《休之傳》，乃無此語，但云「晚節説祖珽撰《御覽》」而已，並附正於此。此《御覽》藍本及增加諸書之可考見者，三也。《玉海》同卷「修文殿御覽」條引書目言《修文殿御覽》放天地之數爲五十部，象乾坤之策成三百六十卷，又注采摭羣書，分二百四十部以集之。所謂五十部當指總部類，而二百四十部殆謂各總部類中之分目，此全書部類之可考見者，四也。綜計此書之成，極一時人物之選，蕭、顔撰例，諸賢秉筆。雖取材《徧略》，必非勦襲。蓋《徧略》爲卷七百，此才得半。如何去取，雖未可知，而待詔諸人，當無率爾。陳氏《解題》乃詆諆孝徵，並及此著，謂毋乃盜《徧略》之舊，以爲己功。可謂不得情實，疑陳氏時此書實已不可見也。至傳世類書，向以虞氏《書鈔》，歐陽《類聚》爲最古。何意數百年後乃得重覩文林鉅製，雖僅存二百五十餘行，吉光片羽，彌可珍貴。且書迹爾雅，「虎」、「民」、「治」諸字缺筆，而「隆」字則否，知其繕寫之歲，尚在開、天之前，爲唐寫本中之至佳者乎。

予於宣統辛亥春，既編寫此卷入《佚籍叢殘》中，據陳氏《太平御覽解題》定爲《修文御覽》，而未及詳考。兹補著此書撰述源流於此，以諗讀是書者。癸丑重九前五日。

敦煌本古類書殘卷三種跋

古類書三種，前後書題均闕佚。第一種存四百餘行，爲部卅有九，始王，訖神仙。其體例略如《初學記》之「事對」，摘二字爲目，兩兩相對，而注事實於下。寫録頗草草，誤字盈幅，致有析一字爲二者，若金「璽」誤作金「爾玉」，其荒率可想。惟所徵引逸書甚多，若《東觀漢紀》、《魏略》、《齊職儀》、《異苑》、《先賢傳》、《竹林七賢傳》、《招賢記》、《幽明録》、《三輔録》、《巴東記》、《會稽曲録》、《魏子》、

《譙子》諸書，並爲采輯古佚籍者之鴻寶也。第二種存四十餘行，爲忠節及貞烈二部。其體例每段不出題目，與《御覽》同。貞烈部兩引「獻皇后曰」，又有「羊皇后曰」，而不著書名。考《晉書》列傳，景帝后羊氏號徽瑜，謚曰獻。此書所引獻皇后、羊皇后者，殆即晉景獻羊后。惟《晉書》本傳僅言后聰敏有才行，而不言有著書。隋、唐《志》亦不載，賴此書所徵引知之，然不舉書名，尚令人有遺憾矣。卷中又載鍾夫人及李勢女、諸葛誕女、許允妻阮等六事，並見《世説新語》，而不舉所出何書。與《世説》文多異同，疑即采自《世説》，今本經宋人改訂，自不能無差異也。第三種約存百行，以偶句爲題目，頗似吴淑《事類賦》，但有句無篇耳，殆爲《事類賦》所自昉。

予於東友内藤博士許見日本天長八年所撰《祕府略》殘卷第八百六十四及八百六十六，均引張楚金《翰苑》，亦以偶句爲題目，而注事實於下，與此正同。或此殘卷者即《翰苑》耶？我國古類書僅存《書鈔》、《白帖》、《藝文類聚》及《初學記》，餘皆亡佚。故亟將此殘卷印行。《祕府略》當我唐文宗朝，徵引佚書亦不少，異日當並刊之。丁巳仲春。

敦煌本文選跋

石室本《文選》四卷，其一張平子《西京賦》，其二東方曼倩《答客難》及揚子雲《解嘲》二篇，皆李善注，其三《王文憲文集序》，其四起《恩倖傳論》訖《光武紀贊》，皆無注。亡友蔣伯斧諮議於李善注二卷，已爲考證。而無注之第二十五卷，但稱之爲昭明舊第而未言其得失。《王文憲文集序》既無書題，又佚篇目，諮議不知亦爲蕭選，故跋稱《文選》殘卷三，其實殘卷四也。

善注世無善本，今宋刊善注本乃從善注及五臣注合并本中選録出之，非善注單行之舊。胡果泉中丞作《考異》言之甚詳，亦至確。此善注二卷可正今本之失，其可貴不待言。至蕭選舊本在善注前者，人間所絶無，其可貴更在善注本之上。以校今本可是正譌誤不少，如《王文憲集序》「發毁舊塋」，今本「發」作「廢」。「建元三年遷尚書左僕射」，今本「三年」作「二年」。「以公爲侍中、尚書令、鎮軍將軍」，今本「鎮軍」作「鎮國」。「留服捐駒」，今本「留服」作「掛服」。「事革於容論」，今本「革」作「隔」。《恩倖傳論》「逮于大漢」，「大漢」今作「二漢」。「郡縣掾史」，今本譌「掾吏」。「皆由世族」，今本作「勢族」。「理難徧通」，今本作「變通」。「南金北毳」，今本譌「南京」。絜其異同，並以是爲優矣。

二卷中，第廿五卷「虎」字已缺筆，寫於唐之初紀。《王文憲集序》内「衷」字缺筆，作「哀」，爲隋代寫本，尤可珍也。今合印此四卷，爰録諮議舊跋於前，並就無注本考其異同爲此跋，以補諮議之所未及。惜諮議墓草已宿，不及見矣。丁巳閏月晦。

敦煌本玉臺新詠殘卷跋

敦煌唐寫本《玉臺新詠》，起張華《情詩》第五篇，訖《王明君辭》。存五十一行，前後尚有殘字七行，不見書題。而諸詩皆在《玉臺新詠》卷二之末，知即《新詠》矣。

以今本與此比勘，異同甚多。張華《情詩》第五首「巢居覺風飆」，今本誤作「風飄」。《雜詩》「容與緣池阿」，今本「緣」誤作「緑」。「同好逝不存，迢迢久離析」，今本「逝」誤作「遊」，「久」誤作「遠」。「無然徒自隔」，今本「然」誤作「愁」。潘岳《内顧》詩「忽焉擗絺綌」，今本「擗」作「振」。「引領訴歸雲」，今本「訴」作「訊」。「不見陵間柏」，今本「間」作「澗」。《悼亡》詩「悵怳如或存，周皇忡驚惕」，今本「悵怳」譌「帳幔」，「周皇」作「回遑」。「比目中路隔」，今本「隔」作「析」。「長戚令自鄙」，今本作「自令鄙石崇」。《王明君辭》，今本題《王昭君序》。「故改也」，今本奪「也」字。「遂入凶奴城」，今本「遂入」作「乃造」。「殺身良不易」，今本作「未易」。「英華不足歡，甘與秋草并」，今本「英華」譌「朝華」，「甘與」作「甘爲」。均可是正今本。其兩本均可通者，亦以此本爲勝矣。其與今本尤異者，潘岳詩之前，此本先題潘岳詩四首，下小字夾注《内顧》二首，《悼亡》二首，其《内顧》詩前別出題目，《悼亡》詩前亦然。蓋此書之例，先題作者姓名及總篇數，下分注各篇篇題、篇數。每詩之前，仍各冠以本篇題目。今本則但書潘岳《内顧》詩二首，而總篇數及小注皆削去，經後人妄改，舊例賴此本存之，尤可喜也。

《新詠》刊本以寒山趙氏重槧宋嘉定乙亥陳玉父本爲最善，且有此失。惜石室所遺僅此五十餘行，不獲徧校，則又可憾耳。丁巳閏月。

敦煌本唐人選唐詩跋

《詩選》殘卷，其存者凡六家。前三首撰人名在斷損處，不可見。今據《全唐詩》知爲李昂。其名存者：曰王昌齡，曰邱爲，曰陶翰，曰李白，曰高適，都計詩數，完者七十一篇，殘者二篇。

今以諸家集本傳世者校之：李昂詩《全唐詩》載一篇，而佚其二。王龍標詩卷中十七篇見於集本者四篇，其八篇則今見《孟浩然集》。邱爲詩六篇，陶翰詩三篇，載《全唐詩》者各一篇。太白詩三十四篇，又《古意》以下九篇誤羼入陶翰詩後，共得四十三篇，則悉載《集》中。以繆刻本校。高常侍詩二篇，《上陳左相詩》僅存前數行。則今集本一存一佚。至卷中諸詩，雖今集本尚存，而異同至多。篇題亦有異同，每篇中必有數字。予既録入《羣書點勘》中，其尤甚者爲二李與高常侍三家。《全唐詩》載李昂《戚夫人楚舞歌》，即此卷之首缺上半者。以此卷校之，中間少四句。太白《胡無人》篇，卷本無末三句。《臨江王節士歌》、《陌上桑》、《魯中都有小吏逢七朗以斗酒雙魚贈余於逆旅因鱠魚飲酒留詩而去》三篇中，卷本亦較集本各少二句。《古意》篇，今集題作《效古》。則卷多末二句。《瀑布水》篇，今集題作《望廬山瀑布》。則卷集全異者四句。《贈趙》四篇，今本題作《贈人》。異者且過半。《千里思》篇集本八句，卷本則四句，而四句中之第三句亦全異。第四句與校注中之一本合。校注中所載一作某者，多與卷本合，知校注已甚古矣。《獨不見》篇，則除末二句但異一字外，其餘均不同。高常侍《信安王出塞》篇，《集》本題作《信安王幕府詩》。以卷本校集本，則後半先後錯列者四句。《太白集》在生前已家家有之，見唐《劉全白李君碣記》。或傳寫異同，或中間改訂，卷集互歧，理所應有。若高詩卷中但存一篇有半耳，而以校正集本得益已如此之巨。至諸家佚篇，可據以補今本之缺，則尤可喜也。

唐人總集當代選本傳世者，僅《篋中》、《國秀》諸集。此卷作者均開、天間人，更在元、芮所集之前，以卷中避諱諸字考之，尚爲唐中葉寫本。亟付影印，而書名不可知，姑署之曰《唐人選唐詩》，並舉其可貴重者如此。癸丑五月晦。

鳴沙石室佚書續編跋

《老子化胡經》卷第一、第十及《摩尼教規》、《景教三威蒙度讚》，予往在京師，即以活板印入《敦煌石室遺書》中。又予所藏《大雲無想經》殘卷，東邦友人松本博士文三〔郎〕亦移録其文，考爲竺法念初譯，梵漢兩藏均亡之祕籍，印入彼土《續大藏經》。故予曩編印《鳴沙石室佚書》，此四卷者皆不與焉。

比者編印《石室古籍叢殘》既竣，念往歲所印《石室遺書》篋中已無存者。《大雲經》印入《續藏》，世無單行者，致之尤不易。矧又爲姚秦初寫，實當晉世。我邦舊傳寫經，無先於是者。即論書迹，亦應影寫流傳。乃與《化胡經》等三種同印行，以附《石室佚書》之後。俾世之留心宗教及西陲佚籍者，有所稽焉。宣統丁巳三月八日。

日本唐寫本古文尚書周書殘卷跋

宣統紀元，予始見敦煌本《古文尚書周書·顧命》殘篇。逾年又見《夏書》、《商書》，並見日本古寫本《商周書》殘卷。藉以斷定宋代傳本爲僞，東邦所傳者爲真。又據王伯厚之說，定宋代流傳之本其源均出于郭忠恕。自謂於宋以來《古文尚書》傳本之真僞，灼然無疑蘊矣。嗣讀《困學紀聞》謂《泰誓》古文作《大誓》，今薛氏《書古文訓》則作《泰誓》，與王氏所云不同。一若宋代傳本頗有異同，不知唐天寶以前未改字真本果爲「泰」抑爲「大」？曩所見均無此篇，末由斷定也。懷疑待決，若籲筮龜。

今年夏，京都神田香巖翁忽扣關挾所藏唐寫本《古文尚書》至，啓匣觀之，則正是《泰誓》以下五篇，爲之驚喜欲狂。展卷纔數寸，已見「泰誓」字，固不作「大」也。因考之《尚書正義》引顧氏說，泰者大之極也。猶如天子諸侯之子曰太子，天子之卿曰太宰。此會中之大，故稱《泰誓》。《正義序》言爲《正義》者隋有顧彪，則孔氏所引之顧氏，乃彪之說。《北史·儒林傳》彪以煬帝時爲祕書學士，撰《古文尚書義疏》二十卷。《唐志》顧彪《尚書文外義》三十卷，《新志》作五卷。《古文尚書音義》五卷，而無《義疏》。然以《正義序》證之《本傳》，知彪確爲治古文尚書者。則孔氏所引確爲顧彪《古文尚書義疏》之說，足證天寶未改字之本實作「泰」，不作「大」。今得此卷益可徵信。至於宋代流傳之本，晁、王所述流傳之緒至詳，不云有别本，其爲同出一源可知。而王氏所見，薛氏所訓，不應有「大」與「泰」之殊。意薛氏本展轉復刻，「大」之作「泰」，當爲校者所改。深甯之於季宣爲鄉里後進，不容未見薛書，乃不言薛本作「泰」，其爲薛本爲後來校改，可以意測，並非宋世流傳于薛本外别有他本也。

神田翁耆年厲學，藏善本至富。此卷與唐寫《世説新書》、《史記・河渠書》殘卷，尤爲東邦有名奇迹。乃不自珍祕，將次第印行，而先印此卷，以頒同好。傳古盛心，至可欽佩。以予粗能言《古文尚書》流傳本末，責以弁言。爰書所知以質方雅，至經傳文字異同足刊正今本者甚多，予别録入《羣經點勘》中，兹不更及。其書法精健，出于李唐，殆無疑義。有目者皆能知之，更不待予言矣。甲寅六月二十五日。

日本古寫本古文尚書周書殘卷跋

宣統紀元，予既得見敦煌石室《隸古定尚書》殘卷，以宋薛氏《書古文訓》及日本山井鼎《七經考文》校之，與《考文》本多合，與《薛書》多舛，知薛本爲僞託，《考文》所引爲真本。

因託友人于海東求之，逾年或寄某世家所藏殘本至，云卷中「民」字省末筆，乃唐寫本。索直至巨。啓櫝觀之，書至拙朴，楮墨俱古，果數百年前物也。乃如其直償焉。是卷存者五篇：一《洪範》，二《旅獒》，三《金縢》，四《大誥》，五《微子之命》。首尾及中間有殘佚。其存者校以《史記・宋世家集解》所引《孔傳》，十合八九。《經》文中如「彝倫逌斁」，與《漢書·五行志》所引合。「思曰叡」，與《詩·鄭箋》所引合。「於其亡好」，與《宋世家》所引合。「明作哲」，與《玉篇》所引合。「曰濟」，與《周禮·大卜注》及《宋世家》引均合。其《孔傳》中與《正義》所據本及宋槧本合。而可是正今本者，指不勝計。多可補阮氏《校記》所不及，惜乾嘉諸儒不及見也。

去年既將敦煌殘卷夏商二《書》付印。爰取是卷並印行以餽來學，而記其可貴者於卷末。甲寅正月五日。

日本古寫本隸古定尚書商書殘卷跋

曩得敦煌本《隸古定尚書》，校以《七經孟子考文》，謂日本所傳古寫本《古文尚書》爲開元以前真本，其時尚無他證，惟就《考文》所載定之而已。嗣聞老友楊惺吾舍人藏日本古寫本《商書》殘本，因移書乞影寫，擬與敦煌本比勘。楊君許之，不逾月郵至。計存《盤庚上》至《微子》，凡九篇。敦煌本則佚《盤庚上》及《盤庚中》之上半。因就兩本並存者勘之，雖略有小殊，而經傳之見於古籍所引與勝於宋以來諸本之處，則兩本靡不隱合。如《盤庚中》「予迓續乃命於天」，《匡繆正俗》引「迓」作「御」，此本正同。敦煌本作「卸」，乃「御」之別構，非有異也。《說命上》「高宗夢得說」，《一切經音義》卷一引「得」作「㝵」。今二本並與《音義》所引合。《說命下》「旁招俊乂」，《釋文》「俊」又作「畯」，今此兩本正作「畯」。考之古金,「畯民」、「畯正」,其字皆從田旁,「夋」則作「畯」者是也。《盤庚中》「女分猷念以相從」,《傳》「羣臣當分相與謀念」,今各本「分」下皆有「明」字,此與敦煌本均無有。《正義》言「汝羣臣當分輩相與計謀」,是孔本亦無「明」字。《高宗肜日》「典祀亡豊于昵」,《傳》「不當特豊於近」,今各本「近」下有「廟」字,兩本均無有,而《史記集解》引正與兩本合。《微子》「凡有辠罪」,《傳》「六卿典事」,各本均作「典士」,而《正義》中正作「典事」,與兩本同。「罪合于一」,《傳》「皆合于一紂」,今各本「一」下並有「法」字。考之《正義》,亦言「合于一紂之身」,是《正義》本亦無「法」字也。此皆遠勝於宋以來各本者,而二本正吻合。然則日本古寫本爲衛氏未改字以前真本,信有徵矣。

敦煌本爲世重寶,此本雖出影寫,得與參照,且可補唐寫本之缺者。一篇有半亦人間之祕笈矣,因與敦煌本同印行。念數年以來,於《隸古定尚書》已見夏、商、周三《書》之過半,所未見者《帝典》耳。仍當求之東邦藏書家,倘竟得集成全書,豈非快事歟!書以俟之。甲寅正月上元。

日本古寫本毛詩單疏殘卷跋

《毛詩·秦風》《正義》殘卷,存《小戎》、《蒹葭》,凡六十七行,前後均斷損。吾友富岡君撝所藏。字迹疏秀,唐寫本之佳者,不僅「民」字缺筆爲可據也。

以校天水以後諸本,其勝處殆不可指數,今舉其要者十事。《小戎》《箋》「俴淺至厖伐」,《正義》

「金厚則重，知宜淺也」，「宜」宋以來諸本作「其」。考其文誼殆謂金厚則重，故知宜以淺薄之金爲之。今本作「知其淺」，語意全失矣。又「故轉尨爲蒙」，諸本作「故轉蒙爲尨」。案《疏》誼謂《詩》轉《周禮》之尨爲蒙，乃云「轉蒙爲尨」，爲誤倒矣。《傳》「虎至縢約」，《正義》「弟子識曰執其膺𦯀」，即葉字，避太宗諱，改从云。諸本作「弟子職曰，執其膺揭」。案「識」、「職」古通。《周禮・職方氏》，《漢華山廟碑》作「識方氏」。山井鼎《七經孟子考文》云「其」當從宋本作「箕」。案「其」即「箕」本字，加竹者乃後起之字，不得以作「其」爲誤。今此卷仍作「其」，知監、毛諸本尚間存古字矣。山井氏又謂「揭」恐「擖」誤。阮氏《十三經注疏校勘記》謂《管子》作「擛」，鄭注《曲禮》引此文《正義》本作「擖」，《釋文》作「葉」。又《少儀》「執箕膺擖」，《士冠禮》「面葉」注：古文「葉」爲「擖」。段茂堂先生曰：「擖」乃「檝」之誤。凡箕之底柶之盛物者皆曰「葉」，亦謂之「檝」。今此卷正作「葉」，與《釋文》本合。足徵是卷所據爲六朝流傳之善本矣。又「備頃即『傾』之别傷也」，諸本作「備損傷」。案「弓弛而縛以韣，乃入韔中，所以妨傾側致損」。今譌「傾」爲「損」，誼不全矣。《兼葭章序》，《正義》言「逆禮以治國，則無得人之道」，諸本均奪「之」字。《傳》「兼葭至後興」，《正義》「青、徐州謂之薕」，閩、毛、監三本均誤作「蒹」。宋本作「薕」，與此合。知宋本所據爲古本矣。《箋》「伊當至言遠」，《正義》「勸君求賢人使之用禮」，宋本、閩本「用禮」作「周禮」，監本、毛本「使之」作「使知」。阮相國曰：「周」當作「用」。與此卷合。宋本譌「用禮」爲「周禮」，監本等又改「使之」爲「使知」，以就其意，可謂一誤再誤。賴有此卷以正之矣。又「所謂是知《周禮》之賢人」，「所謂」閩本、監本均譌作「皆謂」，惟宋本與此卷合。又「故下句逆流順流，喻敬順不敬順」，阮相國以宋本無「不敬順」字，遂疑此三字後人加之。今此卷正有此三字，與閩、監、毛三本同，可知宋本乃奪漏，阮氏爲過信宋本矣。《傳》「逆流至以至」，《正義》「然則逆流順流」，奪前「流」字，惟此卷有之，得據以補諸本之缺。此卷雖僅存數十行，而所得益乃如此之巨。雖亦多譌奪，此六朝唐人寫本之常，不足爲此卷病也。

富岡君博雅，富收藏，精鑒别。今將精印以廣其傳，屬爲跋尾。予謹著此卷之佳勝與君撝好古而不自私足以型當世者於卷尾。時宣統癸丑十一月。

六朝寫本禮記子本疏義殘卷跋

《禮記子本疏義》殘卷，日本田中伯光顯所藏，今捐贈早稻田大學。卷端已斷缺，書題及撰人名不可見。末書「《喪服小記子本疏義》第五十九」，書中每見「灼案」字。考《陳書·鄭灼傳》言「灼少受業於皇侃，尤明三《禮》。家貧鈔《義疏》，以日繼夜」云云。則此卷者，鄭灼所鈔之《義疏》。而「灼案」諸條，則灼鈔時所增益也。《傳》言灼鈔《義疏》，不言鈔何人所作。今驗此卷，參以歷代史志所記，確知所鈔爲皇侃《義疏》。《日本現在書目》：《禮記子本義疏》百卷，梁國子助教皇侃撰。《信西書目》亦有《禮記子本疏》兩帙。此目例不注著書人名，其爲皇侃《疏》無疑。兩書稱名並與此卷合。惟《疏義》目作《義疏》耳。至隋、唐諸《志》及《梁書・侃傳》則書名與卷數多不合。《侃傳》：撰《禮記講疏》五十卷，又云所撰《論語義疏》十卷，與《禮記義》並見重於世。《經典釋文序録》：梁國子助教皇侃撰《禮記義疏》五十卷，又傳《喪服義疏》並行於世。《隋書・經籍志》：《禮記義疏》九十九卷，又《禮記講疏》四十八卷，《喪服問答目》十三卷，並皇侃撰。《舊唐書・經籍志》：《禮記義疏》五十卷，又四十卷，並皇侃撰。《新唐書・藝文志》：皇侃《禮記講疏》一百卷，又《義疏》五十卷，《喪服文句義》十卷。諸書稱名既異，卷數亦差。以意斷之，陸氏《釋文》成於隋唐之際，所言當可信。意侃之所著當是《禮記義疏》五十卷及《喪服義疏》。《隋志》之《喪服問答目》，《新唐志》之《喪服文句義》，殆均即《義疏》。《梁書・侃傳》與《釋文》亦合。《隋志》別出九十九卷，九十九卷殆即百卷，古人著書例有序篇在卷末，九十九卷者除序篇言之耳。《新唐志》別出百卷之本，殆即鄭灼所鈔，必是合兩《義疏》而成，又益以已説，遂多至百卷。此殘卷者即百卷之一也。灼閑三《禮》而弟存其説於侃《疏》中，故本傳不言灼別有造述，而但言其鈔《義疏》。其語晦而不明，今幸存此卷，乃知其實矣。

此卷用紙質鬆而薄，色竊黄，與唐代麻紙滑澤堅厚而色褐或深黄者大異。予見西陲所出六朝人寫經卷軸皆然。又以書體斷之，出六朝人手無疑，卷中不避陳、隋、唐諸帝諱。灼卒於陳，而在梁已官西省。其家貧寫書，殆當梁世，必不在宦成之後。則此卷者或即灼所手書耶？

《信西書目》又後於《見在書目》，尚存兩帙，或尚有他佚卷存人間，若旦暮遇之，甯非快事？爰書以俟之。丙辰九月。

古寫原本玉篇殘卷跋

原本《玉篇》殘卷，起「言」部訖「幸」部，爲部二十有三。日本田中伯光顯所藏，今贈早稻田大學文庫。遵義黎氏已刊入《古佚叢書》中。乙卯秋，予始因小川簡齋翁得見原本，展卷不數行，已驚其書法之勁妙，洵出初唐人手。

因出黎刻校之，則筆意全失，知黎氏乃展轉傳摹上木，未得見原本也。因詳校卷首十餘行，知黎氏刊版時頗有校改。惟原本字經蟲蝕尚可辨認，而黎本往往橅失致不可識。又有失原本之行次者，如弟一行「話」注「《聲類》訛言也」。「聲」字雖殘而可辨，黎刻存下半數畫，不復能知爲「聲」字。「譮」注「在人部下」，又衍「人部」二字。黎本删去。「諈」注「《爾雅》諈諉累□郭璞曰」，「累」下一字蟲蝕。黎本則「累郭」二字之間不復空格。「諉」注「孟康子曰」，「子」字衍文。黎本删之。「警」注「軍衛不徹，警也」，「衛」字可辨，黎刻則不可辨。又「《廣雅》驚驚不安也」，黎本改正作「警警」。「謚」注「賀以謚我我是」，「我」下衍重文。黎本删之。「誼」注「堅柔之誼際無咎」，「誼際」二字誤倒。黎本改正。「詡」注「《蒼頡篇》詡，和也」。「蒼頡」二字雖蝕而可讀，黎本則「蒼」字全失，「頡」字存半。「諓」注「似剪□」，「剪」字可辨，黎刻橅失，不類「剪」字。又「《國語》又案知是諓諓者」，「案」乃「安」之譌。黎刻改正。又「讒人諓諓熟何想」,「何」乃「可」之譌。黎氏亦校改。「調」注引「《説文》共,同也」,訓共同者乃「詷」,非「調」。黎刻改正作「詷」。又「《蒼頡篇》蒼,會也」,「會」上衍「蒼」字。黎本删正。又「《字書》謥,調也」,「調」亦「詷」之譌。黎氏亦改正。「譞」注「謂慧慧也」,黎本删重文。「諰」注「《蒼頡篇》言且忍之」,黎本改「思之」。「設」注「公羊推之所設」,「推」黎校改「讙」,而黎本奪書「設」字,附注於旁,原本則「設」字並未奪失。即此十餘行觀之,異同已如此,則全卷可知。黎本雖改字,然皆精確,可見當日校刊之慎密,而所據之橅本則未盡善。

予嘗語吾友内藤博士,謂黎刻與原本當並行,以資互證。且應存唐賢妙迹,博士韙之。今年予既假印早稻田大學所藏《禮記子本疏義》,因並印是卷。聞博士言某寺尚有「魚」部殘卷,存二三十行,爲黎刻所未及,已託博士爲介,擬並印之。未知何日得果斯願,當與天下學者翹足以待之。丙辰仲冬。

原本玉篇殘卷跋

去年冬,予既影印古寫本《玉篇》第九殘卷。頗以黎氏所刊多出轉寫,欲求東邦所藏一一就原本寫影印行。今年春,乃先邁崇蘭館所藏「册」至「欠」五部,已於西京博物館見某寺所藏「魚」部殘字尺許,已又假得高山寺所藏「糸」部之大半及石山寺所藏「糸」部至「索」部,凡殘卷四。乃課工寫影,將以爲前書之續。「册」至「欠」五部原在第九卷「册」字至「潊」字之間。顧前書已印行，不及補入。「魚」部雖戔戔十三行，而《經籍訪古志》未載，黎刻亦不及「糸」部。黎刻據影照本尚不失真，而「糸」至「索」諸部則據影寫本上版。

今取卷首二尺許，試一比勘，譌奪已錯見。如「絰」注「以爲布帶齊衰之經」，黎刻「衰」誤作「衷」。「首經象纚布冠之缺頂」，「首」黎刻誤作「苜」。「緉」注「闕之東西」，黎刻「闕」字空落。「彝」注「鄭玄曰彝亦彝亦尊也」。原衍「彝亦」二字，後抹去，作「彝亦尊也」。黎刻乃删「亦尊」二字，作「彝亦彝也」。又引《尚書》「无從匪彝，彝倫攸□」，「攸」下奪一字。黎刻乃於「攸」旁下擅增「彝」字。凡是之類，殆不勝舉。則傳鈔之本其不能無失亦明矣。

往者友人爲言大阪藤田氏尚有「水」部殘卷，託友爲之介，欲彙刊之，乃久諾不克踐。爰先印此四卷，以詒當世。黎刻所有而予未獲觀者，異日倘幸得邂逅，再賡續焉。丁巳十一月。

古寫本史記殘卷跋

《史記》殘卷二，甲：日本古寫本《河渠書》，前佚其半，京都神田香巖翁所藏。乙：《張丞相傳》之後半至《酈生陸賈列傳》，高山寺藏。東邦編入「國寶」者是也。二卷書迹皆清勁，後卷尤快厲，均千年前寫本也。

卷中譌字甚多，然如《河渠書》「數歲河移徙，渠不利，田者不能償種」，今本「田」上衍「則」字。「道梁便近而水多湍石」，今本奪「多」字。「引洛水至商顔下」，今本「顔」下有「山」字。《集解》「服虔曰：顔音崖。或曰商顔，山名也」。則正文本無「山」字。「佗川渠陂山通道者」，今本作「佗小渠披山通道者」，「川」譌「小」，「陂」譌「披」。陂山者，鑿高使夷如陂也。《張丞相傳》匡衡傳末「深惟士之游宦」句上，今本有「太史公曰」四字，此卷無之。按「孝武時丞相以下」《索隱》謂是褚先生等所續，則不當有「太史公曰」字，然《索隱》又云「此論匡衡以來事，後人所述而亦稱太史公，其序述淺陋一何誣也」云云。則唐本已有此四字。然則此卷出於六朝以前古本可知矣。《酈生傳》「王者以民爲天，而民以食爲天」，今本「民」作「民人」，蓋唐人避太宗諱。於「民」旁著「人」，後人遂將「民人」(之)(字)兩存之，致衍「人」字。又爲此卷出于六朝古本之證。「齊南近楚，民多變詐」，今本「民」作「人」，「齊」譌作「濟」。「涉西河之水」，今本「水」作「州」，上言「涉」則下是「水」，非「州」也。《陸賈傳》「陸生卒拜尉，佗爲南越王」，今本奪「南」字。「天下雖有變，則權不分，權不分爲社稷計」，今本不重「權不分」三字。「深相連結」，今本無「連」字。「太后含怒，亦誅君，君何不肉袒爲辟陽侯言於帝」，今本「君」下無重文。「孝文帝聞其客平原君爲計策」，今本無「孝」字。「初沛公引兵過陳留」，今本譌作「陳西」。凡是之類，皆以此本爲得焉。烏可以多譌字少之耶？

爰寫影流傳之，並記其勝于今本處，以告世之治《太史公書》者。宣統戊午二月。

日本古寫本史記殷本紀跋

日本古寫本《史記·殷本紀》，吾友内藤湖南博士所藏。歲丙辰於博士許見之，訝其每帝皆跳行別書。又卷中所載太丁、太甲、太庚、太戊，字皆作「大」，與殷虚卜辭合。大異之，乃假歸與今本互勘，多有異同處。如「有娀之女也」，今本無「也」字。「簡狄取而吞之」，今本無「而」字。「殷道復興」，今本無「道」字。「盤庚乃徧告諭諸侯大臣曰」，今本無「徧」字。「事決定於冢宰」，今本無「事」字。「是爲帝祖甲，帝祖甲淫亂，殷復衰。帝祖甲崩，子帝廩辛立」，今本「帝祖甲」皆作「帝甲」。「使得專征伐」，今本無「專」字。「遂斬紂首，縣之大白旗」，今本無「大」字。「帝祖甲崩，立帝沃甲之子南庚」，今本「帝沃甲」作「弟沃甲」。考祖辛傳沃甲，沃甲傳祖丁，沃甲爲祖辛弟，祖丁爲祖辛子，祖辛焉能弟沃甲乎？然此字之誤，自宋本已然。惟此卷作「帝沃甲」，足正刊本之失，豈非人間之祕笈乎？亟付諸影印以傳之。

東京岩崎氏尚藏有《夏本紀》及《秦本紀》各一卷，亦高山寺所藏，與此一帙而紛失者。予嘗比勘異同，別爲校記。異日當並假印，以傳之藝林。丁巳十月。

唐寫本卜筮書殘跋

《卜筮書》殘卷，存三百餘行。前題具存，云「《卜筮書》卷第廿三」，旁注「式三次行書課用法第三」。後題不存，蓋末有闕佚也。隋、唐諸《志》洎宋以來官私諸家目録皆無之。此書之佚，殆已久矣。

卷中別搆字甚多，與六朝碑版合。凡「丙丁」之「丙」皆作「景」，「白虎」作「白獸」，而「隆」字不缺筆，乃初唐寫本之證。撰者不可知。文字爾雅條達，其出隋唐以前無疑。此殘卷題「第廿三」，全書之浩博可知。不知尚有它殘卷存人間否？

予居東邦既數歲，訪求古佚籍不可得也。前年冬，乃獲此於江户書林中。卷背有「元慶五年比丘慧稠書授菩薩戒儀」，有「太政官印」。元慶紀元當中土唐乾符四年，則此卷東渡當在唐之中葉。千餘年久佚之祕籍，一但歸我大雲書庫中，喜可知也。不忍私之巾笥，爰影印以餉好古之士。丙辰八月既望。

唐寫本世説新書跋

我國《世説》善本，嘉靖袁氏覆宋本外，未見更古者。予所藏有康熙庚子張孟公移録蔣子遵校本，所主之本爲傳是樓所藏湻熙刊本。其書亦三卷，每卷分上下。宣統初元在日本東京見圖書寮所藏宋本，亦三卷，而每卷不分上下。然均是宋南渡以後所刊，皆出晏元獻改卷删校之本。其未改卷以前本，不可見也。

但聞東邦藏書家有唐寫殘卷，已析爲四，而無由得入吾目。乙卯夏，訪神田香巖翁，始知香巖翁藏其末一截。出以見示，爲之驚喜。已又知第一截爲小川簡齋翁所得，其二截藏京都山田氏，其三截藏于小西氏。因請於神田、小川兩君，欲合印之。二君慨然許諾，並由小川君爲介于小西君，神田君爲介于山田君，於是分者乃得復合。神田翁復以所爲跋尾見示，據段氏《酉陽雜俎》、《菅家文草》謂此書初名《世説新書》。五季宋初始改稱《新語》，其説至精確。予考《唐志》載王方慶《續世説新書》，則臨川之書唐時作《新書》之明證。可補神田翁所舉之遺。

亡友楊星吾舍人曾見第一段，載之《日本訪書志》，尚未知古今稱名之異。今影印既竣，爰録神田翁及楊君之跋於後，並記是卷已析而復合，實得神田、小川兩君之助。而山田、小西兩君之見許，其惠亦不可忘也。爰書之以告讀是書者。丙辰十一月。

日本古寫本文選集注殘卷跋

日本金澤文庫藏古寫本《文選集注》殘卷，無撰人姓名。亦不能得其總卷數。卷中所引於李善及五臣注外，有陸善經注，有音決，有鈔，皆今日我國所無者也。於唐諸帝諱，或缺筆，或否。其寫自海東抑出唐人手，不能知也。往在京師得一卷，珍如璆璧。宣統紀元，再游扶桑，欲往披覽，匆匆不果。乃遣知好往彼移寫，得殘卷十有五。其本歸武進董氏，予勸以授之梓，董君諾焉。予以與善注本詳校，異同甚多。且知其析善注本一卷爲二，蓋昭明原本爲三十卷，善注析爲六十卷，此又析爲百二十卷，卷第固可知矣，而作者卒不可知也。

此書久已星散，予先後得全卷一，殘卷二，東友小川簡齋君得二卷，海鹽張氏得二卷，楚中楊氏得一卷，今在文庫者多短篇殘紙而已。其海東藏書家尚存幾許，則不可備知也。予所藏二卷，影寫本無之，楊氏藏本今不知在何許，小川君及張氏本則均已影寫在十五卷中。予念此零卷者，雖所存不及什二，然不謀印行，異日且求此不可得。而刊行之事，予當任之，乃假而付之影印。予所藏二卷即就原本印之，不復傳寫，以存其真。張氏藏卷聞將自印于上海，乃去此二卷，仍得十有六卷，乃稍稍可流傳矣。然距影寫時則已十年，其卒得印行，亦幸事也。

諸卷中其第百十六前半，據東友所藏謄寫小字本鈔補，小字本至《褚淵碑》「元戎啓行，衣冠未緝」注止，而原本則自「元戎啓行，衣冠未緝」起。此二句之注兩本詳略互異，不知他注何如，惜無從比勘。似此書原本外，尚有謄寫别本，且與此本有異同也。顧未嘗聞東邦學者言之，附記于此，俟他日訪焉。宣統十年戊午六月。

日本古寫本悉曇字記跋

《悉曇字記》一卷，唐山陰沙門智廣撰。智廣不見於釋氏《傳記》，此書自叙言嘗誦《陀羅尼》，訪求音旨，多所差舛。會南天竺沙門般若菩提齎《陀羅尼》梵筴自南海而謁五臺，寓於山房，因受業焉。考《貞元新定釋教目録》卷十七《大方廣華嚴經》，貞元十年三月般若發趨清涼，巡禮五臺，十一年四月還上都，則般若謁五臺在貞元中。智廣從受學，則亦是唐中葉時人，此書殆成於德宗朝。《宋高僧傳》卷廿七。有雅州開元寺僧智廣，爲昭宗時人。後先相距且百歲，乃别爲一人，非著此書之智廣也。

此書中土無傳本，不知何時流入海東。日本《入唐八家目録》中均不載。坊肆傳刻有寛文、康熙時。文政嘉慶時二本。予所藏舊槧在四百餘年前者有粘葉本。見森氏《經籍訪古志》。此爲寛治七年古鈔，當宋之元祐中。日本吉澤助教所藏，與通行本頗有異同。法隆寺有康治元年當宋紹興十二年寫本，則與此同，是此本之在海東亦爲最古之善本矣。

予往在京師，亡友楊惺吾舍人守敬曾爲予在鄂中刻此書。辛亥國難，楊君避地上海，尚遂書言板固無恙，而未嘗見寄。及舍人物化，遂無從索取。然印本尚存行笈，蓋即據通行本重刊者，今遘此至古之善本，則彼刻之存亡不足計矣。丙辰九月。

祕府略殘卷跋

《祕府略》第八百六十四、八百六十八二卷，日本滋野貞主天長八年敕諸儒撰集，凡千卷，此其殘卷，千之二而已。天長八年當我唐文宗之大和四年。殆依據《脩文御覽》等諸書爲之，在《太平御覽》之前，故卷中徵引佚書甚多。《脩文御覽》久佚，今惟法京藏敦煌唐寫本殘卷。此書雖僅存千百之一二，而多存古書，當與《玉燭寶典》諸書同爲藝林祕笈。吾友内藤湖南博士言此書在東邦亦但存此二卷，其原本分藏東京德富蘇峯翁及某貴爵家。此爲舊鈔本，後有元文、寶歷、明和三題，當我乾隆時。明和題記下署「天部宿禰長熙」名，書中校語多稱「長熙按」云云。每依今本比勘，雖未得校書之法，亦勤學之士也。予欲假原本不可得，乃假湖南博士所藏鈔本影印行世。蘇峯翁篤志傳古，異日若慨然以原本見假，當再印之。丁巳十月。

魏三字石經尚書殘石跋

正始石經《尚書·君奭篇》殘字百廿二言，全字百有十，半字十有二。光緒中葉出洛陽，尋歸黄縣丁氏。三體石經之傳人間者，僅此片石耳。

考《魏書·馮熙傳》：「洛陽雖經破亂，而舊三字石經宛然猶在。至熙與常伯夫相繼爲州，廢毁分用，大致頹落。」《隋書·經籍志》：「齊神武執政，自洛陽徙於鄴都，行至河陽，值岸崩遂没于水，其得至鄴者不盈太半。至隋開皇六年，又自鄴京載入長安，置于祕書省。議欲補緝，立於國學。尋屬隋亂，事遂寢廢。營造之司用爲柱礎。貞觀初，祕書監臣魏徵始收聚之，十不存一。」則正始石經一毁於馮、常之爲州，再毁于齊、隋之轉徙，有唐初紀，已將蕩盡。此石今尚得之洛陽，知徙鄴時實已零落，未盡徙也。

據歐、趙二《録》記高紳學士藏殘石，後歸郎中趙竦，竦没，遂不知所歸。洪丞相《隸續》、婁氏《漢隸字源》及胡宗愈《重刻石經記》謂雒陽蘇望得《左氏傳》搨本八百一十九字於故相王文康家，刻石洛陽。胡氏又刻之成都西樓。高氏藏石當時已佚，洛、蜀兩刻今不復傳，幸《隸續》所載得窺概略。何幸吾人生今之世，乃得見正始典型，雖所存僅當宋人所見八之一，亦無偶之快事矣。

丁氏得石後，矜惜不輕拓墨，兼金不能得一紙，以故流傳至少。予往於東估得墨本六，乃在洛所拓，頻年分遺同好，已垂盡矣。存此一本乃付影印，以廣其傳。吾友王静安徵君作《魏石經考》二卷，至精密。而墨本見之者罕，故亟印此，俾讀徵君書者得參觀焉。宣統丁巳閏月。

蜀石經春秋穀梁傳殘石跋

孟蜀石經《穀梁》殘石十有九行，楊幼雲太守繼振舊藏，蜀三經之一。三經者：一《周禮》，卷九、卷十。二《左傳》，卷十六。三即《穀梁》也。光緒中，由楊氏後人歸湘中李亦園部郎希聖，部郎没，懸價待售，後歸廬江劉氏。此十九行者，予在京師時所影照。方三經未歸劉氏時，予曾與約，君能付剞劂以傳之者，當爲之介，劉慨然許諾。予時以爲此三經者行且有刊本矣，他兩經遂不復影寫，但手校異同而已。

辛亥以後，聞劉氏復得陳頌南侍御所藏《周禮·考工》及《公羊·桓公》，七年至十五年五千餘言。予避地東土不得見也。蜀石經之傳人間者，楊、陳二家所藏外，尚有《左傳》卷十五，起襄公十年至十五年。鄭世允所藏，見何子貞太史《金石跋尾》。合之士禮居影橅之《毛詩》，車秋舲傳橅之《左傳》，都計得五經，天壤所存殆盡于是。鄭氏所藏今未知存否，楊陳所藏固近在滬江。荏苒垂十年，中更喪亂，刊刻之約不可復尋。予念孤本之易佚，因取陳雪峯先生所刊《毛詩》、《左傳》，重付影印，並取此殘字十九行者，與正始、嘉祐殘石同印入《吉石庵叢書》。雖一鱗片甲，不足厭吾初意。然今不印行，則此戔戔者，且與他經同歸湮没，夫豈可以十九行少之歟？

楊幼雲太守撰《蜀石經考異》三卷，鮑子年爲之跋，見《觀古閣續叢稿》，今亦不知存否。附記於此，以告世之言蜀石經故事者。丁巳閏月清明節。

北宋嘉祐石經周禮禮記殘本跋

《汴學石經》，《寰宇訪碑録》載陳留有《周禮》殘石，祥符有《周易》、《尚書》殘石，《攈古録目》同，而增《檀弓》一石，均不記石數及諸《經》所存行數。惟彭文勤公《知聖道齋讀書跋》記所藏十二版三百五十四行。「周禮卷第一」訖序官「宮正」三十行，序官「凌人」訖掌舍「府二人史」三十行，序官「九嬪」訖逢人「女御八人女」三十行，太宰「五曰保庸」訖「八曰山澤之賦」三十行，小宰「曰廉辨」訖「而觀治」廿四行，「大宗伯禮若王不與祭」訖「小宗伯辨吉凶」三十行，「肆師牲繫於牢」訖「類造上」三十行，司尊彝「享祼用虎彝蜼彝」訖司几筵「加莞席紛純」三十行，典瑞「玉器而奉之」訖典命「凡諸侯之適子」三十行，典祀「司隸而役之」訖世婦「有搼事於婦」三十行，墓大夫「所供職喪」訖大司樂「大合」三十行。所述至詳，顧不及《易》與《書》。

予三十年中求《汴學石經》，得新舊三本：曰《周禮》，《檀弓》、《中庸》，《孝經》，亦無《周易》與《尚書》。嘗以予所藏以校文勤所記《周禮》行數，知文勤亦有小舛：文勤記「凌人」以下三十行，今詳核之，實是二十八行。序官「九嬪」訖「逢人」實是二十行，則文勤藏本實三百四十二行。予所藏本「太宰五曰保庸」以下但存二十六行，太宰「小治」以下但存二十八行，小宰「曰廉辨」以下但存二十一行，視文勤藏本又損泐九行矣。予所藏《檀弓》存六十行，當即是《攈古》所著録。《中庸》存五十行，

《孝經》存四十一行，殆晚近所出，前人未及見者。合計都數得四百八十餘行。予往歲游中州，但聞《孝經》一石在開封圖書館，他石不知所在。《易》、《書》二石則存佚不可知矣。

予既影印魏、蜀石經殘字，因取藏本同印行。《易》、《書》殘石，當託同好訪之，若幸存天壤，異日補印於後。至山陽丁氏所藏舊本三千一百二十有八行，今歸皖中劉聚卿京。曩在京師屢得披玩，已移書聚卿，商借影印，聚卿倘不我拒乎？丁巳閏月。

汴學石經禮記檀弓殘石初拓本跋

《汴學石經·禮記·檀弓》一石，最晚出。予往歲得海豐吴氏石蓮闇藏本，文字可辨者僅六十行，而摩滅不可辨者又三之一。求初出土時打本，垂十年不可得。今年春影印魏、蜀、北宋三朝石經，遂取吴氏本付印，意善本不復可得矣。比者養痾春申浦，忽得一本于某故家。整紙初拓，凡六列，每列三十三行，都計得百九十有八行。去漫漶不可辨者六十餘行，尚得百三十餘行。較吴本存字殆逾倍，爲之驚喜。乃復印入《吉石庵叢書》四集中，俾世之治歷代石經者有所稽焉。宣統丁巳中秋。

松江石本急就章跋

史游《急就》以宋人所稱皇象本爲最古，王伯厚《補注》中屢引以校顔注本。由宋至今且七百年，意人間久絶矣。予弱冠治小學，求《急就》刊本得五家，而以皇本不可得爲憾。私意《急就》初寫以章草，後世刊本改以今隸，必不能無失。（真）〔皇〕象本必爲章草書，幸存什一二於伯厚《補注》中，復改以今隸，又不獲覩其全，夢想乃愈切。光緒戊戌，有以鈕匪石校刻本餽予者，所據爲趙承旨寫本，亦以今隸書之者。然鈕氏《跋》稱曾於平津館見葉石林臨本，宋仲温補六百十六字，乃明正統間刻石華亭。始知世尚有石本，乃大索之吴中書帖肆，又遣友人於華亭求之，不可得也。

丁未在京師，乃忽於廠肆邂逅遇之，爲之驚喜欲狂。亟選工欲鋟之木，而良工不可得。今年丁巳，距得本時又十年矣。往昔之願，尚未克償，乃影印以傳之。此石雖近在華亭，然訪求二十年僅乃得之。當世學者毋忽視也。丁巳仲春。

復宋槧本趙注孟子跋

《孟子趙注》僞孫疏多改削。《四庫全書提要》據《音義》校之，凡《音義》所出而疏本無者，得六十九條。予嘗就館臣所舉之六十九條，校以阮氏《校勘記》，知皆《章指》之文。蓋僞疏全削每章後之《章指》而存注，其於注文又任意省改，甚矣其妄也！《提要》謂《孟子》注單行者，世有傳鈔宋本尚可稽考，得岐《注》之舊。嘗疑館臣既知單行注本之善，顧不著録。幸賴孔氏微波榭刻戴校本，又深惜戴氏所據爲毛、何二家手校，而二家所見宋元諸本終不可得而見也。予自辛丑至辛亥，三游扶桑。

意必有趙注善本，初見足利活字本與戴校頗合，其分卷十有四，仍是邠卿之舊。欲更求先於是者，不可得也。

今年春，始見《音注》本于德富蘇峯翁，乃復宋小字本，注後附《音義》，（後）〔復〕摘七篇中文句類似者附焉。雖不知出於何人，而爲出自宋代則無疑。我國何、毛諸家未獲見者，因請付影印，以與戴校並行，以存宋本真面。顧中佚半紙，嗣知吾友内藤博士亦藏一本，因合兩本影寫而擇用其尤明晰者，逾月告成。爰綴語於後，以志蘇峯翁及湖南博士嘉惠焉。宣統丁巳閏月晦。

重刊宋本東漢刊誤跋

《東漢刊誤》四卷，宋刊本，日本福井氏崇蘭館藏。我國已佚之祕籍也。貢父此書，《宋史·藝文志》及諸家書目所記多譌誤。《宋史》本傳：「攽所著書百卷，尤邃史學，作《東漢刊誤》爲人所稱。」高似孫《史略》與本傳同，均不著卷數。晁氏《讀書志》及《文獻通考》作一卷，《宋史·藝文志》：「劉攽《漢書刊誤》四卷。」今以此本考之，知本傳與《史略》、晁《志》作《東漢刊誤》者是，《藝文志》作《漢書刊誤》者非。至卷數，則《藝文志》作四卷者是，晁《志》作一卷者非也。

晁《志》載攽序「英宗讀《後漢書》見『墾田』字皆作『懇』字，命國子監刊正之。攽爲直講，校正其謬誤，不可勝數。然此書世無善本，率以己意定之」云云。此本則前缺序文，可因晁《志》知其厓略。

又言治平三年奏御，今此本正署「治平三年」，與晁《志》合。《史略》稱「嘉祐七年，上讀《後漢書》見『墾田』字皆作『懇』字，敕侍臣傳詔中書更正之。時劉攽爲國子監直講，奉詔與錢藻、楊褒、姜潛、麻延年、李寔、劉仲章分校，後二年皆遷他官，攽獨畢業」。記敕撰此書事尤詳。嘉祐爲仁宗紀元，晁《志》作英宗云云者誤。蓋此書仁宗時敕撰，成於英宗時也。

《宋史・藝文志》又載三劉《漢書標注》六卷，陳氏《解題》及《通志》並同。晁録則作一卷。貢父此書已四卷，更合以二人作，則一卷當是六卷之譌。《宋志》及陳《録》並注劉敞、劉攽、劉奉世，則合三人之作爲一，別是一書，殆出於後人之手。至趙希弁《讀書附志》稱攽撰《刊誤東西漢》各一卷。觀本傳所記，攽固未嘗爲《西漢刊誤》，惟徐度《却掃編》引攽所校《陳勝田横傳》二條，或是三劉《刊誤》中之文，意攽于班《書》亦間有校正，但未必有專書。故本傳、《史略》諸書但云撰《東漢刊誤》也。

福井氏藏此書，世無知爲孤本者，至予始借觀影寫付梓，爰考正諸家目録之譌，書之卷尾，以示讀是書者。宣統丙辰九月。

宋槧本廬山記跋

高山寺藏本《廬山記》五卷，卷二、三宋槧本，餘三卷舊鈔補。然宋諸帝諱皆闕筆，蓋亦從宋本出也。書中宋諱闕筆至高宗諱「構」字止。而光宗之嫌諱「敦」字不缺筆，蓋刊于高光間也。此書我國

《守山閣叢書》刊《四庫》本，但存前三篇，篇爲一卷。館臣謂佚弟四、五篇。今此本凡爲篇八，爲卷五。前二篇爲卷一，第三篇爲卷二，第四、五篇爲卷三，第六篇爲卷四，第七、八篇爲卷五。《守山閣》本不但佚第四篇以下，其分卷亦非當時之舊矣。知館臣既見今本篇爲一卷，遂疑佚者僅四、五兩篇抑又誤矣。

此書全書不知何時佚去太半，館臣謂《永樂大典》本亦僅有三篇，則明初已佚。東邦則尚存足本，且此本外尚有元禄十年刊本。今取元禄、《守山》二刻與此本比勘，知元禄本雖五卷具存，亦有譌奪。《守山》本不僅佚去後五篇，而存者三篇中譌奪彌甚。第一篇《守山》本奪釋慧遠「《廬山記略》」至「略舉其異耳」數十行。元禄本不闕。第二篇「影圖者」以下元禄本錯簡十餘行，《守山》本不誤。而遠公記云「至已上蓋述石門之勝」十餘行，又遠公《山記》云「至謂阿羅漢之類也」三行，《守山》本並奪佚。第三篇《守山》本奪「昔東海僧遐」云云十三字，又奪「源由福」云云二十八字，第六篇元禄本奪《落星寺》詩半葉，第七篇元禄本叙《東林寺》諸碑，誤錯列《東林寺經藏碑銘》及《大德粲公碑銘》于《慧遠法師等三碑》之前，知元禄本復刊時已不能無失矣。此本卷一闕第二葉，卷四闕第二十一及第二十八兩葉。又卷一李常《序》書口寫第三葉，則李常《序》前當更有兩葉已佚。今卷一第二葉可據元禄本補足，卷四兩葉，李常《序》前兩葉，恐世無他本可補矣。

予夙愛此書叙述雅贍似《水經注》，苦世無善本。宣統紀元，客游東京，忽遘此宋槧足本于德富氏成篔堂文庫。丙辰冬，移書從蘇峯翁假印，慨然許諾。逾月影印告成，爰書宋槧之可貴，固不僅在無佚篇而已。丁巳正月。

影北宋天聖本律音義跋

影宋天聖本《律音義》一卷，孫奭撰。常熟瞿氏鐵琴銅劍樓藏。附於《律》十二卷之後。考《玉海》天聖七年四月刊《律文音義》於國子監，十二月畢鏤板。即此本也。自元王元亮《唐律釋文纂例》行，此書遂微，世不復有刊本。曩以宣統庚戌從瞿氏影寫，弆篋中數歲矣，頃乃影印以傳之。《律》十二卷世已有《疏義》本，不復刊也。至此書多存古音古義，瞿氏《書目》已略言之，兹不更舉。丙辰十月。

北宋天聖本齊民要術殘本跋

予年三十尚未知穡事。光緒丁酉始學稼圃，徧讀農家言，尤喜《齊民要術》。顧恨不得善本，明以來諸刻既譌奪滿紙，吾鄉袁爽秋先生以宋本校前七卷，刊於中江者，曾取《皕宋樓羣書拾補》所載校之，不盡合。蓋校勘者以意定其可否，亦未爲善本也。

歲庚子，在鄂中聞楊惺吾舍人藏影日本高山寺北宋本殘卷，求借而授之梓。舍人謂欲取王禎

《農書》所引校末二卷之無宋本者，校畢即見畀。予請自任之，則又曰曩固已從事校勘，弟未清寫耳，盍稍俟之。然始終固未見與也。私衷耿耿，未嘗或忘。辛亥東渡，知此殘卷尚在高山寺，而寄存京都博物館，欲借取影寫，苦無人爲之介。今年始識神田君香巖，君固博物館職官也，以介紹請。神田君爲言之於館長久保田君，爲移牘高山寺，得許可。于是求之二十年不獲見者，一旦乃得披讀，亟取以校中江本，不僅第八卷譌奪至衆，即第五卷曾校以宋本者亦尚多舛誤。蓋吾國所藏宋本每半葉十行，此本則半葉八行。彼當爲南宋槧，此出北宋。觀卷中「通」字缺末筆可知。考「通」爲宋真宗劉后父名，其避諱在仁宗初年，明道間即復舊，則此殘卷確爲天聖刊本。其字畫朴健，與敦煌石室唐刻《陀羅尼》正同，即論版本亦爲宋本中之冠。矧訂正奪字誤字多至七八百，豈非驚人之祕笈乎？

影印既畢，爰書卷端，以識神田與久保田君之惠。聞尾張真福寺尚有古寫卷子本，異日將往校寫，匯諸本合刊之，以成善本。平生積想或稍慰乎！宣統甲寅十月。

影北宋本天竺字源跋

景祐《天竺字源》七卷，存卷一至六卷，佚第七卷。以日本嘉禄二年僧喜海所書之《字源私鈔》補之。日本京都高山寺舊藏，今在東京博物館。嘉禄二年當南宋寶慶二年。此書前六卷與《私鈔》雖非一人所書，然以書迹觀之，時代當不相後先，蓋均七百年物也。是書爲傳梵大師法護、光梵大師惟淨等集進，仁宗御製序。景祐二年九月奉旨開版。《宋史・藝文志》不著録。《直齋書録解題》、卷十二。《文獻通考》、卷二百二十七。《至元法寶勘同總録》卷十諸書並載之。惟《通考》誤書「惟淨」之名作「相淨」耳。

陳氏《解題》言吴郡虎邱寺有賜本，今則中土不復見。蓋悉曇文字世罕習者，故尤易亡佚也。惟淨爲南唐李從謙子，後主之猶子。《湘山野録》載其事實。法護則梵僧以進佛舍利及梵筴留譯經院，其事實見《佛祖統紀》。卷四十四。二人者並緇流中之有功於譯學者也。

我國迻譯梵本，慈恩以後即以宋之譯經院爲最盛。故有宋士夫尚有通梵字者。《宋史・藝文志》載鄭樵《論梵書》三卷，見卷一小學類。《通考》卷一百五十五作一卷，疑誤。蹇序辰《諸經譯梵》三卷，卷五道釋神仙類。今其書皆不傳。此書雖幸存於海東，而末卷已闕佚，則刊刻流傳固不可後矣。爰移書請於殷野館長，影印以詒當世。惟《私鈔》過簡略，不及原書什一，是爲憾事。

然東邦所傳或不止一本，亡友楊惺吾舍人亦藏一本，載之《日本訪書志》。不云有佚卷，而云卷二以下但漢文，無梵書。恐亦是「略出」本，不可據以補此本之闕。異日仍當博訪之三島藏書家，或可謀延津之合乎？丙辰九月晦。

宋槧本文殊指南圖贊跋

宋代刊板，蜀最盛，杭最精。南渡以後，吾杭書籍鋪雕板若陳道人鋪，尹家書籍鋪，張官人宅文籍鋪，可知者寥寥此數家耳。此書爲衆安橋南街東開經書鋪賈官人宅印造，爲近人治板本學者所未知。其雕造畫象甚精，我國乃無傳本。丙辰秋，訪神田香巖翁，出此見示。予請付影印，慨然許諾。東京三浦將軍亦藏一本，不獲借觀，疑亦賈官人宅本也。

予往欲撰《兩宋杭州雕本考》，苦前籍所記甚略。今得此書，知又有賈官人宅刊本，且藉知宋世卷軸之式雖漸廢，而刊本有尚存卷軸式者，亦以前考板本諸家所罕知者也。影印既成，爰書其後。十月九日。

宋槧本三藏取經詩話跋

宋人平話傳世最少，舊但有《宣和遺事》而已。近年若《五代平話》、《京本小說》漸有重刊本，此外仍不多覯。此日本三浦將軍所藏，予借付景印。宋人平話之傳人間者，至是遂得四種。《四庫全書總目》雜史類存目，《平播始末》條言：《永樂大典》有平話一門，所收至夥。皆優人以前代軼事敷衍成文，而口說之。今《大典》已散佚，庚子拳匪之亂，翰林院火，《大典》燼餘，有以糊油簍及包苴食物者，其幸完者多流入海外。辛亥國變，官寺所儲亦爲人盜竊分散。今一册不存，平話一門不知人間尚存殘帙否？念之慨歎。丙辰九月。

宋槧本三藏取經記殘本跋

日本三浦將軍所藏《唐三藏取經詩話》巾箱本，予既命工寫影，頗惜其有佚葉。聞德富氏成簣堂文庫中尚有別本，乃移書求觀。書往不逾旬，蘇峯翁果寄所藏本至，亟取以校巾箱本，稱名雖異，而實是一書。惟巾箱本分卷爲上中下，此則署一二三爲不同耳。且皆爲高山寺舊藏，而此本刊刻尤精。書中「驚」字作「驚」，「敬」字缺末筆，蓋亦宋槧也。

巾箱本佚三葉，此則卷一佚少半，卷二全佚，不能取以補巾箱本，而巾箱本之譌脱可取此本補正之。因與巾箱本同付印，以廣兩君之嘉惠于藝林。丙辰十月。

宋槧本二李唱和集跋

《二李唱和集》中土久佚。貴陽陳氏始於日本得古本影寫付梓，首尾殘缺，存者自第五葉起至第二十五葉，中間復缺第十三一葉，繕刻至精。雕板後歸德清傅氏，復由傅氏歸於予，曩頗以殘缺不完爲憾。

乃去歲游日本京都，忽於富岡氏桃華盦中見所藏彼邦影宋舊槧本，與陳刻款式悉同，而殘缺處則異。富岡氏本首尾俱完，但缺第九、第十三、第二十五三葉。陳本缺首尾，而第九、第二十五兩葉尚存，會合兩本共得三十葉，僅脱第十三一紙耳。爲之驚喜，亟影寫以歸，授梓人補刊焉。卷首李昉《序》稱得詩一百二十三首，今數之除已佚之第十三葉外，尚得詩一百五十六首，序所記之數殆有誤也。又昉詩第一題爲《小園偶賦獨坐所懷》，語不可通。而至和章則題《奉和小園獨坐偶賦所懷》，知昉題「偶賦獨坐」四字乃刊本誤倒也，今爲之改正。刊刻既竣，漫書卷尾，既以記古籍復完之可喜，且志富岡君假録之厚誼，爲不可没也。宣統二年正月。

宋槧本草窗韻語跋

《草窗韻語》一稿至六稿，凡六卷。咸淳辛未刊，宋刊宋印，完善無絲毫缺損。字迹清勁，仿歐陽率更。宋季槧本之至精者。草窗著作皆載入《元史藝文志補》，而詩集則但載《蠟屐集》一卷，《弁陽詩集》五卷，不載此集。亦不見明以來諸家目録中，則此書佚久矣。考草窗生於紹定五年，而是集刊於咸淳七年，草窗時年四十。《剡源集》載《弁陽詩序》，歷稱公謹少年壯年晚年詩之變化，則《弁陽詩》編於晚年可知。戴序言「予丙戌春道杭遇之」，丙戌爲至元二十三年，草窗年五十六，此記戴周訂交之始。近人撰《草窗年譜》乃謂《弁陽詩》刊於是年，殆未然矣。此書爲天壤間僅存之孤本，洵爲藝林鴻寶。不但可據以補竹汀先生《元史藝文志補》之未及，爲厚幸也。宣統丙辰嘉平月二十六日。

國朝風雅元槧殘本跋

蔣氏此編，明焦氏《經籍志》、黄氏《千頃堂書目》、阮氏《進呈書目》、張氏《愛日精廬藏書志》並作三十卷。此殘本七卷，每卷一目，不記卷數。目録首行上題「國朝風雅」，下題「蔣易編集」。每卷或一二家，多至七八家不等。每家各自爲編，首行上書姓字，下題姓名、籍里，或著履歷，書口亦書作者之字，不題書名。每版所記版數，亦各家分記。蓋隨得隨刊，故不相銜接也。

七卷中六卷有目，其吴閑閑等八人之詩則無目，殆脱佚也。每家詩末，或略加評論，或記作者事實，或記選刻歲月，然非每家皆然。《雜編》則分上中下三卷，目録首行題《國朝風雅雜編》，次行題「建陽蔣易師文編集」。目録但書詩題，不著人名，而於卷内書之。每卷首題「國朝風雅」，書口題「雜編上」，「雜編中」，「雜編下」。每卷所記版數分三卷書之。《愛日精廬》著録之三十卷，本乃士禮居舊藏，載黄蕘翁跋，謂以三十卷本與所藏殘本及香嚴書屋殘本校，每多岐異。三十卷本每卷無子目，而前有蔣易自序及黄溍、虞集二序並目録。虞序言此書三十卷，以劉静脩爲首，而終之以《雜編》三卷。張氏《藏書志》謂始劉夢吉終陳梓卿，凡一百五十五家。阮氏謂卷一至二十七止，凡八十五家。今檢《雜編》三卷，上卷二十家，並馬祖常、宋本、謝端三人聯句一篇作三家計之，共二十三家。中卷三十一家，下卷二十一家，三卷總計七十五家。其他七卷都二十八家，合一百有三家。視張氏所舉少五十二家，然如阮氏言卷一至二十七共八十五家，再益以《雜編》七十五家，則都計一百六十家，與張氏百五十五家之數又不合。可證此書實隨得隨刊，故諸本家數不相符合也。黄跋又謂三十卷本當是因版片不全，子目盡失，遂按人姓名分卷，如此題頭。然則此不題卷數之本，當是未經改併者，較之足本尤足珍矣。又據易自序及黄、虞兩序並稱《皇元風雅》，而此本實題《國朝風雅》，不知三十卷本每卷書題如何。惜蕘翁未言及也。

此本爲汪閬源舊藏，每册首有「汪士鍾印」、「閬源真賞」二印。每半葉十行，行十八字，元槧印極精雅。《雜編》卷末有蕘翁手録。香嚴本四册中，詩人姓名、履歷並題識一行。吴中舊書，傳是、述古所藏，散佚殆盡。光緒乙巳春，予既于南匯沈氏得傳是樓所藏宋本《肇論中吴集解》，秋間復得此書。古緣爲不淺矣。戊申二月。

永樂大典本宋吏部條法跋

《永樂大典》上聲六暮韻部字門《宋吏部條法》二卷，曰闕陞門，曰磨勘門，共一册。乃辛亥國變由北京流入海東，爲吾友富岡君撝購得者。考《宋史·藝文志三》刑法類載《湻熙吏部條法總類》四十卷，《嘉定編脩吏部條法總類》五十卷，當即是書。然此二殘卷中，已有寶慶、湻祐至景定年號，則非湻熙、嘉定二書可知，殆景定以後續脩者。《玉海》亦載《湻熙吏部條法總類》，云嘉泰二年詔重脩，開禧元年書成。是湻熙本開禧間已重脩增補，《藝文志》失記。而嘉定重脩以後，至景定再脩，則《玉海》亦未言及。幸《大典》徵引，今尚得窺見一斑耳。惟據《大典》目録自卷一萬四千六百十四至一萬四千六百四十六，凡三十三卷，皆記吏部事，不知此書得全載否。《大典》今已星散，末由知之矣。此書爲久佚之祕籍，亟請於君撝影印以傳之，君撝慨然許諾。此書得傳，君撝與有功焉。附識之。丁巳仲冬上澣。

鈔本黄山圖經跋

《黄山圖經》一卷，舊鈔本。題宋無名氏撰。後有香沙道人方望子及方成培跋。香沙道人跋稱得之虞山，實宋鏤本。尾署「祥符祠」刊。又言此書載開元、天寶、大中年事，或唐人書而宋人成之。方成培跋謂此經羅鄂州《新安志》數引之，故定爲北宋人著。今觀其叙述簡明，洵爲佳製。然編末記述水流，屢稱「入杭州唐山縣」及「入宣州太平縣界」，又稱「入睦州青溪縣，今建德路湻安縣是也」。又有「入建德路遂安縣界」語。考唐山縣置於唐，宣州、睦州亦均置於唐，宣州則宋已廢，睦州則宋代尚沿其稱，似爲此書撰於唐宋間之明證。然建德路至元代乃有此名，則此書殆成於元代。蓋因唐宋《圖經》之舊，損益爲之，郡邑之名，因仍不改。不得因有唐宋郡邑名，遂遽以爲唐宋人作。

至羅鄂州《新安志》卷三歙縣山阜類注，稱《黄山圖經》云「改黟山爲黄山」，而《祥符州圖經》乃云「改黄山爲黟山」，鄂州所引僅此一則。今此書雖云黄山舊名黟山，語似略合，而與鄂州叙「山阜」篇文多相類，意即采《新安志》之文。鄂州所引自是唐宋《圖經》之舊，而此書則成于元代，不可淆混也。首葉宋無名氏著一行，殆移録時寫官所增，刊本必無是也。元人所撰山志傳世亦甚可珍，何必漫定爲宋人耶？

予既爲影印，復書其後，以正前人之誤。此書原有圖，今佚。吾友富岡君撝藏《雪莊上人圖》刊本，流傳亦罕，因與此書並印之。香沙道人爲明季遺獻，與姜鶴澗先生交厚，鶴澗先生屢有詩投贈，附著於末，以告讀是書者。丁巳九月。

朝鮮紀事跋

此書傳本甚少。故吾鄉丁氏刻《武林先哲遺書》不之及也。兹刻文僖《奉使朝鮮詩録》，爰並刊之，以補丁刻之遺。惟此從《紀録彙編》轉寫，譌誤觸目，未見他刊本，無從勘正，爲可憾也。宣統甲寅八月。

欽定石渠寶笈三編總目跋

我朝稽古右文，列聖萬幾餘暇，怡情翰墨，故内府所藏書畫，其美富遠逾前代。乾隆癸亥，始敕館臣編爲《石渠寶笈》。辛亥成《續編》，嘉慶乙未脩《三編》。其正本藏之天府，人間不得而窺。正編載入《四庫全書》。往歲曾至杭州文瀾閣求之，亡佚什九，才存斷卷而已。《二編》所載，阮文達公分脩時，别撰《石渠隨筆》八卷。胡書農學士與脩《三編》，亦别撰《西清劄記》四卷及《南薰殿圖象考》二卷。然但就分脩時所見略窺一斑，末由觀其全也。

宣統丙辰，東京書肆得《寶笈三編》于我京師。爲山本二峯君所得，因從假觀。書凡十函，函四册。才存過半而佚其少半。編中有塗改處，乃館中副本，將據此寫定正本者。總目三册，則完全無闕。首册載世祖至高宗御筆，中册首仁宗御筆，次列朝名人書畫。下册本朝臣工書畫，次諸家書畫合册，次石刻及宋拓本，次緙絲書畫，次歷代帝王名臣圖象。其體例以所藏之處爲綱，不分書畫及卷軸，類次間有未盡美善之處。如「勝國遺獻」或列明季，或入本朝，未能畫一。又每記一畫，敘述景物不及畫法，間考書畫家籍里仕履，亦不甚詳備。蓋成書甚速，未及精心釐定也。編中名迹，歷經變亂，往往流出人間。宸翰樓中亦敬藏一二，每焚香展觀，想見玉堂晝永，琳瑯滿目，館臣入直編輯時景象如在目前。攬今思昔，爲之慨然。

予既從山本君借讀，欲授諸剞劂，以卷帙宏富，力不能逮，乃先印其目，冀得好古而有力者取全書續印，與《宣和譜録》並傳藝林。謹書卷尾，以竢方來。宣統丁巳仲秋。

金石萃編未刻稿跋

《金石萃編未刻稿》三册，録元碑八十，無書題，不分卷。初不知爲誰氏作，再三審諦，乃知爲蘭泉少寇未刻稿也。有三證焉：體例與《金石萃編》合，每碑題下注石之高廣、行數、字數、書體及石之所在，碑文後附諸家跋尾，一也。《至順二年加封啓聖王等敕旨》後附録錢竹汀先生跋尾，其後有朱書「文藻校」三字，與跋尾字跡相同，知跋尾亦出朱先生手。《萃編》本成於朱文藻、錢侗兩先生，此爲其末數卷，二也。編中載雲南石刻九通，遠在邊徼，他人莫致。蘭泉先生在滇三年，殆軺車所至，采訪得之，三也。

特不知何以棄而不刊，或因元刻至多，而蒐輯未備故耶？然編中所載，今大半難致墨本，烏可以未備少之？予往在京師得此本于廠肆，置篋中且十年。今乃析爲三卷，補目於前，付影印以傳之，俾世之讀少寇書者無復遺憾焉。宣統戊午二月。

西夏姓氏録跋

此就介侯先生手稿移録。張氏原稿法國伯希和教授得之關中故家，今攜歸法京。介侯先生自記謂附《遼金元》之後，今《遼金元姓氏録》稿亦歸法京。予亦手自移録，以撰輯頗疏略，異日當爲補輯，而後刊行。或亦介侯先生之志乎？宣統元年冬。

增訂杜東原先生年譜跋

《東原先生年譜》一卷，石田先生撰，稿本未刊行。石田自署門人，《畫史會要》謂石田先生父恒吉從東原學，是兩世並從東原游也。譜文至簡質，於東原事實之大者多不著。殆以已見匏庵所撰《墓表》中，故不復再著與？予既手自校寫，並據《東原集》中可補譜文之略者，條附文内。復録匏庵文於後，以資參考。乙卯六月。

姚雲東年譜跋

《雲東逸史年譜》稿本，光緒戊申得之嘉興唐氏。不著撰人姓氏，中有「銘彝案」云云，知爲沈竹岑先生撰。以予所藏《李英公碑》册尾竹岑先生手跋校之，知即先生手稿也。編中前爲《年譜》，後爲《世系表》，再次爲《墓圖》，而附以《弔雲東宅詩》。雲東繪事精妙，上承仲圭，與王孟端、夏仲昭雁行爲明中葉以前巨擘。此《譜》搜討至詳，然似尚未經寫定者。竹岑先生字紀鴻，官教諭，以道光十七年卒。爲張叔未先生姊夫，精於金石之學。李氏《金石學録》曾著其名，而不詳其事實。爰書其略於此。宣統甲寅五月。

吉貝居雜記跋

北研先生熟精金源史事，所著書先後均已刊行。惟此《雜記》十餘條載烏程范氏《花笑廎雜筆》中。《雜筆》傳本甚罕，因命兒子福萇録出，别刊之。宣統甲寅六月。

襄理軍務紀略跋

此書曩視學天津時得之舊書肆。乃記英人及各國兩次據津時，鄉紳張錦文辦團防事。錦文天津人，爲長蘆鹽商。其辦鄉團，任事頗力，蓋一鄉之善士也。《紀略》中述其言行知識，蓋亦局於一鄉。其爲各國供張，以免鄉里一時焦爛。於鄉里則益，於大義則非。然庚申之役，英兵由津入都，制軍且令團局爲備車輛，即錦文亦力辭，是當時制府之識又出錦文下矣。

其在南疆，當英艦過京口時，揚州震驚。紳士江壽民擕巨金送英船，與約毋入揚。其主之者實爲林下某巨公。江後復以此施之粵匪，揚城殲焉。又粵匪既逾揚，淮安某紳亦師江所爲，通款於賊。及聞揚州殺戮之慘，乃追使者於境上，而備守禦焉。嗚呼！辛亥之事，其所由來者漸矣。閲此編不能不爲之撫卷太息也。

此編爲稿本，乃團局中人撰以頌錦文者。文多蕪俚瑣細，爲薙其尤冗蔓者，讀之可得當日情事之大略矣。乙卯六月。

洛陽石刻録跋

此録祥符常氏茂徠撰，欲以續《中州金石考》者。常氏字秋崖，收藏石墨拓本甚富。予曩官京師時，廠估就其後人捆載至京師，均歸予家。墨本上多武虚谷先生藏印。常氏之生略後於武，殆熏習其學者。

此稿夾石墨中，洛陽以外，尚有他縣，然多缺佚。其署名曰《續中州金石考》，則河南府屬以外尚有他府可知。想已亡佚，兹姑就完全可寫定者，録爲《洛陽石刻録》。録中或誤闌入他省石刻，爲删去之。其譌誤可知者，改正之。俾不没秋崖編輯之勞，並存其姓字。庶後來言金石學者，有所考焉。乙卯冬。

陶齋金石文字跋尾跋

吴江翁叔均先生金石考訂之學，與張叔未、韓履卿、吴子苾、許叔夏、劉燕庭諸先生並著稱於道咸間，顧其著書不傳於世。今年秋，予以三十萬錢得先生手稿十餘册於滬上。蓋即其所撰《陶齋金石略》、《古官印考略》、《瞿氏印考辨證》、《古兵符考略》、《封泥考》諸書之底本。《古官印考略》以下，雖目録已清寫，而書實未成。《金石略》則僅跋尾數篇而已。

每册手稿或僅二三紙，或十餘紙，多者亦不逾三十紙。旁行斜上，塗乙狼籍。中間或夾片紙，皆草稿也。兹爲輯録《金石文字跋尾》十七則，大率非精意之作。然潛學之士終身仰屋梁，若並此不傳，豈非至憾。存此一鱗片甲，殆所謂「慰情勝無」而已。乙卯九月。

簠齋金石文考釋跋

濰縣陳壽卿先生收藏古金石刻爲海内之冠。顧平生撰述矜慎，至老無成書。惟歙鮑氏、吴潘氏刻其《手札》數十通而已。宣統紀元，始得此卷于丁紹山待詔艮善家。尚是先生手稿及先生嗣子九蘭大令厚滋寫本。存《金文考釋》八篇，《漢石記》一篇，《詩》二章。吉光片羽，不忍自我而湮没。亟印行，以遺治斯學者。宣統五年。

鶴澗先生遺詩跋

鶴澗先生畫迹孤潔冷雋，嗣武雲林。詩亦清迥絶俗，如其爲人。顧求其嗣子所編《焚餘草》，二十年不可得。而總集如《國朝詩别裁集》、《山左詩鈔》、《江蘇詩徵》所選，僅寥寥三數篇，知佚已久矣。今年春，在上海，有以先生書畫册乞售者，録得《遺詩》十餘章。返東山寓廬，又發篋出所藏先生畫跡，合以諸家所選，先後共得詩四十九篇，亦可窺豹一斑矣。

至先生平生行誼，諸家記述頗略，亦不載其生卒年月。據卷中《游堯峯詩》序及張符驤所作《先生生壙記》，知實生於我朝順治四年丁亥，距明社之屋已數年矣。顧守先人之訓，高不事之節。以父母未得合葬，自營生壙，不敢以妻祔。又讀卷中由《木瀆入崇禎橋》、《贈戴南枝》諸什，家國之痛，白首如新。彼龔錢輩，身食朝禄，名滿當代，一旦桑海改易，則盡喪其平生。以視先生能無媿死乎？集録既終，謹書卷尾，以誌景行。宣統甲寅。

匪石先生文集跋

鈕匪石先生所著書，《説文解字校録》、《説文新附考》、《段注訂》並刊於江蘇官局，《急就章考異》及《詩集》刊於靈鶼江氏，《遺文》、《日記》刊於吳中潘氏，鈕氏遺著殆備刻無遺矣。惟《遺文》寥寥數篇出後人捃集，知遺佚必多，末由窺其全也。

庚戌四月，得先生手稿本於長白寶孝劭太守後人。塗乙狼籍，編次雜亂。雖非寫定之本，而所存四十二篇，多潘刻所未及。因略加類次，清寫爲二卷。既成，始見吳中所刻《匪石子》小字本，不知刊於何人，即此編中卷上諸篇，而文字小有同異，因仍其舊。海内好事者，若取此合潘、江所刊《遺文》、《日記》、《遺詩》重編爲一集，庶幾無遺佚乎。歲在乙卯。

浣花詞跋

《浣花詞》，海寧查韜荒先生撰。書法婉妙，前有先生名字、小印三，蓋先生手書也。先生生有異稟，讀書經目不忘。論古今成敗，人物臧否，制度因革，地形險易，明如指掌。少應童子試，吏止先生搜檢，大怒曰：「朝廷以取士，而有司以不肖待之！」拂衣去，以布衣終。

性好游，南至滇、黔，北至齊、燕，所至才名傾動。吴逆未叛時，延爲上客。察其有異志，佯醉罵坐掉臂去，有「將軍有酒能投轄，壯士聞雞已出關」之句。吴遣親軍追之。先生素有力，提親軍于馬上，擲地曰：「乃公終不爲老兵留！」親軍奔訴之。吴恚甚，使劍士往刺之，微服間道免。康熙乙丑，復遊楚。卒死于長沙之攸縣。吴兔牀先生《拜經樓藏書題跋記》據朱茂才亦大悼先生詩，謂是眷一妓而死于其家，可痛也。

平生著作有《詠歸録》、《彈箏集》、《尚志堂文集》、《漸江文鈔》、《漸江詩鈔》、《江漢詩集》，均載《海昌備志》。而不載《詞集》，僅姚氏《國朝詞雅》選登一闋。意此册人間無別本矣。乃付影印以傳之。戊午六月八日。

頤志齋文鈔跋

山陽丁儉卿舍人《頤志齋集》編定而未梓行。前年冬得寫本於丁氏後人，其説經之文多非精詣，其他酬應之作亦可不存。爰鈔其所撰《傳記》得十七篇，非傳其文，傳其文中之人也。所爲詩亦選刻《感舊詩》一卷，以其略存當時事實，亦猶刊《文鈔》之旨爾。宣統乙卯六月。

恒農冢墓遺文跋

右共三十一專，其見《匋齋藏甎記》者二十有三，匋齋著録多有譌舛。「犂錯專」「元和四年」，脱「元」字。「左章專」「章和元年」，脱「章」字。此專上側有「左章」二字，予藏本無之。「鄭□專」「□和二年正月」，誤作「二月」，「重泉」誤作「□宗」，「鄭」字但存阝半，「在此下」脱「下」字。「陳李專」「下」字上脱「此」字。「吴顔專」「酸朿」誤作「酸束」。「畢通專」已折爲二，誤以上截九字入上卷，以下截十一字入下卷。「杜倪專」「□元〻年」，脱「□元〻」字。「常山□□□□專」「永元元年十月」，脱「十」字。「邯鄲髡鉗□□專」「永元元二年」，元下脱「二」字，「邯鄲」上脱「國」字。「傢升專」「完城旦」下脱「傢升」二字。專之上側有「傢升死」三字，誤列入下卷，又誤「傢」爲「哀」。「魯伯專」「陳留尉是之」，「是」字但存下截，誤録作「之魯」。「伯」誤作「胄」。「谷□曉專」失録上截「右無任」等八字，又半字一。「張少專」予藏本但存下截，「張」字尚可辨。匋齋並有上截，專端「張少死」三字乃誤析爲二，又失録「張少死在此下」之「張」字。以上所舉，乃姑就此篇中著録者言之，其此篇未著録而予有墨本者，其譌誤罔不類此。又有予無墨本可懸知其誤者，《藏甎記》載「廬江太守髡鉗專」，其文爲「永元四年三月七日無任廬江太守髡鉗□□死在此」。考「髡鉗」之上例書罪人籍里，安得有「廬江太守」之文？必「廬江六安」之譌，乃譌「六」爲「太」，譌「安」爲「守」也。如此之類，可爲捧腹！

忠敏博雅有清鑒，固不殊蘭泉少寇。而門生故吏之從事編輯者，則非朱文藻、錢侗儔也。附正于此，以諗來者。

楚州城甎録跋

淮安城隍築于南宋之初，其專甓多記燒造之地。楚州以外，若建康、揚州、高郵、寶應、安東、太平、朐山諸郡邑；若淮陰、漣水、鎮江、采石、壽春、招信、武鋒、敢勇、制勇、游奕、義士諸軍；若建康都統司，若淮東安撫司及淮東轉運司。種類甚夥，或記提點將官及作頭姓名，城雉間往往遇之，或得之人家牆壁，及雞塒豕闌中。乾嘉以前士夫無留意者，自瞿木夫先生得「《建康府專》」于江甯試院，竹汀先生爲之跋，爲南宋諸專著録之始。厥後著爲《專録》者：曰金陵甘氏，曰山陽丁氏，曰白田劉氏。然合諸家所見，殆不逾三十品。

予年弱冠，頗事蒐訪，遇未見於諸家著録者，得之如獲尺璧。又每周巡城垣，遇文字新異者，攜楮墨就壁上拓之。朔風炎日不之畏，儕輩笑侮未嘗輟也。久之遂得八十餘品，爲録一卷。以授清河王壽蘐部郎刻之《小方壺齋叢書》中。今垂三十年矣。此三十年中，人事不常。予既江海奔走，部郎則以客死。舊蓄諸專已多零落，墨本多爲朋好取攜垂盡。舊日刊本亦罕流傳，若不謀重授之梓，則往日之辛勤著録將與舊藏俱盡。是可憾也。爰重校寫付影印，而部郎已墓木拱矣。

部郎名錫祺，好古能文章，篤嗜地理學，喜刻書。與予姻舊，晚歲以商業破家，遭訟繫。予爲言于當道，出之，而卒以餒死。憶其平生，爲之悽咽。往欲爲作一傳以章之，匆匆未果。因跋此編，附記其姓字。俾世之讀是編者知此書之印行實自部郎始，其豐於學而嗇于遇，爲可悲也。戊午十月。

專誌徵存跋

古無誌墓之文，傳世「比干銘」及「滕公墓銘」雖已見前人著録，然以書迹斷之，殆出後世肊造。葬時燒專造壙，於專上記姓氏年月而已。其文皆在專側，或但施吉語，無刻字專面者。刻字專面，殆爲誌銘之濫觴。最先出者爲「許州魏陳禮」等專，今已亡佚。逮光、宣間，近畿多出平面刻字墓專。中州之彰德亦有之，或朱墨書，不鐫勒。關中唐以下諸誌，亦有刻專上者。予頗收集之，丁巳仲冬，乃出其所藏，手自編寫，得八十有一通。成書一卷，顔之曰《專誌徵存》。校寫已完，復有所得，不及增入，當爲《續編》。期諸異時，爰書以竢之。戊午十一月朔。

地券徵存跋

古者喪葬之有「地券」，不知所自始。以予平生所見，傳世之最先者，當漢之建初，近者訖于明之天啓。其刻辭雖有增損因革，而大恉率相類。其形製則古今頗殊，其以玉者形如方，以鉛者如簡。其以專者，率先者小，而後者大，或代專以石，然什一二而已。

予好蓄冢墓間遺文，戊午三月，取歷代「地券」別爲一録。由漢逮明得十有九品。計玉券一，鉛券二，他皆專與石也。其出于鐫刻者十有八，書而未刻者一，昔有而今佚昔完而今毀者三。其高麗僧世賢一券，當金皇統間。文字形式，略與有唐以來諸券不殊。可徵我聲教所訖，不僅在禮樂政刑，即風俗亦中外懸同有如此者，故附著之。它日再有所見，當賡續校録，以補兹編所不及。十月既生魄。

三韓冢墓遺文跋

右高麗墓誌共七十通，其文字悉仿中土，而形製稍異。誌文多刻石棺上，故有誌無蓋。石棺之四周皆可刻字，故誌文或一石，或二石，或四石。諸誌中或稱「廟記」，《李仁實誌》。或稱「廟誌」，《任益愔誌》。疑或不置壙中，而置於廟矣。其文之標題或曰「卒朝散大夫」，《濮陽公誌》。曰「卒大中大夫」，《朴寅輔誌》。其言「卒」猶中土之稱「故」，此稱謂之與中土異者也。其王室所生子女瘞胞亦有誌，則爲中土所無。其俗多用火葬，而棺多以石，此則尤可異也。壙中或用「買地券」，其文字與中土傳世諸「地券」同，知中土風俗所被至遠。諸誌中紀元當宋、遼、金時，皆奉用遼、金朔。於宋稱「大宋」，於遼曰「本朝」。蓋遼、金與三韓壤土密邇，宋至南渡則聲教所不能訖矣。又諸誌中人名字有襲用中土古名人舊名者，曰「柳公權」，曰「李百藥」，《李頲誌》「字百藥」。曰「權德輿」，《權適誌》「王父諱德輿」。想彼土如此者非一，殆亦「慕藺」之意與？此均異聞之可記者，爰附識於册尾。

雪堂金石文字跋尾（永豐鄉人丙稿）

雪堂金石文字跋尾目録

序……三九二
卷一　吉金文字……三九四
昆夷王鐘跋……三九四
克鐘跋……三九五
兮仲鐘跋……三九五
丼人鐘跋……三九五
盂鼎跋……三九六
毛公鼎跋……三九七
曶鼎跋……三九八
頌鼎跋……三九八
師奎父鼎跋……三九九

克鼎跋……三九九
䢅鼎跋……三九九
乙亥鼎跋……四〇〇
䢅白鼎跋……四〇〇
朕虎𣪕跋……四〇一
豐姞𣪕跋……四〇一
虎𣪕跋……四〇二
𩰫白□𣪕蓋跋……四〇二
叔向父𣪕跋……四〇二
遣小子𣪕跋……四〇三
同𣪕跋……四〇三
不嬰𣪕蓋跋……四〇四
卿彝跋……四〇五
白彝跋……四〇五
從彝跋……四〇六

𧆞白彝跋……四〇六
史秦鬲跋……四〇七
弭中簠跋……四〇七
寠侯簠跋……四〇八
鄭義羊父簋跋……四〇八
矩尊跋……四〇八
睘尊跋……四〇九
女婦卣跋……四〇九
祖癸觚跋……四〇九
⿺乚曰觚跋……四一〇
羊乙爵跋……四一〇
目父癸爵跋……四一一
丁未角跋……四一一
虢季子白盤跋……四一二
散般跋……四一二

嬗妊害跋……四一三
秦孝公量跋……四一三
莽量跋……四一四
漢孫成地券跋……四一五
金魚符跋……四一六
明神機銃匙跋……四一七

卷二　石上

……四一八
石鼓文跋……四一八
繹山碑跋……四一八
秦瓦量跋……四一九
漢孟琁碑跋……四二〇
四時嘉至磬跋……四二一
三老諱字忌日記跋……四二二
子游殘碑跋……四二二
少室闕銘跋……四二三

景君碑跋……四二四
延年石室題字跋……四二四
鄭固碑跋……四二四
倉頡廟碑跋……四二五
孔宙碑跋……四二五
堂谿典請雨銘跋……四二五
瑯邪相殘墓表跋……四二六
鄭季宣碑跋……四二六
劉熊碑跋……四二七
魏張普先君墓塼跋……四二八
晉荀岳墓誌跋……四二九
高麗好太王碑跋……四三〇
宋劉懷民墓誌跋……四三三
涼且渠安周碑跋……四三三
梁蕭憺碑跋……四三五

代華岳廟碑跋……四三五
魏魚玄明專誌跋……四三五
元始和墓誌跋……四三六
造三丈八彌勒記跋……四三七
寇臻墓誌跋……四三八
石夫人墓誌跋……四三九
鄭文公碑跋……四三九
仩和寺造象記跋……四三九
元詮墓誌跋……四四〇
元演墓誌跋……四四〇
元珍墓誌跋……四四一
王紹墓誌跋……四四一
皇甫驎墓誌跋……四四三
元彦墓誌跋……四四四
崔敬邕墓誌跋……四四四

惠猛墓誌跋……四四五
寇演墓誌跋……四四五
寇憑墓誌跋……四四六
司馬昞墓誌跋……四四七
劉阿素墓誌跋……四四七
宫内司楊氏墓誌跋……四四八
王遺女墓誌跋……四四八
齊郡王妃墓誌跋……四四九
元倪墓誌跋……四五一
高貞碑跋……四五一
高慶碑跋……四五二
李謀墓誌跋……四五三
元暐墓誌跋……四五四
元纂墓誌跋……四五四
元固墓誌跋……四五五

元毓墓誌跋……四五六
元彧墓誌跋……四五六
元文墓誌跋……四五七
元徽墓誌跋……四五八
李彰墓誌跋……四五八
司馬貴嬪墓誌跋(一)……四五九
張安姬墓誌跋(二)……四六〇
卷三　石中……四六一
元玕墓誌跋……四六一
王僧墓誌跋……四六二
李憲墓誌跋……四六二
凝禪寺浮圖頌跋……四六三
高翻碑跋……四六四
蔡儁碑跋……四六四
元鷙墓誌跋……四六五

李仲琁脩孔廟碑跋……四六六
元寶建墓誌跋……四六六
元悰墓誌跋……四六八
賈太妃專誌跋……四六九
章武王妃墓誌跋……四六九
穆子巖墓誌跋……四七〇
杜照賢造象記跋……四七一
高盛碑跋……四七一
鄭公殘碑跋……四七二
齊張龍伯造象記跋……四七二
李清造象碑跋……四七三
高建墓誌跋……四七三
竇泰墓誌跋……四七四
竇泰妻婁墓誌跋……四七五
高叡脩寺碑跋……四七六

樂陵王妃墓誌跋……四七六
樂陵王墓誌跋……四七七
史道暢造象記跋……四七八
宇文萇碑跋(三)……四七八
董洪達造象記跋……四七九
李琮墓誌跋……四七九
蘭陵忠武王碑跋……四七九
高昌麴斌碑跋……四八〇
隋寇奉叔墓誌跋……四八四
寇遵考墓誌跋……四八四
龍藏寺碑跋(四)……四八七
趙洪專誌跋……四八八
趙芬殘碑跋……四八九
董美人墓誌跋……四九〇
龍山公墓誌跋……四九〇

梓州舍利塔記跋……四九〇
蘇慈墓誌跋……四九一
尉氏女墓誌跋……四九一

卷四　石下

……四九二
唐孔子廟堂碑跋……四九二
邕禪師塔銘跋……四九二
等慈寺碑跋……四九三
姜行本紀功碑跋……四九三
皇甫明公碑跋……四九三
張琮碑跋……四九四
蓋文達碑跋……四九四
馬周碑跋……四九五
高士廉塋兆記跋……四九五
王惠墓誌跋……四九五
華陽王先生碑跋……四九六

李文墓誌跋……四九七
張對墓誌跋……四九七
李英公碑跋……四九七
開業寺碑跋……四九八
賈玄贊殯記跋……四九八
游神泉詩跋……四九九
陳護墓誌跋……五〇〇
僞周張懷寂墓誌跋……五〇〇
麴信墓誌跋……五〇一
杜并墓誌跋……五〇二
尚真墓誌跋……五〇四
洛陽磨崖金剛經跋……五〇四
信行禪師碑跋……五〇四
勿部將軍功德記跋……五〇五
倪若水殘碑跋……五〇五

法藏禪師塔銘跋……五〇六
李思訓碑跋……五〇六
道安禪師塔記跋……五〇六
多寶塔銘跋……五〇七
范氏夫人墓誌跋……五〇七
章仇元素碑跋……五〇七
多寶塔感應碑跋……五〇八
楊珣碑跋……五〇八
東方畫象贊跋……五〇九
李光弼碑跋……五〇九
栖先塋記跋……五一〇
三教道場文跋……五一一
宋文貞公碑跋……五一二
元君墓表跋……五一二
李融李謀題名跋……五一三

干禄字書跋……五一三
顔書李元靖碑跋……五一四
張書元靖先生碑跋……五一四
殷君夫人碑跋……五一五
顔氏家廟碑跋……五一五
景教流行中國碑跋……五一六
北海壇祭器碑跋……五一六
李輔光墓誌跋……五一七
張曛墓誌跋……五一七
趙氏夫人墓誌跋……五一七
韋端玄堂志跋……五一八
王郊墓誌跋……五一八
李良臣碑跋……五一九
唐蕃會盟碑跋……五一九
吴達墓誌跋……五二一

砮空和上塔銘跋……五二二
大達法師塔銘跋……五二二
劉沔碑跋……五二二
高元裕碑跋……五二三
霍夫人墓誌跋……五二三
程脩己墓誌跋……五二四
梁謝彦璋墓誌跋……五二四
吴越投龍玉簡跋……五二五
宋脩唐太宗廟碑跋……五二七
石保吉碑跋……五二八
于真庵記跋……五二八
金脩濟瀆廟記跋……五二九
雜阿含經殘石跋……五二九
元顧信墓誌跋……五二九

雪堂金石文字跋尾序

予年十有六，即喜治金石之學。家貧少見聞，又生長僻壤，孤學無助而多暇日。偶得一古刻，即攤書爲之考訂。當斯時也，以不能多致墨本爲恨。至三十以外，饑驅出走，舟車所至，輒事購求。所積至七八千通，不異貧兒之暴富矣。四十官京師，見聞遂益廣。顧以人事旁午，不復能如里居時之閒暇，雖亦從事著録，而時有作輟。國變以後，八年避地，忍死著書，先後刊定殷虚文字、西陲簡軸，益不獲專力于斯學。致二十年辛苦蒐集之金石刻，一歲之中，偶得一披省而已。於是知人生百年間，雖區區游藝之事，欲躊躕滿志，已若是之難也，矧大於是者乎？

自己未返國，草間苟活，又逾年矣。念我生之不辰，歎人間之何世。自顧平生志事，百無一成，安能俯首下心，更治此老博士業。往歲考訂之文，行將付之炬火，乃兒輩以爲可惜，且以編定爲請。勉徇其意，次第爲《金石文字跋尾》四卷付之。倘異日者此數卷書得流傳人間，後世或將以我爲金石學家，予且無辭以謝之，噫。庚申八月雪翁書。

〔校記〕

〔一〕此目原列於卷二「劉阿素墓誌跋」後，據正文次序移至此。

〔二〕此目原列於卷二「宫内司楊氏墓誌跋」前，據正文次序移至此。

〔三〕此目原缺，據正文標題補。

〔四〕此目原缺，據正文標題補。

雪堂金石文字跋尾卷一

昆夷王鐘跋

此鐘銘十五言，曰「昆⿰爿厄王用貝作和鐘其萬年子孫永寶」。⿰爿厄，予以爲即「夷」字。从爿从厄，厄即尼，今篆文从尸。此从厂者，如居字从尸。《玉篇》古文作「𡰥」，「𠬝鼎」及「李娟鼎」作「𡰥」，从厂。以是例之，知厄即尼矣。古尼與夷殆一字。《孝經》「仲尼居」，《釋文》字作「𡰣」，《玉篇》及《漢書·高帝紀》集注並曰「𡰣，古夷字」。《禮記·喪大記》注「夷之言尸也」。故尸之牀曰夷牀，尸之衾曰夷衾，承尸之槃曰夷槃，陳尸于堂曰夷于堂。厄从匕，象人倒形於文，人字作人，象植立，横臥之則爲尸，逆陳之則爲匕，尸與匕所以示别於植立之人也。从厂者，在室中也。加爿者，象尸夷於牀也。「⿰爿厄」之爲「夷」，殆章章甚明。此鐘爲昆夷王所鑄。曰王者，僭王也，書闕有間，賴此知之矣。

前籍不載昆夷有文字，此則全用中土文字，知昆夷至周已駸駸乎日進文明矣。都下估人得此鐘於關中，惜不能知其出土之地，俾得知昆夷舊墟爲可憾耳。戊午五月。

克鐘跋

古人造鐘，多以「正月丁亥」，若「王孫鐘」、「虘鐘」、「邵鐘」、「公孫班鐘」、「沇兒鐘」、「子璋鐘」文作「正十月」，不可通，疑仍是正月也皆然。次則「正月乙亥」，若「邾公華鐘」、「邾公牼鐘」是。或雖不明著「丁亥」、「乙亥」，仍在正月，若「余義鐘」作「隹正月初吉」是。或不在正月，亦用丁亥，若「齊鎛」「隹王五月初吉丁亥」是。「句鑃」亦鐘類，傳世諸器亦均是「正月初吉乙亥」，惟此鐘獨是「九月庚寅」，爲不可解也。

兮仲鐘跋

《説文》：「追，逐也，从辵，𠂤聲。」案：此鐘追字从𠂤，乃古「師」字。「盂鼎」內「師」字如此作。師，衆也，𠂤、辵爲追，乃會意，非形聲。汶長不知𠂤爲古「師」字，故从𠂤之字，多爲曲解。今更後汶長千餘年，乃得正古人之誤，金文之功，顧不偉哉。

井人鐘跋

《説文》克字作[illegible]，古文作[illegible]，从[illegible]、从[illegible]，誼頗難曉。夢英大師書《説文》部首，則作[illegible]。今

隸又變作克，形狀互異，幾不能考其遞變之迹。今觀此鐘內克字作□，「太保敦」作□，「克鼎」作□。始悟夢英書从□，乃由□傳繕之譌。今本从□、从□，又由□而譌也。金文之□或變从十，「曾伯霥簠」內克字作□，正从十。又今隸凡从□之字，皆變爲儿。今隸之克，核以古金文正合。《說文》婁經傳寫，譌誤甚多，不但可據古金文訂正，亦有可據今隸參證者，是在細心人領取耳。

盂鼎跋

此鼎吳清卿中丞釋文最精審，然間有未當。如文內「敬乃□德」之□，吳釋「奮」，玉謂即「雝」字。古金文雝字作□，見「伯雝父敦」。又作□，見「毛公鼎」。與□字正同，但省水耳。證以「鄭饔鼎」之饔字作□，亦从□而省水，知此字爲「雝」無疑也。

《說文》：「奔，走也，从夭，卉聲。」案：从卉不能得聲，疑从賁省聲。然賁字何以从卉，亦不可曉。今此鼎奔作□，「效卣」同。象衆趾奔走之狀，古金文止字作□，與□形相近，从□乃从□之譌，知賁字亦从□而譌□也。又此□字與《石鼓文》之□爲一字，□爲衆走，此省三□爲一耳。然□之譌□亦甚古，《石鼓文》內奔字又作□，「克鼎」作□，「效卣」作□，知傳譌蓋已久矣。

《說文》畏，注：「惡也，从由虎省，鬼頭而虎爪，可畏(人)也。」然今篆作□，不知何以云「从虎省」，尤不可見虎爪之形。此鼎畏字作□，下从□，正肖虎爪形，與洨長說正合。古金文虎字作

□，乂象爪，許書有注文與篆文不合者，殆皆後世寫失也。

《說文》：「□，持也，从大，夾二人。」案：从□不似二人形。此鼎内夾字作□，正象兩人被夾持之狀，今从□亦由□傳寫之譌。

毛公鼎跋

《說文》：「□，違也，从飛下兩翄，取其相背(也)。」王菉友氏謂飛篆之形羽皆向上，非字則上二筆向上，下二筆向下，故曰「下兩翄」，此翄不指全翼言也。此又謂上下相背，與上文左右相背亦異。玉案，飛字篆作□，許君注「从飛下兩翄」，謂飛字下半之□也。兩翄共六翮，此正象六翮形。證以此鼎内非字，正作□，「曶鼎」非字亦如此作。與許君說吻合。可見許書篆文本不誤，而經展轉傳寫，遂失原形也。王氏則又不知篆失而曲爲之說矣。

《說文》及之古文作□，「碧落碑」作□。笈之古文作□。證之古金文，無如此作者。「沇兒鐘」及字作□，「邾公鐘」作□，此鼎作□。「格白簋」作□，與此鼎同。詳加審諦，始知今篆之□，乃由□之傳譌。□見《石鼓文》。□與□同，不過人字短縮耳。从□从□，象一人前行，後一人以手追及之形。此鼎于□旁增□，于人已前行，而他人手執之，誼尤完密。《說文》之□乃□變爲□，□譌爲□，「碧落碑」又譌□爲□。又於□下加□，笈字古文則僅加人，無下二點。實爲由□傳繕之訛，無可疑者。許書婁被傳寫，若不藉古金文是正之，則所録古籀文豈復可識耶？

曶鼎跋

《説文》：「卑，賤也，執事者从（又）〔𠂇〕甲。」案，从甲之誼不可通。此鼎卑字作□，从□，乃古畀字之䇯。古金文畀作□。从畀䇯从□，賤者畀尊者，故□之執事也。許書云从甲从（又）〔𠂇〕，失之矣。

頌鼎跋

吴清卿中丞説：「□，古祈字，从止从斤。」玉謂「从止从斤」非也。嘗見「頌敦」數器，祈字皆作□，从□。「頌壺」内旂字作□，从□。此鼎之祈作□，从□，與□同，「孕林父鼎」、「豐伯車父敦」、「陳子匜」内蘄字並从□。即□之小變，非止字也。「女嗣盤」或反之而作□，「追敦」又變作□，「畢鮮敦」作□，「遲簋」作□，古人作書不拘，故變易多狀，其實均是□字。古祈禱之事，殆起於戰爭之際，故蘄字从□从□。戰字之省。蓋戰時禱於軍旂之下，會意字也。「白簪敦」又作□，省單增言。「大師盧豆」作□，又从旂省。「歸父盤」作□，又變言爲口。从言从口，皆所以禱祈也。此字不但可補正許書，且可見古代祈禱之原始。若如吴説「从止从斤」，則誼不可通矣。

師奎父鼎跋

鼎中「用匃眉壽」之□，从人从亡，他金文亦多如此作。案：《説文》匃作□，與此形異。然洨長于匃文下引逯安説「亾人爲匃」，證以金文之从亾人作□，正合。金文與許書互證，乃得其誼。許書博采衆説之功偉矣哉。

克鼎跋

第十八行□即「野」字。《説文》野字，古文作□，然注云「从里省，从林」，則字應作埜，今本加□，非許君原本如此。《集韻》野，古作埜。宋夢英大師《篆書千文》野作埜，知北宋時尚不誤矣。

龔鼎跋

此鼎四字，曰「龔作寶器」。龔作□，从龍从耳，□上从□、下从□者，象其首，□象其身。「邵鐘」龍字作□，亦从□，下象首與身。「頌敨」龔作□，亦以□象龍身首形。篆文作龍，許君云从童省聲，从肉。雖誤以龍首形爲肉，而文猶不誤。其他半从□，則由巳而變，其初形遂不可知矣。

惟龍之从巳則尚存於碑版中。《北齊道興造象記》龔作龏，上从龍，正與此合。又《漢周憬功勳銘》龔作龏，《柳書玄秘塔銘》龔作龒，皆後世所謂别體俗作，不知其爲古文之僅存者也。往者予嘗謂古文時存於隸楷中，而孰知世所詆爲六朝鄙别字者，其中亦間存古文耶。

乙亥鼎跋

「玉十丰」，吴中丞《説文古籀補》列丰字入《附録》，以爲不可識。予案：此即「玉」字。《説文》：「玉，象三玉之連，丨其貫也。」予所藏「嬴氏鼎」寶字作[glyph]，从丰。此鼎一作王，一作丰，貫有長短耳，非二字也。其言「玉十玉」，猶「不期敼」之言「田十田」、「盂鼎」之言「牛百□五牛、羊廿八羊」矣。又「旅父鼎」寶作[glyph]，「杞白每敼」寶字一作[glyph]、一作[glyph]。

昶伯鼎跋

此器近年出土，與予齋所藏「昶白」諸器不知同地所出否。東估之旅中州者，以墨本至，詢以出何處，不能答，問其器，則鼎也。文四行，二十一言，可辨者十七字，曰「隹昶白□自作寶□湓其萬年無疆，□孫永寶用」。此鼎也，而謂之「□湓」，湓上一字雖已漫没，而湓字則明白可辨，殊不可解。然「懷鼎」云「褱自作飤[glyph]」，[glyph]二字諸家無釋。往歲嘗與亡友劉鐵雲觀察言，當即是石它，鐵雲稱善。嗣又見「大師鐘、白侵鼎」文云「大師鐘白侵自作石沱」，此鼎亦稱「自作寶□湓」，蓋石即碩，它、沱、盜同一字，其義雖不可知，然知鼎故有石它之稱矣。

朕虎敦跋

此敦《攈古録》著録雙虞壺齋自藏器。予所藏別一器也。《攈古》釋[glyph]爲然，稱「然虎敦」。予謂此「朕」字，非「然」也。「無㠱敦」朕作[glyph]，此敦从[glyph]，與「無㠱」从[glyph]正同。[glyph]爲火，[glyph]則[glyph]之變形，此敦特又於下加火耳。而知其亦爲「朕」者，「邾伯御戎鼎」朕借作媵。又作[glyph]，[glyph]即火也，下又增火，與此正同。古文往往任意增減變易，如此類者非一。王靜安徵君釋作「滕虎」，其説甚確，蓋叚朕爲滕矣。

豐姞敦跋

「用宿夜亯考即孝于詓公」。宿夜即夙夜。《説文解字》：宿，「从宀，㑥聲，㑥古文夙。」又𡖉古文作[glyph]、[glyph]二形，此作[glyph]，象人在席旁，从宀或省，均即宿字。許書从[glyph]、[glyph]，乃由[glyph]傳寫之譌。古宿、夙通用。《周書·寤儆》「戒維宿」，注「宿，古文夙」，其證矣。許書席之古文作㢾，與𡖉下古文㑥、㑥从西、因均是象席形，故《廣雅·釋器》：因，「席也」。王氏《疏證》以《説文》西訓舌貌，義與席不相近，遂以爲茵字之譌，而不知西正象席形，爲因之轉變也。「番生敦」蕈弼字作[glyph]，「毛公鼎」作[glyph]，疑茵亦因之傳譌矣。

虎𣪘跋

「井白内右」，猶「卯𣪘」之「艾季入右」。《説文解字》：「内，入也。」古内、入二字通用。「康鼎」「艾白内右」，「師嫠敦」「宰琱生内右」，「揚𣪘」「單白内右」，《伊𣪘》「䪿季内右」與此正同。又「頌鼎」「頌入門立中廷」，「無叀鼎」作「無叀内門立中廷」，亦其例矣。

𤔲白□𣪘蓋跋

此蓋在予家，其器舊藏葉東卿家，《攈古録》著録云「郘白達𣪘」者是也。𤔲疑「嗣」字。「齊鎛」「枼萬至于辝孫」，嗣作辝，从台，故知𤔲亦嗣字，非郘也。弟三字不可識。「欺萬年孫子永寶用」，借「欺」爲「其」，篆作[illegible]，敦文反之，亦欺字。《攈古》字形橅失，而誤釋爲簋，𣪘固無銘以簋之理矣。

叔向父𣪘跋

叔向名「[illegible]」，吴中丞疑是「肸」，玉謂此「禹」字也。《説文解字》[illegible]古文作[illegible]，[illegible]與[illegible]同，中丞以爲「肸」字，形全不合矣。

遺小子𣪕跋

《説文》：「遺，縱也，从辵，𠳋聲。」又𠳋注：「𠳋，商小塊也，从𠂤从臾。」「古文蕢字。」以遺爲形聲，而説𠳋字亦紆曲不可通。今此𣪕遺字作□，「城虢𣪕」、「公鼎」並如此作。「遺叔簋」作□，「李娟鼎」作□，皆从𠂤。即「師」字，詳「兮仲鐘」跋。𠂤，衆也，从□从口，執衆誥誡而遺之也。又「太𣪕」遺字作□，省辵，知遺、𠳋乃一字。許君不明从𠂤即師字之誼，致爲支説，非得古金文，何由是正之乎？

同𣪕跋

《説文》：「□，鳥飛从高下至地也，从一，一猶地象形。」謂□爲飛鳥形。然考古金文，如此𣪕及「散氏盤」至（作）並作□，从□，實象矢形。「告田𣪕」侯字作□，「匽侯鼎」同，並从□。「量侯𣪕」及「盂鼎」作□，从□，乃□之變。「矢伯卣」矢字作□，以此例之，知□乃矢之倒文。一象地，□象矢遠來降至地之形，非象鳥形也。

金文别字極多，與後世碑板同，不可盡據爲典要。即以此器言之，對字作□，譌别已甚。又「王子申（盞）〔簠〕」之盂字作□，「□叔買𣪕」之𣪕字作□，且字作□，黄字作□，「量侯𣪕」之𣪕作□，寶作□，「無㠱𣪕」之天作□，「内白多父𣪕」之父作□，往往隨意變化增損。類此甚多，亦研究古金者所宜知也。

不嬰敦跋

此敦文中「大辜𢧐」之辜，乃敦之省。《詩·閟宫》：「敦商之旅。」箋：敦，治也。《宗周鐘》「王辜伐其至」，與此同。

𢧐即《詩》「薄伐玁狁」之薄。薄，迫也。《易·説卦》傳「雷風相薄」。又侵也。《荀子·天(倫)〔論〕篇》「寒暑未薄而疾作」。此𢧐字从戈，取侵迫之義。又，《詩·蓼蕭·序》「外薄四海」，《釋文》「薄本作敷」。敷殆即𢧐之誤，二字形近致譌也。《虢季子白盤》又作博，从干與甫，殊形而同義。

「錫女弓一矢束」。蔣君伯斧云「束即束字，矢束即《周禮·大司寇》『入束矢于朝』之束矢」。玉案，其説甚確。考《禮》注，古者一弓百矢，束矢其百矢與。又《詩》「束矢其搜」，傳「束矢，五十矢」。此作束，象束矢形。許汶長不知爲象束矢，而云束从口木，以爲會意字，誤矣。「曶鼎」「匹馬束絲」之束以此例之，亦束字也。諸家釋龜亦誤。

「臣五家」之家，伯斧云「疑家字」。玉謂此家字無疑。「叔弓鎛」「錫女釐僕二百又五十家」，「令鼎」「余其舍女臣十家」，「邢侯尊」「臣百家」，並與此同。

卿彝跋

古金文鄕背之鄕、公卿之卿、饗食之饗皆作□，毫無分別，曩以爲疑。嗣讀《白虎通》，言「卿之言鄕也，爲人所歸鄕」。始悟公卿之卿與饗食之饗古爲一字，而□則鄕背之鄕也。此彝卿字作□，象兩人相向就食之形，蓋饗食之饗本字也。□从兩人相鄕，與□即背。之从兩人相背者誼正同。鄕背之鄕當如此作，或借饗食之□爲之。而公卿之卿，誼取爲人所歸鄕，故亦借□字爲之耳。許君於卯注謂爲「事之制」，云「从卩、□」。而於卩注云「瑞信也」，於□注云「卩也。闕」。不知□爲鄕背字。又因卯字而別出□字，終闕其義。其實文字中從無一字从□者也。又考古即字，「盂鼎」作□，象一人就食形，與饗字象二人就食誼正同，非从瑞信之卩。邑字「公違鼎」作□，令字古金文作□，下均象人跽形，而此數字小篆均變从□形，誼乃俱失矣。

白彝跋

此器文曰「白作□彝」。□字作□，前人皆釋「旅車」二字，玉謂即「旅」字也。旅，師也，衆也。古軍行用車，故从車。「冈作彝」文曰「冈作□彝」，旅字从㫃、从古文車，而省从。「應公鼎」文曰「應公作□鼎」，與此彝略同。「伯貞甗」文曰「白貞作□甗」，又增止。均旅之小變，不當析爲二字。且古金文中云「作旅彝」、「旅鼎」，其字徑作□者甚多，此可推證也。「車旅父已爵」之□，吳子苾閣學釋「車旅形」，蓋亦旅字矣。

從彝跋

此器文曰「作□彝」。□字玉意即旅字也。古彝器云「作旅彝」、「旅鼎」者甚不少，無云「作從彝」者。此□字乃旅字之變形。「曾伯霥簠」旅字作□，「陳公子甗」、「伯其父簠」亦如此作。此與同，但省□耳。諸家釋「從」，殆未安也。

⿸虍林白彝跋

此彝近年出土，前人未著録。凡五十有二言，文曰：「隹九月既望庚寅，⿸虍林白于遘王，休亡□，朕辟天子。⿸虍林白令乃臣獻金車，對朕辟休。作朕文考光父乙。十柵不黠，獻身在畢公家，受天子休。」⿸虍林字不可識，亦見周「棘生敦」。殷虛卜辭所載地名有「虘」字，疑與「⿸虍林」一字也。獻即甗字，古甗、獻通用。「歸夆敦」「獻貴」作「獻貴」與此略同。□即枼，从世。「吳彝」「世子孫永寶用」、「師遽敦」「世孫子永寶」兩世字並作□。「𨘢尊」「□孫子母敢豕」，□亦枼字，惟變木爲□。卜辭中未字亦作□，是未、木二字古通用不別也。「不黠」之黠，他器亦作㙷。「楯妃彝」「其自今孫孫子子母敢望」，「白休虘彝」「虘弗敢朢白休」。此云「十枼不䚡」，猶言「世世不忘」。「陳矦午錞」「永枼□忘」，則正作忘矣。「作朕文考光父乙」下失書器名，古器中恒有奪字者。予所藏「王子申盞」文曰「王子申作嘉嬭，其眉壽碁永保用。」「其」上奪「盞」(了)(字)，「碁」上奪「無」字。「[illegible]彝」「錫戠衣絲」下奪「旂」字。「周已伯鼎」「隹十又五年三月既霸」，「既」下亦奪一字。此類不可備舉。「亾[illegible]」之[illegible]不可識，卜辭中恒有之，然未嘗見之他器也。

史秦鬲跋

此鬲有兩耳，足高於他器，文在口內，色澤似傳世已久者，而未見墨本流傳。歲己未，歸吾雪堂。《說文解字》秦籒文作[illegible]，「許子妝盞」亦作[illegible]，並與鬲文合。

弭仲簠跋

此器之「[illegible]中」，阮相國釋作「張仲」。然[illegible]字从[illegible]，[illegible]乃耳字，非長也。「毛公鼎」取字作[illegible]，耿字作[illegible]，「曾伯霥簠」聽字作[illegible]，所从之耳並作[illegible]，可爲左證。此字从弓从耳，實是弭字，諸家僉从阮釋，誤矣。

寷侯作叔姬簠跋

此簠云「作叔姬寺□媵簠」。□即男字。男从力、田，此从□者，猶勒从力，「師酉敦」作□，从□。嘉从加，《王子申簠》作□，「沇兒鐘」作□，「邾公鐘」作□，均其例矣。

鄭義羊父簋跋

此簋丁巳得之滬肆，葉東卿曾藏此器，不知何時器與蓋判爲二也。葉氏藏簋予有墨本，「奠義羊」之羊字下半隱約不甚明析，致《攈古録》誤釋作姜。今諦審此盖，字作□，以校葉本正同，乃羊字也。「羊鼎」作□，前人釋「羌」，稱「羌鼎」。「鄭羊白鬲」作□，《攈古》誤釋「姜」。均與此同。商人卜辭中又作□、□，皆象羊之側觀形也。

矩尊跋

此尊矩字作□，象人持矩形，工象矩，大象人，又象手持之。「伯矩彝」作□，「伯矩卣」作□，「矩父敦」作□，形雖小異，然並從大。「矩叔壺」兩器，一書矩作□，又一器作□，是矩或从夫。「毛公鼎」、「彔伯戎敦」、「吴尊」内𩰫字並從□。案《説文》榘从矢，予向以規字从夫例之，疑从矢殆从夫之誤，今證以金文，竊喜曩疑之非妄矣。

罠尊跋

《說文》賓古文作□，《玉篇》、《集均》作賔，此尊作□，从□，「史頌敦」同。知《說文》从□殆由□致譌。《玉篇》、《集均》作賔，从宾，又由《說文》从穴而譌矣。

女婦卣跋

《說文》帚：糞也，从又持巾埽門内也。證以此器及他金文，帚字並作□，从□，象帚倒植架上之形。□爲帚倒植，□象其柄，猶戈之作□也。□象其架。許君以□爲巾，殆未確矣。

祖癸觚跋

此觚上截已斷，下截完好。文曰「□作祖癸句寶彝」凡七字。第一字不可識，其文从□从□，□象人執中形，殷虚卜辭中恒見之。其从兩□相向者，濰縣陳氏簠齋有一彝文曰「□」，與此觚第一字所从正同。吴氏《攈古録》著録稱「鳳彝」，誤倒列其文而釋爲鳳棲木形。蓋文在彝腹，彝體正圓，不能辨其順逆也。近世之考釋古文者往往憑肊武斷，然未有並字之順逆不辨者。《攈古》晚出，尤矜慎，尚有此失，可見考釋三代文字爲匪易也。

[古文字]觚跋

此字从[古文字]即肉。从[古文字]，疑即許書示部之「祳」。許注「社肉，盛以蜃，故謂之祳」。字或作脤。《左氏・閔二年傳》「受脤於社」，杜注「脤，宜社之肉，盛以蜃器。」《成十三年傳》「成子受脤於社」，杜注同。《漢書・五行志》：「成肅公受脤於社，不敬。」注：「服虔曰：脤，祭社之肉也，盛以蜃器。」此字从[古文字]，殆象蜃形，而内肉於中。後世作脤，則从肉、从蜃省聲，易象形爲形聲矣。許書作祳，亦當是从蜃省聲。今許書作从示、从辰聲，殆後世傳寫之誤也。此器南陵徐積餘觀察藏，今歸休寧程氏。

羊乙爵拓本跋

此爵《攈古録》著録，後歸浭陽端忠敏公，去年歸予齋。其文在（扳）〔鋬〕内，曰「[古文字][古文字]」。《攈古録》釋[古文字]爲「繕」，予謂即「羊」字也。商人卜辭中羊字或作[古文字]作[古文字]、作[古文字]，均與此同，但左右殊向耳，均象以索牽羊之狀。其作[古文字]者，自後視之，或作[古文字]者，則側視狀也。此文下半更象其碩尾，羊在諸畜中尾尤豐碩也。《積古齋鐘鼎款識》載觚文作亞形中[古文字]，與此爵正同。阮釋作「羞乙」，亦誤。商人卜辭中有羊甲，予考爲即《史記》之陽甲。此之羊乙，蓋亦商人祖名矣。《攗古》載「父辛觶」文曰「羊」，父辛。即羊辛，亦祖名。猶卜辭中武乙之稱「武且乙」、康丁之稱「康祖丁」也。

目父癸爵跋

此爵文之□字吴子苾閣學釋「子」倒文。玉案，乃□字。《説文》屰，「不順也，从(屮)〔干〕下凵，屰之也」。其義紆曲難通。案，□乃由□傳寫之譌。《繹山碑》逆字从□，尚未大誤。□象人倒形，故云不順。此順逆之本字。加辵則爲迎逆字。「宗周鐘」之□、「父丁尊」之□、「楚公鐘」之□，並象一人屰入，一人辵以逆之。《説文》以屰爲从(屮)〔干〕下凵，因昧於形象，遂致其説膠固不可通矣。

丁未角跋

文内「伐商」之伐作□，與「畢仲敨」之□正同，从手執戈，當是伐字。《説文》丮部□字注，「擊踝也，从□戈」。案，執戈之誼必定爲擊踝，誼殊難通。𢦔與从亻从戈之伐字疑是一字，許君不知爲重文，致歧爲二也。《攗古録》有「子執戈觚」，其文作□，象人持戉，殆亦伐字與。

虢季子白盤跋

《說文》本部[glyph]注：「進也，从本从屮，允聲。《易》曰：𣑟升大吉。」案，此盤之𣑟即《說文》之岺，从[glyph]殆即𣑟字。「兮田盤」作[glyph]，與此同。《說文》云「从本从屮」者誤矣。

散氏盤跋

文末[glyph]字諸家皆釋「鬻」，玉謂是「農」字。《說文》農从晨从囟。案，从囟之誼殊不可通，爲从田之傳譌無疑。晨而趨田曰農，會意字也。於下加[glyph]者，[glyph]即[glyph]字，與「伯晨鼎」之晨字作[glyph]正同，謂晨而止於田也。丹徒劉氏藏「史晨觶」字又作[glyph]，「諆田鼎」亦作[glyph]，均从田从辰而省[glyph]，亦農字。許君于辰部「辱」注：「从寸在辰下，失耕時於封畺上戮之也。」辰者，農之時也，故房星爲辰田候也。」辰爲農時，故从田从辰，誼亦可尋。然則農字从田，非从囟，堅確不可易矣。邊，《說文》从[glyph]，今隸从方。今觀此盤中邊字作[glyph]，「盂鼎」作[glyph]，並从方。今隸有與古文合而與小篆異者知《說文》傳寫之誤爲不尠矣。

𡢁妊軎跋

此器壬寅秋得之金陵，狀如筒，高建初尺三寸二分。上端八稜，徑二寸三分，下口徑三寸八分，而空其中，旁有兩穿，蓋於此加鍵者。考其形制，乃古之車軎也。《方言》車軎：「齊謂之轊。」注「車軸頭也」。《史記·田單列傳》：「令其宗人盡斷其車軸末而傅鐵籠。」鐵籠即《方言》之轊。又考《説文》軎，「車軸耑」。與《方言》之轊，《史記》之鐵籠同，即此物也。阮相國《積古齋鐘鼎款識》載「𡢁妊壺」，文曰「𡢁妊作安壺」。其器乃僞造，蓋襲此文而改車爲壺者也。

此軎文曰「𡢁妊作安車」。《周禮》王后有安車。《晉書·輿服志》：坐乘爲安車，倚乘爲立車。安車殆即《詩》所謂「漸車」，乃婦人之車矣。

秦孝公量拓本跋

傳世嬴秦權量，率始皇及二世物，無始皇以前者。此方量乃近年關中出土，歸合肥龔氏。左側刻字三行，背上刻始皇詔六行，右側刻「臨」字，上側刻「重泉」二字，左側刻字細如毛髮，極難辨認。文曰：「十八年齊達卿夫=衆來聘，冬十=月乙酉，大良造鞅爰積十六尊五分尊壹爲升。」考《史記·秦本紀》，孝公十年，以衛鞅爲大良造。又《商君傳》載鞅平斗桶權衡丈尺，則此量乃孝公時製也。丙午冬，從龔君景張得此拓本，漫書紙尾。

莽量拓本跋

此量近出關中，篆書，二十行，凡八十一言，文字精絶，在涇陽端尚書家。考《隋書·律厤志》言，後魏景明中，并州人王顯達獻古銅權一枚，上銘八十一字，其銘云云。今以校此量，銘辭正合。惟「黄帝初祖，德帀于虞，虞帝始祖，德帀于新」之新，《志》誤作辛。及「龍集戊辰，戊辰直定」，《志》作「龍集戊辰直定」，奪戊辰二字耳。又《高僧傳》卷五《道安傳》言有人持銅斛於市賣之，其形正圓，下向爲斗，横梁昂者爲升，低者爲合，梁一頭爲籥，籥同黄鍾，容半合，邊有篆銘。苻堅以問安，安云：此王莽自言出自舜，皇龍戊辰，改正即真，以同律量布之四方，欲小大器鈞，令天下取平焉云云。其辭恉案之拓本、銘文均合，是道安所見與此量正同也。

又考《漢書·劉歆傳》，歆於哀帝崩後，王莽白皇太后，令典儒林史卜之官，考定律厤。《漢書·律厤志》亦言元始中，王莽使羲和劉歆等典領條奏。《隋書·律厤志》又引漢志有王莽時劉歆銅斛尺。由此觀之，則新室度量衡爲歆所定，則此銘詞亦歆所作也。《後漢書·隗囂傳》載囂移檄郡國，數莽罪狀，有「造（作）〔起〕九廟，窮極土作」語。李賢注：「莽九廟，一曰黄帝太初祖廟，二曰虞帝始祖昭廟。」與此銘詞所謂「黄帝初祖，德帀于虞，虞帝始祖，德帀于新」語正合。古金石文字之有資於考古如此，可寶也。

此量已破損，不知與《高僧傳》所述形狀同否。而有文字處獨完，殆鬼神呵護，留以校《隋志》耶？去歲予視學南中，道出金陵，尚書出以見示，並許贈拓本，乃逾年未踐斯諾。今忽于碑賈手中得之，驚喜欲狂，亟爲考證之如此。

翁覃溪閣學曾録此銘入《兩漢金石記》，蓋依據摹本，未見原器原拓也。第二行「德市」之市譌作市，第十四行「稽當」之稽譌从邑，蓋承摹本之失。而閣學乃以「巿市不分、稽旁加邑」爲當時書體之不正，可謂輕於立言矣。爲附正之於此，戊申十二月。

漢孫成買地券跋

此券刻鉛片上，長建初尺一尺七寸，廣一寸三分有半，字三行。近年出土，藏山東黄縣丁氏。分書，小而至精，可與端午橋制軍所藏「建初玉買地券」稱雙絶。此券文字雖極細小，然詳審乃無一字不可識，録之如下：

「建寧四年九月戊午朔廿八日乙酉，左駿厩官大奴孫成從雒陽男子張伯始賣所名有廣德亭部羅伯田一町，賈錢萬五千錢，即日畢。田東比張長卿，南比許仲異，西盡大道，北比張伯始。根生土着毛物皆屬孫成。田中若有尸死，男即當爲奴，女即當爲婢，皆當爲孫成趍走給使。田東西南北以大石爲界，時旁人櫟永、張義、孫龍、異姓樊元祖，皆如張約，沽酒各半。」

「左駿厩」見劉昭《續漢志》，屬太僕。舊有六厩，中興省約，但置一厩。後置左駿令、厩，別主乘輿御馬。後或並省。今此券在建寧中，尚有此名，知靈帝時尚未省也。

券文中之「旁人」殆即今之中人，「沽酒各半」殆今日所謂中費，買主賣主分任之耶。

金宣撫使銅魚符跋

此符爲吾友蔣君伯斧所藏。伯斧據《金史·百官志》考爲宣撫使符，甚確。金源國書傳世者，僅《皇弟都統行記》及《宴臺國書碑》二石，此符文字仿佛《宴臺碑》，而較《都統行記》爲簡。伯斧疑當時書體可任意增損，或有時代先後之殊。

予案，女真字有大、小二體。《書史會要》言，金人初無文字，太祖始命完顏希尹撰國書，仿漢人楷字，因契丹字合本國語，製女真字，奉旨頒行。至熙宗時亦製女真字，與希尹所製俱行。希尹所撰謂之女真大字，熙宗所撰謂之女真小字，《金史·章宗紀》明昌五年，以葉魯、谷神始製女真字，詔依倉頡立廟例，祠于上京，與南村説不合，未知孰是。《皇弟都統郎君行記》乃天會十二年，在熙宗前，爲女真大字無疑。《金史·百官志》稱魚符之制定于貞祐三年，在熙宗後，則此符文字爲女真小字又無疑也。《宴臺碑》無譯文，不能識其年月。然與此符文字相似，則立於熙宗之後可知，蓋亦女真小字矣。

明神機銃匙跋

明神機銃匙長約工部尺四寸，兩側及柄上各有字一行，右側曰「神機銃匙三千一百九十七號」，左側曰「景泰二年南京兵仗局造」，柄上曰「重二兩五錢」。考其形製，殆用以納火藥于銃者。案《明史·職官志》載京師太監所領十二監八局中有兵仗局，掌製造軍器，而南京職官中則無之。據此匙知南京亦有兵仗局。何《志》不之及，意洪熙中，鄭和守備南京時增設此局耶。又《明史·兵志》載兵仗、軍器二局，分造火器數十種，中有神機箭銃。正德、嘉靖間造最多。此匙作於景泰，而已至三千一百九十七號，則製造之多，不始於正嘉時矣。

雪堂金石文字跋尾卷二

石鼓文跋

第五鼓「涉」字作□，《説文》涉下無重文。然篆文瀕字作□，从□，知《説文》涉下必有□文，而今佚之也。「格白𣪘」内涉字作□，與此鼓□字略同，但中間之水一縱一横耳。

嶧山刻石跋

《説文》□，注：「行水也，从攴从人水省。」重文□注：「秦刻石嶧山石文『攸』字如此。」案，今《嶧山碑》攸字篆作□，不从□。曩疑碑誤，嗣閲《漢開母廟闕》題字脩字作□，《婁壽碑》攸字亦作攸，偏旁皆从□，始悟□蓋从亻从丨，故許云从人水省。古文婁經傳寫，攸字必是鈔胥譌□爲□。亦疑與从人水省説戾，遂别增□字，又移□注秦刻石十一文於□文下，愈傳愈譌。精鑒如段金壇亦謂碑經傳刻之誤，殆未之詳考耳。「周伯晨鼎」内攸字作□，亦从□。更考之他金文亦然，無从□者。「鄦惠鼎」、「毛公鼎」内攸字从[篆]，亦不从[篆]。《石鼓文》内鋚字上半亦作[篆]，不从[篆]，𠀤其確證。

《説文》[篆]，注：「逮也，从又人。」重文乁注：「古文及，秦石刻及如此。」予案：許既云古文，乃又以爲小篆，疑必有譌。且《嶧山》、《碣石》兩碑均秦刻，文内及字皆篆[篆]，不作乁，當是秦石刻六字本在[篆]注，後人錯列乁注耳。《説文》凡从乁之字皆注古文及，不云秦石刻，尤可爲秦石刻句本列及注，錯列乁注之左證。

《嶧山碑》字多與《説文》不合，《關中金石記》因之有古本磨泐、徐鉉臨寫時以意增改之疑。予謂此説非也。畢氏所摘諸字，謂「強作强，上變口，専作專，中變田，建作𢌱，下變乚，數作數，譌串爲冑，襲作襲，譌[篆]爲[篆]，者作[篆]，省右筆，德作德，省中畫」此七字耳。考建作𢌱，石鼓文内𩥇字已然。數从𡘋，《唐伯夷叔齊廟碑》亦如之，《漢婁壽碑》額婁字篆作[篆]，亦與碑合。《琅邪臺刻石》非重摹，德字亦無中畫，古金文德亦从[篆]。又从専之字皆作[篆]。至强作强，襲作襲，漢碑多有。惟者字實脱右畫，蓋古本漫没，徐氏重橅不欲以意增補，一仍其舊，於此益見其慎，夫何有增改之説乎。畢氏之駁殆未然矣。

秦瓦量跋

此量山左出土，濰縣陳氏所藏。文字精絶，每行二字，（每）二行共四字，作一陽文範，合十範而印成全文。每範四周必見方郭，觀此知古代刻字之術發明甚早。古金文有陰款，有陽識，皆先作範而鑄成之。款之隆起者用陰範識之，凹下者則用陽範，此等之範即雕板之濫觴。又如近代所出龜卜文，以刀筆刻字於上。及古金貨之石範，《石鼓文》之刻石，均爲三代已有雕刻之明證。且不但有陰刻，且有陽刻也。此量亦陽範，故印成陰文。近人考中國經籍雕板始於五代，不知三代時已有雕字。又謂活字板始於宋之畢昇，見《夢溪筆談》。至元代而用益廣。見王禎《農書》。今此量以四字範多數排印而成全文，此實是聚珍板之原始，可見我國古代文明開化之早矣。

漢孟琁殘碑跋

此碑在雲南昭通府南十里白泥井馬氏舍傍，光緒二十七年九月出土，今藏城内鳳池書院。碑側刻兩龍，文下刻玄武。碑字十五行，上截每行缺七字，存二十一字。首行有「□□丙申月建臨卯」云云。文末有「十月癸卯於塋西起墳，十一月乙卯上下懷抱之恩」語，知琁之卒在丙申歲之二月，葬以十月，立碑以十一月，惟不能確知其年代。

予依長術考之，有漢一代，六值丙申：一在景帝中元五年，二在昭帝始元二年，三在成帝河平四年，四在光武建武十二年，五在和帝永元八年，六在桓帝永壽二年。考中元五年十月癸巳朔，十一日得癸卯，而十一月爲壬戌朔，是月不得乙卯。始元二年十月戊辰朔，是月不得癸卯。建武十二年十月壬辰朔，十二日得癸卯，而十一月爲辛酉朔，是月不得乙卯。永元八年十月爲癸卯朔，十一月爲癸酉朔，是月不得乙卯。永壽二年十月乙卯朔，是月不得癸卯。惟河平四年十月庚辰朔，二十四日得癸卯，十一月庚戌朔，初六日得乙卯，與碑中所叙甲子脗合，則此碑河平四年所立也。

西漢石刻世傳至稀，寰宇之内僅《趙廿二年石刻》一、《地節》一、《五鳳》一，《河平》一。今《地節》石且佚。此碑晚出，與《麃孝禹石刻》南北並峙，可謂瓌寶矣。琁即瓊字。《説文解字》瓊，或从旋省作琁。又据注「瓊琚」，《詩》曰「報之以瓊琚」，故琁字孝琚。《魏書·江式傳》：六世祖瓊字孟琚，名字之義與孝琚正同。

漢四時嘉至磬跋

此磬但存上股，其下鼓已斷。股之上端篆書十一字，曰「四時嘉至磬南吕午堵左桱」。書法至精，蓋西京物也。

《西清古鑑》載「綏和二年四時嘉至搖鐘」文曰「四時嘉至搖鐘未中角」。予舊藏「建平二年嘉至搖鐘」文曰「四時嘉至搖鐘甲堵中羽」。並與此磬文略同。曰「南吕」者，紀其律。曰「午」者，紀十二辰之數也。以二鐘例之，其鼓之下端當勒工名及紀年，惜已斷損不可見矣。

程易疇先生《(罄)〔磬〕折小記》考(罄)〔磬〕爲直懸，訂前儒衡懸之失，其説甚精。今證以此磬，下鼓已失，無從取徵。予別藏一磬，無文字，狀略大于是磬，亦同時物。完全無損，下股甚長，懸之作ㄟ狀，雖非直懸，亦非衡也。異日當別爲圖考之。

三老諱字忌日記跋

此碑末行「敬曉末孫冀副祖德焉」之冀字，以前著録家皆不識，亡友邱君于蕃，曩嘗以爲問，當時無以答。今細審之，乃冀字也。此字久不能識，一旦得之，惜邱君墓已宿草，不及告之矣。此石近爲滬上陳氏購去，深冀其不入估舶也。

□允字子游殘碑跋

此碑近出安陽，計十二行，行存九字，字體及行數與《子游殘碑》並同。取以細校，知即《子游殘石》之上截，兩石中間但缺一字耳。比合兩石，每行約僅十餘字，其首當有題額，今亦缺，故僅知碑中所記之人，其名允，其字子游，其姓則不可知矣。□允曾以賢良方正舉于朝，文內有「戊戌詔書以有□寇廣延術士永初□□」云云。考《後漢書·安帝紀》，永初五年二月，「先零羌寇河東，遂至河內」。閏月是歲閏三月戊戌，詔「三公、特進、侯、中二千石、二千石、郡守、諸侯相舉賢良方正、有道術、達於政化、能直言極諫之士各一人」。秋七月，「詔三公、特進、九卿、校尉，舉列將子孫明曉戰陳任將帥者」。碑中所云「以有□寇廣延術士」，謂先零羌入寇及舉明曉戰陣任將帥者事也。□允之舉賢良方正，即以是歲。碑云戊戌詔書，與紀亦合。碑中之可考者僅此而已。

此石今藏青縣姚氏，是石既出而安陽舊石則爲人盜去者已數年。近聞尚隱匿待售，安得好古而有力者，購新舊二石，而俾之合併耶！

少室闕銘跋

《少室闕銘》向僅拓「□葴林芝」以下共二十三行，每行四字，中間空三行，有字者計二十行。近來拓本則「神葴」之前又得十餘行，文甚漫漶。此十餘行以前即爲圖畫，亦漫漶不可辨，新拓本至此而止。予於乙巳春得此本於吴中，乃黄秋盦手拓以贈翁蘇齋者，則「□葴林芝」以前十數行已拓得。此十餘行及圖畫以前，又得字二行，而「□葴林芝」之上層又得十餘行，惜已漫漶。可見者半字五六，全字一，作「镸」，此爲向來金石家所未知。蘇齋著録最精審，亦未據以入《兩漢金石記》，蓋此本得之書成後，未及追改也。顧氏《金石文字記》跋此碑言三月三日而上無年，郡陽城縣而上無郡名，謂亡其上一層。今觀此本，則上層並未亡，特拓工以存字無多，棄而不拓耳。著之以告後之椎拓此銘者，並將此上層殘字拓出，豈非快事乎！

景君碑跋

《三國志·吳是儀傳》，是儀字子羽，北海營陵人也。本姓氏，初爲縣吏，後仕郡，郡相孔融言氏字民無上，可改爲是，乃遂改焉。予案，此説甚誣。考《景君碑》陰有營陵是遷、是盛二款，與子羽同貫。碑以漢安二年立，融遇害於建安十三年戊子，年五十六，逆推之，實生於桓帝永興元年。《景君碑》立於順帝時，融尚未生，而碑陰已有是姓，然則子羽因融言改姓之説，不詰而知其誣矣。

延年石室題字跋

此石十年前蜀中勘礦得之山腹空穴中，石藏貝子溥倫家。計字三行，行四字，拓本至難得。予往歲面向貝子索之，久諾不踐。後于寶沈庵侍郎許始得此本。予曾質貝子出蜀中何地，貝子不能言也。予意四川簡州逍遥山逍遥洞有《漢安元年會仙友題字》，此在陽嘉四年，距漢安才六七年，豈此石或亦彼洞中所出耶，著之俟考。

鄭固碑跋

此碑及《唐張興墓誌》、《梁思亮墓誌》書揚雄之姓皆作楊，不从扌，昔人謂楊雄字當作揚，得此可正其誤。

倉頡廟碑跋

此碑延熹五年立，《金石録》因碑又有「熹平六年衡君謁祠」題字，遂列之熹平六年。《關中金石記》駁之曰：碑側已有永壽年號，非熹平可知。蓋謂熹平在永壽前。然熹平爲靈帝年號，永壽則桓帝紀元，熹平實在永壽後。畢氏所駁，所謂楚失而齊亦未爲得也。

孔宙碑跋

古金文帥字皆从目，師字則从𠂤，判然分別，从不混亂。篆文師、帥二字並从𠂤，誤也。此碑「帥彼凶人」、《孔彪碑》「帥禮不爽」、《景君碑》「帥禮蹈仁」，諸帥字从目，與金文合，此古文之尚存漢人隸書中者。但《魯峻碑》書「京師」字亦从目，則又因帥从目致譌，與篆文師、帥並从𠂤，其失正復相類矣。

堂谿典請雨崇高銘跋

《後漢書・延篤傳》：「少從潁川唐谿典受《左氏傳》。」注：《先賢行狀》「典字季度，爲西鄂長」。予案此銘云「五官中郎將、隅陵堂谿典伯𡙇熹平四年來請雨崇高廟。典大君諱協、字季度，自爲郡主簿，作□銘文，後舉孝廉、西鄂長，早終」。碑爲典自題，其稱大君諱協，大君猶府君，《鄭固碑》亦有此稱。協，典父。季度，協字。《先賢行狀》誤以堂谿協之字字其子，據碑則典實字伯𡙇也。又碑載典官中郎將，職位已高。《靈帝紀》熹平五年四月，復崇高山爲嵩高山。注《東觀漢紀》：使中郎將(唐)〔堂〕谿典禱雨，因上言改之。與碑合。季度終于西鄂長，與典秩崇卑迥別。《先賢行狀》既以協字字其子，又以協官官其子，不有此碑，曷以證其繆乎。

瑯邪相墓表殘字跋

此表但存「邪相劉」三字。以石之斷迹觀之，原是三行，下行與「邪」字平列，尚有半字不可識，篆書樸厚，爲漢時書無疑。亡友尹君竹年於光緒丁酉向劉氏後人名漢者訪得之，重樹於墓，並據《隸釋·劉衡碑》有「兄瑯琊相」語，定爲劉衡之兄，手拓此紙見寄。近日漢刻出土極少，此雖殘字，亦可寶矣。

鄭季宣碑跋

此碑陰書朝字作朝，顧氏《隸辨》傳橅作朝，曩頗疑石本或有缺泐。然予得善本審視，實是从月，非从月也。又見《西嶽華山廟碑》篆額廟字作廟，亦从月，與此碑之陰正合，知南原果誤橅矣。更考之古金文，若《中殷父𣪕》朝夕之朝作朝，《𠂇𣪕》廟作廟，《師兑𣪕》作廟，均从巜，象小水入大水。二碑从月，即巜之傳變，此亦古文之存於石刻中者也。

漢劉熊碑跋

此碑玉往歲所見凡二本，一范氏天一閣本，一沈均初藏本。天一本於十七年前見之越中，不甚記憶，但記所存僅百餘字。沈本在費西蠡許，存字較多，然神采殊乏，且以紙墨觀之，亦二百年物耳。至海内久著稱之巴慰祖、江秋史、汪庯夫三家藏本，雖未得見，然翁蘇齋雙鈎本實會合三本而成，其存字二百四十有三，號稱最多字。今此本存字則較三家合橅本多三之一，而精采焕發，遠勝沈本，然則謂此本爲海内第一，洵非夸矣。

宋洪丞相著録是碑，譌字凡三字，「孟□」之孟，碑作孟，洪譌盂。「不顯」之不，碑作丕，洪譌丕。「勤恤民殷」之殷，碑作殷，洪譌毁。吾鄉魏稼孫先生嘗據碑本校訂《隸釋》，章君碩卿欲將其稿本上木，異日當移書碩卿，將此三字並是正之。

詩第一章「言協□墳」，洪氏書「協」下缺一字，今諦審是「經」字。翁蘇齋據巴本補洪氏缺字九，此本則於巴本九字外更增一字。

詩第二章「雀鳴一震」，洪書及翁鈎本並同，今此本實是「雀鳴上震」。「一震」本不辭，可見此字宋代已漫漶，而此本獨可辨，尤可喜也。

翁氏《兩漢金石記》著録此碑，寫「褎其妙行」之妙譌作玅，而反詆南原《隸辨》作妙从女爲非。今諦審此本，實从女，洪丞相著録亦然。漢碑書妙字有作眇者，而从立者絶未之見。良由翁氏僅見鈎本，致有此譌。著録之不可不慎也，如是夫。

文内「魯無君子斯焉取旃」與今本《論語》異文，而誼較長。翟氏《四書考異》未及徵引，當據補。碑版之有裨於經學如此。

光緒丙午七月下澣，丹徒劉君新得此碑，出以見示。爲之篆首，並記數語，以誌眼福。

魏張普先君墓塼跋

三國時塼甓，吴最多，魏最少，蜀更罕見。此塼二十年前出土，文字精絶，字四行，行八字，陽文，有界綫。文曰「魏景元元年使持節護烏丸校尉、幽州刺史、左將軍、安樂鄉侯、清河張普先君之墓」，凡三十二字。考《三國志·烏丸傳》載漢建武中置烏丸校尉。又載漢末爲烏丸校尉者有閻柔，《鮮卑傳》載魏文時有田豫，《烏丸傳》注載景初中幽州刺史有毌邱儉，《鮮卑傳》載幽州刺史有田豫，而無張普。蓋普以魏末官烏丸校尉、幽州刺史，而《烏丸傳》於魏末之事略而不書，則不見普名者宜也。丙午夏，檢付裝池並題記。

晉中書侍郎荀岳墓誌跋

此誌近年出偃師，表裏及兩側均有刻辭。表面前題「晉故中書侍郎潁川潁陰荀君之墓」，次記卒年及賜墓田葬錢，又次録賜錢及葬地兩詔及遣謁者弔祭事。裏刻岳名字、生年及前後歷官及遷拜年月及妻子。左側書子孫、歷官年歲。右側書夫人劉氏附葬記。隸法甚精，與「三體石經」正同。岳，《晉書》無傳，惟子隱見《世説新語》，卷下之下，《排調》弟二十五。記荀鳴鶴、陸士龍二人未相識，俱會張茂先坐事條，注引《晉百官名》曰：「荀隱，字鳴鶴，潁川人。《荀氏家傳》曰隱祖昕，樂安太守，父岳，中書郎。」《誌》稱君樂平府君之弟二子，樂平府君殆即《家傳》之昕，《傳》作樂安，殆樂平之譌也。《傳》稱岳官中書郎，據《誌》是中書侍郎，《傳》又脱「侍」字也。《傳》稱隱歷官太子舍人、廷尉平《誌》稱隱司徒左西曹掾，與《傳》作「太子舍人、廷尉平」者不合，不知誰爲最後之歷官也。《誌》載夫人劉丗五，東萊劉仲雄之女。《晉書·劉毅傳》字仲雄，東萊掖人。《誌》舉其字也。《誌》又稱息女柔適石庶祖。男隱，娶王士瑋女。次女和，適陳敬祖。次女恭適楊士産。石、王、陳、楊亦並舉其字。王士瑋見《晉書·王祥傳》後弟覽傳，覽子琛，字士瑋。石庶祖、陳敬祖、楊士産雖不可考，然石爲樂陵人，當是石鑒之族。陳潁昌人，楊弘農人，當爲太邱、伯起之裔。所與通婚姻者，固皆海内之清族矣。隱名後一行書「子男瓊年八字華孫」，當是隱之子，不曰岳之孫，而附書於隱後曰「子男」，此古今文法之殊矣。

晉誌傳世者最少，《劉韜誌》寥寥數語，此誌乃累數百言，文體與後世誌墓之文大異，雖於史事無多考證，而藉知當時文例，故亟手録入《芒洛冢墓遺文》中以傳之。此誌今出偃師，偃師在晉故是洛地矣。

《誌》稱「元康五年七月十二日大雨過常，舊墓下濕崩壞者多」。考《晉書·惠帝紀》是歲荆、揚、兗、豫、青、徐六州大水。《誌》所謂「大雨過常，舊墓崩壞」即其事也。因墓壞而別賜墓田一頃，殆是異數，至喪葬賜錢，乃晉世常例。傳世墓誌雖少，而《晉書》列傳中恒載之，殆猶唐代之賜米粟布帛矣。

高麗好太王碑跋

此碑爲海東古刻之冠，顧前人於刻石年月考之未審。陸存齋觀察謂是涼太元十六年，鄭叔問舍人謂是蜀漢建興十二年，日本人又據碑中所記「甲寅」，謂一當漢後帝十二年，一當晉惠帝四年，不能斷定。鄙意諸説並未當也。今以元高麗僧一然《三國遺事》及《東國史略》、日本伊藤長允《三韓紀略》三書與此碑互證，知此碑實立於晉義熙十年，試立三證以明之。碑稱「鄒牟王即朱蒙，乃高麗始祖命世，子儒留王以道輿治，大朱留王紹承基業，□至十七世孫國罡上廣開土境平安好太王，二九登祚，三十有九宴駕棄國，以甲寅年九月二十九日乙酉，遷就山陵，於是立碑銘記勳績」云云。考《三國遺事》稱高麗開國之十九世廣開土王名談德，壬辰立，治二十一年。子長壽王癸丑立，治七十九年。《三韓紀略》亦云高麗廣開土王以晉太元十七年立，立二十二年而卒。《東國史略》同。蓋其世次，鄒牟爲始祖，儒留《東國史畧》、《三韓紀畧》並作琉璃王。《北史·高勾麗傳》作如柔，皆儒留譯音之異爲二世，儒留之後，由大武至廣開土，正儒留以後十七世，與碑所云「儒留十七世孫」世次正相當。是碑所謂「國罡上廣開土境平安好太王」即廣開土王。碑舉其全謚，史舉其畧謚，實爲一人。證一也。《三國遺事》謂廣開土立於壬辰，考壬辰爲晉太元十七年，與《東國史略》、《三韓紀略》正同，惟《東國史略》、《三韓紀略》並作在位二十二年，《三國遺事》作二十一年，爲小異。碑稱好太王二九登祚，三十九宴駕。《三國遺事》及《三韓紀略》並謂廣開土之子長壽王以癸丑立。由太元十七年壬辰至義熙九年癸丑，正二十二年。又以十八即位，三十九棄位。考之太元壬辰年十八，至義熙癸丑，年正三十九，則廣開土在位乃二十二年，非二十一年也。惟碑中又有「永樂五年歲在乙未，六年丙申」語，若以壬辰立，則永樂五年直丙申，六年直丁酉，相差一年。考廣開土之前一世爲國壤王。《三國遺事》云甲申立，治八年。《三韓紀略》同，惟作在位九年爲異。由太元九年甲申至十六年辛卯，正是八年。意廣開土實即位於辛卯，至五年正是乙未。諸史以辛卯不過數月，遂以壬辰爲元年與。然廣開土王卒於義熙癸丑，則諸書之所同。證二也。廣開土以癸丑卒，而葬則在次年甲寅，故碑稱「甲寅年九月二十九日乙酉，遷就山陵」。考長術，義熙十年九月爲丁巳朔，二十九日正是乙酉，與碑正合。此又爲碑以義熙十年立之確據。證三也。此碑立石年代，久不能定，一旦鈎稽得之，洵快事矣。

碑稱鄒牟巡車南下，路由夫餘、奄利、大水。案《後漢書・東夷傳》及《東國史略》作至淹㴲水，《三國魏志・東夷傳》作施掩水，《梁書》及《北史・百濟傳》作淹滯水，《隋書・百濟傳》、《三國遺事》作淹水。《魏志》之施掩水，乃掩施之誤，掩施音與淹㴲相近。

碑又云「於沸流谷忽本西城山上而建都焉」。《三國魏志・高勾驪傳》有沸流水，當即沸流谷。《東國史略》亦作「時沸流水上松壤國王以國來降」。《三國遺事》「結廬於沸流水上居之」。並作「沸流水」。又《三國遺事》「至卒本川遂都焉」，《東國史略》亦作「卒本」，殆即碑之「忽本」也。碑又有以「碑麗不息□」語，考《晉書・東夷傳》有裨離等十國，疑即碑麗。

好太王之事實，高麗史籍記述頗少，惟《東國史略》注引《歷年圖》云廣開土雄偉有奇才，能戰勝攻取，而不及其平生戰績。若無此碑，則征新羅、百殘事泯然無聞於世矣。金石之功，顧不偉哉。

此碑鄭叔問舍人著録頗有疏誤，予爲補正數十字，重寫其文入《唐風樓碑録》，復以一夕之力爲之考證，適此本裝池既畢，因書卷尾。戊申九月望。

宋劉褭民墓誌跋

此誌藏洹陽端尚書許，南朝誌石傳世者僅此，文字雙絶，爲宇内誌石之冠。懷民子善明，《南齊書》有傳，稱父懷民，宋世爲齊北海二郡太守，所書職官與《誌》正合。劉氏在齊有佐命之勳，善明族兄乘民、懷珍，乘民之子懷慰，當時並爲顯官。乘民見《善明懷慰傳》中，懷慰、懷珍並有傳。《懷珍傳》云是漢膠東康王寄之後，與《誌》所謂「分光漢室」語亦合。此誌宜都楊君惺吾有跋尾，考《誌》中之「華山」乃華不注山，其説甚確。惟尚未知懷民子善明有傳在《南齊書》，爰書之舊藏本之後，以補楊氏所未及。

戊申仲冬。

涼王大且渠安周造象脩寺碑跋

此碑近年新疆出土，今藏德都博物院。光緒乙巳端午，橋尚書觀政泰西，拓一紙以歸。碑述涼王大且渠安周造象事，中書郎中夏侯□撰，其名已泐。安周爲沮渠蒙遜之子、茂犍之弟，其事迹散見魏、宋兩《書》中。初爲樂都太守，茂犍兵敗，以太延五年奔吐谷渾。《魏書·世祖紀》。世祖討之，與其兄無諱奔晉昌。真君初，無諱復陷酒泉。二年，詔拜無諱征南大將軍、涼州牧、酒泉公。已而復叛，再加討，克酒泉，無諱遂謀度流沙，西擊鄯善，不克。三年，鄯善世子從安周，無諱留安周往鄯善，自攻高昌。克之，乃留高昌。《魏書・沮渠蒙遜傳》。復破車師，《魏書・車師傳》。朝貢於宋。《宋書・沮渠蒙遜傳》。真君五年夏，無諱病死，安周代立。宋授安周涼州刺史、河西王。《宋書・蒙遜傳》。和平元年爲蠕蠕所并。《宋》、《魏》兩《傳》均不載安周失國年月，此據《魏書・高昌傳》、《宋書》記安周於大明三年尚貢方物，次年即失國矣。此安周事實之可考見者。

碑末署「□平三年歲次大梁」。年號上一字已泐，約略似承字。近土峪溝所出《佛説菩薩藏經》末署「涼王大且渠安周所供養經，承平十五年歲在丁酉書吏樊濟寫」。又有殘寫經，末署「歲在己丑，涼王大且渠安周所供養經」。考承平十五年爲丁酉，則三年爲乙酉，與碑正合。別卷之己丑，則承平七年也。碑之「□平」確爲承平。承平之元年當魏太平真君四年，其明年夏，無諱死，安周代立。承平三年乃安周襲位之次年。承平爲無諱紀元，安周仍之也。宋、魏兩《書》不載無諱紀元，舍碑及經卷，末由知之矣。碑中別字最多，興作興，豈作豈，顧作頋，夜作夜，邊作邉，攝作攝，斷作斷，惕作惕，猷作猷，雖作唯、唯，庶幾作謶譏，旅作旅，飛作飛，惡作悪，身作身，觸作觸，嗟作嗟，巘作巘，乾作乹，龍作龍，就作就，齊作齊，有六朝石刻所未經見者。書體方勁，在楷隸之間，與《爨寶子》及《嵩高靈廟碑》正相似。晉魏間古刻至罕，可寶甚矣。

丁未初夏，予視學江皖，道出金陵，從匋齋尚書假觀，既校録其文，並略加考證，以告海内好古者。

梁蕭憺碑跋

「毀瘠在皀，哀未忘也」。皀即「兒」字。《干禄字書》載兒字之俗體作皀，又皀之變。邢氏澍《金石文字辨異》載《唐鏡銘》「睹皀嬌來」，字亦作皀。《魏李謀墓誌》内兒字亦作皀。

代華岳廟碑跋

《大代華岳廟碑》，《集古録》、《金石録》、《金石略》、《寶刻類編》並著其目，而明以來著録家皆不之及，殆石佚久矣。劉燕庭先生於《寶刻類編》注曰「存」。殆偶見拓本，遂誤謂原石尚存歟。不然，何以《關中金石記》既未著録，而《陝西通志》徧録華岳諸碑，亦未之及耶？此本乃福山王文敏公所藏，平生秘不示人，故海内人士未得寓目。文敏殉國，今歸丹徒劉氏。此碑文字與《中岳嵩高靈廟碑》略同，惟將中間「中岳」、「西岳」略换詞句耳。《魏書·釋老志》稱謙之初學道華山，後移隱嵩嶽。故既造華岳新廟，又營嵩廟與？

魏魚玄明專誌跋

此專濰縣陳氏簠齋所藏。文四行，曰「皇興二年戊申歲十一月癸卯朔十九日辛酉，安西將軍、雍州刺史□□康公魚玄明之銘」。考玄明《魏書》無傳，而屢見紀傳中。《顯祖紀》皇興元年正月庚子，東平王道符謀反于長安，殺副將駙馬都尉萬古真、鉅鹿公李恢、雍州刺史魚玄明。《陸真傳》安平王道符殺雍州刺史魚玄明，關中草草，以真爲長安鎮將。《李恢傳》附《李靈傳》後皇興元年，道符反，殺恢及雍州刺史魚玄明、雍州别駕李允等。合紀傳觀之，玄明爲安平王道符所殺，同被害者有萬古真、李恢、李允等。代玄明爲鎮將者爲陸真也。

玄之死在元年，至二年冬乃得禮葬。曾賜謚曰康，惜其爵「□□公」專泐二字，不可考矣。此專拓本藏篋中二十餘年，戊午夏理笥得之，付諸裝池，並書其後。

魏元始和墓誌跋

《誌》稱元始和字靈光，汝陰王賜之孫，冠軍將軍、驍騎將軍逞之元子，春秋一十有七，以正始二年七月薨。考《魏書·景穆十二王傳》，汝陰王天賜子逞，逞子慶和，而無始和名。《傳》稱逞字萬安，卒於齊州刺史，謚曰威，而不書其官冠軍將軍、驍騎將軍，《誌》可補《傳》之略。始和年十七而卒，尚未授官，殊不得其故。近出土元氏宗族墓誌甚多，其無官者始和一人〔尚〕〔而〕已。《誌》稱天賜之名曰賜，文内有「雄光天威至重皇室懿近」云云。又省稱靈光曰光，六朝人文字之無法如此。

造三丈八彌勒二菩薩象記跋

此石中有穿，刻字四周，迴環讀之。文曰「太和十七年，道人僧暈爲七帝建三丈八彌勒象，二菩薩□□丈造素。至景明二年鑄鐫訖竟，正始二年歲次乙酉二月壬寅朔四日銘旨三州教化。大像用赤金三十六萬六千四百斤，黄金二千一百斤。二菩薩用赤金四萬六千斤，黄金一千一百斤」。内方又環書「大魏今上皇帝陛下，忠慕玄追，孝誠通敏，班旨三州，率宣功就，略表始末，銘之後代耳七寶瓶。前定州刺史、彭城王元勰，定州刺史、彭陽王元鸞」。案此象造於孝文時，歷十年乃就。云「班旨三州」，似此象乃奉勅所造。道人僧暈乃承造素之事者。七帝者，殆由昭成至顯祖凡六帝，益以景穆也。合計諸象用銅至四十餘萬斤，黄金三千三百斤，工至侈矣。《魏書·釋老志》載興光元年秋，敕有司於五緞大寺内，爲太祖已下五帝鑄釋迦立像五，各長一丈六尺，都用赤金二萬五千斤。又載高祖誕生之年，於天宫寺造釋迦立像，高四十三尺，用赤金十萬斤，黄金六百斤。比其用金之數，或才當此二十之一，或不及四之一。顧於此略而不書，殆史家有闕佚耶？

元魏崇奉像教，不憚勞費，然無如此豪侈，實駭聽聞。記稱「三州大象」，殆合三州之力成之，其爲何三州，則不可知矣。記又書元勰、元鸞名，並署定州刺史，則定州或三州之一與。此石今藏青縣姚君貴昉文鏡許。今年振災，過津沽，命其女公子湘雲女史拓以相贈，取付裝潢並書後幅。戊午長夏。

恒農太守寇臻墓誌跋

《誌》稱臻漢相威侯之裔，榮十世之胤。榮之子孫前魏因官，遂寓馮翊。晉武公令之曾孫，魏秦州刺史、馮翊哀公之孫，南雍州使君、河南宣穆公之少子。考《魏書·釋老志》，道士寇謙之，字輔真，南雍州刺史讚之弟，自云寇恂十三世孫。《元和姓纂》上谷昌平寇氏恂，後漢執金吾、雍奴侯。曾孫榮，榮孫孟，魏馮翊太守，徙家馮翊。元孫循之生讚，讚生臻。則自恂至讚十一世，與謙之自言不合。至《魏書·寇讚傳》「因難徙馮翊萬年」，則與《誌》及《姓纂》又異矣。《誌》稱武公令之曾孫，武公令不知其名。馮翊哀公爲脩之，《姓纂》作循之，字之譌也。河南宣穆公爲讚，均詳《讚傳》，臻亦附見《讚傳》。所叙歷官，略與《誌》合。惟「沘陽鎮將」，《傳》誤作「北陽鎮將」。又不載昌平子耳。《傳》稱臻爲弘農太守，坐受納，爲御史所彈，遂廢，卒於家。《誌》則稱臻卒贈龍驤將軍、幽州刺史，謚曰威。飾終之典甚優，可補史傳之略。《傳》稱讚長子元寶，元寶弟虎皮，虎皮弟臻。故《誌》稱臻爲少子。臻母楊氏，《誌》稱天水楊望所生。《誌》於臻之祖考既例書官而不名，而於妣則直名之，且婦人稱名，亦古人臨文所罕見矣。此《誌》冠年月於碑題之上，《王僧誌》及《孫遼浮圖銘》皆然，殆魏代習用此例與。

江陽王次妃石夫人墓誌跋

此誌宣統初元出洛陽，石藏邑人張氏，書法甚精。《誌》題「尚書江陽王次妃」。案《魏書・道武七王傳》，京兆王黎薨，子根襲，改封江陽王。無子，顯祖以南平王霄弟二子繼爲根後，襲封江陽王。今以署題尚書及石立於永平元年考之，知江陽王乃繼也。《繼傳》以世宗時由恒州刺史入爲度支尚書，與《誌》正合。《傳》不言入爲度支尚書之年，據《誌》知在正始永平間矣。銘文極妍麗，如曰「言恐驚氣，行慮動衣」，「恨不自見鑒鏡之輝」。非爾雅之士，不能遣此辭也。

鄭文公碑跋

書一卷作一弓，僉謂肇於《真誥》。此碑有「注諸經論譔話林數弓」語，義卒魏太和中，是貞白之前已有弓字。

企和寺造象記跋

《企和寺造象記》「現世安隱」，《金石萃編》云，安隱疑即後人安穩之義。案《三國志・魏太祖紀》注引《書・盤庚》「綏爰有衆」，鄭康成注爰，「於也，安隱於其衆也」。又《王凝之帖》「説汝勉難安隱」，是古安穩皆作安隱，《萃編》未詳，爲補識之。又《萃編》云仚字不載字書，不知爲何字。案《龍龕手鑑》有仚字，云「音仙，止也，止于山曰仚也」。是仚即仙字。《齊㪰赤齊造象記》「下若游仚」，《曹禮墓誌》「應託仚靈」，均仚即仙之左證。《造交龍碑象記》「雲仚擕琴」，亦書仙作仚。

安樂王元詮墓誌跋

此誌以校《文成五王傳》，事實多符合。惟《傳》稱字搜賢，《誌》作休賢，《誌》稱卒贈冀州刺史，《傳》不及耳。此誌文字均佳，近年所出元魏諸王誌，此爲之冠。

梁州刺史元演墓誌跋

《誌》稱演字智興，道武神帝之胤，文成皇帝之孫，太保、冀州刺史、齊郡謚順王之長子。案《魏書·文成五王傳》，齊郡王簡謚順，則演爲簡子。簡卒，子祐嗣。演爲長子，而祐襲爵。殆演庶子而祐嫡子。與《誌》稱順王官太保、冀州刺史，《傳》但書太保，意冀州刺史或没後贈官，史失之也。《簡傳》無演名，其没也，贈鎮遠將軍、梁州刺史。而碑題稱謚鎮遠將軍、梁州刺史。不曰贈而曰謚，他誌所未見矣。

冀州刺史元珍墓誌跋

元珍見《魏書·神元平文諸帝子孫傳》，蓋平文帝之裔。其人比周高肇，進酖彭城，厥子天穆復世濟其惡，蓋魏宗支之蠹，無足稱者。惟以《誌》校《傳》，頗可補正史傳之闕失。《誌》稱珍字金雀，《傳》誤作字金省，《誌》稱珍爲襄陽公之孫，松茲公之子。《傳》載平涼王孤之孫度，度子乙斤襄陽侯卒，子平襲世爵松滋侯，以軍功賜艾陵男，子二，曰萇，曰珍。《誌》之襄陽公即乙斤，松茲公即平，惟《誌》作公，《傳》作侯，不知其孰誤也。《傳》稱珍襲爵艾陵男，《誌》所不載。而《誌》稱胙土晉陽男，又不見於《傳》。案，平長子萇，既襲父爵，且有子嗣封，則珍無更襲艾陵之理，當以《誌》爲得矣。《誌》又稱珍祖征南將軍、肆州刺史，父輔國將軍、幽州刺史，當是卒後贈官，而《傳》無之。《誌》稱珍卒贈侍中、驃騎大將軍、冀州刺史，《傳》亦不及。《傳》於贈官或書或略，亦賴《誌》知之也。此誌近出洛中，文字皆精好，此則差可喜耳。

昌國縣侯王紹墓誌跋

此誌近出洛陽。碑題之後，先書祖考妣名位、氏族，後乃及誌文，與崔敬邕、刁遵諸《誌》同例。《誌》稱紹祖奂，齊故尚書、左僕射、使持節鎮北將軍、雍州刺史。夫人陳郡殷氏，父道矜，太中大夫。

父肅，魏故侍中、司空、昌國宣簡公。夫人陳郡謝氏，父莊右光禄大夫、憲侯。考紹附見《魏書・王肅傳》，稱紹字三歸，《誌》則字安宗。《肅傳》稱肅以父奂及兄弟並爲蕭賾所殺，太和七年自建業來奔。《誌》稱「昔逢日戰之始，門屬參夷之辰，考司空深侔伍氏之槩，必誓與天之節」。即指肅奔魏事。《齊書・王奂傳》載奂於永明十一年，以擅殺寧蠻長史劉興祖被誅。長子融，融弟珍，并棄市。餘孫皆原宥，其年歲亦合。肅之卒在景明二年，年三十八，則奔魏時年始二十有三。《齊書・奂傳》稱「餘孫盡原宥」。殆是「餘子孫盡原宥」，孫上奪子字，故肅得出奔也。

《奂傳》稱奂婿殷叡，叡族父恒，恒父道矜，宋泰始初爲度支尚書，以病左遷散騎常侍，領校尉。據《誌》則奂娶殷氏，爲道矜女，據《傳》知道矜之從孫叡又爲奂婿也。《肅傳》稱「肅尚陳留長公主，本劉昶子婦彭城公主也」。又言「紹，肅前妻謝生也，肅臨薨，謝始攜二女及紹至壽春」。《誌》稱「紹母陳郡謝氏，右光禄大夫、憲侯莊女」。又稱「君年裁數歲，便慨違晨省，念闕温清，提誠出嶮，用申膝慶，天道茫茫，俄鍾極罰」。與《肅傳》正合。《誌》載紹卒于延昌四年，春秋二十有四。肅卒于景明二年。則奂由齊隨母至魏，年僅九歲，故有「年裁數歲」語也。《傳》載紹歷官太子洗馬、員外常侍、中書侍郎，卒贈輔國將軍、徐州刺史，亦與《誌》合。

皇甫驎墓誌跋

此誌前人多未見，儀徵汪氏鋆始録入《十二硯齋金石過眼録》。《誌》中所載當時兵事，與史多合。《誌》稱「太和廿年中仇池不彭，驎馳驛慰勞，歸降數萬，刺史任城王嘉其遠量，表爲長史」。考《魏書·任城王澄傳》，高祖時以氐羌反叛，除都督梁、益、荆三州諸軍事，征南大將軍，梁州刺史。「梁州氐帥楊仲顯、婆羅楊卜兄弟及符叱盤等世爲凶狡，澄至州誘導懷附，隨才用之。款附者賞，違命加誅，仇池貼然」。《誌》所稱「歸降數萬」，殆即指此事。《誌》又稱正始三年「秦涇叛逆，大軍征討，都督楊公表君爲都長史。正始四年中還鄉，刺史元王復表爲別駕」。考《楊椿傳》附《楊播傳》。〔尋〕以氐叛，拜光禄大夫，假平西將軍，督征討諸軍事。秦州羌吕苟兒、涇州屠各陳瞻等反，詔椿爲別將，隸安西將軍元麗討之。《誌》所〔稱〕「秦（隴）〔涇〕叛逆」，即指吕（楊）〔陳〕之亂。《誌》題稱安西、平西二府長史，平西乃楊椿，安西乃元麗。文中之楊公即椿，元王即麗也。與史亦合。碑中別字甚多，「渡濟之𤩽胤」，渡濟即渡遼，𤩽即瓊。「矛猛互張」之矛猛，即柔猛。「𧖧心奉公」之𧖧，即血。汪氏謂濟、𤩽、猛、𧖧皆字書所無，音義未詳。殆於六朝別字少所見，故不能識也。

樂安王元彥墓誌跋

《誌》稱君諱彥，字景略，恭宗景穆皇帝之曾孫，侍中樂陵之孫，鎮北將軍、樂陵密王之世子。考《魏書·景穆十二王傳》，樂陵王胡兒，和平四年薨，追封樂陵王，贈征北大將軍，謚曰康。無子，顯祖詔胡兒兄汝陰王天賜之弟二子永全後之襲封，後改名思譽，薨，謚曰密王。子景略，字世彥，世宗時襲，除幽州刺史，薨，贈本將軍、豫州刺史，謚曰惠王。《誌》稱侍中樂陵，即胡兒，《傳》不載其官侍中，《誌》不載其謚康。密王即思譽，官、謚均與《誌》合。元彥字景略，與《傳》作景略、字世彥者不合。《傳》之幽州刺史，《誌》作豳州，《北史》亦譌豳爲幽，當據《誌》正之。至《傳》言謚惠王，則《誌》所不載，豈(予)〔于〕謚在葬後耶？

崔敬邕墓誌跋

《家語·七十二弟子解》有「邽巽」，《史記》作「邦巽」。《索隱》曰：《文翁圖》作「國選」。蓋亦避漢諱改之。劉氏作「邽巽」，音圭。所見各異。玉案，《史記》作「邦巽」是，邽乃邦之別字。此誌及《隋甯贙碑》書邦字皆作邽。「毛公鼎」內邦字兩見，一作[illegible]，一作[illegible]。知邽字實古文而異者。據此知碑版別字往往有本，不容率爾訾議也。

惠猛法師墓誌跋

此誌黄虎癡著録入《古誌石華》，黄氏謂《北魏書·釋老志》無惠猛名。今檢《釋老志》，言「世宗以來至武定末，沙門知名者有惠猛、惠辯等，並見重於當世」。是惠猛之名史志明載之，黄氏失檢也。又此誌年月已泐，黄氏因誌有「高祖孝文皇帝重其風流」、又有「今上聖明」語，遂云《誌》載惠猛卒年廿□，其卒當在宣武帝景明時。按惠師於孝文時已爲時所重，而《釋老志》又稱「世宗以來沙門知名者」云云，似惠師非世宗初年即卒者。《誌》所謂年廿□者，今已不可見。疑黄釋未必確，惠師未必如此弱齒，惜未見精本，一證是疑也。

《釋老志》言世宗篤好佛理，每年於禁中親講經論，廣集名僧，標明義旨，沙門條録爲《内起居》焉。《誌》稱「昇帝牀入紫幕」云云，是惠師殆亦當時入禁中講筵諸僧之一歟？

汝南太守寇演墓誌跋

《誌》稱演字真孫，曾祖讚，祖元寶，父祖咲。考《魏書·寇讚傳》載讚長子元寶襲爵，卒，子祖襲。叙元寶歷官與《誌》合。惟《誌》稱謚簡公，則《傳》不及。至元寶之子爲祖咲，《傳》脱咲字。祖咲之從兄弟曰祖訓，曰祖禮，則元寶之子作祖咲，不當單作祖亦明矣。《傳》載祖子靈孫襲爵而不及演。祖咲謚慎公，《傳》亦不及。《誌》又稱祖咲官徐州刺史，《傳》作東徐州刺史。演字真孫，則靈孫亦字也。史傳往往失名而稱字，如《魏書》載臻子治，字祖禮。《北史》則徑作祖禮，而失治之名。則靈孫亦必有名，亦史氏佚之矣。

《元和姓纂》：讚生臻，後魏七兵尚書。汝南生儁，西魏司空，賜姓口引氏。其文奪誤殊甚。據《讚傳》，臻官弘農太守，生祖訓。祖訓弟治，治官七兵尚書。治弟彌。《北史·讚傳》又載祖禮即治弟儁，洛州刺史、西安子，賜姓若口引氏。其文當作「臻，弘農太守，生祖訓，祖訓弟祖禮，祖禮弟儁，祖禮七兵尚書，儁西魏鎮東將軍，賜姓若口引氏」。至汝南，乃演官汝南太守。或《姓纂》又書讚長子元寶，元寶生祖咲，祖咲生靈孫，靈孫弟演，汝南太守。其文今全佚，而闌入「汝南」二字於「七兵尚書」之下耳。至「若口引氏」，又誤作「口引氏」。《北史·寇洛傳》又稱明帝二年賜洛子和姓若引氏。考之《魏書·官氏志》，若口引氏後改爲寇氏，則《傳》作若口引者是，《姓纂》奪若字，《北史·寇洛傳》奪口字，均誤也。

寇憑墓誌跋

《誌》稱憑字祖驎，馮翊哀公之曾孫，河南宣穆公之孫，幽、郢二州使君威公之七子。考《寇臻誌》，卒贈幽州刺史，謚曰威，則憑爲臻子也。《魏書·寇讚傳》載臻之子曰祖訓，曰治、字祖禮，曰彌，凡三人，而不及憑。《誌》〔載〕憑爲七子，則臻諸子不見史傳者衆矣。

司馬昞墓誌原石本跋

魏四司馬墓誌，今惟司馬景和妻及司馬昇二誌乃原石，此誌及司馬元興兩誌均復刻也。此本爲路丈山夫所藏，神采四射，以較復本，直優孟耳。文内「宗胤」之胤、「玄枵」之玄，復本刓泐，此本則均完好，蓋復刻時避廟諱也。此誌既久佚，重以亡友舊藏，當鄭重保存之。

《蛾術篇》跋此誌云，昞字《說文》無有，乃南北朝俗體。予案，《博雅》「昞，明也」。《後漢書》有《淮南頃王昞傳》，《魏上尊號表》有「高梁亭侯臣昺」，即昞字。是漢魏已有昞字，不得以南北朝俗體目之。

宫内大監劉阿素墓誌跋

《誌》稱「阿素遭家不造，幼履宫庭，内寵其勞，賜宫品一。同火人典御監秦阿女等痛金蘭之奄契，乃刊玄石，述像德音」云云。考《魏書·皇后傳序》大監視二品，故得贈品一。同火人即《木蘭詩》所謂「火伴」。典御監爲諸監之一，其名未見他誌。阿素以家難入宫，没而火伴爲之刻石，其情至可閔惻。自《周官》有「女奚」之制，後世因仍不革，與古者「罪人不孥」之訓倍矣。近出魏宫職墓誌四，無一非以罪没宫者，可見當日用刑之慘刻也。

宫内司楊氏墓誌跋

《誌》稱楊氏「初以才人充官女，遷細謁小監，轉文繡大監，改授宫大内司。以宿德可矜，賜爵縣君，邑號高唐」。考《魏書·皇后傳序》，内司視尚書令、僕，乃女職中之最尊者。細謁小監殆諸監之一，稱小監者，别於大監也。楊氏以才人充官女，才人視四品，官女殆即女尚書之類，視三品。由官女而監、而大監、而内司，其由内司得進封縣君，則史所不載，賴此誌知之也。楊氏恒農華陰人，陰字譌作阾，蓋譌阝爲了，又奪侌之下半也。又書「籩豆」爲邉豆，「宗祏」爲宗柘，「來世」爲來視。

傅姆王遺女墓誌跋

《誌》稱遺女以罪入宫，初知御膳，後轉當御細達，後又進嘗食監。卒，乃超昇傅姆。又賜品二，卒，贈品一。考《魏書·皇后傳序》載官，無知御膳及當御細達及傅姆，知宫職之不書於史者多矣。嘗食監爲諸監之一，視三品。《張安姬誌》有御食監，不知與嘗食是一是二。遺女以嘗食監昇傅姆，則傅姆位當在諸監之上，故加品二，卒得贈品一也。《誌》序遺女之夫爲當陌高官深澤令，與刺史競功亢衡，以此入宫。夫與上官抗衡，初非大罪，而竟没孥入宫，當日刑罰苛酷如此，亦異聞矣。

齊郡王妃常氏墓誌跋

《誌》稱妃爲侍中太宰、遼西獻王之曾孫，遼西公囧之季女。其先河内温人，永嘉之末，乃祖避地，遂居遼西郡之肥如縣。初照皇太后籍聖善之德，正坤元之位，阿保高宗，母儀天下，是以王爵加隆於父兄，世禄廣貽於子姪。考《魏書·皇后傳》，高宗乳母常氏本遼西人，太延中以事入宫。世祖選乳高宗，慈和履順，有劬勞保護之功。高宗即位，尊爲保太后，尋爲皇太后。崩，謚曰昭。又《外戚傳》，太后兄英，字世華，自肥如令超爲散騎常侍，鎮軍大將軍，賜爵遼西公。弟喜，鎮東大將軍，帶方公，進左光禄大夫，改封燕郡。追贈英祖父，符堅扶風太守亥爲鎮西將軍，遼西簡公。《簡傳》作蘭，殆簡之譌。渤海太守澄爲侍中，征東大將軍，太宰，遼西獻王。與《誌》所叙正合。惟照皇太后，《傳》作昭皇太后，照、昭通用，非有殊也。常氏之先，由河内遷遼西，則皇后及外戚兩《傳》均不載。《常爽傳》稱「爽河内温人，祖珍，因世亂，遂居涼州」。是河内爲常氏本望，可爲此誌左證。

《誌》又云「年二十五，作嬪故龍驤將軍、通直散騎常侍、齊郡王祐，所奉太妃，即妃之從姑也」。考《文成五王傳》，齊郡王簡妻常氏，燕郡公常喜女也。則妃之姑爲昭太后之姪女，妃爲太后之姪孫女，囧爲太后之從姪，疑即英之嗣子，故襲遼西公之封。《外戚傳》無囧名，亦不言英子何人，惜無由以證成吾説也。《誌》又稱「永平之季，齊王出爲征虜將軍、涇州刺史。薨，贈平東將軍、冀州刺史，謚曰敬」。考祐官與謚，《傳》正與《誌》合。惟《傳》不載卒後贈官，則賴《誌》知之也。

《誌》又稱妃祗事慈姑，緝釐陰教，夙夜無違於婦道，終始不愆於禮度，誠由厥姑嚴誨之有經，抑亦妃贊諧之所致也。考《齊王簡傳》「妻常氏，性幹綜家事」，則喜女固簡之嘉配，《誌》所謂「嚴誨有經」，殆非虛美。而《祐傳》乃云「母常氏，高祖以納不以禮，不許其爲妃，世宗以母從子貴，詔特拜爲齊國太妃」。則殊不可曉。《簡傳》固明書太妃爲燕郡公女，文明太后以賜簡者，烏得謂之非禮。意者常氏在孝文朝曾遭籍没，《外戚傳》，訢子伯夫爲洛州刺史，以贓污徵斬京師。訢次子員及伯夫子禽可共爲飛書，誣謗朝政，有司執憲，刑及五族。高祖以昭太后故，止籍没一門，訢以年老赦免，恕其孫一人，其女壻及親從在朝，皆免官歸本鄉。十一年，高祖文明太后以昭太后故，悉出其家没入婦女，以喜子振試守正平郡。當時太妃殆亦没入掖庭，以罪孥出賞藩邸，故云納不以禮歟？《外戚傳》不言訢爲太后何人，惟叙訢於從兄泰之下，云訢子伯夫散騎常侍，選部尚書。似訢亦太后從兄弟，但不言訢爲何人，第書其子拜官，必無是理，此處必有奪誤。又《傳》中於訢籍没之前，書承明元年徵英復官。考以前並無英削職之文，何以此云復官，疑籍没事在承明之前，英之復官乃籍没後再起用。《傳》言罪止一門，殆止罪常氏，不及他姓，非謂止訢一房，故太妃殆亦没入掖庭也。又《誌》稱妃薨於正光三年，年卌三。其作嬪於齊時，年廿五，由正光三年上數至景明四年，妃年正廿五。是妃嫁時已在太和十一年赦免没入婦女之後，故仍得作嬪於王室。然後嗣亦不聞顯仕，蓋至是常氏之澤已衰矣。

敦煌鎮將(軍)元倪墓誌跋

《誌》稱倪爲道武皇帝之玄孫、南平王之叔子。今檢《魏書·道武七王傳》，廣平王連無子，世祖以陽平王熙之弟二子渾爲南平王以繼之。渾薨，子飛龍《北史》作飛。襲，後賜名霄。薨，子纂襲。史又載霄弟二子繼出嗣江陽王根，又載繼弟羅侯而無倪名。《誌》稱爲南平王叔子，則伯爲纂，次繼，次倪，次羅侯也。《魏書·廣平王傳》後缺一葉，或倪名在缺葉中耶。

史載渾、霄歷官均與《誌》合，惟《誌》稱渾謚康王，霄曾官禮部尚書，史失書耳。倪年廿九，拜員外散騎侍郎，年三十四而卒，贈寧遠將軍，敦煌鎮將。宦既未達，年亦不永，使無此誌，則名字亦不聞於後世矣。銘後記高祖以下名位，並及祖母，及母，乃稱祖母曰祖親，而母則曰母，祖親殆當時之俗稱與？

高貞碑跋

《高懿侯碑》：「清暈發於載卡，秀悟□乎齠齒。」卡即弄字，見《龍龕手鑑》，「載卡」取《詩》「載弄之璋」義。「清暈發於載卡」，猶言清暈發於始生。《錢竹汀先生日記》云卡或是年字之誤，非也。

孔平仲《雜説》：「公家文字用仰字，出《齊·孝昭紀》詔定三恪，『禮義體式亦仰議之』。」予案：此碑載宣帝詔「其墓□所須，悉仰本州營辦。」是「仰」字魏已用之，不始於齊。又《三國志·魏明帝紀》，青龍二年，追謚山陽爲孝獻皇帝。裴注引《獻帝紀·追謚詔》云：「喪葬所供羣官之費，皆仰大司農。」是又始於三國時矣。

高慶碑跋

此碑近年德州出土。慶之名不見於《魏書》，然碑首有「文昭皇太后之姪，世宗武皇帝之内弟」，又有「姊爲皇后，叔爲冢宰」語。考《魏書》，孝文昭皇后爲高颺之女，世宗又立高颺子偃之女爲后，是爲宣武皇后。又颺子肇於世宗初即位時録尚書事。以此證之，則慶乃颺之孫，肇之姪也。德州又有《高貞碑》，載貞爲高偃子，與慶殆爲兄弟。以「姊爲皇后」證之，慶或亦偃之子也。然慶與貞名並不見於《偃傳》，碑叙京兆王爲冀州牧，慶爲主簿。及京兆王反，慶及於難，年十有八。《京兆王愉傳》載愉在州謀逆，殺長史羊靈引及司馬李遵，而不及慶。《碑》叙與難者羊、李之外，尚有外兵參軍□景儁，□□參軍崔伯驥，並可補史傳之略。又李遵，《碑》作李良軌，《傳》舉其名，《碑》舉其字也。《世宗紀》叙愉之反在正始五年八月辛亥，據史，三月丁卯即改元永平。九月而亂平。《碑》載正始五年八月十日庚寅賜卹，詔稱「去秋釁起戚藩，忠良□酷」。似愉之反在前一年，《紀》與《碑》大異，而《愉傳》又不載稱兵年月，令人疑不能明。

《碑》稱正光五年八月辛巳朔，則是月不得有辛亥。而《紀》稱愉以是月辛亥叛，考《本紀》，是年九月爲辛巳朔，《碑》或誤書九月爲八月也。又「去秋」之稱，或是指前一月，非指前一年，殆古今人稱謂不同耶。慶以主簿追贈鎮遠將軍、光州刺史，謚曰貞，飾終之典至榮。碑無建立年月，然文内有「世宗武皇帝」語，則立於孝明帝時無疑。《高貞碑》立於正光四年，此碑書法與貞碑酷肖，殆出一人手。此碑或亦正光時所立耶。

李謀墓誌跋

此誌近年出土。《誌》稱謀爲遼東襄平人，晉司徒胤十世孫，大魏青州刺史貞侯之弟二子。考《魏書·李元護傳》，元護遼東襄平人，八世祖胤晉司徒、廣陸侯。元護仕魏，官至齊州刺史，卒贈平東將軍、青州刺史。謀殆即元護子也。《誌》稱「謀葬齊郡平安縣黄山里，祔使君之神塋」。《元護傳》載其隨慕容德南渡河，居青州數世。元護爲齊州，經拜舊墓，巡省故宅，則元護之先壟本在齊郡，元護當亦葬先壟，故謀祔之。此謀爲元護子之證。又，元護卒於景明三年，年五十一。謀卒於正光四年，年二十七。以年代考之正相當。有此數證，則謀爲元護子無疑矣。惟《傳》稱胤爲元護八世祖，《誌》稱謀爲胤十世孫，爲小異耳。《傳》與《誌》不知孰誤。

又《元護傳》不載元護子幾人，但附會與機二人，而不及謀，亦不載謚貞侯，均賴《誌》知之。《誌》

後附刻一行，言「青州刺史、安樂王鑒，念君遺迹，追贈齊郡内史」。《誌》又稱謀弭寇之功，是謀之治迹，非無可觀。《元護傳》乃不及其名，可謂疏矣。

元敬公墓誌跋

《誌》稱「君諱暐，字景獻，景穆皇帝之元孫，南安惠王之曾孫，祖司徒以庸勳翼世，顯考太尉以忠槩成名」。又曰「年十八，隨父太尉鎮鄴城。俄而權臣擅命，離隔二宫，旦奭受害，仁人將遠。太尉責重憂深，任當龜玉，欲扶危定傾，清蕩雲霧，君忠圖令德，潛相端舉，有志不遂，奄見屠覆，父忠於國，子孝於家」。考《魏書・景穆十二王傳》下，南安王楨卒，謚惠。子英嗣，卒贈司徒公。英子熙以劉騰、元乂隔絶二宫，矯詔殺清河王懌，乃起兵請誅乂。兵敗，與長子景獻、次仲獻、次叔獻同遇害。《誌》所稱司徒者英，太尉者熙，權臣謂騰與乂，旦奭謂清河王也。《傳》稱熙長子景獻，《誌》作諱暐，字景獻，《傳》失其名也。《傳》又稱景獻後贈中軍將軍、青州刺史，葬以王禮，與《誌》合。而《誌》署題作元敬公，則暐曾賜謚，史又失之矣。

恒州刺史元纂墓誌跋

《誌》稱纂字紹興，「恭宗景穆皇帝之曾孫，開府南安惠王之孫，尚書僕射、司徒、獻武王之弟六子」。考《魏書・景穆十二王傳》載中山王英五子，長子攸，攸弟熙，熙弟誘，誘弟略，略弟纂。又有熙異母弟義興出後叔父並洛。《誌》稱纂爲英弟六子。又稱君處弟之季，出繼季叔，此與史異者也。《誌》稱「正光之始，有興不建，于是事去釁來，尋與禍并」，而不敢明記事實。《傳》稱纂聞熙舉兵，因逃奔於鄴，至即見擒，與熙俱死。「追封北平縣公，贈安北將軍、恒州刺史，改封高唐縣開國侯」。《誌》書贈官與《傳》同。惟「北平縣公」《誌》題作「安平縣」，殆《傳》譌安平爲北平，而《誌》則縣下奪公字也。至《傳》稱改封高唐縣侯，殆又在刊石之後，故《誌》不及。而《誌》稱謚曰景，則爲《傳》所略也。

熙與纂之死，《元順傳》載之甚詳。稱順「侍坐西游園，因奏太后曰：臣昨往看中山家葬，非唯宗親哀其冤酷，行路士女，見其一家七喪，皆爲潛下，莫不酸泣」。是與熙及纂同死者且七人矣。《誌》稱纂以孝昌元年十一月葬，蓋是年夏四月辛卯皇太后復臨朝，始得昭雪。《順傳》謂熙至靈太后反政，方得反葬是也，纂之葬或與熙同時矣。元魏宗室名纂者，一即紹興，他一則秦王翰之孫，又一則南平王霄之子也。此誌書法極精，乃褚薛之先導，故購而藏焉。

雍州刺史元固墓誌跋

《誌》稱公諱固，字全安，「景穆皇帝之孫，使持節、征西大將軍、儀同三司、汝陰王弟六子也」。考《魏書・景穆十二王傳》載汝陰王天賜諸子，曰逞、曰汎、曰脩義，而無固。《傳》稱脩義爲弟五子，

《誌》稱固爲弟六子，合以逞與汎，僅得四人，他不可考矣。《汝陰王傳》記載頗略，《誌》稱天賜官征西大將軍、儀同三司，《傳》不之載。《高祖本紀》承明元年七月申辰，以汝陰王天賜爲征西大將軍、儀同三司，則正與《誌》合。《高祖紀》又載太和二十年十一月乙酉，復封前汝陰王天賜孫景和爲汝陰王，而《傳》則但云卒贈本爵，葬從王禮而已，竟不及其孫襲封事。《天賜傳》後亦無景和名，知《傳》之疏略，蓋亦多矣。

《誌》稱妻河南陸氏，父琇、祖拔。《魏書・陸俟傳》，長子馛，馛第五子琇。《誌》書馛作拔，疑書者之譌。《誌》誤書「麟趾」作鱗趾，「太子詹事」作太子瞻事，則馛之作拔，固未可執《誌》以疑史矣。

趙郡王元毓墓誌跋

毓爲趙郡王幹之孫，嗣王謐之子，毓襲封後於河陰遇害。《魏書・獻文六王傳》與《誌》均合。惟《傳》稱贈青州刺史，《誌》是冀州爲不合。殆《傳》誤也。甲寅夏，得墨本，亟録入《芒洛冢墓遺文》中，近此石歸越中周氏矣。

臨淮王元彧墓誌跋

誌出彰德，石質粗頑，鐫刻亦劣，文累千餘言，而所記事實甚簡。《魏書・太武五王傳》則頗詳贍。彧爲宗支中之翹楚，其爭莊帝追崇考妣事，嚴正知禮又南奔蕭衍，聞樂歔欷，違離父母，酒肉不御，堅請囘國，誠節凜然。《誌》皆畧而不書。及彧之死難，《誌》但稱「崩榱之禍奄臻，捨玦之慕空結」，蓋亦不敢直言也。《孝莊紀》，彧之死在建義三年十二月壬寅朔，《傳》亦不記其時日。《傳》稱彧字文若，《誌》乃字文舉。《傳》稱出帝贈太師、太尉公、雍州刺史。《北史本傳》，孝武末贈大將軍、太師、太尉公、録尚書事，謚曰文穆。《誌》作「有詔贈使持節，侍中，太保，領太尉公，録尚書事，大將軍，都督定、相二州諸軍事，定州刺史」。兩《傳》所記皆未備，合之則與《誌》合。惟定州刺史，《傳》譌作雍州，文穆之謚《誌》亦不及耳。彧之贈卹既在孝武時，則此《誌》之立當亦在其時矣。

彧行誼無愧古人，而遭遇慘酷，千載而下，猶爲閔惻。史官猶以居官不能清白譏之，可謂責人無已者矣。

林慮哀王元文墓誌跋

《誌》稱王諱文，字思質，「獻文皇帝之曾孫，文穆皇帝之孫，侍中、太師、大司馬、太尉公、假黄鉞、陳留王之弟三子」。案《魏書·獻文六王傳》，彭城王勰嫡子劭襲封，劭兄子直别封真定縣開國公。劭卒後，孝莊踐阼，追封陳留王，贈假黄鉞、太師、大司馬。太尉生三子，曰寬、曰剛、曰質。質，莊帝初封林慮王，邑千户，永安三年薨。與《誌》均合。惟《誌》稱文字思質，《傳》誤作質。又陳留王贈官

《誌》有侍中，而《傳》失之。《誌》云謚哀王，亦不見於《傳》耳。王薨年九歲，以永安二年封，逾年而卒，則又合《傳》、《誌》而知之也。

城陽王元徽墓誌跋

徽字顯順，見《魏書·景穆十二王傳》，乃城陽康王之孫，懷王之子。《傳》、《誌》互校，事實均合。惟《誌》題「使持節、侍中、太保、大司馬、録尚書事、司州牧」，文中太保作太師，《傳》亦作太師，則題作太保者譌也。《傳》譏徽不能防其妻于氏，遂與廣陽王淵姦通。又云徽後妻莊帝舅女、侍中李彧之姊。《誌》載「妃李氏，司空文穆公孫女」，而不及于。殆以無淑行，諱而不書也。《傳》稱子延襲爵，《誌》作子須陁延。《誌》載徽兩弟：曰旭，顯和，襄城王；曰虔，顯敬，廣都縣伯。《傳》載旭而遺虔。

又洛中近出《處士元顯儁墓誌》，稱顯儁亦城陽懷王子，以年十五而夭，未授官，故曰處士。此亦徽之弟而《傳》失書者也。附識之於此。

李彰墓誌跋

此誌近年河南出土，藏太倉陸氏。彰祖冲，父延寔。《魏書》並有傳，惟《延寔傳》僅載子彧，而不及彰。延寔當爾朱兆入洛時見害，出帝初歸于洛，贈侍中、太師、太尉公、録尚書事、都督、雍州刺史，謚孝懿。見《延寔傳》。此誌刻於太昌元年九月，正延寔歸葬之後。乃但書冲謚，而于延寔但書太師、太尉公，而不及其謚與雍州刺史，何耶？《誌》題「故通直散騎侍郎、左將軍」，乃彰之官。「司州洛陽縣澄風鄉顯德里」，彰在洛之居第。「領秦州隴西郡狄道縣都鄉和風里」，彰之籍里也。官職居第籍里蟬聯書之，他誌所罕見。又《誌》稱李彰年廿二，字子焕。書年齡於字之前，亦希見之例。

世宗弟一貴嬪司馬氏墓誌跋

《誌》稱夫人爲豫、郢、豫、青四州刺史烈公之第三女。又曰「曾祖司徒瑯琊貞王，垂芳績于晉代。祖司空康王，播休譽于恒朔。父烈公，以才英儁舉流清響于司洛，仗鉞南藩，震雷聲于郢豫」。考《魏書·司馬楚之傳》稱世祖初，楚之入朝，封瑯邪王，卒，謚貞王。子金龍襲爵，官至朔州刺史，謚康王。金龍子悦，初爲司州別駕，世宗初除豫州刺史，後遷郢州刺史，又後爲豫州刺史。永元元年，城人白早生叛，斬悦首送蕭衍，贈青州刺史，謚曰莊。是《誌》稱瑯玡貞王爲楚之，司空康王爲金龍，豫、郢、豫、青四州乃悦也。悦以死國，故謚曰烈。史稱謚莊，殆史之譌也。夫人既爲貴嬪，而悦之子朏尚世宗妹華陽公主，楚之子躍尚趙郡公主，故贈悦官，詔言「國戚舊勳，特可悼念也」。

《誌》題「故世宗宣武皇帝弟一貴嬪夫人」。考《魏書·皇后列傳叙》載魏宫制：三夫人視三公，三嬪視三卿，六嬪視六卿。此曰弟一貴嬪夫人，其三嬪之一與？然《誌》稱初納爲貴華夫人，未幾命爲弟一貴嬪夫人，似由夫人而進貴嬪者。史稱上嬪降夫人一等，《誌》則由夫人而進貴嬪，史《誌》不合，不可曉也。此石今藏雪堂。

宫弟一品張安姬墓誌跋

此誌數年前出洛陽白馬寺左近古壟中。安姬以家難没宫，年廿除御食監，後除文繡大監，復除宫作司。卒贈弟一品。考《魏書・官氏志》，不載宫官。《皇后列傳序》言高祖改定内官，「作司、大監、女侍中三官視二品。監、女尚書美人、女史、女賢人、書史、書女、小書女五官視三品」。故安姬始爲御食監，即諸監之一，視三品。進文繡大監與作司，則視二品，故得卒贈一品也。往歲予游洛下，議購此石未諧，乃攜墨本歸。今此石不知歸何人矣。

雪堂金石文字跋尾卷三

魏太中大夫元玕墓誌跋

《誌》稱玕字叔珍，「高祖廣平王，曾祖儀同南平康王，祖尚書、南平安王，父燉煌鎮將，兄光州刺史、南平王」。案《魏書·道武七王傳》，廣平王連薨，無子，世祖以陽平王熙之弟二子渾爲南平王，繼連後，官儀同三司、平州刺史。子飛龍襲，後賜名霄，卒，謚安王。子纂襲，卒，子伯和襲。《誌》之廣平王即連，康王即渾，安王即霄。本傳不載渾謚，據《誌》乃謚康，而《傳》失之也。父燉煌鎮將，名俔，安王之子，近亦有誌銘出土，而史失之。亦無玕名，蓋《魏書》此卷南平王之後、京兆王之前，舊缺一葉，玕與父俔之名當在佚葉中。今二《誌》出土，乃得補刊本之缺，亦快事矣。兄光州刺史、南平王，以世次考之，當是伯和。而《傳》記伯和歷官甚略，不載曾官光州刺史，又可據補《傳》之疏也。

王僧墓誌跋

此《誌》標題稱「維大魏天平三年歲次丙辰二月壬申朔十三日甲申，故驃驤將軍、諫議大夫、贈假節督滄州諸軍事、征虜將軍、滄州刺史王僧墓誌」。標題之書年月，實始於北朝。此外，如《鄭道忠墓誌》、標題作「大魏正光三年歲在壬□十二月己未朔廿六日壬申，故鎮遠將軍、後軍將軍鄭公墓誌銘」。《蘭倉令孫府君浮圖銘》、標題作「大魏正光五年歲次甲辰七月己酉朔廿五日癸酉，故蘭倉令孫府君浮圖之銘記」。《隋董穆墓誌》、標題作「大隋大業六年歲次庚午十一月戊午朔三日庚申，襄城郡汝南縣前主簿墓誌」。《唐大法師行記》、標題作「大唐貞觀六年歲次壬辰八月壬午朔廿日辛丑，建大法師行記」。《光業寺碑》、標題作「大唐開元十三年歲次乙丑六月癸丑朔二日甲寅，趙州象城縣光業寺碑並序」。《開業寺碑》、標題作「大唐開耀二年歲次壬午二月乙丑朔八日壬申，李公碑並序」。《金陽山寺鍾銘》，標題作「大金天德歲次辛未九月戊戌朔十四日辛亥，邳州陽山普照禪寺鍾銘并引」。並以年月貫於碑題之上，是古人習用是例，今人用者希矣。《金石萃編》及王氏《碑板廣例》並謂碑題之有年月創見《開業寺碑》，疏矣。又碑板標題之後，例皆別行書文，此《誌》則標題之下即接書誌文，僅空二格，而不跳行，亦碑板中之罕見者。

李憲墓誌跋

《誌》稱「長子希遠，子長鈞，弟二子希宗，弟三子希仁，弟四子騫，弟五子希禮」。案：碑列長鈞於長子弟二子之間，不言行次，殊不可解。考《魏書·李順傳》，希遠兄長鈞，興和中梁驃騎府長史。則長鈞乃希遠兄，不應反列希遠之次。《順傳》又稱希遠庶長兄劍，興和中梁驃騎府長史。詳審再四，始恍然劍即長鈞，史誤以爲二人，長鈞當是劍字。而碑又稱長鈞字孝友，豈先名劍、字長鈞，後以字行而別字孝友邪？長鈞乃憲庶長子，故碑列在長子之後，次子之前。碑史互證，疑義始析，讀書之不易如此。又弟四子騫字景讓，《順傳》作騫字希義。又《順傳》希遠字祖浚，《誌》作祖牧。《北史·順傳》希仁子公統，《宣寶碑》作伽利黃父。

《後漢書·光武紀》：「矢下如雨，城中負户而汲。」《通典》引其文作「負楯而汲」。案：作負户爲是。此《誌》有「負户而汲，析骸而炊」語，正用《光武紀》，《通典》作「楯」非也。

凝禪寺三級浮圖頌跋

「螰螻無夕命」，《常山貞石志》云螰字不見字書。案：螰即蝶字，即蜉蝣也。《毛詩》陸機《疏》：蜉蝣，「方土語也，通謂之渠略，似甲蟲有角，朝生而夕死」。又「其寺妙像精異，遊⿰目亘忘歸」，《貞石志》云⿰目亘即眠。案：⿰目亘即眡，非眠。題名有「趙蕭⿰月右」，《貞石志》云⿰月右字書無，疑即祐字。案：⿰月右乃肱字，變厶爲口爾。

高翻碑跋

此碑乃近年與《高盛碑》同時同地出土者。碑文殘泐大半，無名字年月，近人稱爲「孝宣公碑」。予以所存殘字考之，碑文前數行有「青州刺史」語，中間又有「勃海王歡功濟蒼生，□□赤縣」語，又有「謚曰孝宣」語，知洵是《高翻碑》也。《魏書·高湖傳》：子謐，太昌中贈青州刺史，謐子翻，字飛雀，元象中贈冀州刺史，謚曰孝宣。《碑》中青州刺史謂翻父高謐也。「勃海王歡」云云，是此《碑》爲高氏之證。《碑》中「謚孝宣」語，則又爲《高翻碑》之證也。但史不載翻爵，《碑》有「清河郡開國公」語，不知乃翻之爵，抑子岳之爵。《傳》稱翻子岳爵清河郡開國公。《碑》文殘泐，不可考矣。

此碑書法精絶，與《高盛碑》酷肖，殆出一人手，當亦同時所立。惜《盛碑》亦無年月可考，要當在元象、興和間耳。《碑》後有「□□銘」及「□□□刻字」款，刻字人入碑，殆莫有先於此碑者。檢《金石録》，知此碑趙氏曾著録，云建立歲月、文字殘缺，惟有「魏元」字可辨。又云「歲次己未」，是此碑立於興和元年也。

蔡儁碑跋

此石藏端忠敏公寶華庵，今歸膠州柯氏，僅存上半。以校《北齊書》本傳，事實大致相合。惟

《傳》稱儁字景彦，《碑》作字彦安；《傳》稱從平元顯封烏洛縣男，《碑》作初封烏洛縣子，後進爵爲侯；《傳》稱儁卒於揚州刺史，《碑》作陽州爲異耳。儁卒於天平三年七月，而碑立於興和二年八月，蓋儁卒後之四年也。碑陰刻府佐人名，有「母之廻、母之顯、母之高」三人，此姓不載姓氏書，可據此補之。

華山王元鷙墓誌跋

此誌出漳濱，以《魏書》諸帝子孫列傳考之，多互異。《傳》稱鷙祖陵，世祖賜爵襄邑男，進爵爲子。父瓌位柔玄鎮司馬。《誌》稱「祖陵，散騎常侍、征虜將軍、并州刺史。父肱，散騎常侍、撫軍將、此下殆奪「軍」字。冀州刺史」。一也。《誌》載建義元年封昌安縣侯，永安二年改封華山郡王。《傳》不載昌安縣侯之封。《孝莊本紀》，永安二年五月丁丑，封安昌縣開國侯元鷙爲華山王，作安昌，與《誌》不合。二也。《傳》稱鷙以興和三年薨，《孝静本紀》則作興和二年六月壬子薨，《誌》則在三年六月九日，與《傳》同而與《紀》異。三也。《誌》稱薨贈假黄鉞、侍中、尚書令、司徒公、驃騎大將軍、雍州刺史。《傳》則失書驃騎及雍州刺史。四也。

至鷙平生歷官，《傳》多不載，《誌》則甚詳。又六朝墓誌例不載撰人名，此《誌》有「友人車騎大將軍、祕書監常景，惜白珩之掩曜，悲懋德之未融，鐫金石而爲誌，託賓實以宣風」。則此《誌》常景作也。鷙以魏室懿親，甘心黨惡。《傳》稱爾朱榮至河陰，殺戮朝士，鷙與榮共登高冢觀之，自此後與榮合。榮誅，又與兆陰通。乃兆入殿，鷙約止衛兵，致莊帝見逼。可謂人間之梟獍，元氏之凶人，而竟得老壽以死，天道果安在耶？史於常景盛稱其名德，乃爲元鷙作誌，孝莊追崇考妣，失禮之甚，臨淮力爭，景乃逢君之惡，手擬答詔，則景固非端人，亦浮薄文士已耳。書之以爲後世文人不謹於文者戒。

李仲琁脩孔廟碑跋

《書》「夤賓出日」，今本作「寅賓」。案：《説文》：「夤，敬惕也。」是夤賓之夤本當作「夤」，作「寅」者借字也。此碑引《書》正作「夤」，六朝人猶明古字古義如此。《魏高貞碑》「夙夜惟夤」作「夤」，不作「寅」，亦可正今本之失。

宜陽郡王元寶建墓誌跋

《誌》稱王諱寶建，字景植，「曾祖高祖孝文皇帝，祖相國、清河文獻王，父相國、清河文宣王」。考《魏書·孝文五王傳》多闕文，於清河王懌，但稱正光元年七月，元乂與劉騰囚懌於門下省，誣懌罪狀，遂害之，時年三十四，不及以後事，亦不及其子孫與昭雪事。惟《肅宗紀》：正光四年二月，追封清河王懌爲范陽王，以禮加葬。八月癸未，追復故范陽王懌爲清河王。是懌身後曾追復舊封，見於帝紀而不見於本傳。又曾追謚文獻，則《紀》亦不載，賴《誌》知之也。《汝南王悦傳》稱悦就懌子亶求懌服翫之物，知懌有子亶。《前廢帝紀》：普泰元年三月，「以特進車騎大將軍、清河王亶爲儀同三司、侍中」。《出帝紀》：太昌元年五月己酉，「以侍中、驃騎大將軍、儀同三司、清河王亶爲司徒公」。永熙三年八月甲寅，「推司徒公、清河王亶爲大司馬，承制總萬幾，居尚書省」。此《誌》亦有「文宣道冠周燕，聲高梁楚，永熙棄德，自絶民神，居中承制，載離寒暑」語。《孝静紀》：天平三年十二月壬申，「大司馬、清河王亶薨」。知懌之子亶曾嗣父爵，且總百寮，其薨在天平中也。《孝静紀》：清河文宣王亶之世子也，母曰胡妃。《誌》亦稱「父相國、清河文宣王，母安定胡氏」。又興和三年閏月己丑，「封皇子「皇子」誤，《北史》作「皇兄」景植爲宜陽王，皇弟威爲清河王，謙爲潁川王」。知亶謚文宣，母胡氏，史《誌》正合。

亶四子，長寶建，次孝静帝，次威，次謙。《誌》稱「諱寶建，字景植」。是史以字爲名，或以字行也。《誌》載寶建弟徽義清河王，徽禮潁川王。史稱徽義曰威，徽禮曰謙。則又似史舉其名，《誌》舉其字矣。惟《誌》稱宜陽郡王，史稱宜陽王爲不合耳。《誌》稱王以興和三年七月九日薨于位，《紀》作興和三年七月己卯薨。考長術，是月辛未朔，九日正得己卯，則《誌》與史正合。又《誌》稱「曾祖母清河王太妃，河南羅氏。父雲，使持節、侍中、鎮東將軍、青州刺史」。羅雲見《汝陰王天賜傳》，載：

「諸部勅勒叛，詔天賜與給事中羅雲督諸軍討之，前鋒勅勒詐降，雲信之，不設備，勅勒輕騎數千襲殺雲。」彼稱給事中，此稱青州刺史者，殆舉雲卒後贈官也。《誌》稱祖母亦羅氏，父蓋，殆即雲之子，或從子矣。

此石近出磁州，藏會稽顧鼎梅民部燮光許，以墨本贈。爰以一夕之力，爲之考證，異日當以寄示民部也。戊午三月望。

西河王元悰墓誌跋

《誌》稱「祖雍州康王，拂衣獨往，脱屣千乘。父青州穆王，駈車不息，褰帷万里」。考《魏書·景穆十二王列傳》，京兆王子推，子太興襲，改封西河。後爲沙門，更名僧懿，居嵩山，太和二十二年終。子昂，字伯暉，襲。薨，子悰，字魏慶，襲。《誌》之雍州康王即太興，雖以僧終，而卒贈予謚與常例同。《誌》言「拂衣獨往，脱屣千乘」，指爲沙門事也。昂之事迹，傳無一字，據《誌》，曾官青州刺史，而謚曰穆，足補史文之略。《傳》稱悰謚曰文，《誌》則謚文靖，史脱「靖」字也。《傳》稱悰寬雅有度，清儉不營産業，身亡之日，家無餘財。蓋魏宗支中之賢者。《誌》歷叙其仕績，殆不誤也。《誌》稱卒贈定州刺史，史亦失書。丁巳九月二十日。

賈太妃塼誌跋

此塼昔人未著録，殆近日新出土者。考瑯琊王不見諸王列傳，惟《孝静帝本紀》載「天平二年秋七月戊戌，封汝南王悦孫綽爲瑯琊王」，是瑯琊王爲汝南王之孫綽。又考《汝南王悦傳》，言悦好男色，輕忿妃妾，至加捶撻。賈太妃殆因是遁迹空門歟？景樂寺見《洛陽伽藍記》，乃太傅清河文獻王所立，汝南王重脩之。此云「薨於鄴城景樂寺」者，楊衒之叙《洛陽伽藍記》曰「永熙多難，皇輿遷鄴，諸寺僧尼，亦與時徙」，殆賈太妃於遷鄴後，更造此寺以居耶？塼上第一行月朔上泐三字，考武帝武定二年正月爲丙戌朔，此云廿八日癸丑，則朔日正是丙戌，知所泐乃正月丙戌也。

章武王妃盧墓誌跋

此誌磁州出土，今藏雪堂。《誌》題稱「魏故使持節、侍中、司徒公、都督雍華岐并揚青五州諸軍事、車騎大將軍、雍州刺史、章武王妃」。考《魏書・景穆十二王傳》，章武王太洛薨，無子，高祖初以南安惠王第二子彬爲後。彬卒，長子融嗣。融與葛榮戰敗見殺，肅宗爲舉哀于東堂，贈侍中、都督雍華岐三州諸軍事、本將軍、司空、雍州刺史，尋進贈司徒，謚莊武。則盧者，章武王融妃也。《傳》稱贈雍華岐三州諸軍事、雍州刺史，《誌》則作雍華岐并揚青五州諸軍事，然據《誌》是六州，非五州也。

《傳》稱融子景哲襲，景哲弟朗，即後廢帝。《誌》稱長子章武王字景哲，第二子字叔哲，第三子字季哲，皆舉其字而不名。《後廢帝紀》稱諱朗，字仲哲，章武王第三子，母曰程氏。《傳》不載叔哲、季哲，《誌》不載仲哲，《誌》所書三子，殆僅舉盧所出歟？《傳》載景哲歷官甚略，但云「武定中開府儀同三司，齊受禪，爵例降」。寥寥數語而已。《誌》稱景哲「出身司徒祭酒，俄遷尚書祠部郎中、通直散騎常侍、朱衣直閤鉀仗都將、征虜將軍、肆州刺史、當州都督、侍中、車騎將軍、左光禄大夫、護軍將軍、領嘗食典御、兼太尉公、奉璽紱、侍中、驃騎大將軍、西道大行臺僕射、殿中尚書、散騎常侍、開府儀同三司、護軍將軍、侍中」，可據補史文之略。筮仕之始，古曰解褐，今曰出身。翟氏《通俗編》引《宋史·選舉志》，「景德四年，定親試進士條，考第之制凡五等，一、二等曰及第，三等曰出身，四等、五等曰同出身。今此《誌》曰景哲出身司徒祭酒，叔哲出身員外散騎侍郎，季哲出身祕書郎，是出身之稱，六朝已有之矣。宣統丙辰九月二十五日。

太原太守穆子巖墓誌跋

《誌》稱公諱子巖，姓穆氏。又云「祖司空、録尚書、長樂王亮，考太保、大將軍、頓邱王紹」。考《魏書·穆崇傳》，亮初封趙王，徙封長樂王。後例降爵爲公，後又徙封頓邱郡公。子紹襲爵。莊帝立，進爵爲王。未幾，降王復本爵。是亮與紹並當稱頓邱郡公。《誌》悉書舊封，非其實矣。《傳》稱紹以功加特進，又拜其次子巖爲給事。《誌》稱子巖釋褐給事中，與史正合。惟史稱次子巖當作次子子巖，脱一「子」字，則似紹之次子名巖矣。紹傳後爲子長嵩，長嵩後爲子巖，子巖上又脱弟字，一若巖又爲長嵩之子，均賴《誌》正之。然宋大字本《魏書》已然，則脱字不自近本始矣。《傳》稱亮謚匡，紹謚文獻。《誌銘》乃云貞王之孫，匡王之子，又不知《誌》與《傳》孰譌也。此誌安陽出土，今藏安陽金石保存所。

杜照賢造象記跋

此記題名有「甯朔將軍、愼陽郡守杜零茂」款，「愼」字不見古字書，當是「順」字之别字。《吴谷朗碑》順字亦作「愼」，此記之「愼陽」即「順陽」也。

高盛碑跋

此碑近年出彰德府，但存上截，然字迹精絶，鋒(頴)〔穎〕如新，爲北碑中上乘。盛爲神武從叔祖，《北齊書》有傳，然甚略，以《碑》校之，大略相同。《碑》稱盛初以名家子補奉朝請，又曾授平南將軍、光禄大夫及侍中、冀州大中正，爲《傳》所未及，當據以補《傳》之缺。《魏書·孝静帝紀》述天平中盛所歷官，與《碑》亦同。又盛字盆生，卒謚文懿，贈都督洛秦雍恒懷豫青齊并肆十州諸軍事，而《傳》

均不及。碑額署「魏侍中、贈太師、黄鉞、太尉、録尚書事」，而《傳》稱「贈假黄鉞、太尉、太師、録尚書事」，與《碑》不同。考《孝静帝紀》載盛以天平二年三月以司徒進太尉，是太尉爲盛歷官而非贈官，亦當據《碑》更正者也。

鄭公碑跋

此碑僅存下截，初不知爲誰何之碑。以文内有「□漢直臣，□□尚書之履；北海儒者，□表通德之門」語，知爲鄭君耳。《碑》叙鄭君父名鍾，郡功曹。又叙鄭君歷官，解褐奉朝請，遷廣州司馬，定陵、襄城二郡守，諫議大夫，封晉甯縣開國公，西□州刺史。以東魏武定五年二月薨於湯武縣五池鄉永豐里舍。子江陵縣令子孝。鄭君事實可考者，如是而已。文内又有「君與從兄廣州刺史先護」語，先護《魏書》附見《鄭羲傳》，乃思明之子。則此碑之鄭公亦羲之族孫，惜名字已泐，不可考矣。此碑文、字並精，爲近年出土六朝碑版中之佳者。

齊張龍伯造象記跋

《記》曰「人民安洛」，安洛即安樂。曩校《北齊書》，見潘樂或書作「潘洛」，恒以爲異，據此知洛即樂字，六朝人以音同假用也。《常岳等造象記》「七世先零託生妙洛」，樂字亦作「洛」。又文内妣字作

「妣」，即妣之異文，見《説文解字》，六朝人尚知用古字也。此《記》署「天保元年歲次庚午十月壬申朔八日辛巳」。案：是年十月丁丑朔，非壬申，八日乃甲戌，非辛巳。北朝人造象多出工匠之手，故多舛迕如此。

李清報德象碑跋

文載碑主李清以身受李憲、李希宗薦拔得官，故造象以報德。案：李憲、李希宗，《魏書》並有傳，坿《李順傳》後。張石舟先生《肩齋文集》稱李憲無考，希宗爲文宣皇后之父，見《太后傳》。不知憲及希宗自有傳也。

齊滄二州刺史高建墓誌跋

《誌》稱建字興國，「曾祖湖，燕散騎常侍、吏部尚書，魏涼州鎮都大將、秦州刺史、東阿侯，皇上之高祖也。祖拔，廣昌鎮將、燕州刺史。父猛，鄯善鎮録事參軍」。考建《齊書》及《北史》無傳。《魏書·高湖傳》，少仕慕容氏，爲散騎常侍，後爲征虜將軍、燕郡太守。歸魏，太祖賜爵東阿侯。有四子，第三子謐，生樹生，樹生生獻武。謐長兄真，真弟各拔，廣昌鎮將。子(同)〔元〕國，次顯國，次達，武定中驃騎將軍、行滄州事。次永國，次子國。《誌》之「祖拔」即《傳》之「各拔」，《傳》與《誌》不合。

然《傳》又稱拔弟賭兒，又不作「各拔」，疑《傳》衍「各」字也。《誌》之「父猛」，即《傳》之「猛虎」，《傳》殆亦衍「虎」字。《傳》之「達」即「建」字之譌。《誌》稱建曾以齊州刺史轉北豫州鎮城都督，又勅行滄州事，與《傳》所載達之仕履正合，則《傳》爲譌字無疑也。建字興國，《北史·齊宗室諸王傳》長樂太守《靈山傳》又誤作「建國」，《北齊書·宗室傳》，亦然，則并名字爲一。使無此《誌》，則無從是正之矣。石出漳濱，近歸雪堂。

廣阿貞武公竇泰墓誌跋

此誌近年出漳水之濱。泰死於魏天平中，此誌則齊天保六年改葬時刻也。泰身食魏禄，乃初則爲爾朱之爪牙，繼則爲高歡之腹心，雖没於行陣，固始終爲魏室之賊臣，其人蓋無足稱也。《魏書》不爲立傳，而傳於《北齊書》，史臣可謂有識矣。顧《北齊書》本傳，甚疏略。《誌》稱泰字寧世，《傳》誤作世寧。《誌》稱祖盛樂府君，父司徒。《傳》載曾祖與父，而不及祖。《誌》稱泰以功封廣阿縣開國子，食邑三百户。太昌入纂，進爵爲公，增户四百。《傳》但云賜爵廣阿子，而不及進公。《誌》稱泰歷官顯州刺史、蔚州刺史、相州刺史，《魏書》本紀與《誌》同。《傳》皆失書。《誌》稱「天平四年正月十七日薨於弘農陣所」。《傳》稱「四年，泰至小關，爲周文帝所襲，衆盡没，泰自殺」。《魏書·孝静紀》：天平四年正月，「竇泰失利自殺」。均不言何日，據《誌》知是十七日也。魏齊兩《書》於泰之失利記載至略，而《周書·文帝紀》則頗詳，云「斬泰首，傳長安」，繫其事於癸丑。是月丁酉朔，癸丑正是十七日，與《誌》正合。

《誌》稱泰身後「贈官太師、大司馬、太尉公、録尚書事、定州刺史」，《傳》但書「大司馬、太尉、録尚書事」而已。《誌》稱「泰年三十八」，《傳》亦不及。誌側刻子女名位。長子早亡，名已泐。次子名□□，字孝敬，儀同三司、□兗州刺史，襲爵廣阿縣開國□。次子孝山，字奉高，員外散騎侍郎、□威將軍、金鄉子。次孝淵，字周陁，員外散騎侍郎。凡四人。女四人，子婦二人。《傳》但云「子孝敬，嗣位儀同三司」，其他諸子並失載。

魏竇公夫人皇姨婁氏墓誌銘跋

此與泰誌同時出土。《誌》稱夫人諱黑女，祖北平府君，父司徒、太原王。考《北齊書·婁昭傳》，祖父提，魏太武時以功封真定侯。父内干，未仕而卒，昭貴，魏朝贈司徒，齊受禪，追封太原王。《誌》所謂「北平府君」謂提，「司徒、太原王」者，内干也。夫人爲神武明皇后之妹，故《誌》稱皇姨，封頓邱郡君。《誌》題稱「頓邱郡長君」者，《誌》所謂「錫以從母之名，仍加長君之號」，蓋由郡君加稱也。夫人無可稱述，但以懿戚及泰之佐命，遂受殊榮。文雖典贍，無裨考證。而書法則寬博大雅，尚可珍耳。

趙郡王高叡脩寺碑跋

「入作股肱」，沈氏濤《常山貞石志》：「肱，《廣韻》同股，此借作肱字。」玉案：肱即肱之別字，非股之借字。厷从𠂇、从厶，變𠂇爲十，變厶爲口。古从口从厶之字多相混，如《干禄字書》𨾏字俗作「隽」，《唐張對墓誌》私字書作「和」，皆是。《隋滄于儉墓誌》内肱字亦作「肱」，與此正同。碑又書崎嶇作「崎岠」。

樂陵王妃斛律氏墓誌跋

此誌與樂陵王誌同時出土，今并藏予家。《誌》稱妃爲左丞相、咸陽王之孫，司空、鉅鹿公之女。咸陽王者，斛律金，鉅鹿公則光也。《北齊書·斛律光傳》亦言樂陵王百年爲皇太子，納其長女爲太子妃，則妃爲光長女矣。《孝昭六王傳》載百年被詔，自知不免，割帶玦與妃斛律氏。百年死，妃把玦哀號，不肯食，月餘亦死，玦猶在手，拳不可開，其父光自擘之乃開，時年十四。《誌》則作河清二年八月十九日卒，時年十五。與《傳》言卒於百年死後者頗不合。然《傳》與《武成紀》及《樂陵誌》已自不同，《傳》、《紀》叙百年死於河清三年五月六日以後，《誌》則三月已書葬。意百年或竟被殺於二年，宮闈事祕，次年外間始知之。此《誌》稱二年者，或得其實也。妃謚曰良戴，《傳》亦不載。《傳》稱武成親埋百年於玄都苑後圃，《誌》則云葬於鄴西，而此《誌》亦稱祔葬武城西北三里者，殆武城西北爲妃墓，妃葬時假爲位以合葬，非其實也。

嗚呼，高歡以權奸竊柄，倒行逆施。至高洋盜國，宫闈黷亂，穢德彰聞，子孫之自相屠滅，蓋有天道焉。而妃之貞烈，皭然於黷穢之朝，尚論之士千載而下，有餘慕焉。流芳貽臭，孰得孰失，後之人當知所擇矣。

樂陵王墓誌跋

此即爲武成帝慘殺之百年太子也。以《北齊書·孝昭六王傳》考之，《傳》所載事實較《誌》爲詳。蓋《誌》立於當時，諱而不敢言也。《傳》稱孝昭即位，稱太后令立爲皇太子，帝臨崩，遺詔傳於武成。《誌》但言「始以常山王世子起家散騎常侍」，又云「肅宗大漸，道揚末命，移寶圖于元子，奉神器于唐侯」。語頗隱約，蓋不敢昌言之也。《傳》叙樂陵之死在河清三年五月之後，《武成紀》則書於三年六月之後。《誌》稱河清三年中，而舉其葬在是年三月二日，死日蓋不可知。《傳》、《紀》所書殆均非其實矣。《傳》稱樂陵死於玄都苑涼風堂，於後園親看埋之。又曰後主時，改九院爲二十七院，掘得小屍，諸内參竊言百年太子也。是樂陵始終未得禮葬。《誌》乃曰「穹旻寡惠，霧露成痾，小年不永，善言遽畢，所以恨動衣簪，悼結旒冕。以河清三年中，薨於邸第，三月二日安厝於武城西北三里」云云。使《傳》不詳載，後人讀此諱飾之文，鮮不謂樂陵爲令終矣。《誌》稱謚曰良懷王，《傳》所不載，亦不知謚於何時也。

嗚呼，方武成嗣位，開國甫十年耳，又十餘年亡也忽焉。北朝諸帝，齊、周得國最不以正，而享國亦最短。每讀史至百年之死，千載之後猶令人髮指。神武之貽謀如彼，而武成之殘虐如此，欲其子孫長世，烏可得耶？天道至邇，後世亂臣賊子，尚鑒之哉。

史道暢造象記跋

此石年月缺泐，僅存「乙□三月□未朔廿三□乙巳」字。按：以二十三日乙巳考之，□未朔乃癸未朔。又考北齊天統元年乙酉歲三月爲癸未朔，則乙□三月乃乙酉三月。則此象造于北齊天統元年矣。乙未二月得此紙，爲考其立石年月，記於紙尾。

宇文萇碑跋

《說文》：「牙，牡齒也。」《五經文字》作「壯齒」。考牡爲壯之別字。此碑「方期克牡」，又《隋張貴男墓誌》「牡武光其弼諧」，書壯字均作「牡」，虞書《孔子廟堂碑》亦書壯作「牡」，均从牛。《隋首山舍利塔銘》「華夏之牡麗」，亦从牛作「牡」，是其明證。

董洪達造象記跋

《史記·東越列傳》：「令諸校屯豫章梅嶺待命。」《索隱》：「今〔案〕，豫章三十里有梅嶺，在洪崔山，當古驛道。」案：洪崔當是「洪崖」之誤，崔即「崖」之別字。此記有云「諸佛智海，本自無崔」。又《王惠感等七十人造象》亦有「諸佛邃海，深曠无崔」語，其明證矣。

李琮墓誌跋

《書·畢命》「既歷三紀」傳、《後漢書·袁紹傳》注、《文選·魏都賦》「推鋒積紀」劉注、《國語》「蓄力一紀」韋昭注並云「十二年爲一紀」。惟《抱朴子》云「紀者三百日」，二説不同。此云「季將十紀，心之如一」，殆亦以三百日爲一紀也。

蘭陵忠武王碑跋

此碑久佚，趙撝叔曾據南滙沈氏雙鈎本著録。近年乃復出土。碑陽字甚巨，碑陰字較小，剥泐亦較碑陽爲甚。校以《北齊書》本傳，異同頗多。《傳》稱「長恭一名孝瓘，文襄第四子」，《碑》作「名肅，字長恭，文襄第三子」。《廢帝紀》封文襄第三子長恭爲蘭陵王，與《碑》合。《傳》稱「前後以戰功別封鉅鹿、長欒、樂平、高陽等郡公」。《碑》稱「天保九年封樂成縣公，乾明元年三月封蘭陵郡王，皇建二年别封鉅鹿郡公」。《傳》稱「長恭薨，贈太尉」，《碑》作「假黄鉞、太師、太尉公」。《傳》稱「蘭陵武王」，《碑》作「忠武」。此均當據《碑》以正史者。又《傳》叙長恭官職甚略，《碑》稱「天保八年，起家通直散騎侍郎。十年，除儀同三司，尋以本官行肆州事。乾明元年，除領左右大將軍。皇建元年，轉中領軍，加開府儀同三司。皇帝踐祚，授并州刺史。二年，進領軍將軍。三年，除青州刺史。武平元年，轉録尚書事，尋領宗正卿」。此又可據《碑》以補史文之略者也。

趙氏著録未見碑陰，以長恭卒於武平四年，故列於武平四年。今碑陰末行有「武平六年□月」，此立碑年月，前人所未知也。碑額陰刻安德王經墓興感詩一首，題稱「五言呈弟三弟太尉公」。據《傳》稱安德王乃文襄第五子，是長恭弟也，而此稱長恭爲弟，豈史氏之誤耶？

高昌寧朔將軍麴斌造寺碑跋

此碑宣統三年五月吐魯番三堡出土，即高昌新興故墟，後移至迪化撫署。陽刻《造寺記》，陰刻《上高昌王書》，碑題已殘泐，但存「寧朔將軍」及「寺名」六字。

觀《記》文，知寺爲高昌寧朔將軍麴斌所作，而斌弟暄成之，碑則立於嗣子亮者也。《記》稱斌河州金城郡□□□之從叔，年十九擢拜威遠將軍、横截令，轉折衝將軍、新興令，後以功進振武將軍、

□□長史。考《魏書・高昌傳》，麴嘉，金城榆中人。此碑「金城」下泐字當是「人今王」三字，蓋斌爲高昌王之從叔，故碑有「挺玉柯於天枝」語也。新興、横截二城見《南史・高昌傳》。《周書・高昌傳》：每城遣司馬、侍郎檢校相監，名曰城令。《北史・高昌傳》同，但無「城」字。斌由新興令進□□長史者，高昌官制，長史領諸曹事，其副爲司馬，司馬之下爲侍郎，諸城令以司馬、侍郎任之，故長史爲超擢也。碑稱「寺造於新興城西」，今此石得於吐魯番，知今之吐魯番即高昌新興城之遺址矣。碑稱「突厥雄彊，侵我北鄙，遣君厥庭，遂同盟結婚」。考《隋書・高昌傳》，伯雅立，其大母本突厥可汗女，其父死，突厥令依其俗，伯雅不從。久之，突厥逼之，不得已而從，此高昌突厥同盟結婚之證。

陰刻《上高昌王書》，後題「使持節、驃騎大將軍、開府儀同三司、都督瓜州諸軍事、侍中、瓜州刺史、西平郡開國公希□□多浮跌无亥希利發高昌王」。麴寶茂名，考《魏書・高昌傳》不載寶茂，惟《北史》及《周書・高昌傳》載魏恭帝二年，詔以田地公茂嗣位。茂即寶茂。又以首行「□□元年乙亥歲十二月」語證之，知茂即寶茂無疑。茂以恭帝二年立，歲正是乙亥。日本大谷氏光瑞藏高昌寫本《維摩義記》卷四殘紙，末署「建昌二年丙子」，茂即位之元年，爲乙亥二年，正值丙子。又知此石「元年」上所泐爲「建昌」二字矣。「高昌王」之上，冠以「希□□多浮跌无亥希利發」者，殆高昌語，彼中尊號，以施之國中者，義則不可曉。大谷氏藏《大品般若經》寫於延昌四十年，其首有高昌王署款，文已不完，然尚可辨「使持缺跋彌磓伊離地約缺三四字陁豆約缺三四字利發」下缺等字，其文雖不全合，而末尾仍是「希利發」，異日當考之《高昌國譯語》，或得其義也。

碑陰稱「願照武王已下五王之靈，濟愛欲之河，登解脱之岸」。照武即麴嘉之謚，《梁書》及《南史・高昌傳》作「昭武」，碑作「照」者，二字古通假也。惟史稱嘉卒，子堅嗣，子堅以後有光永安元年襲，見《魏書・孝莊紀》及玄喜，大統十四年襲，見《周書・高昌傳》。玄喜以後即茂。是由嘉至茂，凡五傳。據碑則當作六傳，史佚其一代。若《隋書》及《北史・高昌傳》乃言嘉卒，子堅嗣。堅卒，子伯雅嗣。伯雅卒，子文泰嗣。高昌一百四十四年間，僅四傳，其譌誤不待言矣。至《孝莊紀》載子光之封在永安元年，而《出帝紀》及《北史・高昌傳》於永安以後，尚稱堅朝貢襲爵，殊相矛盾，亦顯有譌誤。玄喜之名亦僅見《周書》，其年代果合與否，無從考證。要之，由嘉至茂凡六葉，中間必有四傳。若茂之立，證以此碑及《維摩義記》題署，足證《周書》及《北史・高昌傳》之確實，石刻之功，可謂巨矣。

《周書》及《北史》載高昌官制：令尹一人，比中夏相國。次有公二人，皆王子也，一爲交河公，一爲田地公。次有左、右衛。次有八長史，曰吏部、祠部、庫部、倉部、主客禮部、户部、兵部。次有五將軍，曰建武、威遠、淩江、殿中、伏波。次有八司馬，長史之副也。次有侍郎、校郎、主簿、從事，階位相次，分掌諸事。次有省事，專掌導引。又云諸城有户曹、水曹、田曹。今此碑高昌王之次有右衛將軍多波鍮屯發、高昌令尹麴乾固，與史正合。多波鍮屯發亦高昌語尊稱。令尹名後有冠軍將軍兼屯田事、帶寧□縣麴紹徽，奮威將軍、横截太守兼宿衛事□，廣威將軍、綰曹郎中麴三人。史所載五將軍中無冠軍、奮威、廣威之名。寧□縣，寧下泐一字。《南史·高昌傳》載諸城鎮名有寧由，「寧」下所泐殆「由」字。《梁書》寧由作「由寧」，以碑證之，《南史》是而《梁書》誤也。碑稱斌曾官横截令，此兼宿衛事者，又稱横截太守，殊不可解。至綰曹郎中之職，亦史所無。史稱八長史，見於碑者，曰兵部，曰庫部，曰倉部，曰主客，户部，碑曰民部。《周書》亦作「民部」。《北史》作「户」，乃避唐諱改。刑部，碑曰都官，祠部，碑曰祀部，則與史異，當以碑爲得也。又碑中建武將軍領兵部，虎奮將軍領庫部，威遠將軍領都官、領祀部，平漠將軍領主客。史所稱五將軍，殆爲八長史兼銜，非有專官歟？虎奮、平漠之名亦不見五將軍中，足補史傳之缺。長史諸人名後有諸司馬及門下校郎、通事舍人，均與史合。惟校郎《周書》作「校書郎」，以碑證之，史衍「書」字也。《周書》載諸城令之下有户曹、田曹、水曹，碑於新興令名之後有兵曹録事、客曹參軍，知史所載諸曹亦未詳盡，均賴碑知之矣。

此碑遠在邊裔，袁杏南中丞官新疆時，始傳墨本於中土，予則見之於章式之外部四當齋。外部爲予乞得一本，亟付之裝池，並爲之跋。予往者撰《高昌麴氏系譜》，未獲見此碑，異日得據此以補正《系譜》，外部之力也。書之以志嘉惠。己未中秋。

頃見《新疆圖志》著録此碑，陽面末行有「延昌十五年乙□歲九月□旬刊訖」一行，殆初出土本有之，今本已一字不可見。案：高昌延昌十五年當北周建德四年乙未，即陳太建七年，詳見予所撰《高昌麴氏年表》，《圖志》誤以爲魏之延昌，而云延昌但有四年，殆邊人未悉改元而誤，未知延昌爲高昌年號也，附正於此。庚申七月。

隋昌國惠公寇奉叔墓誌跋

《誌》稱「公諱奉叔，字遵夏，曾祖讚，祖臻，父儁」。考《周書·寇儁傳》，子奉，位至儀同三司、大將軍、順陽郡守、洵州刺史、昌國縣公。以《誌》所叙奉叔歷官證之，多相合，知即奉叔，《傳》脱「叔」字耳。《誌》書奉叔長子慥，字世高。弟二子忕，字世幹。弟四子世協治。而失書弟三子。又，弟四子之名，以兩兄例之，當是名協字世治，而作「世協治」，殆文字誤倒也。奉叔諸子不見《傳》中，亦賴《誌》知之矣。

蒦澤公寇遵考墓誌跋

《北周書·寇儁傳》載儁二子，長奉，昌國縣公，奉弟顒，蒦澤公。此《誌》云公諱遵考，殆《傳》舉其名，《誌》舉其字。《傳》稱顒官小納言，《誌》與《傳》同，而題則作「大納言」。殆書者之誤，不得據以正《傳》也。

上谷寇氏歷世皆以孝友稱，遵考尤以文學知名當世。在魏，曾與盧辯等脩六官職分，兼定禮律法令。入周，專脩國史。《傳》皆失書，但云「掌朝布憲」而已。錢唐周兩塍先生嘉猷撰《南北史表》，據《北史·寇讚傳》撰《上谷寇氏世系表》，闕略甚多。兹據《魏書·寇讚傳》及傳世諸誌，列表如左。

上谷昌平寇氏系譜

一世	二世	三世	四世	五世	六世	七世
失名 晉武公令，見《寇臻誌》。「公」疑「功」之譌。	**脩之** 字延期，苻秦東萊太守，魏贈安西將軍、秦州刺史、馮翊哀公。《魏書·讚傳》或作「修之」，或作「脩之」，兹據隋寇奉叔、寇遵考二《誌》定作「脩之」。	**讚** 字奉國，魏雍州刺史、河南宣穆公。	**元寶** 安南將軍、豫州刺史、河南簡公。	**祖⿰口美** 安南將軍、徐州刺史、河南慎公。	**靈孫** 襲爵赭陽太守。	
					演 字真孫，汝南太守。	

續表

一世	二世	三世	四世	五世	六世	七世
			虎皮 本縣令。			
			臻 字仙勝，弘農太守、昌平子，贈幽州刺史、謚威公。	**祖訓** 順陽太守。《偘誌》作「名軌」。	**偘** 字遵樂，舞陰太守。	
				治 字祖禮，贈七兵尚書、雍州刺史、昌平男。	**朏之** 字長明，襲爵東荊州刺史、鎮東將軍。	
				彌 兼尚書郎。		
				儁 字祖儁，周驃騎大將軍、開府儀同三司、西安子，謚元公。	**奉叔** 字遵夏，隋亳州刺史、昌平伯，謚惠公。	**慥** 字世高，懷縣令。

續表

一世	二世	三世	四世	五世	六世	七世
						忺 字世幹，相府禮曹。
						協 字世治，大都督宋王記室、廣州治贊治。
					遵考 隋扶風太守、濩澤公，《周書·寇儁傳》作「名顒」。	**慠**
	謙之 字輔真。					

龍藏寺碑跋

《詩》：「景員維河。」箋：「河之言何也。」此碑云「尋派避世，彼亦河人」，寫何爲「河」，隋人作字猶存古義。虛舟題跋顧訛碑爲用字之誤，何耶？

趙洪塼跋

此塼以宣統己酉出河南之安陽，朱書，深入塼理，字字可讀，乃開皇九年相州零泉縣陽邑鄉故儀同趙洪誌也。《隋書·地理志》冀州魏郡注：魏置相州，東魏改曰司州牧，後周改曰相州。而不言相州之改魏郡在何時。《元和郡縣圖志》載隋大業三年，改相州爲魏郡，武德元年復爲相州。《太平寰宇記》：隋初魏郡廢而州立，煬帝初州廢復置魏郡。《輿地廣記》：後周置相州及魏郡，隋初郡廢，大業初州廢。并可補《隋志》之略，此塼又可爲三書之左證也。端忠敏公藏《杜法生塼誌》，在開皇十九年，亦有相州、相縣之文，則州之廢在大業初，蓋洵然矣。《隋志》，魏郡領縣十一，有靈泉，無零泉。《舊唐書·地理志》：武德元年，置相州總管府，領安陽、鄴、林慮、零泉、相、臨漳、洹水、堯城八縣。則正作「零泉」，不作「靈泉」，可證《隋志》爲誤字，賴此塼及《唐志》，足訂其失。亡友楊舍人惺吾撰《隋書地理志考證》，頗精密，恨不得見此塼也。塼文之末言「千七百年，爲欒受所發」。此塼出于宣統己酉，上溯開皇九年，得千三百二十四年，尚未届千七百年之期。道光三年，直隸元氏農夫治地，得宣城縣尉李君妻賈氏墓誌，末亦書「後一千三百年爲劉黃頭所發」字一行。由道光三年上溯刻石之建中二年，得年千有四十一年，亦差二百餘年。可知術士之所豫記，但能得其概略，固不能無毫鼇之失矣。

中州近年所出墓塼不少，間有朱墨書者。平生所見端忠敏公藏朱書塼一，予所藏墨書塼二，及此塼，凡四。以前考古家所不獲見，矧此塼可補《隋志》譌略，尤可珍也。丁未二月。

趙芬殘碑跋

碑久斷損，書撰人名已不可考，日本殘刻本《文館詞林》全録其文，知爲薛道衡所撰，頗有資於考證。《北史》本傳「父諒」，《隋書·芬傳》作「父演」，《詞林》則作「父脩演」，當以《詞林》爲得。又以《詞林》與《碑》互校，互有是非。《碑》「亦何代無其人哉」，《詞林》無「其」字。《碑》「十一世祖融，字稚長」，《詞林》作「十一葉此避太宗諱改。祖融」，無「字稚長」三字。《碑》「或□腰銀艾」，「銀」，《詞林》誤作「銷」。《碑》「公炳靈特挺」，「炳」，《詞林》作「資」。避諱改。《碑》「金星火宿」，「火」，《詞林》誤作「大」。《碑》「治夏官司馬」，《詞林》作「領」。避諱改。《碑》「乞骸」，《詞林》作「乞骸骨」。《碑》「二月十二日寢疾，薨于京師之太平里第」，《詞林》無「二月十二日」五字及「第」字。《碑》「上下千古」，「千古」，《詞林》作「千載」。又「二月十二日寢疾薨」，「二月」以上殘缺。王氏《萃編》跋云：約在開皇十年左右。今以《詞林》考之，乃開皇十四年也。

往歲讀《魏鄭文公碑》「斫注圖史」，初疑「斫」爲「研」字之誤。今觀此碑「研尋百氏」之「研」亦作「斫」，始知斫蓋研字别體也。古碑文字不容率爾肊斷如此。

董美人墓誌跋

「愻茲玉匣」，「愻」字不載字書。《誌》内又有「天情婉嫕」句。《十駕齋養新録》云「嫕」即「瘱」之俗。以是例之，知「愻」即「瘗」字耳。此字希識者，予故著之。

龍山公墓誌跋

顧亭林先生謂「壹」、「貳」、「叁」、「肆」及「仟」、「佰」字始於武曌，今此誌云「領鄉團伍伯人」，又云「增邑肆伯户」，是隋人已用「肆」、「伍」、「伯」字代四、五、百，顧未審耳。

梓州舍利塔銘跋

此銘在諸塔記中爲最晚出。庚子七月，潼川三臺縣牛頭山因脩堡掊土，得之潼川守河麟樹之孔廟《干禄字書》碑側，書法精雅似北齊人。首行泐大半，惟「大隋仁壽□□□甲」五字尚可辨。考仁壽四年爲甲子，仁壽下疑是「四年歲次」四字，「甲」下乃「子」字也。又此銘次行有「丙寅朔八日癸酉」

字，考長術，仁壽四年四月爲丙寅朔，是此碑確立於仁壽四年四月八日也。乙巳四月得此本於吴中，漫記其後。

蘇慈墓誌跋

《文選》阮嗣宗《詠懷詩》：「堂上生荆杞。」李善注引《山海經》「雩夕之山，下爲荆杞」。今本《南山經》「雩夕」作「虖勺」。玉案：古人寫「雩」、「虖」，「夕」、「勺」多相混，《山海經》「大戲之山，滹沱之水出焉」，「滹沱」，《唐承天軍城記》作「雩池」，此古人寫「虖」、「雩」多相混之證。今此誌「蓮芍」亦書作「蓮芗」，然「虖勺」、「雩夕」究不知誰爲本字，誰爲誤字也。

尉氏女墓誌跋

誌墓之例，凡「銘曰」以下，雖有空格，銘文必跳行别書，以别於誌。此誌則「銘曰」以下無空格，乃空一行方書銘。又《唐張君政墓誌》「詞曰」以下亦空一行方書銘文，碑版有此變例，操觚者亦不可不知也。

雪堂金石文字跋尾卷四

唐孔子廟堂碑跋

《碑》稱武德九年十二月二十九日有詔立隨故紹聖侯孔嗣悊子德倫爲褒聖侯。案：孔嗣悊，《闕里志》封褒聖侯詔作「孔嗣衍」，而《唐賜泰師孔宣王碑》及《唐書宰相世系表》均作「孔嗣悊」，《闕里志》作「衍」者，譌也。

邕禪師塔銘跋

碑云「開皇時，有魏州信行禪師」，又云「其月二十二日，奉送信行禪師□□靈塔」，又云「式昭景行，乃述緜邈」。考《陝西通志》，百塔寺本唐僧信行塔院，信行隋僧，志誤。大厤二年間，慕信行者皆窆於信行塔之左右。唐僧之陪葬信行塔者，邕師外又有海禪師，其塔銘均及信行。邕師既陪窆信行，故碑有「式昭景行」等語。《金石萃編》云碑似爲信行禪師建塔立碑，非即邕禪師塔銘，失考甚矣。

等慈寺碑跋

《舊唐書·太宗紀》貞觀三年閏十二月癸丑，詔於建義交兵之處，爲義士勇夫殞身戎陣者各立一寺，命虞世南、李百藥、褚亮、顔師古、岑文本、許敬宗、朱子奢等爲之碑銘。今此《碑》正師古撰，故諸家咸據史云貞觀三年立。然《碑》首師古署銜爲「瑯邪縣子」。考本傳，太宗即位，拜中書侍郎，封瑯邪縣男。貞觀七年拜祕書少監，十一年進爵爲子。是《碑》實十一年立，非三年也。

姜行本紀功碑跋

「𢠵彼蒼生」，《金石萃編》云「𢠵」當作「愍」。《廣韻》：「𢠵，聰也。」與「愍」字義別。此殆避太宗諱，借「𢠵」爲「愍」也。案《玉篇》：「𢠵同愍。」是「𢠵」爲「愍」之別字，《廣韻》訓聰爲未當也。

皇甫明公碑跋

此碑不署年月，諸家肊測多未當。予以撰文于志寧題銜考之，知《金石録》「貞觀中立」語爲可信也。考志寧署銜「銀青光禄大夫、行太子左庶子、黎陽縣公」。兩《傳》叙志寧拜職年月均略，惟令狐德棻撰《于公碑》極詳贍，稱志寧武德中封黎陽縣子，貞觀十年進爵爲公，十七年復拜左庶子、加銀青光禄大夫，十八年拜金紫光禄大夫、衛尉卿。是《碑》實立於貞觀十七年。此石歲月久不能决，一旦據碑得之，其欣快爲何如耶！

張琮碑跋

《碑》無立石年月，而撰文于志寧題銜與《皇甫誕碑》同，蓋亦貞觀十七年立也。王少寇《金石萃編》列十三年，考之殊未審矣。

蓋文達碑跋

《碑》無立石年月，考于志寧撰文署銜作「尚書、上柱國、燕國公」。《金石萃編》云：《舊傳》永徽元年加光禄大夫，進封燕國公，二年拜尚書左僕射同中書門下三品。前此未嘗官尚書。此碑未著立于何年，以志寧題銜證之，當在永徽二年也。然《新書傳》則進封燕國公在晉王爲太子時，乃貞觀十七年事，則又當立於十八年歸葬之時矣。予案：《于志寧碑》「永徽元年加授光禄大夫，進封燕國公，二年八月拜尚書左僕射」，與《舊傳》同，是碑實立於永徽二年。《新傳》叙志寧進爵在晉王昇春宫之後，不書年月，景文意在省文，《萃編》誤會，遂云進爵燕國在十七年，疏矣。

馬周碑跋

「遷持書侍御史」，《金石萃編》云：「《文獻通考》漢宣帝元鳳中，感路温舒尚德緩刑之言，季秋後請讞時，帝幸宣室，齋居而決事，令侍御史二人持書，持書御史起於此也。魏晉以下，歷代因之，皆作持書，別無治書之名。」予案：《漢孔彪碑》「拜治書御史」。《晉郛休碑》「以君□使持節、征蜀將軍司馬，遂遷鄴督軍□治書侍御史」，《苻秦重脩魏鄧太尉祠碑》「鄭□□，字弘道，聖世鎮南參軍、水衡都尉、□安令、治書侍御史」。此「治書侍御史」之載碑刻，班班可考者，其見諸史傳者尤衆，《萃編》乃云魏晉以下皆作持書，別無治書之名何與？

高士廉塋兆記跋

《説文解字》段氏注謂「八部」之「兆」字，即「卜部」之「𠧞」，「𠔾」乃正字，「𠧞」乃後人所譖。此記篆額寫兆字正作「𠔾」，不作「𠧞」，可爲段説之左證矣。

王惠墓誌跋

古人誌墓之例，凡無官職者，多以先世官職貫於誌題之上。如此誌署題作「魏故尚書令、宣簡公孫王君」。又《豆盧遜墓誌》標題作「衛尉少卿息」。《尚真墓誌》標題作「巢縣令息」。《梁嘉運墓誌》標題作「金州西城縣令息」。皆是。而言金石例諸家均未之及。又《北齊高貼墓誌》署「儀同公孫」，則唐以前已有之。此外尚多，不及備舉也。

華陽觀王先生碑跋

此碑始著録於《集古録目》及趙氏《金石録》，《寶刻叢編》與《寶刻類編》亦著録，而誤書人王玄宗爲王宗元。石佚已久，此出宋代氊墨，拓以越州竹紙，歲久如黄玉，世無第二本也。《唐書·儒學傳》「王紹宗兄玄宗，隱嵩山，號太和先生，傳黄老術」。不言能書，但稱紹宗工草隸，當世比之虞伯施。《書斷》又言「紹宗兄嗣宗，亦工書」。今此碑遒逸峻拔，當與歐、褚雁行，顧不以能書稱，殆爲道術所掩耶？嗣宗書今不可見，紹宗所作《王徵君口授銘》，風神駿逸，與此可稱二難。王徵君即玄宗，銘稱其字承真，以垂拱二年卒，年五十五。足補《紹宗傳》之闕。此碑書於乾封二年，玄宗時年三十六。據《口授銘》稱玄宗爲六兄，紹宗自稱第七弟。《書斷》稱嗣宗爲紹宗兄，則亦玄宗兄矣。兄弟三人並以文采馳稱當代。使此碑不傳，則玄宗妙迹世無知之者矣。玄宗棲隱嵩高，故《口授銘》稱爲中岳隱居，蓋遠師貞白，其道術亦貞白儔也。

此本二十年中凡三見，初見之於毘陵費氏歸牧盦，宣統初再見於湏陽端忠敏公寶華盦，今年則見之於沈禽侍郎許。歲月不居，朋舊零落，展覽之餘，曷勝長喟。戊午十月。

李文墓誌跋

「曰以麟德元年歲次甲子二月己卯朔十八日丙申合葬於同州」，「曰以」乃「粤以」之借字。《魏吕望表》「其詞粤」，《唐房彦謙碑》「迺爲銘粤」，又書「曰」作「粤」。

張對墓誌跋

《詩·皇華》「每懷靡及」，傳：「懷，和也。」箋：「和，當爲私。」案：古从厶之字，或从口。此《誌》云「搆疾一宵，遂殞和弟」，亦寫「私」作「和」。又《誌》稱「乾封三年五月乙酉朔」，考是月丙戌朔，《誌》作「乙酉」，誤先一日矣。

李英公碑跋

《金匱要略》有「痙病」，字或作「痓」。古从「巠」之字，别作「圣」。由「圣」又譌作「至」。此《碑》「經」字書作「絰」。又《王璥石浮圖銘》書「輕車都尉」爲「輊車都尉」。《天寶十一載華日進等造浮圖記》亦書「輕」爲「輊」，「經」爲「絰」。均可爲「痓」即「痙」别體之左證。明孫一元《赤水玄珠》引郭雍、劉寅説，謂痙、痓乃二病，誤矣。

開業寺碑跋

李尚一此《碑》曾著録於《全唐文》，館臣云：尚一趙郡元氏人，不詳其官職。玉案：尚一見《舊唐書·李乂傳》，趙郡房子人，官清源尉。與兄尚真及弟乂並以文章名，兄弟同爲一集，號《李氏花萼集》。《新史·蓺文志》亦載之。謹記於此，以補館臣之所未及。

賈玄贊殯記跋

此《誌》近出洛陽，爲妄人改首行「大唐」作「大隋」，文中亦改鑿九字。標題稱「殯記」，而不稱誌銘。據《誌》「玄贊，字思沖。廣川人。曾祖賓，齊襄州率道縣令。祖演，隨齊王府文學。父公彦，皇朝朝散大夫、行大學博士、弘文館學士。君以貞觀十有八載齒胄庠門，廿一年以明經擢第，初任洛州博士，尋除國子等助教，又遷大學博士及詳正學士。嗣聖初，授朝散大夫，行大學博士，仍於弘文館教王子讀書。垂拱元年六月七日，終於神都時邕里之私第，春秋六十有一。即以其年歲次乙酉六月乙亥朔廿二日景申權殯於河南王寇村。」文中「貞觀」字，妄人改爲「開皇」，知爲「貞觀」者，初唐惟貞觀有二十一年也。「垂拱元」改「大業十」，「以其年歲次乙酉六月乙亥朔廿二日景申」，「乙酉」改「甲戌」，「乙亥」改「辛未」。知者，以廿二日景申推知六月朔是「乙亥」，又依長術推知垂拱元年六月爲乙亥朔，故知歲次甲戌本爲歲次乙酉也。作僞者改「唐」爲「隋」，改「貞觀」爲「開皇」，改「垂拱」爲「大業」，以爲他人不能發其妄，而不知文中仍存嗣聖年號，亦可謂心勞日拙矣。《舊唐書・賈公彦傳》稱公彦洺州永年人。新史附見《張士衡傳》，作永年人。與《誌》作廣川不合，史又不載公彦祖父名，賴《誌》知之。《傳》又稱公彦子大隱，而不及玄贊。《元和姓纂》稱北齊國子助教猶曾孫元彦，唐太學博士，生元贊、大隱，元贊太學博士，大隱中書舍人、禮部侍郎。誤「公彦」作「元彦」，而玄贊官位則與《誌》合。夫以玄贊之名位如其父，其學行必有可稱者，乃史氏竟遺之，幸《姓纂》尚存其名，得證此《誌》，亦云幸矣。此石文字皆爾雅可觀，惜遭妄人之手，予一一爲考正之，以示後之君子。己未八月。

游神泉詩跋

《新唐書・李素立傳》：「孫至遠始名鵬，而素立方奉使，謂家人曰：『古有待事名子，吾此役可命子孫矣。』遂以名之。」此詩有「天官員外郎李鵬字至遠作」，錢氏《潛研堂金石文跋尾》云：「此碑立於武后初，尚仍初名，而以至遠爲字，則非初名鵬，而後改至遠矣。蓋後來以字行，其字或出於素立所命，史家傳聞失其實耳。」玉案：錢跋是也。《宰相世系表》亦作「鵬，字至遠」。與碑正同。舊史《素立傳》亦無至遠以役命名之説。知新史所記果失實矣。

陳護墓誌跋

「合葬于三時鄉」。瞿木夫云：「《長安志》武功縣西南二十里有三時原，恐即此志之三時鄉。」陸劭聞亦云：「《元和郡縣志》武功縣有三時原，即此《誌》所謂三時鄉也。」予案：《隋志》：「高祖開皇二年紀三月戊申，開渠引杜陽水於三時原。」三時原首見於此。

僞周張懷寂墓誌跋

此《誌》十年前出於吐魯番。《誌》稱「懷寂，高昌人。曾祖務，僞右衛將軍、都綰曹郎中。祖端，僞建義將軍、都綰曹郎中。父雄，僞左衛大將軍、都綰曹郎中。懷寂年在襁褓，僞授吏部侍郎。貞觀之際，率國賓王，永徽之初，再還故里」云云。懷寂蓋高昌世胄，孩時已以蔭得官。太宗滅高昌，隨其君麴氏入中土者，其先世皆官綰曹郎中。《周書》及《北史·高昌傳》載其國官制頗詳，獨不載此職。惟《麴斌造寺碑》後題名有「廣威將軍、綰曹郎中麴」，足補史傳之缺。高昌官之最尊者爲令尹，次有公二人，又次爲左右衛。懷寂之曾祖爲右衛，父爲左衛，蓋顯秩矣。又懷寂父官建義將軍，亦不見於史傳，知史傳所記官制，實未盡備也。

《誌》又稱：「懷寂歸里後，官本州參軍，轉伊州録事，授甘州張掖令。後以蒼山小醜，負德鴟張，翰海殘妖，孤恩蟻聚，授右玉鈐衛假郎將充武威軍子總管，從軍平賊，授茂州都督府司馬。」考《唐書・王孝傑傳》「長安元年爲武威軍總管與左武衛大將軍阿史那忠節「節」字衍率衆以討吐蕃，乃尅復龜茲、于闐、疏勒、碎葉四鎮而還」。《誌》所謂「蒼山小醜」蓋謂吐蕃。懷寂乃佐孝傑平賊首，而兩《傳》均不載其名，賴《誌》知之也。《則天紀》四鎮之復，在長壽元年四月，而懷寂以二年五月卒，蓋功成後甫踰歲也。

聞此誌出土時，懷寂遺骸猶存，衣冠儼然。誌石不堅，嘗見近三四年前墨本，已有損壞。此初拓本，爰跋而存之。己未九月。

麴信墓誌跋

此誌近出洛陽。據《誌》，「信字多信，西平人，西國昭武王之族孫。曾祖保，隨威遠將軍。祖悦，隨平漠將軍。父隆，虎威將軍」。考信爲高昌王裔，其稱西國者，高昌也，昭武王乃麴嘉謚，見《梁書》及《南史・高昌傳》。其曰「威遠」、「平漠」、「虎威」三將軍者，乃高昌官職。《北史》及《周書・高昌傳》載高昌有五將軍，曰建武、威遠、陵江、殿中、伏波。《誌》之「威遠」與史合，其「平漠」、「虎威」亦見《麴斌造寺碑》，而史不載。《誌》均稱「隨」者，蓋保與悦生當隨世，非此官爲隨官也。信以國破入唐，不仕而卒，至其子脩政，始官扶風縣尉。《誌》刊於僞周久視元年，而《碑》題仍署「唐故麴府君」，脩政書「前扶風縣尉」，殆入周不仕者歟。信以國亡而隱遁，脩政則潔身於亂朝。彼生於夷裔，尚能守禮如此。後世乃有生中邦，衣縫掖，際人倫之變，漠然若無所覩者。使觀此誌，其自反爲何如也。予重信與脩政之知禮，爰書其後以表章之。己未九月。

京兆男子杜并墓誌跋

《誌》稱「男子諱并，字惟兼。京兆杜陵人。曾祖魚石，隨懷州司功、獲嘉縣令。祖依藝，唐雍州司法、洛州鞏縣令。父皇朝洛州洛陽縣丞，聖歷中左遷吉州司户，同僚搆之司馬周季童，妄陷于法。并手刃季童於座，遂以聖歷二年七月十二日終於吉州廳館，春秋十有六」。考并爲杜審言子，《唐書》附見《杜審言傳》，舊史附見《杜易簡傳》載并事實略與《誌》合。惟「周季童」，兩史均誤作「季重」。并死年十六，《傳》誤作「十三」。至史稱審言繫獄由于司户郭若訥所搆，且論死，則《誌》文隱約，賴《傳》知之也。《唐書·審言傳》不載其祖、考名字，惟舊史《杜甫傳》稱曾祖依藝，位終鞏令。祖審言，位終膳部員外郎。元稹所作《杜甫墓誌》同，均不載依藝之父名位。杜甫撰《(姑)〔故〕萬年縣君杜氏墓誌》作「曾祖某，隋河内郡司功、獲嘉縣令。王父某，監察御史、洛州鞏縣令」。書其官而缺其名。《元和姓纂》載「襄陽杜氏魚石生依藝，依藝生審言」。又舉其名而不及其官。合二書所記，則正與《誌》

合也。《萬年縣君墓誌》載「考某，脩文館學士、尚書膳部員外郎，天下之人謂之才子。兄升，國史有傳，縉紳之士謂之孝童」。考謂審言之子閑，兄升即并，轉寫譌作升。據《誌》則并於國史有傳，當列孝友中。舊史於《孝友傳》不及并，新史則去《孝友傳》，但略存其事於《審言傳》中耳。

《誌》謂其「八歲喪母，哀號出血」，又稱「父陷法時，鹽醬俱斷，形積於毁，口無所言」，蓋不僅至性過人，且智勇兼擅。《誌》又稱其「日誦萬言，尤精翰墨」，才秀又如此。凡此之類，史氏皆削而不書。天彰孝烈，俾此《誌》出於人間，以補傳記之佚，豈非快事耶！此《誌》不載撰人名，《傳》言蘇頲傷并孝烈，誌其墓，則此《誌》乃許公所撰，國史所載殆本此《誌》。今《誌》出固不啻史存矣。中州人述此誌出土，得石者頭痛如鬼擊，乃復懼而埋之。夫以并之仁孝智勇，其邱隴當有鬼神爲之訶護，亦事理之常。打本之傳人間者，今當以球璧視之矣。

丁巳冬，顧君鼎梅寄此本至，注其上云：「近出偃師。」然文中明言葬建春門東五里，則實葬洛陽，非偃師也。并終於聖歷二年，而葬於長安二年，蓋已越四年矣。《審言傳》不載審言左遷及繫獄之年，據《誌》知在聖歷中，可補史氏之略。而《傳》載并刺季童于坐，左右殺并，則又可據《傳》以補《誌》者也。祀竈日裝池畢，爲之考證，附記於後。

尚真墓誌跋

此《誌》末署「長安三年歲次癸卯庚申朔戊辰日」，不著月而但書朔，可謂無理。然作文者爲雲居寺僧，緇流略通翰墨，固不可以文例責之矣。考長術，庚申朔爲八月。

洛陽摩崖金剛經跋

《經》無書人名氏。《寶刻類編》云是徐浩書。考《舊傳》，浩卒於建中三年，壽八十。逆推之，實生長安元年。碑有武曌僞字，爲僭周刻無疑。其時季海甫丱角，烏能握管寫經？《類編》所云，殆不然矣。

隋信行禪師興教碑宋拓本跋

此碑唐越王貞撰，薛稷書。《金石》、《集古》兩録均著録，《金石略》、《寶刻類編》、《寶刻叢編》亦載之，不知何時佚去，本朝金石家無言及者。此道州何氏藏宋拓本，文已不全，殆缺下半，中間亦缺十餘行。據《金石略》言此碑有陰，此又缺碑陰也。諸家著録云碑立於神龍二年八月，此本不可見。《金石録》又載「《信行禪師碑》越王貞撰，張廷珪八分書」。《寶刻叢編》又有「開皇十四年，《信行禪師傳法碑》，僧法綝撰」。然則信行在隋唐間共有三碑，此其一焉耳。

勿部將軍功德記跋

「内子樂浪郡夫人黑齒氏」。《金石萃編》云：「撰文人稱人之妻曰内子，刱見。」予案《春秋左傳》：「趙姬請以叔隗爲内子。」《國語》：「卿之内子爲大帶。」韋昭注：「卿之適妻爲内子。」是内子爲卿妻通稱，後人誤以爲自稱其妻之詞。然觀此碑，可見唐人猶未誤稱。《萃編》以爲刱見，蓋未考之古事也。

倪若水殘碑跋

碑賈劉金科持此殘石二紙乞售，云近年出土，不知何碑也。《碑》字隸法謹嚴，似吾浙《蓬萊觀碑》。惜殘泐太甚，尚有「□□泉，字若水，其先高辛氏之□□」云云。又有「改賀兒氏爲兒氏」語。據是知爲《倪若水碑》。《唐書》本傳「若水，字子泉」。據《碑》則名子泉，字若水也。《碑》中年月已不可見，據本傳，若水卒於開元初，則立碑當在其時矣。

法藏禪師塔銘跋

「長安年奉制檢校化度寺無盡藏」。《金石萃編》云：「《長安志》皇城義寧坊南門之東化度寺，本隋真寂寺，武德二年改化度寺，寺中有無盡藏院。」予案：化度寺無盡藏，武德中僧信義建，見《太平廣記》四百九十三卷。記之以補《長安志》之略。

李思訓碑跋

《避暑録話》：李思訓有《明皇幸蜀圖》。予案：此碑載思訓卒於開元中，安得預圖幸蜀事？石林淹雅，胡亦不考乃爾耶？

道安禪師塔記跋

《記》稱「學《三階集録》功業成名」，又云「起塔於終南山鵄鳴埠信行禪師塔後」。《金石萃編》因《太平廣記》有「武德中沙門信義習禪以《三階》爲業」，及《陜西通志》有「百塔寺本唐僧信行塔院」語，遂云「《誌》稱信行爲唐僧，或與信義同時修業，抑或即一人」。予案：韋述《兩京雜記》：「化度寺本隋高熲捨宅立，有沙門信行，自山東來，熲立院處焉，撰《三階集》三十餘卷。大率以精苦忍辱爲宗，言人有三等，賢愚中庸。今並教之，故以三階爲名。其化頗行，故名化度寺。」是信行隋僧，與信義非一人。《三階集録》乃信行所撰，《萃編》考之未審也。

多寶塔銘跋

《銘》載郭楚貞兄弟及其太夫人李氏脩塔事，有「彼美昆弟，亦有尊堂」語。今人稱它人之母曰尊堂，據此知唐人已有此稱矣。梁氏《恒言録》、翟氏《通俗編》，均不之及，爲補著之。

范氏夫人墓誌跋

《誌》稱夫人姓范，諱「如蓮花」。案：唐代婦人名字多用三字。《優婆夷未曾有塔銘》：「優婆夷，諱未曾有。」與此「如蓮花」，均以三字爲名者也。《楊君夫人韋氏誌》「夫人諱檀特，字毘耶梨」，《比丘尼法願塔誌》「法願，字无所得」，《盧公夫人崔氏墓誌》「夫人名績，號尊德性」，則以三字爲字。此外尚不少，聊著數事，以廣異聞。

章仇元素碑跋

《碑》述章仇得姓之由甚詳。《金石萃編》云章仇氏之見載籍者，《氏族略》章仇嘉勉之外，《萬姓統譜》又有章仇太翼。唐人，無事迹，《字典》作隋人。予案：章仇太翼《隋書》有傳，作盧太翼。《萃編》顧引《姓譜》，而不知《隋書》有傳，此所謂失之目睫者也。

多寶塔感應碑跋

岑勛文體緜麗，殆有名於當時者。《李白集》有《訓岑勛見尋就元丹邱對酒相待以詩見招》詩，知勛又善詩。今檢《唐書》表傳無勛名，《全唐詩》亦無勛一什，使此碑亦湮，後世烏知有岑勛者乎？著之以爲勛幸。

《碑》稱「許王瓘及居士趙崇信女普意善來稽首，咸捨珍財」。《金石萃編》云：「許王瓘，字玉旁。當是玄宗諸子。兩史《諸王傳》無王許名瓘者，不知《碑》所云何人？」予案：瓘爲許王素節子，兩史皆附見《素節傳》。《萃編》疑是玄宗子者，非也。

楊珣碑跋

「曾祖汪，隨國子祭酒、吏部尚書」。《蛾術編》云：「《唐書・世系表》於汪書『隨梁郡通守』，而《碑》云『國子祭酒、吏部尚書』，恐《碑》不足信也。」予案：《隋書・楊汪傳》云：「煬帝即位，歲餘拜國子祭酒。王世充推越王侗爲主，徵拜吏部尚書。」與《碑》正合。西沚先生可謂輕於發難，而疏於考古矣。

東方畫象贊跋

《集古録》云：「《碑》與《文選》異者二字。《選》本『棄俗登仙』，此云『棄世』；《選》本曰『神交造化』，此云『神友』。」予案：「棄世登仙」當是夏侯湛原本如是，今《選》本作「棄俗」，必是李善進《文選注》時避太宗諱改，後世沿之。當依碑更正。至「神交造化」之「交」，碑作「友」，即「交」字，歐公以爲朋友之「友」，誤矣。又《金石萃編》以文中不諱弘字爲異。考《唐書·百官志》弘文館神龍初避太子諱，改昭文，二年改修文，開元七年復爲弘文。是孝敬之諱，避於神龍，廢於開元，史文可考。此碑以天寶十三載立，孝敬之諱不避固已久矣。並附正之。

李光弼碑〔跋〕

《碑》稱光弼「京兆萬年人」，《萃編》跋云：「《新唐書》稱光弼營州柳城人，《宰相世系表》云：『柳城李氏本奚族，不知何氏，至寶臣爲張鍱高養爲子，冒姓張氏，後賜姓李氏。』《表》末云李氏三公七人，三師二人。柳城李氏有光弼，而於《表》内不書光弼名，且《碑》所載曾祖令節，祖重英，父楷洛，皆不在《表》内，所未詳也。」玉案：《萃編》誤矣。《表》載柳城李氏凡二系：一爲光弼，源出柳城，世爲契丹酋長，後徙京兆萬年。一爲寶臣，亦系出柳城，至寶臣冒姓張，後賜李姓。《表》並載二系，蘭泉先生乃於寶臣系内覓光弼名，固宜其不可得矣。《碑》載光弼以廣德二年秋七月五日己亥薨。《新書・代宗紀》作七月己酉薨，己酉殆己亥之譌。

栖先塋記跋

此《記》李季卿文。季卿，舊史作李適之子，附《適之傳》。新史作李適子，附《適傳》。沈氏炳震兩《唐書合鈔》不能決，兩存之。予以碑較《傳》，知從新史附《適傳》爲是。考《適傳》「景龍中，官工部侍郎」，與碑「先侍郎」之稱合，證一。《傳》又云：「適將卒，召其子曰：『霸陵原西視京師，可營吾墓，樹十松焉。』」與碑「建塋霸陵，遺令也」，語亦合，證二。《傳》稱司馬承禎徵至京師，及還，適贈詩叙其高尚之致，其詞甚美，當時朝廷之士無不屬和，凡三百餘人。徐彦伯編而叙之，謂之曰「白雲記」。《太平廣記》卷二十一云：「司馬承禎告歸，公卿多賦詩以送。徐常侍彦伯撮其美者三十餘篇，爲製序，名曰『白雲記』。」與史異。與碑所云「異時述□三百篇」吻合，證三。《傳》叙適卒在承禎被徵之後，今考承禎之徵在景雲二年，碑有「蒼龍大泉獻遺家不造，先侍郎即世」語。《爾雅》「歲在亥曰大淵獻」，景雲二年正是辛亥，碑與史又合，證四。惟《白雲記》，史作「徐彦伯叙」，碑作「永泰中，小宗伯賈至叙」，爲異。然《代宗紀》：永泰元年三月，季卿與臧希讓、賈至等十三人同待詔集賢院。意適在時已有彦伯序，永泰中季卿與至同官，更乞至爲之耶？又碑有「追贈黃門侍郎」語，《適傳》無之，可據以補史之略。《金石萃編》跋《三墳記》云：「季卿大歷中宣慰江南，語見《陸羽傳》」。蓋不知季卿自有傳也。

《唐書・李季卿傳》：「司馬承禎徵至京師，及還，適贈詩叙其高尚之致，其詞甚美，當時朝廷之上無不屬和，凡三百餘人。徐彦伯編而序之，謂之曰『白雲記』。」案：承禎號白雲先生，故詩以爲名。今河南王屋山有唐睿宗、玄宗賜司馬練師白雲先生詩刻。《天台桐柏觀碑》亦云：「練師名承禎，一名子微，號曰天台白雲。」徐靈府《天台山記》：「桐柏觀即唐睿宗景龍二年爲白雲先生所置。白雲先生即司馬天師也。」均承禎號白雲先生之證。可補《唐書・承禎傳》所不及。

李陽冰，《唐書・世系表》爲趙郡人。《李白集》稱陽冰爲從叔，則又成紀人。此碑又自稱從子季卿，萬年人，則陽冰又籍萬年。三説不符，著此俟考。

叱干公三教道場文跋

《唐書・藝文志》有衛元嵩《齊三教論》，七卷。《隋書・李士謙傳》載士謙答客問三教，有佛日道月儒五星之説。三教之稱古矣。《萃編》云始見此碑者，非也。

宋文貞公碑跋

「明年進士高第，補上黨尉，轉王屋主簿。相國蘇味道爲侍御史，出使精擇判官，奏公爲介。公作《長松篇》以自興，《梅花賦》以激時」。是《梅花賦》成於及第後。而《賦》序稱「垂拱三年，予春秋二十有五。戰藝再北，隨從父之東川，授館舍」。則《賦》作於及第前。《碑》、《賦》互異。昔人謂《梅花賦》爲楊升庵僞託，此亦其徵也。

元君墓表跋

此《表》記事與史多異。《金石萃編》論之審矣。然碑云「著《漫記》七篇」，《藝文志》誤作《漫說》，是王氏所未舉者。又碑云「及家讓濱」，史作「瀼濱」。次山詩「尤愛一溪水，而能存讓名」，是當作廉讓之「讓」明甚，從碑爲正。《萃編》云當從史，是又王氏之疏也。又碑「禮部侍郎陽浚」，《傳》與碑同。《萃編》云「史作湯浚」，亦誤。又《唐書》本傳不載結幾子，據《表》則二子，以方、以明。《次山集》則長子友直，次子友正。唐韋詞《修浯溪記》又稱結季子友讓。友讓又見新史《顧少連傳》。諸說不同，著之俟考。

《新唐書·肅宗紀》：上元元年，「山南東道將張維瑾反，殺其節度使史翽」。此《表》作「張瑾」。此當是太師避父諱，省「維」字。魯公父名惟貞。不得執碑以疑史也。

華嶽廟李融李謀題名跋

《授堂金石跋》云：「融見《李適之傳》，季卿孫融。」又云：「《宗室世系表》列『適之，相玄宗』下惟書雲，季卿及融俱弗載。」予案：季卿李適子，舊史誤作李適之之子。融乃適孫，《世系表》固不誤。武氏之疑，沿《舊傳》之譌耳。

干禄字書跋

張氏鑑《墨妙亭碑目考》跋此書云：「向讀《張猛龍碑》，見所用『温清』字寫作『清』，以爲六朝人雖詞章之士，尚明經術。後檢陸德明《經典釋文》，始知固有所本。今此書於『清』下云：『温清』字，俗作『清』，非也。唐時去古未遠，説經尚有所據。」玉案：今蜀石本《干禄字書》及馬氏復宋本「清」字注實皆作：「『温清』字，俗作『清』，非也。」張氏所云不知依據何本。又「否否」注：「『可否』及『否泰』字同，今俗並作否，非也。」案「可否」、「否泰」字作「否」，今人少用，古人習見之。《玉篇》末附分毫字樣，「否冗」注：「上方久反，臧否；下符鄙反，屯冗。」又《班馬字類》上聲亦有「冗」字，云見《漢書·薛宣傳》。今《漢書·宣傳》無之，殆後人改正。兩書之「冗」即「否」字。《唐張仁珪造象銘》「炎行告否」，字亦作「否」。流俗以此示臧否、屯否之别，而不合六書之正，顔氏斥之是矣。

顔書李玄靖先生碑跋

《碑》載含光著作有《本草音義》兩卷，《老》、《莊》、《周易》、《述記》、《義略》各三篇，均見《藝文志》。惟《内學記》不載。《金石萃編》云僅《本草音義》見《唐志》，餘並無考，非也。又《舊唐書・司馬承禎傳》「謚真一」，《新傳》作「貞一」，而此《碑》則作「正一」，乃魯公避家諱，魯公父名惟貞。當以新史爲得。又「考孝威，州里號正隱先生」，張從申書《玄靖碑》作「貞隱先生」，是亦魯公避家諱改書。

張從申書玄靖先生碑〔跋〕

柳識此文曾載入欽定《全唐文》，以《碑》本校之，略有異同。如「《道德經》，君王之師也」，《碑》本無「之」字。「不外觀馳影而内觀馳心，不遠思化金而近思化欲」，《碑》本作「不外歎馳影而内觀馳心，不遠望化金而近思化欲」。「慈向蠢動」，《碑》本作「慈向蠢類」。「又論二玄異同」，《碑》本作「又論三玄異同」。「歸羲黄之風」，《碑》本作「歸羲皇之風」。「銘曰」，《碑》本作「文曰」。疑館臣據傳寫本，非從石本入録也。此碑文末署年月較碑文字大逾倍，又李陽冰篆額署名獨作篆書，均他碑所罕見矣。

殷君夫人碑跋

《碑》稱：「卒於□尉之公館。」《金石萃編》云：「『公館』二字刱見。」予案：《禮記·雜記》：「爲君使而死，公館復，私館不復。」「公館」之稱始此。《魏邈墓誌》：「卒於宣州宣城縣之公館。」韋應物詩：「公館夜云寂」。二字唐人習用之，非刱見也。

顔氏家廟碑跋

《北齊書·顔之推傳》「子思魯、敏楚」，《碑》作「愍楚」。案：「愍」，《玉篇》別作「慜」。《北齊書》作「敏」，殆「慜」字傳繕之譌也。《碑》書「哉生明」作「才生明」，「崇班」作「崇斑」。《金石萃編》以爲重刻之譌。案：「哉生魄」，《晉書·夏侯湛傳》作「才生魄」。「往哉汝諧」，《張平子碑》作「往才汝諧」。漢衡方、張壽二《碑》皆以「斑」爲「班」。是「哉」、「才」，「班」、「斑」，古字通用。又《碑》引國史，稱温大雅在隋與思魯同事東宫，彦博與愍楚同直内史省，彦將與遊秦，同典校祕閣，二家兄弟各爲一時人物之選。《萃編》云：「今檢兩《唐書》温、顔諸傳，俱不載此國史語，蓋史家略之矣。」玉案：《碑》所述諸語見舊史《温大雅傳》，《萃編》失考爾。

景教流〔行〕中國碑跋

此碑爲西教傳入中國歷史之最古者，前人不知景教爲基督教，誤謂爲火教，即西人所撰《景教碑考》亦未能定碑中所述傳教師景淨爲何人。考《貞元新定釋教目録》，載景淨原名亞當司，紀其事實頗詳。景教之入中國，此碑可爲證據。然何時廢而不行，則史籍無徵。惟《唐會要》卷四十七載會昌六年八月，廢佛教，制大秦穆祆二萬餘人，並遭斥罷。是景教之不得逞於唐代，由於會昌之黜佛教也。

此石舊在西安之金勝寺，光宣間歐人有謀刻贋石易真石者。予備官學部，聞其事，時榮文恪公慶爲學部尚書，乃請文恪電陝督移此石入碑林，西人不得已載贋石以去。此又此碑一故實，爰附記之。

濟瀆北海壇祭器碑跋

碑陰列記壇中諸器，有「蒲合廿領」。王蘭泉先生云蒲合不知何物。案：「蒲合」當作「蒲蓋」。《集韻》：「青齊人謂蒲席曰蒲蓋。」此作「蒲合」者，俗書也。

李輔光墓誌跋

「仕君子聞者，咸亦知勸」。《金石文字記》云：「『士君子』作『仕』誤。」玉案：古「仕」、「士」字相通假。《孟子》「有仕於此」，「仕」即「士」字。《誌》固不誤也。此誌銘文八句，凡四易韻，蓋昉於《易林》，他碑所罕見。

張曛墓誌跋

「五代祖策生玠，玠生則」。案《唐書·世系表》作弘策生經，經生則。碑《表》互異，似以碑爲得也。

趙氏夫人墓誌跋

《誌》稱夫人以元和十四年七月十一日不起，以元和十五年少帝即位，二月五日改號爲永新元年，以其歲戊戌二月十二日歸窆。考《唐書》無永新年號，此當是憑草野傳聞記之。世之據碑版以考前史，固不可信此等讕語矣。

韋端玄堂志跋

趙氏之謙云：「志不稱墓，變書玄堂，碑板剏例。」玉案《唐崔昇夫人鄭氏墓誌》：「玄堂不曉，白日無期。」《蕭令臣墓誌》：「玄堂神邃。」《柳宗元先府君神道表》：「不得手開玄堂以奉安祔。」《唐亡妻李氏墓誌》：「已方甲穴掩玄堂。」《張安生墓誌》：「玄堂下甃而深固。」《淳化閣帖》唐高宗敕有「知玄堂已成」語。是稱墓曰玄堂，唐人固常見之矣。

王郊墓誌跋

此誌嗣澤王潤撰並書，稱郊爲王訓子。但載卒之月日，而不及年號，臨文之不檢如此。又文内「嗟之」二字，當是「嗟嗟」之誤。或此石非潤書，繕者轉録致誤耳。王訓亦有墓誌，稱訓祖同皎，駙馬都尉、贈太子少保。此《誌》則稱同皎爲瑯琊文烈公。案：《唐書・王同皎傳》不載同皎追贈官謚。碑可補史之略也。《訓誌》：「父繇，駙馬都尉，贈太傅。」此《誌》叙繇贈官乃太子太傅，謚懿。亦可補史傳之缺。《訓誌》「娶嗣紀王鐵城之季女」，此《誌》作「纖誠」。《唐書・宗室表》則作「鐵誠」。兩《(志)〔誌〕》及《表》互異。《誌》又稱郊娶嗣澤王潓之長女，乃潤之姊。郊卒年五十七，則此誌之刻固當在貞元、元和間矣。

李良臣碑跋

《碑》無年月。據《碑》所載李光顔平李岕事歲月考之，當在長慶二年。《穆宗紀》岕以長慶二年六月叛，八月平。《碑》叙岕叛在穆宗即位之二年，與《紀》正合。故《金石録》列長慶二年。然撰文李宗閔署銜守禮部侍郎，考《舊傳》，宗閔權知禮部侍郎在長慶三年冬，四年知貢舉後，即改兵部侍郎。則碑實長慶三年立，非二年也。《金石萃編》因舊史《光顔傳》叙岕叛在四年敬宗即位後，遂謂碑立於四年，疑舊史《宗閔傳》誤。予以《碑》證之，非《宗閔傳》誤，誤在《光顔傳》耳。

唐蕃會盟碑跋

此碑遠在西藏，傳拓至尠。《大清一統志》及《全唐文》均録其文。金石諸書則《寰宇訪碑録》曾列其目，《平津讀碑記》有跋尾，徐籀莊有考釋。然均未見陰側，其餘金石家多未之見。

頃得此舊拓本於廠肆，吾友蔣君伯斧黼手録盟文，以校《全唐文》，校正三字。碑字缺泐處，則據《全唐文》補而側書之。予又爲補正數處，並釐正其行次，更手録兩側姓名。其殘泐處，據《新唐書·吐蕃傳》補之，亦側書以示别，於是全碑乃可讀。考唐與吐蕃會盟見於《新唐書·吐蕃傳》者凡九：一在中宗朝，二在開元中，三在至德間，四在永泰元年，五在永泰大歷間，六在建中初，七建中再盟，八在貞元三年，九在長慶二年。此即長慶間之盟，乃唐蕃會盟最末一次也。此盟新、舊兩《書》所記互有詳略，新史不載唐蕃盟文，舊史載之甚詳。此《碑》所載乃吐蕃與唐盟辭，其要節載。《舊唐書》與此略同，惟未載界約耳。與約諸臣，新史一一記其名姓，宰相外有韓臯、牛僧孺、李絳、蕭俛、楊於陵、韋綬、趙宗儒、裴武、柳公綽、郭鏦十人及入蕃使劉元鼎、劉師老，核以碑側所載會盟諸臣名位皆合。惟碑側劉師老名之下尚有姓名二列，最下一列全泐，其接劉師老名後一列尚存「監察御史、驍騎尉李□」字，下一字尚存末筆，作「㇏」。考舊史《吐蕃傳》載隨劉元鼎、劉師老入蕃者，有判官尚舍奉御兼監察御史李武，京兆府奉先縣丞兼監察御史李公度二人。此驍騎尉李□，殆是李武。然則最末一列全泐不可見者，必李公度矣。

唐蕃會盟，蓋在唐在蕃兩次行之。長慶之盟元年辛丑《舊唐書·吐蕃傳》盟文内誤作「癸丑」十月，唐宰相及諸臣與蕃使盟於京城王會寺，據《唐會要》。次年壬寅五月，蕃臣等與入蕃使劉元鼎等盟於吐蕃之悶憴盧川。新史作「悶恒盧川」，此據舊史及《唐會要》。前此建中之盟於蕃在清水，於唐在長安延平門，並其證也。新史記吐蕃在清水及悶憴盧川兩次會盟，禮式頗詳，而不及在唐之禮式。《吐蕃傳》載太常禮院奏有「事出一時，又非經制，求之典禮，亦無其文」語，是初無定制，然累次所行禮式，亦應載之，乃全不之及，不得不(疚)〔咎〕史氏之疏矣。

累次盟約所定之疆界，史所記者，開元之盟以赤嶺爲界，建中之盟所記兩國疆界尤詳，而長慶之盟史獨不及。據《碑》蕃漢並於將軍谷交馬，其綏戎柵以東大唐袛應，清水已西，大蕃供應。可補史氏之缺。將軍谷與綏戎柵，史亦不載，惟《地理志》鄯城西六十里有臨蕃城，又西六十里有白水軍綏戎城。又《吐蕃傳》高祖時曾築安戎城，開元中改平戎。綏戎城與安戎城，不知即綏戎柵否？至每次會盟，均各立石定界。舊史《吐蕃傳》於赤嶺各立分界之碑。《新傳》載蕃使言孝和皇帝賜盟，唐宰相蕃君臣同盟，姓名皆在誓刻，皆其證也。此碑爲吐蕃所刻，而開元間李佺所立碑，當時已碎之，他唐刻亦無一存者，是可惜也。

新史《吐蕃傳》載長慶之盟，吐蕃册書末署彝泰七年。今《碑》並無彝泰年號，新史殆采之小説雜記中，未足徵信也。史又稱吐蕃無文字，約繩齒木爲約。今世《碑》蕃漢文字並列，則吐蕃有文字，史氏所言未確也。但不知與現行西藏文字異同何如？異日當與通藏文者一考之。

吴達墓誌跋

「夫人萬氏捐館於前里第」。《金石萃編》云：「捐館字用之婦人始此。」案：庾信《賀拔夫人元氏墓誌》：「遘疾累旬，奄捐館舍。」是六朝時已用之矣。

𧦝空和上塔銘跋

「以貞元十年正月十五日告行於興唐寺，報年六十一」。案：稱卒曰「告行」甚新，古人文中所罕見也。

大達法師塔銘跋

《唐文粹》載此銘文中「通涅槃大旨於福林寺崟法師」，誤作「岑法師」，當據碑本正之。

贈司徒劉沔碑跋

此碑曾見《寶刻類編》，而本朝金石家皆未著録，以爲佚矣。後於廠肆得此紙，雖已漫漶，然尚不如《馮宿碑》之甚。以兩《唐書·沔傳》校之，略有異同。《碑》稱沔以太子太傅致仕，《舊傳》作太子太保，《新傳》不誤。《碑》稱沔以開成五年遷檢校尚書、左僕射，《新傳》則謂在武宗初年。均足正史傳之失者。又撰文之韋博，文亦爾雅可誦。唐碑中佳品也。

高元裕碑跋

《新唐書·藝文志·正史類》：《小史》一百二十卷，高峻撰初六十卷，餘乃峻子迴釐益之。峻元和中人。案此《碑》：「高祖諱峻，蒲州刺史，撰《小史》行於代。曾祖諱迴，餘杭令。」元裕卒於大中六年，峻爲元裕高祖，則峻爲唐初人，《唐志》誤也。宋高似孫《史略》誤與《唐志》同，惟《唐志》作一百二十卷，《史略》作一百卷爲異。又《金石萃編》云：「元裕初名允中，《碑》與兩《唐書》傳皆不載，惟《宰相世系表》有之。」案：元裕初名兩《傳》並載之，《萃編》所云，亦失檢也。

霍夫人墓誌跋

《誌》稱父曰皇父，弟曰令弟。《萃編》詆之。予案：皇父之稱，猶言皇考。皇考之稱首見《楚騷》。《唐處士包公墓誌》「皇父諱鄰」，《瀧岡阡表》「皇考崇公」。潘昂霄《金石例》云：古人書皇祖、皇考，韓魏公易以顯字，是其證矣。又謝靈運《酬從弟惠連》詩：「末路值令弟，開顔披心胸。」李頎《放歌行答從弟墨卿》詩：「吾家令弟才不羈。」是自稱弟曰「令弟」亦習見於唐人文字中矣。

程脩己墓誌跋

《名賢畫録》："「太和中，文宗好古重道，以晉明帝朝衛協畫《毛詩圖》，草木鳥獸、古賢君臣之像，不得其真，詔程脩己圖之。」《誌》稱「脩己以畫供奉集賢院，嘗畫《毛詩疏圖》藏於内府」。案《新唐書·藝文志》："「《毛詩草木蟲魚圖》二十卷。開成中，文宗命集賢院脩撰並繪物象。」《墓誌》所言《毛詩疏圖》，當即《毛詩草木蟲魚圖》。脩己爲集賢直院官，以咸通四年卒。其官職、年代與史亦合。《志》不載畫人姓名，微此《誌》，無有知爲脩己者矣。又考此《誌》稱脩己咸通四年卒，是脩己文宗時人。唐人《松窗雜記》稱脩己開元中以畫獻玄宗，其誤甚矣。

梁謝彦璋墓誌跋

彦璋新、舊《五代史》皆有傳，而《舊傳》較詳。今以《傳》、《誌》互證，頗有異同。《傳》稱彦璋幼事葛從周爲養父，從周憐其敏慧，教以兵法。《誌》亦言公蒙故昭義葛太尉齠年養育，丱歲趨依，侍從征行三十餘載。一同也。《傳》載貞明四年彦璋爲賀瓌所疑忌，伏甲殺之，而誣以謀叛，與《誌》所謂「命偶災宫，天降其禍，雖犯典章，冀候昭雪」語亦合。二同也。《誌》稱「公諱彦璋，字光遠」，《傳》作「彦章」，不載其字。一異也。《誌》載太祖時，彦璋官西京内直馬軍都指揮使，尋加檢校司空。今上即位，加檢校司徒，除鄭州刺史，後加檢校太保，除河陽節度使。未及期年，又充東面行營馬軍都軍使。《傳》則云末帝嗣位爲兩京馬軍都軍使，尋領河陽節度，不及鄭州刺史，其叙述亦不詳。二異也。《誌》稱彦璋既加檢校太保，於貞明四年移鎮許州，除授北面行營副招討使。《傳》作檢校太傅，又叙移鎮許州在貞明四年前。三異也。此皆以《誌》爲得。又《誌》稱彦璋父鐸，累官工部尚書，而兩《傳》均不之及。《誌》又稱公妻劉及四子，同時並附營域，殆是族誅者。《傳》亦不及。彦璋以名將受讒，至於族誅，冤慘可閔。梁社旋亡，終未昭雪。天留此石，殆將以伸其屈於千載之後。濡管記之，深爲朱梁惜此名將也。

錢武肅王投龍玉簡跋

此簡丙午正月得之滬瀆。以漢慮俿尺度之，廣四寸一分，高五寸二分，厚四分五厘。四周刻龍紋，兩面刻文，共十六行，每行十二字，字徑二分許。刻畫極精。前人皆未著録，惟《鐵橋金石跋尾》言及之，殆亦未見墨本也。校以銀簡，文字悉同，惟此簡多「年年無水旱之州，歲歲有農桑之樂」二句，及銀簡之「東皋里」，此作「王梁里」爲異耳。

投龍之制，蓋沿唐制。然其儀式，史所未詳。惟《唐會要》卷十載「開元二十四年五月十三日，敕每年春季鎮金龍王殿功德事畢，答獻投山水龍璧，出日宜差散官給驛送」云云。唐代投龍事實之見載籍者，僅此而已。

泰山老君堂有《唐代東岳建醮投龍題名》，凡三十四段。其馬元貞題名云：「大周革命，元貞往五岳四瀆投龍作功德」。桓道彥題名云：「于此東岳，設金籙寶齋，河圖大醮，漆𡆠行道，兩度投龍。」麻慈力題名云：「賷龍璧御詞。」趙敬題名云：「金龍玉璧並投山訖。」周玄度題名云：「敕令自于名山大川投龍。」邢虛應題名云：「設醮奉表投龍璧。」呂皓仙題名云：「敕往東岳及萊州東海投龍。」此投龍事實之見碑刻者。

宋江少虞《皇朝事實類苑》引韓駒《東齋紀事》云：「道家有金龍玉簡，學士院撰文，具一歲齋醮，投於名山洞府。金龍以銅製，玉簡以階石製。」云云。又河南濟源有元延祐元年八月周應極撰《投龍簡記》，其略謂載稽舊章，於孟夏奉玉符簡、黃金龍各二，詣濟瀆清源善濟王廟，天壇王母洞投沈云云。是投龍之制，不但吳越沿唐之舊，至宋元尚仍其制也。

投龍告詞，宋制由學士院撰文。而吳越則每次所投無大差異。《洞庭記》載東皋里湖在洞庭山東，昔吳越王常投簡祭禱洞天水府龍王。其簡以黃白金爲之，其略曰「斗牛分野，吳越封疆。年年無水旱之災，歲歲有農桑之樂」云云。今此簡無「斗牛分野」二句，餘大略相同，其非每簡各爲一文可知也。

《投龍簡》或以銀，或以玉。《洞庭記》所謂以黃金，《東齋記事》所謂以階石製者，則未之見。長沙唐氏藏《大唐開元戊寅投龍告文》，則以銅爲之。疑初無定制，歷朝不盡同也。歷代投龍簡傳世者，除吴越銀、玉兩簡外，則開元銅簡，宋元之簡至今無發見者。唐簡文曰：「大唐開元神武皇帝李隆基，本命乙酉八月五日降誕，夙好道真，願蒙神仙長生之法。謹依上清靈文，投刺紫蓋仙洞，位忝君臨，不獲朝拜，謹令道士孫智涼賫信簡以聞，惟金龍驛傳。太歲戊寅七月朔廿七日甲子。」告文背面刻内侍姓名，附識於此，以資參考。

此簡「年年無水旱之災」，「災」字作「巛」。《説文》：「巛，害也。从一雝川。《春秋傳》曰：『川雝爲澤凶。』」五代人猶明古字古誼，亦可喜矣。

葉氏《金石録補》云：「錢鏐常於林屋洞投金簡。宋淳祐丁未大旱，山間人於水濱得之。長一尺五寸，闊六寸，刻字曰『天下兵馬副元帥吴越錢王』十一字。」云云。錢竹汀先生謂葉所見本不言年號，疑非武肅物。文穆以後四王皆稱天下兵馬都元帥，而無年號。玉按葉氏所記尺寸皆大於銀玉兩簡，唐開元簡亦長一尺一寸，闊四寸。各簡尺寸殆亦未有定制矣。

宋脩唐太宗廟碑跋

「《唐紀》太宗文皇帝以隋開皇十八年十二月戊午生於武功之别館」。《金石萃編》云：「今《唐書·太宗紀》無此語，不知何本。」予案：《碑》本《唐會要》非《本紀》也。

石保吉碑跋

「啓手足于豐義坊之私第」。《金石萃編》云：「書卒爲『啓手足』，始見是《碑》。」予案：《唐獨孤及獨孤夫人韋氏碑》：「啓手足之日，長幼號咷。」唐人固已早用之矣。

道士于真庵記跋

此碑已斷泐，不見年月。任諒撰文，尚可讀，載童貫爲道士于元隱建庵事。稱元隱爲清真冲妙先生，侈陳其靈迹與恩遇。元隱死後，出内帑錢設醮，歲度弟子四人，錫紫冠服，四人給田千餘畝，蠲科役，置守卒。賜謚曰「希夷至道先生」，於終南舊居别建祠堂。一羽流耳，禮遇至此。宋之君臣可謂荒矣。《碑》末云：「柳公權書，李陽冰篆額。」而《石墨鐫華》、《關中金石記》云：集歐、虞、褚、薛、顔、柳、李陽冰七家書。今僅存柳、李二人名者，殆碑損上截，歐、虞等名適當損處耶？《大瓢偶筆》又言見禾中曹氏一本，乃一體薛書。今細審此碑，實是集諸家書，大瓢山人之説，不可解也。《關中記》言石在三原縣學，而今日拓本至少，豈石已佚與？《碑》中不見立碑年月，《關中記》考任諒宣和中知京兆府，則此石當立于宣和中也。此本爲玉雨堂舊藏，有韓小亭先生籤題及朱記。

金重脩濟瀆廟記跋

此碑撰文者署「種竹老人」而不名。《金石萃編》云：「撰文人書號，不見它碑。」玉案：《瘞鶴銘》之「華陽真逸」，宋《敎興頌》之「虛儀先生」，皆遠在此碑之前。《萃編》所云未免小疏矣。

雜阿含經殘石跋

「《雜阿含經》卷四十六」殘石二，端忠敏公所藏，無年月，末署「皇伯漢王爲先皇世宗聖明仁孝皇帝造」。《匋齋金石目》列《雜阿含經》於唐代，又於宋代列《皇伯漢王爲世宗造佛經碑》。予以《金史》考之，知此經乃金世宗子鎬王永中爲世宗所造。據《世宗諸子傳》載鎬王當章宗即位時，進封漢王。章宗以世宗皇太孫入嗣大統，故永中自稱皇伯。明昌二年四月永中即進封并王，此石殆立于明昌元年。《匋齋金石目》誤以此二石分列唐宋兩代，失考甚矣。往嘗以告忠敏，後命館客編所藏石爲《匋齋藏石記》，始依予説改正之。

元顧信墓誌跋

此誌近年出土。信字善夫，早年好字學，游文敏公趙學士之門，侍筆硯間幾二十年，所得昂翁書翰，持歸刻石，置於亭下，扁曰「墨妙」。四方士夫，廣求碑文，以傳不朽。至正九年二月卒。按《六研齋二筆》載信事迹與《誌》略同。惟《六研齋二筆》載信官浙江軍器提舉，《誌》作杭州軍器同提舉，爲略異耳。又信所刊趙文敏法書曰《墨妙亭帖》者，尚有傳本。册首題《墨妙亭書法》，末署「泰定改元歲在甲子仲春十有九日門生崑山顧信善夫摹勒上石」及「姑蘇吴世昌刻」款。又鎮洋有趙文敏書《歸去來詞》，末亦署「延祐戊午九月門生崑山顧信善夫識勒上石」款。朱長文《古今碑帖考》載《顧善夫禊帖》，元趙孟頫書，在崑山陶氏，殆即《墨妙亭書法》也。予藏善夫楷書《金剛經》墨迹，清勁有風骨，真可謂能得文敏衣鉢之傳者矣。

雪堂書畫跋尾（永豐鄉人丁稿）

古者道與藝並重，據德依仁即繼之以游藝。游藝者，固賢者之所不廢也。於古爲詩書六藝，後世範圍益廣，故書畫鑒賞之事遂亦爲游藝之一。予少依鄉井，隘于見聞。壯游四方，瀏覽斯廣。時亦節縮衣食之資購求名迹，而於古名臣碩儒事關倫紀及有裨學術者，尤所寶愛，意固不專在明藝已也。海桑以來，萬念灰滅。然偶一瞻對貞臣節士手迹，遂如航絶港而得指歸。或展玩國工妙蹟亦能使我欣戚俱忘，若頓置身圖畫中。甚矣，游藝之益也！往歲海外多閒，時有題識。今撿理巾笥所儲，尚得數十則。爰付兒子輩録之，以存鴻爪。平生于立身行己，不敢違道以求合，其于鑒賞，亦根據學術，不欲苟同于當世。此編之作，蓋將以美人倫，厚風俗，下之亦收多識之益。期無背于古人游藝之旨，而免玩物之譏。是則區區微意之所存，大雅君子，其亦頷而許之乎？庚申七月既望，永豐鄉人書於津沽寓舍。

雪堂書畫跋尾目録

顔魯公墨跡跋……五三八

范文正公與尹舍人帖跋……五四〇

蘇文忠公詩卷跋……五四一

存復齋投贈詩文跋……五四三
元人吴姬秋織詞殘册跋……五四四
羅文恭公詩册跋……五四四
又詩軸跋……五四五
吕涇野先生詩册跋……五四五
倪文僖公朝鮮奉使詩卷跋……五四五
七澤卷跋……五四六
戚少保詩卷跋……五四七
王仙師遺言册跋……五四七
高忠憲公手札稿跋……五四九
沈忠愍公詩册跋……五四九
楊忠節公書軸跋……五五〇
黄忠端公山中雜詠册跋……五五〇
史忠正公父從質誥跋……五五一
董文敏公書張元弼誥跋……五五二

沈摩青先生手札跋……五五二
孫夏峯先生墨迹跋……五五四
顧亭林先生自書文册跋……五五四
沈孝子寫經葬親啓跋……五五五
陶密庵先生詩卷跋……五五五
澹歸上人詩卷跋……五五六
陳文貞公遺屬跋……五五七
王文簡公詩卷跋……五五七
六朝人雪圖跋……五五八
雪山朝霽圖跋……五五九
王摩詰江山雪霽圖跋……五六〇
濯足圖跋……五六二
董北苑溪山行旅圖跋……五六三
又犂峯雪霽圖長卷跋……五六五
又雲壑松風雙幅跋……五六六

又松峯高士圖跋……五六七
又山園古木圖跋……五六八
范華原松壑雲泉圖跋……五六九
巨然唐人詩意圖跋……五六九
雪峯圖跋……五七一
郭河陽寒鴉秋水圖卷跋……五七二
趙大年春江煙雨圖跋……五七四
蘇文忠公畫竹卷跋……五七五
又鳳尾竹跋……五七六
米氏雲山圖跋……五七六
米元暉雲山卷跋……五七八
宋高宗馬侍郎唐風圖卷跋……五七九
錢玉潭赤壁圖跋……五八四
任月山五馬圖卷跋……五八五
高尚書設色雲山卷跋……五八六

趙文敏清秋試馬圖跋……五八九
朱澤民秋林讀書圖跋……五九〇
夜宴圖卷跋……五九一
如心堂卷跋……五九二
椿蔭圖卷跋……五九三
孝行卷跋……五九四
半村先生送歸圖跋……五九四
五同圖卷跋……五九六
保竹圖卷跋……五九八
王孝子鑄象圖册跋……五九八
金章宗妃李昭容真跋……六〇〇
吳文正虞文靖象卷跋……六〇一
魏仲雪先生象卷跋……六〇一
瑁湖六逸圖卷跋……六〇二
潘次耕先生母吳太君象卷跋……六〇三

雪堂書畫跋尾

顔文忠公墨跡跋

顔魯公墨跡四種：一、《送劉太沖叙》，二、《蔡明遠帖》，三、《文殊帖》，四、《春田詩帖》。爲鄞縣李眉生方伯舊藏，予於光緒己亥得之滬上。

《劉太沖叙》古今記録頗不一説。米南宫《書史》言：此帖碧牋書，乃王欽臣故物，爲唐垌所得。《叙》中「將才不偶命，而德其無隣」十字被翦去，以之殉葬。或謂密爲王詵購去。此一説也。董香光《容臺集》稱：此《叙》緑箋書，爲遼東李帥所藏。《畫禪室隨筆》又云：真跡在長安趙士楨家。孫北海《庚子消夏記》云：墨跡舊在中書趙士楨家，後歸關中南宗伯，宗伯没，其邑中舉人東蔭商得之，復歸之南氏。《金石録補》載王山史云：此《叙》真跡在宗伯南子興先生處，後歸東氏。此又一説也。劉公𣆶《七頌堂識小録》又謂真蹟在合肥王思齡納言家，則與董、孫所言又異。今以真蹟與各刻本互校，並參以諸説，則不合殊甚。米説謂《叙》中翦去十字，今證以石本及墨蹟，均不缺損，與米説大異。不合一也。米、孫、董諸家並言《叙》用緑箋書，今此真蹟實用白麻，唐人書迹亦未聞用碧箋。不合二也。宋《淳熙祕閣續帖》曾刻此《叙》，若如米氏殉葬之説，則此《叙》已絶於天壤間，南宋時何從橅勒？而《祕閣》本十字未損，與米氏「十字翦去」之説亦違，是以《祕閣》本與米説校，已相牴牾。不合三也。此《叙》刻本除《祕閣》帖外，有慶元己未碑本，在溧陽。董氏《戲鴻堂帖》本。今取三本互校，慶元本與董本並缺首行「劉太沖彭」四字，而《閣》本與墨蹟則完好無缺。又《叙》中「超升等弟」之「弟」，《閣》本與董本並作「夷」，慶元本與墨蹟並作「弟」，是慶元本與《閣》本雖同出南宋而所據已非一本。董橅略同慶元本，而何以「等夷」字反與《祕閣》本同？今以真蹟校《閣》本絲毫不爽，似即爲《祕閣》帖據以橅勒之祖本，然何以又有「等夷」、「等弟」之殊？尤不可解。不合四也。《庚子銷夏記》言：國學所摹與趙氏真蹟文字及書法均小異，疑世不止一本。王篛林《虚舟題跋》亦以《祕閣》本與後世刻本不合，謂唐人善鈎摹，此《叙》必有別本。是此《叙》諸本多不合，孫、王二氏均已知之，已言之，而莫由取決。予以諸刻並几互校，知《淳熙》本遠勝後來諸刻，自是真本。此從真迹出，他本悉出傳橅，而「等弟」字《祕閣》本亦作「等夷」者，殆因當日奉詔摹勒，諸臣不學，以一句中複「第」字遂肊改爲「夷」。此説雖似武斷，果以真蹟與《閣》本及諸本互勘，則此本爲《淳熙》祖本，當信爲堅確不移之論矣。至真蹟有龍跳虎臥、嶽峙淵渟之妙，後來諸本庸劣失真，有目者自能知之，不待繁言也。

又《蔡明遠》及《文殊帖》曾刻入《忠義堂帖》，《蔡帖》又刻入《快雪堂帖》，今校以墨蹟，知《忠義堂》本《蔡帖》乃從此本，摹入《快雪》，又展轉傳橅，筆意盡失。而《文殊帖》取忠義堂刻本與真蹟相比校，則字形大小既殊，筆法迥別。庸俗怪誕全出肊造，是此真本彼摹勒時未得寓目也。《春田詩帖》無刻本，著録家亦未言及。末行不署款，然爲魯公真蹟無疑。黄氏輯本《魯公文集》載此詩，題爲「重送横飛李嶨之别號聯句」。首韻李嶨作，次韻魯公作，末韻清晝作。此帖第四句末奪一字，以《集》本校之，乃「西」字也。

此册歸予且二十餘年，寶之如護頭目。往者赤縣崩淪，倉皇避地，親攜渡海，幸未如趙德父静治堂中諸物之一時頓盡。東渡以來，所藏多斥鬻以充薇蕨之資，惟此册當白頭相守。並書其源流，示後世子孫，永寶毋失。

范文正公與尹舍人二帖跋

此帖明朱性甫《鐵網珊瑚》卷二始著録，嗣載於孫北海《庚子銷夏記》卷一及高江村《銷夏録》。卷一。咸同間，歸吴平齋太守兩罍軒，曾刻之石。辛亥以後，歸于雪堂。

卷後諸跋凡十一首：曰樓鑰，曰洪邁，曰楊萬里，曰胡助，曰柳貫，曰黄溍，曰鄭僖，曰劉魁，曰戴仁，曰吴寬，曰王世貞，而殿以高江村題記。以校《鐵網珊瑚》，則樓鑰前尚有尤袤，黄溍後尚有汪澤民，而無劉魁、戴仁。北海所録則亦無尤、汪，兼無劉、戴，此即江村藏本，故與《銷夏録》所載全合。印章等亦同，不知即朱、孫所著録者否？觀文正二札，清勁端厚，爲真迹無疑，即考諸紙質、印章，亦非後世所能僞爲。而諸跋則似出明人傳橅，其書樓攻媿之名作熗，印章亦然，未聞攻媿之名從火旁作也。此卷在明代殆已析爲二，割真跋以裝僞迹，而真迹之後則以僞跋補焉，又復不全。江村素稱精鑒，不審何以於諸跋毫不置疑，使異日明人著録之卷出，可一證吾言矣。

退谷所見殆即是本，故亦無尤、汪跋，其無劉、戴者，或特舉其尤知名者，故云某某等跋耳。江村言得之都門，以時地考之，即退谷所見本無疑也。

蘇文忠公詩卷跋

此卷後無署名，但有「元祐三年十二月初沐日作」款。爲孫淵如先生舊藏，有手跋二則，後附石刻本亦有淵如先生跋與手迹。字句不同，蓋石刻時更定也。此詩與《集》本有不合處，且可訂正刊本誤字，淵如先生已言之。詩作於興龍節前一日。《宋史·哲宗本紀》：十二月初七日帝生日也，避僖祖忌辰，以次日爲興龍節。是作詩爲七日，古者七日一休沐，故署十二月初沐也。書凡三十七行，骨氣清雄，與傳世爛漫太甚者不同，極似《定州雪浪盆銘》。予意傳世公書中，凡肉勝骨者，皆不可信也。

題中「定國」字跳行，殆即寫示王定國者。疑後有署名，黨禁時爲人割棄。公當時所書豐碑巨碣，且遭毀滅，則名字之割棄固其宜矣，而孰知此卷竟巋然歷刼尚存耶？此乃初稿，《集》本出後來改定，兹寫附於後，俾來者觀之，知雄才如公，於文字亦必再三點定，古人之精慎不苟，此其一端矣。

興龍節侍燕前一日微雪舍弟子由《集》本作「與子由」**同訪定國**《集》本作「王定國」**清虛堂小飲**《集》本作「小飲清虛堂」**坐中出近詩數十首皆清絶**《集》本作「定國出數詩皆佳」**而五言尤奇子由又**《集》本「又」下有「言昔」二字**與孫巨輩**《集》本無「輩」字**同過定國今幾年矣死生聚散有足悲者**「今幾年矣」三句《集》本作「感念存没悲歎久之」**夜歸稍醒作此詩**《集》本作「各賦一篇」**明日燕殿門外**《集》本作「明日朝中」**當以示定國**《集》本作「以示定國也」

天風淅淅吹《集》本作「飛」玉沙，詔恩歸沐休早衙。遥知清虛堂裏雪，正似簷蔔林中花。出門自笑無所詣，呼酒持勸惟君家。踏冰凌兢戰疲馬，扣門剥啄驚寒鴉。吾儕三昧入詩律，坐看五字飛天葩。《集》本作「羡君五字入詩律，欲與六出争天葩」。銀瓶瀉油浮蟻酒，紫盌鋪粟《集》本譌作「栗」盤龍茶。幅中自《集》本作「起」作鴝鵒舞，畫《集》本作「疊」鼓誰操漁陽撾。頭風已倩檄手愈，背癢恰《集》本作「却」得仙爪爬。《集》本此二句在「銀瓶瀉油浮蟻酒」句上。九衢燈火雜夢寐，百年聚散同《集》本作「空」咨嗟。明朝相見《集》本作「握手」殿門外，共看銀闕暾晨《集》本作「朝」霞。

存復齋朋舊投贈詩文集册跋

此册集朋舊投贈詩文凡十三家： 曰俞午翁焯《朱澤民集序》，曰馮海粟子振《蘇臺春宴圖記》，曰龔子敬璛贈詩，曰忠介公泰不華贈詩，曰貢文靖公奎贈詩，曰姚筠庵式贈詩，曰王本中時贈詩，曰□悦堂名泐贈詩，曰鷄林李齊賢和詩，曰鷄林權贊善詩，曰柳文肅公貫《實録館脩撰朱公官誥書後》，曰黄文獻公溍《朱澤民詩序》，曰元文敏公明善詩。後有姚廣孝、張天駿駿、申文定公時行三跋。據申跋言勝國時名人遺墨凡十有六首，不知何時佚其三矣。澤民先生以文行名當時，顧爲畫名所揜。此册中諸人大半爲當時名臣碩彦，非僅辭翰之工已也。

先生後嗣代以名德著稱，明季節孝先生集璜、柏廬先生用純以忠孝相承，乃先生裔孫。其子孫能世守先澤，先生小象至明易代之際，尚藏柏廬先生許，徐高士枋爲作贊，載《居易堂集》。此册在明代似仍藏先生後嗣許，故張天駿跋有「見之於其孫壻許氏」之語。册上又有崇語鈐中丞恩、王侣樵國均諸印。其流傳之迹，略可考見。後歸亡友丹徒劉君鐵雲，刼後予又得之滬市。俞、黄二序已見《存復齋集》中，其他投贈之作，異日當别紙録出之。

册中李齊賢、權漢功皆海東以詩文名者。《存復齋集》卷八有《别後懷權贊善李仲思二宰》詩，蓋與先生夙好也。附記於此。

元人吴姬秋織詞册跋

此册作者八家，其主唱者爲虞文靖公集，和者曰豫章羅亘，曰嘉興黄文傑景萬，佚前半。曰烏程丁璞，曰三山黄哲宗復，曰東林陸恒伯經，曰延陵薛瑄叔瑄。其一佚下半，不得其名，皆步文靖均。其延陵薛瑄與明薛夫子同名，殆是元人，未必爲一人也。諸詩乃詠一孝婦，夫戍不歸而織以養姑事。其名氏惜不可曉，然此册得存則孝婦爲不朽矣。事關風化，予固甚寶愛之，不僅在諸賢辭翰已也。

羅文恭公詩簡册跋

此册詩十四章，前後有文恭手簡，後有梁山舟先生跋。撿《石蓮洞集》，此十四篇中但載三首，而字句頗有異同，餘十四篇均不見《集》中。山舟學士跋稱《明史》本傳先生隆慶初贈太常少卿，謚文莊，而前輩詩、傳所載皆云文恭，未考孰誤。今按先生《石蓮洞集》後羅大紘跋，亦稱文恭，徐相國堦撰先生《墓誌》，亦稱文恭，《名山藏》同。然則《明史》作謚文莊者，殆館臣因整庵先生之謚而誤耳。梁跋後有蔡名衡跋及魯瑶仙跋。

羅文恭公臨古書軸跋

此幀臨《閣帖》三行，不署款。下鈐「桐皐居士」及「羅洪先」印。旁有周亮工印。乃櫟園舊藏也。書法清和雅健，即以書法論亦當世之巨擘，弇州以蒼老不足少之，此論未公，吾不平也。予既得公詩册，又得此軸，與公可謂有翰墨夙緣矣。

呂涇野先生詩册跋

涇野先生詩册二十四葉，末葉先生自記云：「予素不能詩，又弗嗜作，故有作率不諧律。暇日内翰許子伯誠以卷索書，乃録故作數首求教，椎布鼓於雷門，許子見之豈不大笑棄地哉！時正德戊寅冬十月九日。涇野子書。」予以嘉靖間先生門人張良知刊本《涇野别集》校之，諸詩悉在集中，而頗有異同。《集》本有爲後來改訂者，有寫刻之譌者，異日當繕寫校注，俾來者考焉。

明倪文僖公奉使朝鮮倡和詩賦卷跋

此卷嘉興唐鷦庵司馬翰題舊藏。光緒辛丑得之滬上。計賦二首，詩三十六篇。文僖以外作者三人：曰鄭麟趾，曰申叔舟，曰成三問，皆當日朝鮮諸臣之爲館伴者也。

文僖使朝鮮，以景泰元年正月朔啓行，閏正月返國。當朝鮮莊憲王李祹之三十二年。祹以是年二月薨，文僖奉使時祹已病，乃遣世子珦迎詔，祹之卒文僖歸未久也。祹薨，世子恭順王在位，僅二年，而世子恭憲王弘暐立，又二年叔父惠莊王瑈篡位。文僖之使正彼邦國勢阽危之時。當日館伴三人，皆一時文學之彦，且爲彼國重臣。恭順之薨，三人者實受顧命輔孺子。乃惠莊之篡，三問死事甚烈，其大節表表可繼武方正學，而鄭、申二人者，乃佐惠莊譖故主，致竄寧越暴死，則二人實彼邦之賊臣也。三人之作，同登此卷，可謂蘭鮑同車，鸞鴞接翼矣。

《文僖集》，《四庫》著録者三十二卷，李西涯序載文僖所撰又有《玉堂稿》百卷，《上谷稿》八卷，《歸田稿》四十二卷，《南宫稿》二十卷。奉使朝鮮之作，别爲《遼海編》。今均佚不存。此卷詩賦當具載《遼海編》中，乃刊本已亡而手迹具在，是可珍矣。丁巳正月十七日。

七澤卷跋

此卷文二：曰唐荆川順之，曰劉近村可。爲詩三：曰孫性甫存，曰童士疇承叙，曰朱子謙隆禧。記郢人李化卿因觀七澤之勝，遂以爲號。唐襄文叙不見《荆川文集》中，《荆川集》十三卷，又《補遺》五卷，《外集》二卷，以此文觀之，知遺佚仍不少矣。

戚武毅公詩卷跋

明戚元敬少保以兵略雄一世，復以詩古文名。予嘗得山左官局刊本公集讀之，竊謂不後於當世諸作者。甲辰於吴門得此卷，寫《結廬憶》五古二首，則集中所未有。書法尤奇逸雋快，有渴驥奔泉、怒馬入陣之勢，當與荆川抗行，賢者殆無所不能也，然平生竟未見第二本。《列朝詩集小傳》言公通曉經術，軍中篝燈讀書，每至夜分，宜其文字之工妙矣。

左髻曇陽王仙師遺言册跋

《王仙師遺言》三卷，前有尤求畫仙師象，卷中之末有弇州山人跋，卷末葉有「弟子章藻録」五字，册首有「弇州山人」、「志信道人」二印，蓋是册爲弇州所輯，仲玉所書者也。何喬遠《名山藏·文苑紀·王世貞傳》載「世貞與王錫爵同里，錫爵有女以守節脱化，其未化時，感冥契立，恬憺教門，世貞師之，尊之曰曇陽大師。焚筆硯，謝賓客，與錫爵結廬合居，戒食梵誦至苦」云云。此册之王仙師，蓋即《名山藏》所記者也。

《弇州山人續稿》有《曇陽大師傳》，卷七十八。又有《性命仙篆七十二字記》、《曇陽仙師授道印上人手迹記》、卷六十一。《金丹記》、卷六十六。《上曇陽大師書》。卷百七十三。皆記曇陽靈迹，而《傳》記其事實尤詳。此册所記大半已見《傳》中，《傳》稱仙師名桂，仙人朱真君爲更名燾貞，而字之曰曇陽。幼字参議徐廷祼子景韶，即册中所謂徐郎者也。徐郎既夭，仙師絶食數年，而卒坐化於徐郎墓祠中，弇州及弟麟洲與弟婦章，弇州妾李，子士麒婦沈，皆師之。而章仲玉稱弟子，殆亦皈依於仙師者也。其稱左髻者，《傳》記坐化前自剨右髻與徐郎合葬是也。畫象黄衣絳唇，二侍者，一執劍，一執拂，立於旁。黄衣者，《傳》所謂上仙所賜，劍與拂則化時入龕者也。其唇絳，《傳》所謂「面作黄金色，丹唇如爛葚」是也。此册上卷前載《象讚》及《八戒》，與《辭世告父母告叔父告弟衡及弟子書》。卷中乃《與弇州兄弟一門諸弟子書》，致弇州書中有「非號非名權爲志信」語，則册首「志信道人」印，即弇州之道號，仙師之所贈矣。卷下則《示他弟子及服黑氣養腎病法》。弇州信奉仙師甚虔，其《上曇陽大師書》則作於大師化坐後三年，萬曆十一年癸未。曇陽之化在萬曆八年，是時弇州年五十有八矣。《遺言》之輯，當又在後，跋中無紀年，不可知矣。弇州所作《大師傳》，言大仙靈迹，語皆詭誕不經，如讀《古列仙傳》。是耶？非耶？予不得而知也。以其爲弇州故事、仲玉手迹而存之，并爲之跋，以告世之好言神怪者。

王麟洲《澹圃書品》載古今名家書三十四家，益以曇陽大師蹟共三十五家，又以曇陽爲書家。又彭允升先生《一行居集》卷二有《論曇陽道人》一則，謂「世之謗曇陽者不一，捉風捕影久成冤獄。馮子偉人跂仰獨至，萃當時傳記文都爲一集，又得曇陽弟衡手書，述家奴造謗始末，公案確然，益信弇州之作真實不虚」云云。今此册卷中曇陽手書中，有「吾家王氏女眷欠賢，舌劍斬人，小道從他毀謗」之語，則造謗者自是王氏眷屬，或搆成者爲家奴耳，爰附識之。

王辰玉衡《緱山先生集》有祭長姊文，言：「余母十三娠而存者惟兩姊一妹及余衡而四。庚辰歲，余次姊以仙去，傷哉！某之終鮮兄弟也。」云云。則曇陽者太倉相國之次女也。又記。

高忠憲公手札草稿跋

《忠憲手札草稿》四通：曰《柬繆西溪太史》，曰《柬李次見侍御》，曰《柬周來玉侍御》，曰《柬楊道尊》。後坿詩稿一紙，虞山趙氏舊藏。以草稿故不署名，且塗改頗多。撿《高子文集》卷五，已載致李次見及周來玉二札，而致繆西溪札則不見《集》中。又公集有文無詩，此雖僅一首，亦足珍也。諸札皆作於周忠介就逮後。公致命之前，一腔忠憤，千載如見，此雖草稿，當與魯公《致郭英乂書》並傳不朽矣。

沈忠愍公詩册跋

沈青霞先生鍊詩册，童廉水太守濂瓶花書屋舊藏。歲戊戌得於滬上。書法健勁，凜凜有霜肅氣，足稱公大節。先生批鱗直諫，忤嚴嵩父子，死事至慘。然世蕃臨刑，公所教保安子弟在太學者，帛書公名揭之刑場，以臨世蕃之死，又何快也！明季吾郡忠節林立，而公稱首，每焚香盥誦，百世之後，洵能廉頑立懦也。

楊忠節公書軸跋

此軸綾本，行書三行，寫五律一章。末署「洗心詩之二」，楊廷麟下鈐「楊廷麟印」。伯祥書法晉人，兼有米顛遺意，雄肆温厚，即以書論，亦一世之豪也。公與黄石齋先生交至厚，《漳浦集》有《洗心詩》十二章，卷四十一。亦五律，此當是公和石齋先生作。《漳浦集》中與公唱和甚多，公不知有集否？書迹流傳尤少，此幀真鳳毛麟角矣。公晚年守贛，與我師相持幾一年，援絶糧盡而城始陷，城陷屬吏從死者且數十人，無幸生者。明季諸將有能抗王師如此之久者，贛爲第一。《明史贊》曰：「自南都失守，列郡風靡，而贛以彈丸，獨憑孤城，誓死拒命，豈其兵力果足恃哉？激於義而衆心固也。」嗚呼！可見公風烈矣。

黄忠端公山中雜詠詩册跋

忠端手書《山中雜詠》十四章，後有何子貞太史跋，謂「近人刻《漳浦集》有《山齋雜詠贈恒如慈周二上人》二十章。此册所書前十首，即刻本中後十章。句字有異同，皆當以此手稿本爲定。末四首刻本所無，尤可珍貴」云云。今撿校本集卷五十良然。安得好古之士一一録之，以校《集》本耶？

史忠正公父從質母尹氏誥軸跋

史忠正父誥軸，崇禎十四年十月所給。忠正父名上署「封文林郎陝西西安府推官」。忠正結銜則作「協理剿寇軍務、巡撫安廬池太四府兼轄光州固始蘄州廣濟黄梅德化湖口彭澤等州縣地方、都察院右僉都御史」。證以《明史》公傳略合。《傳》稱公舉崇禎元年進士，授西安府推官。公父殆未嘗筮仕，故以崇禎御極恩封，以子官也。又《傳》稱「崇禎十年七月擢右僉都御史，巡撫安慶、廬州、太平、池州四府及河南之光州、光山、固始、羅田，湖廣之蘄州、廣濟、黄梅，江西之德化、湖口諸縣，提督軍務」云云。今誥軸則無羅田而有彭澤，爲小異耳。《傳》稱公以十二年夏丁外艱。此制在十四年，是時父殁母存，故制於公父曰「贈中憲大夫」，於公母曰「封太恭人」，亦與《傳》合。公母尹氏乃庠生尹三詔女，見梁有年《史母楊太孺人墓誌》。楊太孺人者，公曾祖妣也。《傳》稱公之祖應元舉於鄉，官黄平知州。《誌》稱應元字長卿，萬歷二十二年甲午順天舉人。則較《傳》爲詳也。

此誥織麻爲之，甚堅厚。前後凡五色，上織朵雲，末織「崇禎元年月日造」七篆書，蓋舉即位慶典時所造制。後崇禎十四年十月上鈐「制誥之寶」大璽，後有「京仟伍號半」字一行及「之寶」二字半璽，視前璽爲小。予藏國初人誥敕狀與此無殊，蓋猶沿明制，乾嘉以後則日薄劣矣。

忠正大節凜然，如日星河嶽，此軸經滄桑之變，竟得無恙，殆有鬼神訶護。異日若天地再清，當送藏揚州梅花嶺公墓祠中，並當刻石祠壁，以傳不朽。謹書以俟之。

董文敏公書張元弼誥跋

古人官誥往往令名人之筆書之，傳世者若徐季海之《朱巨川誥》及魯公《自書誥》，此外不多見也。文敏以書名冠當世，爲人書誥敕甚多，今多不傳。此《張元弼誥》以雲龍黄蠟箋書之，而無「制誥之寶」印，蓋就閣本別書之也。末有跋尾，乃書於天啓七年。

沈摩青先生手簡跋

尺牘四通：其二通不署名，下題「父字付大兒」。其一爲上父書，下題「男中柱百拜稟」。又一通上署「大姪覽」，下題「叔琛白」。初不知爲何人，置篋中二十餘年矣。觀簡中所述知其人明季曾官吉水令。其致子書中有「闖賊連破秦晉，蹂躪畿甸，北京消息安危莫卜」語，知諸簡作於崇禎之末而已。

頃撿李蜃園先生天植文集，中有《沈摩青傳》，始知此四札者，其三出摩青先生，其一札稱「叔琛」者，則摩青先生弟也。《傳》稱先生諱中柱，字石臣，號摩青，一字無諍。平湖清溪里人。己卯舉於鄉，庚辰成進士。學於念臺劉公，授以《人譜》。石齋黄公以言事下獄，先生遺書彭岫，劉公力救之。授江西吉水令，治績爛然。甲申之變，縞素發喪，痛哭者累日。南都定位，集吉邑勇敢，諭以大義，洒泣登途，思建旗鼓，一雪仇恥。未幾金陵再覆，先生欲以身殉。父天培公泣慰，爰髡髮披緇。謀之仲氏獻臣，欲於祖塋東構一椽，奉父其中，力不果，乃拓地治圃，蒔瓜蔬以供朝夕，不給則自食豆渣，人呼爲豆渣和尚。竟以是得脾疾卒云。始知先生爲明季遺獻，大節凜然。《傳》中所謂獻臣，即其一札所稱「叔琛」者，蓋名中琛。《平湖縣志》有傳，稱其「讀書砥行，與兄齊名，後從劉宗周、黄道周遊，學問益進」云云。惟先生之父天培不可考耳。

《平湖志・摩青先生傳》甚苟率，惟載其著《懷木菴稿》、《問道録》，爲蜃園先生《傳》中所略。《明詩綜》載先生爲僧，名行燃，往來靈隱、金粟間。此先生事實之可考見者。先生弟琛札上紂「戊申四月緯時」題字，稱此叔祖述大父患難窮途之事云云。則緯時者，先生孫，特先生諸子亦不可考。

先生爲吾鄉先正，與弟獻臣先生並傳蕺山之學。而遺迹流傳至少，天彰忠義，俾此札入予手，閲二十年始得考其事實，其不至於湮没故紙堆中，殆冥冥中有鬼神訶護耶？因節書蜃園先生所爲《傳》，以示世之留心明季遺獻及考蕺山學統者。己未四月。

孫夏峯先生墨迹册跋

孫徵君墨迹三紙：第一紙《答張令書》；載《容城三賢集》。第二紙録《范文正公集》中《竇諫議録》一則；第三紙乃《理學宗傳》中《鄧元錫傳》。書後均不署名，但鈐「孫奇逢」印。然予有孫文正公墨迹，後有先生題識，書法一見可别，固無待名印，乃可徵信也。枯豪餘瀋，荒率如此，而得之者兼金不能易，書豈不以人重哉？彼王鐸、張瑞圖、錢謙益輩遺墨直可投溷耳。世之君子宜知所立矣。

顧亭林先生自書文册跋

此册亭林先生手書自著文：曰《北岳辨》，曰《原姓》，曰《錢糧論》，曰《裴村記》，曰《五臺山記》，曰《與友人論學書》，曰《經解》。末署云「最不工書，天生强我自書所作文，已二年餘矣。念其文或有補於世教，故不辭而書之。己酉歲八月二十九日。顧炎武寧人」。蓋書贈李天生先生者，己酉爲康熙八年，先生時年五十七。是年三月先生與天生先生同謁十三陵，有《謁欑宫文》，此書於其後五月也。

此七篇已刻入《文集》，而字句每有異同，蓋《集》本出後來改訂矣。我朝一代學術導源於先生，得乾嘉諸儒而先生之學益昌。惟晚近之世能嗣先生節行者果何人哉？循覽此迹，彌深嘆仰。

沈孝子寫經葬親卷跋

卷記吳中沈孝子寫經葬親事，前有顧云美隸書「明發不寐」四字。卷中首南岳大師，次萬年少，次姜如須，次夏雪子。五人者，皆明之遺賢也。孝子名載，字古乘。與諸遺老善，必遺民中之操行過人者。顧吳乘不載其名字，此卷之存，殆彼蒼所以彰苦行歟？卷後有彭尺木、毛意香、釋祖觀三跋。

陶密庵先生詩卷跋

此卷七言律十一章，後有小序，末署「戊戌臘月既望，鞠延具草」。下鈐三印：曰「鞠延」，曰「溈山老衲」，曰「忍頭陀」。考忍頭陀爲明季寧鄉陶密庵先生汝鼐祝髮溈山後之號。鄧湘皋顯鶴《沅湘耆舊集》稱先生以崇禎元年拔貢，會上幸太學，廷臣請復高皇帝積分法。祭酒顧九疇奏先生文甚佳，烈皇帝特賜第一，詔題名勒石太學，以五品官秩留監肄業。癸酉舉於鄉，兩中會試副榜。官廣東新會教諭。南渡後由翰林院待詔改授兵部職方郎中、五省監軍，後授檢討。旋薙髮溈山號忍頭陀。《明詩綜》、《湖南文徵》所載略同，均但知忍頭陀之號，不知僧名爲鞠延，賴此卷知之也。

《耆舊集》又稱先生詩文書法名動海內，有「楚陶三絶」之目。卷中諸詩，曾載入《耆舊集》，題爲《奉酬法幢和尚寄示原韻》，其序作「示和同門董子詩十二首索報」，而詩僅十章。此卷小序「示和同門董子詩」下無「十二首」三字，而詩則十一章。《集》删其二，卷删其一，殆中有忌諱語，當時未便示人耶？《耆舊集》所佚爲第四篇，可據卷補之。卷中有序無題，則又據《集》本知爲酬法幢也。觀小序知法幢爲先生會試時坐師，不能知其名字。《耆舊集》引先生自撰《年譜》謂：丁丑會試榜發，闈卷爲太史楊汝成所激賞，以薦遲格于數，置副卷。殆謂法幢即楊汝成，然先生兩中副榜，不知果爲楊否？師徒並以苦空完大節，令人慨慕！

此卷乃辛亥之亂東人客湘中者得之變軍之手，裝潢破裂而字迹幸完，攜至海東求售，亟購藏而裝完之。嗚呼，自先生亡後，不及三百年，大地山河又歷一刼。後之視今亦猶今之視昔，悲夫！

澹歸上人詩卷跋

明季遺臣以吾鄉金道隱先生手跡傳世爲最少，蓋中遭禁令，燬棄殆盡。此卷乃予來海東後得之東估手者，雖僅得詩四章，亦吉光片羽矣。先生在諫垣，以奏劾鄭芝龍、劉承胤等驕悍不法，逮問廷杖，致筋骨斷折，死而復甦者再，而卒之劉叛鄭降，知當日先生之疏爲不得已也。此祝髮韶州丹霞山後所作，故末署僧名。

陳文貞公遺屬卷跋

陳文貞廷敬《遺屬》卷，綾本，凡二十有六行，作于康熙十五年十一月，時年三十九。是年妾孔氏卒，文貞爲此以示其長子謙吉，次子豫朋。謂「孔氏貧賤相從二十餘年，異日當祔葬我墓中。若不遵遺命是悖逆不孝，我靈必殛之。伯叔昆弟，遠近族屬，親友人等申白所在官司，以大不孝論」云云。考文貞是時夫人王氏固尚在也，乃豫定以妾祔葬，同穴之人不知處之何地？將祔妾而舍嫡與？抑王與孔並祔與？蓋于禮無一而可。文貞卒年七十有五，乃爲此糟糠之妾豫於三十餘年前爲《遺屬》，失禮之中又失禮焉。己未出于正，顧責後嗣以無違，不知陳氏子孫其果遵此亂命否耶？文貞晚年，其亦自悔失禮否耶？

士夫一言一動，當思爲世則效。文貞以文學受主知，位宰輔，有整躬率物之責者也，而昧于禮如此。《國朝學案》乃爲文貞立傳，以爲潛心理學，今此卷流傳，可謂文貞之不幸矣！爰書其後，以爲世戒，非欲苛論前人也。

王文簡公詩卷跋

高郵王文簡公引之訓詁小學冠冕我朝，惟詩文罕傳，聞其家曾有《文集》版，予曾向公後裔求之不可得。《詩集》則無刊本也。此卷乃公手書恭和御製詩。凡十章，楷書八紙。每半葉六行，蓋進呈本之稿也。異日當以手迹付印，示當世治文簡之學者。

六朝人雪圖跋

紙本立軸，高四尺八寸一分，廣二尺二寸九分。漢建初尺，下放此。著色，石作粗廓無皴，以厚緑染抹，山顛加粉塗，樹幹亦塗染而成。中有一樹，以朱點葉，粲然如新。下角稍上有行書「昇」字，下有押字泥金書，在石上，極隱暗，映日乃可辨。初不知爲何代物，疑是楊昇，而畫法雄厚渲古，如觀古彝器法物，與唐以後絶異。且古畫署題，未有署名不著姓而名下加押者，疑不能決，垂二十年矣。

近讀張彦遠《歷代名畫記》，言前代御府，自晉、宋至周、隋，收聚圖畫皆未行印記，但備列當時鑒識藝人押署。貞觀中，褚河南等監掌裝背，並有當時鑒識人押署跋尾，官爵、姓名、年月日。開元中，玄宗購求天下圖書，亦命當時鑒識人押署跋尾。始知此圖確爲隋、唐以前人筆，而由楊昇鑒識耳。其署名加押，即所謂押署，押署即在畫幅上，而所謂跋尾者則別紙書之。嘗見《尉遲乙僧天王象》後，別紙書明道元年諸臣款，尚存跋尾舊式。而押署則如僧權、騫、昇，但於法帖中見之，其見之畫蹟者，僅此圖而已。楊昇爲開元館畫直見《唐書・藝文志》，則此圖者爲六朝名蹟，開元御府之所藏，楊昇所鑒識。

今傳世山水畫莫先於此。雖顧虎頭《女箴》、《洛神》二圖尚存人間，然彼固非專繪山水也，則此圖洵天下有一無二之至寶矣。爰名吾齋曰「雪堂」，以識欣幸。

唐貞觀、開元御府之藏，有貞觀及開元印，而此幀無之者，六朝但有屏風，尚無幛子，此乃屏風之一紙，御印殆在他紙也。幅中有「雙龍印」、「荆王之璽」、「内殿祕書之印」、「其萬年子孫永寶」四印，乃後人所妄加。又古畫多施之縑素，亦有用紙者。見《名畫記·曹不興傳》注。或以白麻，《名畫記·顧凱之》、《梁元帝傳》注。或以藤紙，《名畫記·毛惠遠傳》注。或以宣紙，張彦遠《論畫工用搨寫篇》。此爲古畫用紙之證，亦考古者所當知，故並識之。

山水樹石至唐宋諸專家而後窮工盡妙。張彦遠謂「魏晉人畫山水羣峯之勢，若鈿飾犀櫛，或水不容泛，或人大於山，率皆附以樹石映帶，其地列植之狀，則若仲臂布指。至二閻、楊展，尚猶狀石則務於雕透，如冰澌斧刃，繪樹則刷脉鏤葉，多栖梧菀柳。功倍愈拙，不勝其色」云云。予證之傳世《洛神》等圖，其説洵然。虎頭畫樹葉如銀杏，與六朝石刻相類。參以此幀，並可爲未臻絶詣之證。然六朝以前畫迹，風骨遒古，氣象淳穆，終非唐以後諸大家所能到矣。

雪山朝霽圖跋

立軸，高五尺六寸五分，廣二尺六寸二分，絹本。下角題「雪山朝霽圖蜀人楊昇製」，小隸，書款一行，上端有紹興御題御印，皆後人妄增。歸安陸氏《穰梨館書畫記》著録：案昇爲開元館畫直，前記不載其山水畫。明以來流傳之《峒關蒲雪圖》，以宣和御題謂是楊昇作，然無他證也。

此圖景物至奇，碧山紅樹，彷佛夏秋。而山顛積雪，行人著障風帽，作衝寒狀，世無此境。殆與右丞雪蕉同意，心有所會，寓意爲之，不必真有此境也。其筆法淳穆高古，亦與宋以後大異。山石樹幹皆以赭墨約略鉤廓，而以采色渲淡，枝葉則悉以采色描染，惟石梁、屋舍、人物及山上與坡陀之小樹用墨筆成之。畫樹之法，幹多挺直，布枝甚簡，而葉至濃密。他家未見此法，惟董文敏畫樹嘗師之，觀此圖知文敏畫法之所自來。其畫小樹有枝無幹，爲關同所本。惟葉作三角形，則他家未嘗見也。山石有染無皴，而自然峻厚。人騎、屋宇、橋梁皆極工妙。非唐中葉以前高手不能爲。論其畫格決在荆、關、李、郭未生以前，惜唐人畫迹傳世至少，不能遽定其人耳。前人見其無款，遂妄加題署，是可憾也。

予往得六朝人無款《雪山圖》，思得唐人雪圖以儷之，十餘年不獲償此願，今得此幀，雪堂之雪爲不孤矣。

王摩詰江山雪霽圖卷跋

絹本，縱一尺一寸九分，廣七尺九寸四分。卷首有楷書「王維」二字，已損少半。下有「宣和」二字小璽。明以來諸家皆著録，共推爲海内墨皇者也。

右丞畫迹之妙，前賢備言之，無待予言，今第就筆墨之趣言之。夫繪畫之事，非以狀物畢肖，能盡雲烟之變化爲止境已也，更有筆墨之妙焉，能以方寸之靈悟補化工所不能。試就此卷論，清和粹穆，一片天機，如坐春風，如聞韶濩，如飲仙露，如觀鼎彝，有非言語所能形容者，罔不於筆墨著之。右丞然，古來諸大家靡不然。繪事之精微如此，所以挺生宗匠代不數人。若僅以能窮物態，便爲絶詣，則市百金之明鏡，便能寫川岳之真形，顧、陸、張、吴不足貴矣。

山水之畫至右丞而一變前人摸擬刻畫之迹，卓然爲南宗初祖。譬之書家，顧、陸、張、閻，張、索也。右丞則右軍也，損益前賢，橅範百代，謂之畫聖，疇曰不然。

此卷自明以來，流傳之緒，歷歷可數。初藏金陵太史胡汝嘉，見朱之蕃跋。後歸吴崑麓，由吴歸馮開之，由馮歸吴瑞生，由吴歸程季白，由程歸錢牧齋，後歸海寧陳相國，歸華亭王氏，歸吴思亭，由吴歸畢澗飛，由畢歸吴杜村。馮開之跋謂吴崑麓夫人言其先世得之管後宰門小伙者鐵檻門閂中，恐爲傳聞之譌。祝允明《夢星堂集》記王維真蹟云「邇來聞有維畫一軸，在親軍黄君所，昨者乃得捧閲。大内後宰門有丹漆巨梃一，以支北扉。不知幾何年矣？成化間梃偶墜地破，乃髹竹也。中藏卷二，其一即此圖，用細絹，高尺二寸，長四尺奇。前後周完，末下正書三言曰『王維製』」云云。是出自竹梃中者，别爲一卷。馮開之漫據所聞誤屬此卷耳。今爲糾正于此。

畢澗飛既得此卷，復從吳門繆氏得董文敏致馮借閱手札前後凡三紙，附裝卷後。第一札後署「乙未七月十三日董玄宰」，第二札署「丙申二月初十日」，第三札署「甲辰八月初一日」。此署題蓋祭酒所手記。檢《快雪堂日記》載「乙未七月十三日得董玄宰書，借王維卷閱」。又「甲辰八月二十日送王右丞《霽雪卷》、《瑞應圖》、《小米山水》三卷與董玄宰病中看玩」。與手札所署年月正合。文敏第三札中言爲開之書快雪堂額，馮之快雪堂殆以此圖命名。《四庫全書總目提要》言「夢禎舊藏《快雪時晴帖》，故以名堂。後帖歸馮銓，堂名亦隨之而移，實則自夢禎始也」云云。今檢祭酒《快雪堂集》，但載此圖跋尾。《日記》中亦屢言與客觀此卷，而無一字及《時晴帖》。意四庫館臣殆以開之堂名與馮銓先後相同，肊爲此説耳。並爲之糾正。

李竹嬾跋此卷，謂馮長公權奇厲春波里第，值居人不戒于火，沿爇幾付烈焰，而此卷獨存。董文敏《容臺集·江千雪意圖跋》謂此《雪霽卷》已爲馮長公游黄山時所廢。蓋誤聞春波之火並及是卷也。厥後絳雲一炬，此卷亦幸免刼灰。三百年來，屢經兵火而完好如故，殆所在有神明護持。我輩今日尚得披玩，詎非藝苑之厚幸耶！

濯足圖跋

立軸絹本，高三尺一寸五分，廣一尺七寸。無款。畫格至奇，上爲山頂，無一草木，山頂之上雲氣瀰漫，雲氣之上樹色隱現，蓋山上復有山，没雲中矣。山下爲大川長流，至曲折。一人臨流濯足山麓，亦無草木，惟大川兩傍有大樹七八株及崖石上露樹之枝葉而已。畫山石略有圭角，皴法用筆圓勁堅蒼，不趨峻利，而自然沈著痛快，雄厚渾成，非北宋人所能及。

予肊定爲洪谷子作，蓋有三證焉。米海岳《畫史》謂荆浩善爲雲中山頂，四面峻厚。此圖正爾，一證也。浩言吴道子畫山水有筆而無墨，項容有墨而無筆，吾當采二子之長，成一家之體。董文敏謂有輪廓而無皴法，謂之無筆；有皴法而不知輕重向背晦明，即謂之無墨。此幀則筆墨兼擅，二證也。洪谷畫迹幾絶人間，天水所藏僅逾二十。有明之季，雖以董文敏聞見之博，未嘗舉浩一圖一蹟。惟孫北海得浩畫二本：一爲《廬山小圖》，得之故家，不言其筆法。又一得之故内，破爛已甚，謂其山與樹皆以秃筆細寫，形如古篆隸，蒼古之甚，非關、范所能及。其所記筆法，若爲此幀言之，三證也。

乙卯春，予既見右丞雪卷，深以三十年來未得一見洪谷真迹爲恨。一日賈人攜此幀至，一見驚歎，謂非洪谷不能作。索價甚奢，亟如其請與之。徑題之曰洪谷。異日再得見他洪谷畫，必可證吾言也。

董北苑溪山行旅圖跋

立軸絹本，高五尺一寸六分，廣二尺二寸八分。明代沈石田舊藏。後歸雲間馬耆清，由馬歸張樂山，董文敏又得之皖人吳江村，後歸王烟客。《江村銷夏記》、《書畫大觀録》、《書畫鑑影》諸書皆著録，爲宇内劇迹，其筆墨之妙，不待予言。文敏初得北苑畫四，遂以「四源」名其堂。此爲「四源」之一，晚年復得三幀，先後所得凡七幀，蓋幾括宇内之藏矣。此幀尤爲文敏所篤愛，故《容臺外集》中屢及之，殆所謂寢饋不忘者耶！

此圖或稱《江南山色》，本爲巨幀，乃雙幅絹，今僅存半幀，半幀之上又缺十之一二，《清河書畫舫》云：「傳聞叔達《江南山色》巨幅，雙鉼絹本，止存半幀。原係沈啓南故物，今藏董玄宰家。品在《畫史》所載《廬山圖》上，真絶筆也。」蓋即此圖。故亦稱《江南半幅》。卞氏《式古堂書畫彙考》載北苑畫既有《溪山行旅》，又別出《江南山色》，不知其是一而非二也。其半幅失去之在何時，雖不可知，然黄鶴山樵有仿董源《溪山行旅圖》，見《書畫大觀録》，不言爲半幅抑全幅。而《墨緣彙觀》又載趙長善臨本後歸李竹朋，竹朋謂布景與北苑原本同，則善長所見已爲半幅。善長與叔明同時，叔明所臨亦必非全幅。可知是此半幀之失在明以前也。此幀，叔明臨之，善長臨之，明以後則石田臨之，南田臨之，南田畫册之一，此册藏内府，後歸端忠敏公寶華庵。知此幀在元代已赫奕有名，固不自明始矣。

此幀自歸烟客後，二百餘年未出吳中。光緒丙午，北京廠肆論古齋主人蕭訓臣始購致京師，三年無知真龍者，予乃傾俸錢得之，在寒齋者又七年於兹。國變以來，攜以渡海，寶之如護頭目。每一展玩，如神游太古，幾不知有身世之悲也。

北苑事實，前籍記之甚略。吴任臣《十國春秋》僅據諸家畫録以爲之傳。謂曾官後苑副使，蓋本之《圖畫見聞志》。考南唐未聞有後苑副使之職。《夢溪筆談》謂源於江南中主時官北苑使。考北苑爲産茶之地，屬建州。北苑使者，乃北苑茶使也。《宣和北苑貢茶録》云五代之季，建屬南唐。原註：保大三年，俘王延政而得其地。歲率諸州民采茶北苑。又《夢溪筆談》：建溪勝處，曰郝源、曾坑，其間有岔根、山頂二品尤勝。李氏時號爲北苑，置使領之。均其證也。《圖畫見聞志》作「後苑副使」者，殆「北苑使」之譌。《苕溪漁隱叢話》言建安北苑茶始於太宗太平興國中，建使掌之。是南唐雖置使，而旋廢，至宋太宗乃重置也。

源於保大中已官北苑使，則其生當在唐之末季，其卒當在宋之初葉，可以推知。明朱謀垔《畫史會要》謂源字北苑，已譾陋可笑。而我國初諸畫家又每稱源爲北苑太守，世人鮮知其誤者。爲附正於此。

又羣峯雪霽圖跋

絹本，縱一尺五寸，横一丈四尺零八分。《夢園書畫録》、《書畫鑑影》皆著録。卷末有「董源製」三字。卷首有「中山王孫東園徐天賜珍藏記」，後有「鳴騷閣印」、《書畫鑑影》悮作「鳴鳳閣印」。「徐國本印」三朱記。又有「張伯起」、「休寧朱之赤鑒藏圖書」、「崑山徐氏珍藏」、「曰藻珍玩」、「令之清玩」、「杜村清賞」、「梁章鉅審定書畫之印」、「定遠方氏珍藏書畫之記」等印。爲董文敏公晚年所得北苑三幀之一，得之徐國公家。後歸張伯起，歸朱臥庵，歸徐健庵，歸繆文子，歸卞令之，歸吴杜村，歸梁芷隣，歸方子箴。北苑畫迹傳世者至少，長卷尤少。其見諸著録者，僅此及《瀟湘圖》而已。

此卷墨色沈古，布局至奇。元氣渾淪，充塞滿幅，筆墨之痕都化。郊原山麓，積雪彌望有千里之勢，中間流泉瀌瀌如聞其聲。洵爲古今絶作。前人之善狀北苑畫者，莫如沈存中，謂「源及巨然筆皆宜遠觀。其用筆甚草草，近視之幾不類物象，遠觀則景物粲然，幽情遠思，如覩異境」。又《宣和畫譜》謂「元下筆雄偉，有嶄絶峥嶸之勢，重巒絶壁，使人觀而壯之」。不覩此卷，不知二説之精確也。昔東坡居士謂「詩至杜子美，書至顔魯公，文至韓退之，而天下之能事盡矣」。予謂畫至北苑亦然。有目之士於吾言當無閒然矣。

又雲壑松風雙幅跋

立軸絹本，雙軿大幅。高九尺八寸八分，廣五尺零七分。幅之上端横書「雲壑松風圖甲辰御題」。後有押字上鈐「御書」二字璽。又縱書「朕閱董元畫當以此爲第一」。幅外裱綾上又題「余閱内府收藏董北苑畫，此圖誠爲天下第一」十八字，不署款，驗其筆迹乃董文敏公晚年書也。幅上鈐印甚多，絹黯多不可辨。其可識者「宣和書寶」、「宣元閣寶」、「御府寶繪」、「瑞文圖書」、「石渠寶笈」、「乾隆御覽之寶」、「乾隆鑒藏」、「三希堂精鑒璽」、「石渠定鑒」、「詒晉齋印」、「皇十一子」，凡十一印。蓋在宋代爲御府所藏，又八我朝内府，後以賜成哲親王，不知何時流落人間。

此圖淋漓浩瀚，平澹天真。白雲依山，滃鬱如活。長松垂枝，臨風疑動。徽宗及董文敏並推爲天下第一，洵非溢譽。嘗謂米老評論古今書畫，俯視一切，唐宋宗工每加苛虐，惟低首下心於北苑。宋元明諸大家靡不導源於此，得其一體已足雄視一世。語其薪傳，右丞而後當推北苑爲次祖，雖荆、關諸大家亦但有退而稱宗已耳。此固古今所共認，非予一人之私言矣。

又松峯高士圖跋

立幀絹本，高九尺一寸六分，廣四尺一寸九分。幀之上端徽廟横書「董元松峯高士圖」。後有押字，押字上鈐「御書」印。幅之上角有「御府之印」。《宣和畫譜》藏董元松峯圖三，此其一也。畫中一山高峙，傍無峯巒。懸泉百尺，蒼松九株。一松之下有雜樹葉，全不作小樹。一叟眠琴松陰，二侍者離立樹後。與《雲壑松風圖》局勢雖異，而氣象雄偉則同。端忠敏公藏《萬壑奇峯圖》軸與此二幀亦相類，而精彩略遜矣。

予平生於北苑畫蹟藏者二幀，見者七幀。忠敏尚有明魏府舊藏大軸，予未之見。四源堂中之《瀟湘圖卷》久歸天府，不知今尚存否？夢想不得見也。昔董文敏謂米南宫時見董畫僅五本，而所藏七本，以爲觀止。予生文敏後又三百年，乃得見九本，平生眼福不止足誇示南宮，亦可傲文敏矣。

又山園古木圖跋

立軸絹本，高五尺九寸五分，廣三尺七寸六分。水墨加淡赭。無款。後人妄于石際書「馬遠」二字。畫中主山偏右，大披麻皴，上有礬頭，山腰爲小樹點綴而成，都無枝幹。山下爲平地，一老樹枯槎峥嶸。樹右一人徐行，一奴子攜琴隨之。樹左有周垣，垣内有室廬，環以密竹。垣左右有小樹，亦點綴成之。垣後爲石崖，崖上亦有屋廬，有雜樹，傍有杉林，林後有遠峯三。崖下亦有礬頭，室廬皆界畫。平澹幽深不爲奇峭之筆，而清逸獨絶，非北宋人以後所能。篋藏十餘年，初不能定爲何人作。近歲見北苑畫七八幀，始知爲北苑早年所爲。

米氏《畫史》言北苑平淡天真。湯垕《畫鑒》言董源山水有二種：一樣水墨礬頭，疏林遠樹平淡幽深，畫石作麻皮皴；一樣著色皴紋甚少，用色濃。此正如湯氏所言之前一種。湯氏又謂北苑早年礬頭頗多，暮年一洗舊習。又《清河書畫舫》言「河南俞氏藏董源《仙山樓閣圖》，淺絳色，用筆最爲疎逸。中間界畫精妙，不減衛賢、郭忠恕」云云。均爲此幀確出北苑之證。湯氏謂北苑早年礬頭頗多，又爲此圖乃早年所作之證也。

予先得此幀於京師，又得《溪山行旅圖》。北苑妙繪已得其二，而畫法又各異，洵爲平生第一快事。近遭逢喪亂，萬念俱冥，而愛畫尤篤。欲更得一兩幀，得顔吾齋爲「後四源堂」，斯於願足矣。蒼天，蒼天！倘有以成予之志乎？

范華原松壑雲泉圖跋

立軸絹本，高九尺二寸五分，廣三尺六寸五分。松幹上後人妄書「董源」二隸書款，而畫法與北苑頗殊。予細審之，乃華原筆也。圖中高山鬱葱，飛泉出峽，長松夭矯，若潛龍之起蟄。一人坐聽松風，一人撰杖遥立以侍。雲氣鬱勃，上起山腰，下際地表，令人駭心洞目。皴法如雨點，王叔明導源於此。畫雲之法，古人不外鉤染二法而用其一，此幀則别出新意，蓬勃如生，直與造化爭奇，爲畫苑所僅見。北宋大家曰北苑，曰華原，曰營邱，三家鼎足。顧華原真迹尤少，真人間之至寶也。

此幀不作小樹，僅松陰之下略露雜樹，枝葉與北苑《松峯高士圖》同。董文敏公謂北苑畫有不作小樹者，觀此知華原亦然矣。又此與北苑《松峯圖》皆但有主山無他峯巒輔之，二家以外，固罕能有此魄力也。

巨然唐人詩意圖跋

大立軸紙本，高九尺零五分，廣四尺零五分。淡設色。幀之下角有「巨然筆」三字款。幀首横書

「烟浮遠岫」四字，後有押，押上鈐「御書之寶」。後又有「宣和殿寶」，書迹不類徽廟，乃後人所加。圖中羣山參差，雲中隱隱露雙闕，下有雉堞，有門闕。雉堞之内，人家隱見，鱗次櫛比，閒以樹色。堞外有林木屋宇，水際泊兩舟，二篙工著蓑笠。細審圖中景物，乃寫「雲裏帝城雙鳳闕，雨中春樹萬人家」詩意也。

墨彩古澹，屋宇用界畫，極工妙。董巨本以烟嵐霧景擅長，故此幀尤極蓊鬱渾淪之致，而氣魄沈厚，元氣淋漓，絶非趙大年輩所能望其項背。巨師真蹟傳世者更稀於北苑，歐陽公《歸田録》已云：「巨然之筆，惟學士院玉堂北壁獨存人間，不得見。」矧在今日，故予所見巨師真迹，惟此與《萬壑圖卷》二者而已。

董、巨畫法極相似，故前人皆並舉之。今細求兩家相異處，則巨師沈雄不及其師，而沖和轉勝。其博大深厚，清潤天然，則兩家之所同也。

何子貞太史題此幀云：「南宗如龍，北宗如虎。合而一之，惟有老巨。」又自注謂：「南宗中沈厚樸遠之處，全從北派而來。」此大誤也。古人作大幀小幅全不同法，如書家之作小楷與擘窠大字。然南北兩宗各有沈厚樸遠之處，不得以沈厚樸遠爲北宗所專擅。試觀北苑大幀，何一不沈厚樸遠？惟不如北宗馬、夏以後之峭厲峻削，而一出之以清潤粹穆耳。太史蓋觀南宗小幅多平遠幽曠，而罕見巨製，遂誤爲此言。爲附正於此。願與宇内明畫之士共參證之。

雪峯圖跋

立軸絹本，高四尺六寸，廣二尺二寸一分。著色。無款。予以畫體斷之，定爲李成。圖中高峯峻峙，積雪被野。長松數株，翹出羣木之上，凛凛挺凌寒之節。林谷深邃，中有室廬隱顯。水際有小梁，野航泊焉。氣象嚴冷森肅，洵如孫北海題《寒林圖》所謂：「如披《北風圖》，令人不寒而慄。」宋人論成畫，謂其「氣韻瀟洒，煙林清曠，筆勢穎脱，墨法精絶，高妙入神，古今一人，真畫家百世師」。董文敏公謂「營邱作山水，危峯奮起，蔚然天成。喬木倚磴，下自成陰。軒暢閒雅，悠然遠眺，道路深窈，儼若深居。用筆頗濃，而皴散分曉」。證以此幀，無一字不吻合。則此幀之爲營邱殆無復疑。昔老米生北宋時，已欲作「無李論」，使見此幅更何有異議？恨不得起諸九原而質之。

營邱用筆精堅勁爽，淨潔無纖豪浮漲，如鎔金鑄鐵，而又不傷勁厲，蓋合右丞、荆、關而爲一冶。右丞用筆精柔如繭絲牛毛，洪谷則稍趨豐勁，略有方折處。董巨一變爲豐柔，有「撥沙折釵」之勢。譬之唐代書家，右丞褚、薛也，董巨則平原，營邱則信本也，洪谷如北海，又擬以篆書，其相斯乎？古今大家筆法雖百變，要不外剛柔粗細方圓六字而已。

營邱墨法頗濃，與右丞同。洪谷頗淡，董巨則有濃有淡。《行旅圖》之深黝不減王李，《羣峯圖》及巨然《萬壑圖》次之，而北苑《松風》、《山園》，巨師《唐人詩意》諸圖，則至淡矣。要之墨雖至淡，亦古黝沈著如透紙背，不似後人之浮露淺薄，此古今之殊也。

山水布局不外博大與嚴密，董巨最博大，營邱最嚴密，右丞則疎密自然，無所偏著。更以結字譬之，董巨如平原，營邱如信本，右丞如右軍。

畫家有繁簡，繁簡者非筆墨多寡之謂也。如營邱此圖寫林木、川壑、廬舍，茂密極矣，而不覺其繁者，何也？結構有法故也。雖謂之簡可也。猶之前人稱營邱「惜墨如金」，而此圖則墨色至濃，似相矛盾。不知所謂「惜墨如金」者，謂其潔淨精微而不浪使，非指用墨之多寡濃淡言之。明乎此，則筆墨締構之事，思過半矣。

五代之亂，文化掃地幾盡。而畫苑兩祖並生於亂離戎馬中，北苑一祖也，營邱一祖也。天生豪傑固非時世所能囿哉！

郭河陽寒鴉秋水圖卷跋

紙本，縱一尺二寸三分，横一尺八寸八分。款「郭熙」二字，篆書。下鈐「熙」字小印，殆後人補書加鈐者。前有王良常篆書「河陽墨妙」四字。外籤南田老人題「郭河陽寒鴉秋水圖真蹟」行楷書。卷之前端有「竹窗」二字印。後端有「徐紫珊祕篋」印。良常署題之前有「隨園」白文印，後有「石畫書樓」朱文印。蓋是卷初藏高文恪公許，乾嘉間入小倉山房，道咸間歸上海徐氏隨軒。

此卷布局奇拔，兩崖相對，其回合處澗水下瀉若匹練。山足喬木二株，蜷腫拳曲。對崖亦有古木數章，葉皆脱盡，寒鴉點點，繞樹欲集。荒寒之象，如置身於朔風暝色中。山澗無人迹，無屋舍，無舟梁，一若太古山川數千年未通人代者。皴法精妙緻密，而筆墨之痕俱化，殆合右丞、洪谷爲一手。其畫樹幹與畫石皴法同。昔董文敏謂北苑畫山即用畫樹之皴，此卷樹石皴法不別，正與北苑相似也。世稱河陽師法營邱，今觀此卷，實兼衆長而爲一冶。前人稱其施爲巧贍，位置淵深，雖復學慕營邱，亦能自放胸臆。證以此卷，洵爲知言。河陽畫迹，予于是卷外，更藏《寒山旅行卷》一。又見嘉定徐郙相國舊藏一長卷，寶華庵一巨幀，皆森爽有風骨，非世俗流傳所謂蟹爪樹、鬼面皴之鋭利薄弱者可比。而視此卷之韻味淵醕，風格奇警，則相去遠甚。曩頗致疑此卷爲河陽以前大家所爲，顧以南田真鑒既已定爲河陽，不敢復有異説，而蓄疑終不能去懷。今瞻對竟日，始悟河陽之於營邱聲價相等，正如巨師之於北苑。東坡觀之，累日歎息。宣和著論，推爲獨步。使無此絶詣，胡傾倒若斯？然則此卷確爲河陽真迹，殆無復疑義。他二卷一幀必出於宋人之師法河陽者，蓋當時衣鉢寖盛，直至元季，傳燈未息也。然則予平生所見河陽真迹如此卷者，恐遂不復能見第二幀矣。

古人論畫之書，依託爲多。惟河陽所撰《林泉高致》，語語精邃，非好事者所能僞爲。予尤愛誦其論畫病之言，曰「凡一景之畫，不以大小多少必須注精，以一之不精，則神不專，神不與之俱成，則精不明。必嚴重以肅之，不嚴則思不深，必恪勤以周之，不恪則景不完，故積惰氣而强之者，其迹軟懦而不決，此不注精之病也。積昏氣而汩之者，其狀黯猥而不爽，此神不與俱成之弊也。以輕心掉之者，其形脱略而不圓，此不嚴重之弊也。以慢心忽之者，其體疏率而不齊，此不恪勤之弊也」云云。非深入而與道合者，不能爲是言。然則此卷之爲河陽作益無疑矣。

趙大年春江煙雨圖跋

絹本，縱九寸七分，横四尺六寸三分。幅上無款識，無藏印。後有文衡山題識，定爲趙大年。又題七古一章。又景暘、王階、吕元夫、董其昌四跋。大年真迹至罕傳，此卷駘蕩静穆，蕭灑出塵，華潤而愈沈著，妍麗而益荒寒，真能兼右丞、董、巨、營邱之勝，得其精英而遺其迹象者。王階以爲法董源，文敏以爲似輞川，皆舉其一端而未賅其全體者也。

大年天才俊爽，生荆、關、董、巨、李、范、二郭諸大家之後，而能神明變化，自成逸格。其畫平遠山水，前無古人，後無來者，當與米氏父子抗衡争席。山谷老人似猶以貴介少之，此論未公，吾不平也。華亭跋所藏《江鄉清夏圖》，謂趙與王晉卿皆脱去院體，以李咸熙、王摩詰爲主，晉卿尚有畦逕，不若大年之超軼絶塵，斯乃篤論耳。

畫中徑路蜿蜒，通達臨水，路窮處濟以舟梁，亦了了可辨。往歲見宣和御府舊藏許道寧長卷亦然，且上至山巔，視此圖尤繁密，當是古人舊法，後人罕用之者。景跋以蹊逕太長譏之，蓋少所見多所怪也。附記之以爲易於發言者戒。衡山題詩在嘉靖癸巳，時年六十四。其審定題字，在前二十餘年，則當在四十上下，其精鑒固已如此矣。

蘇文忠公畫竹卷跋

此卷紙本，前一紙畫竹石，後一紙題記。凡二十二行，末署元豐二年八月四日。後有魏泰及陳深、虞德陽三跋。有「鄭濼審定真迹」、「柏亭文房」之印，「項子京」諸印，又有「杜村清賞」印。其流傳之緒，在明代爲項氏所藏，乾嘉間歸吴杜村也。竹石高逸渲厚，題記清剛健勁，所謂多力豐筋，與流俗所傳一味美滿者大異。考元豐二年八月四日正公詩獄就逮之後，下臺獄之前。公以是年七月二十八日由湖州就逮，八月渡江至揚州，鮮于侁出見，臺吏不許通，十八日赴臺獄，十二月二十九日獄始解。此卷殆作於渡江之後。竹逸何人？乃得公於急難中爲之染翰，幸矣！而公之歷憂患而不驚，其從容鎮定尤可歎也。

公十一月在獄尚作御史臺榆槐柏竹詩。何薳《春渚紀聞》記公當獄具奏上，裕陵密遣小黄門至獄，視其起居。公適就寢，鼻息如雷，即馳以報裕陵。顧謂左右曰：朕知蘇軾胸中無事者。於是即有黄州之命。公之履險不驚，不以生死榮辱介意，前人所記如此，今觀此卷益徵公之學養，固非尋常文人才士所可企及矣。

又鳳尾竹跋

東坡墨竹署鳳尾及公名。寫枝葉皆用濃墨，黝如點漆。但爲叢枝新篁，不作巨幹。而蕭疏浩逸，蓋用唐賢及五季諸家法。予別藏公墨竹卷，始濃淡相間。據卷後陳氏深跋知以濃爲正，以淡爲背。畫竹分濃淡，自公始也。

元明諸賢往往用淡墨，以取妍潤。然尚多爲仰葉，仍是唐宋人遺矩。明以後乃多爲巨幹俯葉，墨色在濃淡間，古法乃日失矣。此本有「柯九思」、「宇文公諒」、「姜漸」、「竹素園」、「太常世家」諸印，皆元代印，而無明及國朝人印。予有柯敬仲博士臨本，有此清逸而無斯勁達，其墨法亦全異矣。文忠真迹傳世至稀，而贗迹滿人間。予乃一再得之，可謂厚幸矣。

米氏雲山圖跋

絹本，高七尺九寸，廣四尺四寸。有「紹興八年三月米友仁寫」款字一行。予以畫法斷之，疑出自海嶽，款爲後人所妄加也。

幅中主山遠峙，白雲蓬勃，横亘山腰，若疾風震電之將隨其後。山麓有遠樹，前臨巨浸，極目殆數十里。對岸近阜有人家，傍有叢木，含雲氣中，極迷離之妙。通幅氣象雄偉，元氣淋漓，而清夷和粹之氣，撲人眉宇，得董巨之神髓。山用勾染，略點小樹，蓋法巨師。元章畫迹傳世至少，巨幅尤罕。其見前人著録者，惟南田老人曾記荆溪吴氏舊藏海岳《雲山》大幀。宋徽廟題其首曰：「天降時雨，山川出雲。」吴氏因以「雲起」名樓。南田曾與王石谷同觀之，而不詳言其狀。今觀此圖，徽廟題語若爲此圖發者，南中屢經刼燒，「雲起」舊迹不知今尚存否？則此幀者，恐遂爲人間之星鳳矣。

海嶽畫迹予於此大幀外，曾於亡友丹徒劉君鐵雲許見一小卷。高今尺八寸二分，闊尺六寸有奇。無圖名，無海嶽題署。與此幀大小雖異，而山石雲樹之法纖豪無異。墨華清潤，捫紙疑濕，亦與此同。後有元暉題字四行有半，曰：「先子四十三歲後不作大幛，然每見尺素猶喜弄筆，以友仁名應之。元符三年持國以此縑來，先子爲此，友仁圖別紙易焉。後十六年三月追記。」下亦不署名。幅上有「困學齋」印，後有沈文慤跋，別無他題識。光緒甲辰秋，曾借歸寓齋，於病榻中伴予臥起者三日夕，愛不忍釋，私以爲海内之奇寶也。又五年得此於京師，爲之狂喜，遂得據彼卷定此爲海嶽。此幀殆亦未嘗署款，後人妄書元暉。不知米家父子畫法雖出一系，固不能彼此移易也。

五季以前，畫家皆以丹青馳譽。至董巨始以墨法擅長，遂掃丹青如塵土。董文敏屢言潑墨始于王洽，然洽畫不傳，文敏亦未見，今以目驗者爲斷。然尚偶施淡赭，逮米家父子乃盡屏色彩，此畫家一大改革。蓋山水之法至董巨而一變，米氏師董巨而再變。北苑才思横溢，如長江大河滚滚不窮，雖逾丈之卷，仍苦不能盡其技。海嶽則一出之以瀟灑簡潔，蓋海嶽性情高亢，以意足爲尚，以清遠閑曠爲宗。此與董巨差異處，而天真爛漫，元氣淋漓，則後先一揆。此所謂善師古人，彼規規求之形迹閒者，固不堪傳付大法也。

米元暉雲山卷跋

紙本，縱一尺八寸四分，横八尺一寸三分。幅尾題七絶一首。後署「庚戌歲避地新昌作。元暉」。下鈐一印，僅一「元」字可辨。後有「皇十一子」、「畢瀧審定」，前有「芝陔審定真蹟」諸印。是卷蓋由畢氏廣堪齋歸詒晉齋，二三十年前又歸北平李君芝陔在銛者。卷中雲山重疊，前俯大江，浦漵縈迴，扁舟容與，林木晦冥於雲氣中，滿紙陰森，極沈鬱之致。炎夏披之，令人心地都爽。墨法沈著，山皆渲染，略加墨點，以象草木之叢雜。點染交融，筆墨之迹俱泯。畫樹亦與畫山同法，與世俗以山形若聚米累菽，點點分明，爲米家法者大異。其氣象磅礴，直當雁行董、巨。而語其紹述，亦不殊大令之嗣右軍。顧真迹傳世絶少，曩在都門曾見一短卷，視此纔三之一。精神焕發與此競爽，其他耳目之所接，大都葉公龍耳。款署庚戌，乃建炎四年。蓋倉皇南渡故有避地之語。此卷乃圖吾越山川，披覽之餘，曷勝家山之感。卷尾有王鐸題字，天壤名迹遭此點污，可爲歎恨！

宋高宗馬侍郎唐風圖卷跋

絹本，縱一尺一寸，横三丈四尺二寸。前有「南昌袁氏家藏珍玩子孫永保」、「忠徹」、「天籟閣項元汴印」、「子京父印」、「墨林祕玩」、「項墨林鑑賞章」、「繆曰藻印」、「文子」、「劉恕」、「寒碧主人」，後有「瞻袞堂」、「檇李項氏□家寶玩」、「南有堂藏」、「劉氏寒碧山莊印」、「吴郡劉恕所藏」、「蓉峯審定」諸印。蓋在明代藏鄞縣袁氏，後歸項氏。入我朝歸繆文子，嘉道間歸劉蓉峯。予以光緒壬寅得之劉氏後人。蓋是卷三百年未出吴越間也。

馬侍郎所圖《毛詩》零卷多經著録，惟此卷僅一見于李竹嬾《筆記》中，他書皆未及。《六研齋隨筆》卷一載甲子十二月在項氏天籟閣出觀書畫卷二十餘函，列舉其尤佳者中，有思陵書《毛詩》，馬和之繪圖《山有樞》等數十篇，即謂此卷。惟《唐風》僅十二篇，而漫云數十篇則記述之誤也。張丑《清河書畫舫》云曾見著色《唐風》十二篇圖，《小雅》六篇圖，並在嚴分宜家，今藏韓太史處。不知即指此卷否？涿州馮銓亦刻經文入《快雪堂帖》，而遺後題「唐風十二篇」一行五字，馮氏不知爲宋思陵書也。劉雨若以善摸勒名當世，今證以此卷，於書意十才得四五而已。思陵好寫經書，嘗手寫諸經刻石，至今尚存。其寫《毛詩》見《樓攻媿集》，謂嘗親覩寫詩，自《周南》至《商頌》全袠。高宗《賜胡直孺御札跋》。不知即指此否？陳善《杭州志》載馬和之高孝兩朝深重其畫，《毛詩》三百篇，每篇俱畫一圖。《甫田集》謂和之畫師吴道玄，好用製筆，所畫多經書，故思陵尤愛其畫，每書《毛詩》虛其後，令和之爲圖。均爲《毛詩》圖故實。《畫鑒》亦謂和之作人物行筆飄逸，時人目爲小吴生。更能脱去習俗，留意高古，人未易到。今證之此卷，其描寫人物用筆纖柔如游絲裊空，衣帶飄舉，逸趣横生。其寫山川樹木，用筆與畫人物同。至屋宇車乘亦引筆爲之，不用界畫之法。蓋北宋之末，道君頗厭院體，以神韻提倡當世。直至和之始一掃院畫之習，力追唐人。其畫品妍妙高潔，韻味雋永，如姑射仙人不食人間煙火。

予曩得此卷，私意吴生筆法久絶天壤間，今觀此圖乃不啻得見吴生，其可貴重，遠在他名迹之上。又此圖殘卷宇内所藏確可信爲非贋者，合此僅得十四卷，其十三已歸祕府，在人間者僅此一卷。而在祕府之十三卷中，其首尾完具者僅及其半。此卷則無絲毫損缺，尤爲吾家之至寶矣。往既顔吾齋爲「唐風樓」，以誌忻幸，復念彼十三卷者均歸石渠，而此卷獨淪寒舍，寧非此卷之不幸。然至辛亥以後，大盜移國。石渠之儲不知能完好無恙否，而此卷在予齋尚得無恙，則又未始非不幸中厚幸也！

予得此卷後，讀阮相國《石渠隨筆》載學詩堂彙庋馬和之《毛詩圖》十四卷：曰《邶風》，曰《鄭風》，曰《唐風》，曰《陳風》，曰《豳風》，曰《小雅・鹿鳴之什》，曰《南有嘉魚之什》，曰《鴻雁之什》，曰《節南山之什》，曰《周頌・清廟之什》，曰《閔予小子之什》，曰《魯頌》，曰《商頌》。又云《鄭風》、《唐風》、《陳風》、《豳風》、《鴻雁之什》數卷尤爲逸品云云。深訝《唐風》一卷既歸天府，今何以儼然仍在吾齋？矧相國又言學詩堂所儲以《唐風》諸卷尤爲逸品，則在吾齋者其贋鼎矣？而書畫並精妙絶世，後世果誰能贋此者？懷疑者數歲，嗣恭讀《高宗皇帝御製文二集》，卷十一有《學詩堂記略》，謂此圖登諸《石渠寶笈》書者凡九卷，書成之後續得者又八卷，以新證舊，知向所藏或失之精覈者凡五卷，萃前後可信爲真者爲一笥，訂爲僞之五卷，則仍其舊，亦各爲識語書其後。臣振玉謹案：據《記》則真者十二卷，蓋《閔予小子之什》乃後來所得，合爲十三卷也。又卷二十載《毛詩圖跋》十三篇：曰《邶風》，曰《鄭風》，曰《齊風》，曰《陳風》，曰《豳風》，曰《小雅·鹿鳴之什》，曰《小雅·南有嘉魚之什》，曰《小雅·鴻雁之什》，曰《小雅·節南山之什》，曰《周頌·清廟之什》，曰《魯頌》三篇，曰《商頌》，曰《周頌·閔予小子之什》。臣振玉謹案：此卷後得，故附于後。凡十有三卷，而《唐風》不與焉。又有《明人臨風雅八篇圖跋》言：魏、唐、秦諸圖未入内府，始知《唐風》者殆得於最後。高宗皇帝於和之之迹愛之甚篤，雖晚得亦必爲跋尾，而《御製文續集》中無之，則續得之《唐風》爲睿鑒之所棄可知也。諸跋中又謂《清廟之什》在和之諸卷中尤傑出，與相國以《鄭風》、《唐風》、《陳風》、《豳風》、《鴻雁之什》諸卷爲逸品之説，鑒衡亦大異。知聖人天縱，雖藝事之末，亦明察不爽。其成一代郅治之隆，固非偶然矣。相國振興學術，功在儒林。而鑒賞非其所長，評隲恐未必悉當。且相國供職南書房時，年才二十有八。《石渠隨筆》成於是年，使晚歲爲此，所見或有進歟？於是前疑乃爲冰釋。至學詩堂所庋諸卷，人間或不能知，恭記其目于左：

《邶風》七篇：

《式微》、《旄邱》、《北門》、《泉水》、《静女》、《新臺》、《二子乘舟》七章，但存馬和之圖，經文已逸。高宗皇帝補書，孫北海《庚子銷夏記》著録，云上海，顧氏藏。北海又見趙文敏臨本。

《鄭風》五篇：

經文及圖皆具，存《籜兮》、《風雨》、《出其東門》、《野有蔓草》、《溱洧》五篇，佚十六篇。

《齊風》六篇：

經文及圖皆具，存《鷄鳴》、《還》、《著》、《敝笱》、《載驅》、《猗嗟》六篇，逸五篇，經文字迹與他卷不類，而畫則同。高宗皇帝據《邶風圖》陸師道跋定爲孝宗書。

《陳風》一卷：

十篇，書畫完具，舊著録於明茅維《南陽名畫表》，云是韓宗伯存良藏，後有董其昌跋。

《豳風》一卷：

初《豳風圖卷》止有六篇，有董其昌跋，定爲趙孟頫臨。《破斧篇》別爲一卷。高宗皇帝以兩卷合爲一，並比較六篇之畫與《破斧》同，《破斧》字與畫連，因定此圖非趙補即和之原本。

《小雅·鹿鳴之什》一卷：

十篇，書畫完具，圖至《魚麗》，而以《南陔》、《白華》、《華黍》三詩小序附録於後，已著于《書畫大觀録》。

《小雅·南有嘉魚之什》六篇：

書畫完具，存《嘉魚》至《菁菁者莪》六篇，逸四篇，有文徵明跋，亦稱止見此六幅。

《小雅・鴻雁之什》六篇：

書畫完具，存六篇。逸《沔水》、《鶴鳴》、《祈父》、《斯干》四篇。此卷已爲後人割截，書畫相離，《黄鳥》誤裝《無羊》之後，已著録于《庚子銷夏記》。

《小雅・節南山之什》一卷：

十章，書畫完具。已著録于《庚子銷夏記》及《書畫大觀録》。

《周頌・清廟之什》：

書畫皆具，存一篇。已著録于《書畫大觀録》。

《周頌・閔予小子之什》：

書畫皆具，存一篇。已著録于《書畫大觀録》。

《魯頌》三篇：

書畫具存，佚《泮水篇》。已著録于《庚子銷夏記》。

《商頌》一卷：

五篇，書畫具全，亦孫北海舊藏。已著録于《庚子銷夏記》。

以上十三卷，高宗皇帝皆有跋尾。又有明人臨《召南》八篇、有圖無經文。明人臨《鄘風》四篇、有圖無經文。明人臨《風雅》八篇。即《清河書畫舫》著録者。跋尾，則向傳爲和之所圖，睿鑒定爲明人橅本者。

此十三卷及明人所臨三卷外，孫北海又記山西張氏藏《關雎》十章，《池北偶談》記《檜風》四篇，胡敬《西清劄記》載内府藏《黍苗》、《淇澳》、《蒹葭》、《匪風》四圖，即著録於《池北偶談》及王毓賢《書畫彙考》者。《平津館書畫題跋記》載《衛風》十幀，《書畫鑑影》又載《蕩之什》十一篇。此數卷者均不能知其真贋存佚如何，至近人《書畫録》載紙本《檜風圖》，每葉有「宣和書畫」印，高宗書而有「宣和」印，可爲失笑。不待展觀，可知其僞矣。附識于此，亦考《毛詩圖》者所當知也。

錢玉潭赤壁圖跋

紙本，高三尺五寸一分，廣一尺三寸七分。款字一行曰「吴興錢選舜舉」。有「黄琳美之印」、「煙客珍賞」、「阮懷珍藏」、「西田」、「汪季青珍藏書畫之印」、「周壽昌荇農氏所藏」諸印。蓋黄美之、王煙客、汪季青所遞藏，最近由周荇農家流出者。舜舉于畫無不臻妙，前人稱其人物師龍眠，花鳥師趙昌，山水尤工，而流傳至少。文三橋謂其師摩詰，《弁峯望雲圖》跋。又稱其師李成，《花鳥卷》跋。姚雲東亦謂其類輞川，復入顧愷之之室，《穀庵集·浮玉山居圖跋》。董文敏又稱其師趙令穰，《容臺集》。蓋兼諸家之善而奄有之也。此幀水墨不設色，幽澹俊逸如出水芙蓉，自然清麗。畫山之法合董、巨及趙大年而一之。皴染混合，在宋元畫家中別開生面。舟船人物工雅妍致，上法唐賢，下爲趙魏公之所自出。魏公嘗從舜舉得畫法，此其明徵矣。

大癡老人言霅溪翁吴興碩學，其於經史貫串于胸中，又深於音律之學，其人品之高如此。《珊瑚網》。予謂舜舉之畫與魏公相伯仲，而以宋進士入元不復出。晚歲託于酒，以全其天，蓋宋之淵明也。魏公以程鉅夫薦遽應徵召，今觀《霅樓集》題舜舉畫，篇什至富，推挹甚至，而終不敢奪其節，則賢於魏公多矣。

予生平篤愛舜舉畫，更過於魏公，意固别有所在，豈以其繪事之造絶詣與夫真迹之難致已哉？舜舉一字玉潭，而此幀印文則作「舜玉」，是又字舜玉也。紀載不及，爲附著之。

任月山五馬圖卷跋

元人畫馬，月山道隱與趙魏公齊名，而月山真迹尤難得。魏公馬予見真者不下二十幀，月山畫則平生所見真迹但有此耳。此卷馬五，圉人三，衣冠面目之妙，騰驤出羣之姿，當與龍眠方駕。觀此不復思吴興矣。

憶歲庚戌在都中，端忠敏公出月山馬立軸見示，爲梁蕉林舊藏。筆墨頗凡近，公請審定，予以葉公龍對。公啞爾曰：「我固疑之，然如世無真龍何？」今得此卷，惜公久歸天上，使獲見此，其欣快爲何如耶？丁巳冬重裝畢，題記。

高尚書設色雲山卷跋

縱一尺一寸六分，橫二尺六寸五分。前端下角有「高克恭」三字款。全體賦色，山石深青抹以淡緑，或以淡赭淡緑成之。樹色亦以青緑分遠近，枝柯用濃赭，屋宇原隰用淡赭。不用墨筆，爲元人山水畫中所僅見。雲氣瀰漫，林木森秀，幽深沈厚。上規董、巨，平揖二米，兼采趙大年、惠崇諸家之法。雖僅僅小幅而收千里于咫尺，化筆墨爲雲煙，殆極天下之能事。

房山畫蹟，予舊藏《雨山》長卷。沈酣磅礴，蔚然鉅觀。後有董文敏跋，謂是房山合作，推挹甚至，後爲端忠敏公假觀。辛亥之變，忠敏殉國，此卷亦同羽化，每念之不置。此與彼卷筆法又異，彼已開華亭派之先聲，此則山與雜樹師元暉，松則斟酌前人圓厚勁挺，自成逸格。房山畫爲元代第一人，董文敏謂趙集賢推重彥敬，如後生事名宿。倪迂題黃子久畫云：「雖不能夢見房山，特有筆思。」云云。當世名公欽服至此，洵匪虛譽。房山之在有元，不僅爲藝林冠冕，其文章政事亦有大過人者。史不爲立傳，茲采摭散見於元人集録及書畫跋者，補其事略於後。

高克恭，字彥敬。其先西域人，後占籍大同。鄧文原《巴西集》。居燕之房山，《元詩選丙集》。遂自稱房山老人。趙孟頫《高尚書畫跋》。案《圖繪寶鑑》作號房山，誤。至元十二年，由京師貢補工部令史，《巴西集》。後代趙孟頫爲兵曹郎，趙孟頫《高尚書墨竹卷跋》。出爲江浙行省左司郎中，有惠政。至元末年，杭省有火禁，克恭知杭民藉手業以供衣食，禁火則小民屋狹，夜作點燈，必遮藏隱蔽而爲之，是以數致火患，甚非所宜，遂弛其禁。杭民賴之以安。楊瑀《山居新語》。時又經理田糧，致甌婺小梗，遂焚經理册罷免，民頌其德。王逢《梧溪集》卷五《題高尚書墨竹詩序》。大德初，爲御史。《元詩選》。案：《山村圖》仇遠自題稱「大德初元九月十九日，清河張淵甫貳車會彦敬于月泉精舍」云云。《元詩選》殆本此。入爲刑部侍郎，于刑律侃侃有所建白。言子不得證父，妻不得證夫，奴不得訐主，至今著爲令格。王士熙《高尚書畫跋》。案：跋以此爲任刑部尚書時事，然彦敬生時官侍郎，尚書乃追贈。此疑誤書，爲改正。至大三年卒，年六十三。《巴西集》。延祐四年，贈尚書。王士熙跋。謚文簡。《元詩選》。葬房山羊頭岡下。高尚書畫姚庸題詩自註。卒後，人欽其清節雅尚，有馬先生者，亦其國人，亦號彦敬，以示慕藺之意。《清閟閣集》。平生尤篤于友朋之誼，嘗辭官以讓僚友。危素《題高尚書畫詩》：「辭官巴蜀讓僚友，此事今無古或聞。」其事實不可知矣。至元間始作畫，愛米氏山水。高尚書《墨竹卷》趙孟頫跋。後乃用李成、董源、巨然法，造詣精絶。殁後購遺墨者，一紙率千百緡。作墨竹，妙處不減文湖州。《巴西集》。嘗寫竹自題云：「子昂寫竹，神而不似；仲賓寫竹，似而不神。其神而似者，吾之兩此君也。」《梧溪集》。能詩，有唐人意度，有文集。子桓，官紹興路同知。病弱不能世其家，其後嗣元末避兵，家于上海。董其昌《容臺集》。

右房山事實，可考者僅此。孫氏星衍《平津館書畫題跋記》云：「字奏猷，不知所自出。」又據

《巴西集》，房山卒在至大三年。自至元入仕，歷世祖、成宗、武宗三朝，而姚庸詩稱「省臺勳舊五朝臣」爲不合，殊不可曉。又諸家著録房山畫迹多有不可信者，如《夢園書畫録》著録《臨小米卷》，署延祐三年；《書畫大觀録》載《青山白雲圖》，署延祐五年三月；又《烟雲翠岫圖》署延祐五年九月；近人著録《雲山大幀》署皇慶元年。皆在房山卒後。近來收藏家篤信著録品，然以予平生所見，著録品中僞迹不少。且或以橅本爲真，致世人遇正本反以爲贋者。然此但可紿耳學者耳，真鑒之士，自以目驗爲斷也。

《房山文集》久佚，顧俠君《元詩選》中《房山集》乃摭拾成之。得詩二十一篇，第一篇題爲「至正己亥四月廿二日宿翠峰禪室登留雲閣數日與净蓮公訝其詩句猥拙」。其題至正己亥，距房山之没已四十有九年，决爲僞作，不知顧氏采之何書？嗣撿明妄人張泰階之《寶繪録》，則是詩在焉。其他諸篇，若《松濤軒題畫爲鄧善之》，若《静觀閣早興寄懷善之先生》，若《種筆亭題畫》，若《題管夫人竹窩圖》。此詩《寶繪録》中乃二首，《元詩選》併爲一首。悉出自《寶繪録》中，《録》中諸畫及題識皆出自泰階僞造。詩文皆繆戾鄙拙可笑，不知俠君先生何不別真贋，遽以入録也。初長塘鮑氏刻《寶繪録》於《知不足齋叢書》，後覺其僞，乃屏棄之，鮑氏之識賢於俠君遠矣。

趙文敏清秋試馬圖跋

絹本，高八尺四寸，廣三尺七寸。上端題五律一章，下署「子昂」款。幀之左右兩下角收藏諸印多暗不可識，惟「蕉林居士」及「李季雲藏」印尚可辨耳，蓋曾歸秋碧堂及愛吾廬。而《書畫鑑影》未著録，意是李氏藏畫中之最先散佚者也。

魏公書畫之才，殆由天授，集唐宋諸家之大成，以己意折衷取舍之。此幀仿李將軍金碧法，而以疏簡易其繁縟，以幽遠化其板滯。如李臨淮鎮朔方，用郭令公部壘一號令之旌旗爲之變色。其皴法遠山師李、趙，而易方折爲圓折，近阜則師右丞。雜樹九株，疏秀勁挺。三騎盤桓於近阜，態至閒逸。江邊兩騎相逐，則又如追風掣電，不可控抑。中間江流浩淼，夷曠清遠，有千里之勢。山頭施金碧，雜樹人騎俱傅彩色而愈增古澹，非澤古既深，又能以天才驅使之，不克造斯境也。

予於魏公山水畫，此幀外更見寶華庵所藏《雙松平遠卷》及食舊堂之《委順庵圖》。三者筆法各殊，而俱臻絶詣。私意終推此幀爲第一，蓋局勢宏壯，風格俊拔，此爲獨擅也。曩得此畫在光緒辛丑，十餘年來，每事有拂逆，輒一展觀，此身如遽至山川幽勝處，坐觀雲物百變，嵐氣侵衣，千里澄江，在吾左右。塵想世紛，一時都净。非魏公筆妙亦烏能移人若斯耶！

魏公以宋室王孫遭遇國變，筮仕於元，每遭後賢諷議。予意古人懷抱絶藝，若鄭司户、王右丞以及魏公，皆心本無他，第臨變不能自持，致喪所守。後之人攬其遺迹，重其曠世之逸才，益矜其遭逢之不偶。雖或語含諷刺，仍不外矜惜之初衷。至若後世之王鐸、錢謙益輩以傾險小人，非有蓋代之藝，或朋比奸回而戟手于故主，或首簽降表，策名兩朝，猶爲桀犬之吠，冀逃後世之誅。此人類之蟊賊，藝林之敗類。則未可爰鄭、王之例，以矜恕之。而世人或尚寶其遺迹，誦其篇章，寧非大惑。予於魏公書畫重其藝，諒其心，而寶其蹟。若王、錢輩遺墨則摧燒之，惟恐不盡，不使汚我雪堂。此雪堂藏畫例也。

朱澤民秋林讀書圖跋

絹本，高五尺九寸，廣三尺八寸四分。題七言絶句一章，後題「至正壬辰秋日德潤」。下鈐「朱氏澤民」印。幀角有「武林高瑞南家藏書畫記」，尚有一印不可辨認。畫法郭河陽、許道寧，氣象偉岸，蒼潤清逸。巒阜皴染，兼施人物衣冠，茅齋古刹，筆力古健。在當時吴越諸大家中，風格最爲典重。董華亭謂元人畫派分董、巨與李、郭二宗，洵爲知言。而又謂學李、郭者，爲前人蹊逕所壓不能自立堂户，則持論稍苛。若澤民此幀者，雖矩矱前賢，實具神明變化之妙。豈可以不能自立堂户加之耶？

澤民不僅以畫名當世，文學書翰並馳聲藝林。至正間曾任江浙行省照磨官。此幀作於至正壬辰，乃官江浙時也。李竹嬾《六研齋三筆》記澤民所寫《秀野軒圖》，目爲之記。文彩斌鬱，字畫遒麗，亦頡頏鮮、趙。此幀題字極蒼厚，似李北海，與畫競美。竹嬾又稱「澤民性廉重，不輕徇人求，是以流傳有限」云云。予平生所見亦僅於此幀外，見《石渠》著録一幀而已。

高瑞南杭人，家有妙賞樓收藏法書名繪及宋元槧書籍，至精富。予所見古書畫有「武林高瑞南家藏書畫記」者數幀，皆精品。吾家大雲書庫中藏宋本《朱氏經驗方》，亦高氏舊藏也。

夜宴圖卷跋

此圖，孫北海謂平生見數本，皆宋人所橅。予三十年中亦見四本，其二似明人筆。又一有沈文愨公跋，則當出元人手，往見之吴中，恨未能得。去歲京都友人爲致此本，末署「廩給令王振鵬繪」，乃後人妄增。而畫蹟則古秀穠豔，人物顧盼如生，几席、屏幛諸物象靡弗精妙，尚在文愨題本之上，殆元人作也。卷後有陳白陽書杜樫居八絶句，但云舜城先生携示《夜宴圖》，不言何人作，則其初無署款可知也。顧閲中原本不知尚在天壤否？

《書畫大觀録》載此圖二：一署顧款，其一無之。其記無款本卷中景物極詳，云首繪夜宴，男七、女五；次繪歌舞，男五、女二、僧一；次繪盥頮，男一、女七；次繪清吹，男三、女九；末繪狎戲，男三、女三。今此卷凡四段：甲夜宴，乙歌舞及盥頮，丙清吹，丁狎戲。其人數次第與《大觀録》所記均合。惟清吹則男二、女六爲略異耳。每段中皆有高冠修髯者，殆爲熙載。其歌舞一段，熙載自伐鼓，雙檛前兩端相向，若今歐人之擊鼓者。然不似近人擊鼓，雙檛平列也。往見文愨題本亦同，舞伎長袖如修蛇，與古明器中之伎舞同。女伎均纏足，並可據以考五季時伎樂之狀。白陽書極婉雋，有法度，類祝京兆。末署甲戌冬，乃正德九年。白陽是年三十有三，故與晚年濟淋奔逸者不同。白陽壯年書迹傳世至罕，彌可珍也。

予嘗謂古人圖畫之關故事者，雖後人傳橅亦當藏弆，因古人衣冠物象所存也。矧是卷之出宋元間人手。往歲失之吴門，今乃得之都下，小小翰墨亦有數然耶？丁巳八月。

如心堂卷跋

此卷首有盱江左贊隸書「如心堂」三字。前有如心堂圖。圖後元明人題記者十九家：曰徐一夔，曰蘇大年，曰張籌，曰葉蘭，曰貝瓊，曰張世昌，曰劉九皋，曰馬玉麟，曰張經，曰楊廉夫，曰陳彦博，曰鮑恂，曰戴良，曰錢鼒，曰金絅，曰王茂，曰錢維善，曰吕嗣芳，曰俞山。又有明季王濤跋。後有張文節公及唐鷦庵跋，考卷中諸人甚詳，其不可考者：曰劉九皋，曰王茂。考《元詩選》癸集，王茂字伯昌，曹縣人。至正間舉進士，累官户部尚書。元亡，明太祖詔授刑部尚書，力辭。乃安置安慶，旋以老疾放還。號東村老人，有《東村野老詩稿》。惟劉九皋不可考耳。

卷爲嘉興唐彦雄作，彦雄以醫名，所與游者皆一時碩彦，其醫術必有過人者。乃《嘉興府志》及《兩浙名賢録》技術類皆無傳，則斯卷可補方志之闕失，異日當徧録諸題記，裨後來脩志乘者採焉。

椿蔭圖卷跋

《椿蔭書屋圖卷》，永樂十年謝環畫。上有「孫北海」、「王瑁湖」藏印。後有梁潛《椿蔭書屋詩序》，王洪《椿蔭書屋記》，楊榮、羅汝敬、胡儼、王英題詩，金幼孜、胡廣書後。梁序稱：「姑蘇姚宗善名其讀書之所曰『椿蔭書屋』，既屬畫者爲之圖，能詩者又爲賦之，積而成卷。宗善今太子少師壽椿公之子。」云云。則此卷乃姚廣孝嗣子宗善之所爲。

廣孝以僧終。《明史》本傳云養子繼爲之後，此所謂宗善者，即繼也。何喬遠《名山藏·臣林記·姚廣孝傳》言蘇松饑，廣孝奉命出賑，道閶門，見酒帘書甚工，問誰書也，則一少年，召見之曰：「能父我乎？」少年曰：「願甚。」還見上，上賜名繼，以爲尚寶卿。又言廣孝卒，召問繼：「父臨終何語也？」繼曰：「願陛下卹臣家。」上大怒，逐之。召其弟姪二人而厚之云云。王鏊《震澤紀聞》所記略同，惟載廣孝見繼，謂其年不永，官只四品。歸以見上，使侍東宫，讀書於文華殿。又云繼於仁宗初，召爲太常少卿。謁告還至張家灣卒，年四十二。可補《名山藏》。今考此卷末王英詩題於宣德丙午，稱宗善爲尚寶少卿。其時宗善固尚存，然則《紀聞》所云仁宗朝卒及官太常少卿誤也。《名山藏》言官尚寶卿，殆亦尚寶少卿之誤。明代野史記録每多疏誤，然微此卷固末由取正矣。

予既得此卷之明年，在滬上又見一卷，王紱作圖，筆墨庸俗，贋迹無疑。而卷後題跋不少均真迹也。蓋割一卷爲二，而僞作九龍山人畫以冠之。諸題惜未録出，附記於此，異日或更遇之，當購而去其畫，留其題識，附裝於此卷之後，以還舊觀。爰書以待之。

孝行卷跋

此卷首有東海居士張汝弼隸書署題。前爲九龍山人王孟端圖，圖後題記十一家：曰王汝玉，曰李志剛，曰陳璉，曰張肯，曰陳亢宗，曰方端，曰王英，曰張益，曰鄭觀，曰吴寬，曰錢福。後又有沈粲詩，則别爲一卷。乃顧湘舟所藏，道光間許潛庵録附卷末者。此卷記錫山孝子鄒暐事，行篋無《無錫縣志》，不知方志有傳否？匏翁跋不載家藏集中，可補集本之缺。孟端畫沈古雅健，諸題尤有裨風化，不僅文字足玩已也。

半村先生送歸圖跋

《送張友讓歸會稽圖卷》，無繪者姓名。圖中一牛車在前，二奴子負琴劍在車後，一翁角巾儒服前行，冠帶者十一人送之，後有行厨僕馬。畫筆沖雅，有宋元人遺意。圖後有泰和王直《贈張友讓謝病歸會稽詩序》及郡人王鈺跋。考張友讓名禎遜，《萬歷紹興志》稱「其性剛嫉惡，嚴義利之辨。嘗曰：『我私淑孟軻氏。』人稱爲『張孟子』。永樂中舉賢良方正，授福建按察司照磨，持己慎密，克修其職，數與上官辨得失，侃侃不少詭隨。上官嫉之，不得行其志，有去志。時年未七十致仕者例返初服，遂忻然就例，著角巾歸。一時詞林諸名人競爲詩文以高其行」云云。今證之詩序，記友讓以永樂廿一年待選於吏部，明年得福建按察司照磨。宣德三年以考績來京師，以疾告歸。《志》于友讓拜官及去職年月未詳，不如記之審，而記當時年未七十致仕者，例返初服，以圖驗之則信然也。王鈺跋載當時餞送者，曰翰林侍讀學士鳳陽苗衷秉彝、故禮部侍郎錢唐蔣驥良夫、今禮部侍郎兼翰林侍講學士臨川王英時彦、翰林學士吉水錢幹習禮、侍講學士泰和陳循、侍讀三山陳某叔剛、廬陵周叙功叙、侍講泰和余學夔一夔、廣東右布政使南郡劉永清汝弼、中書舍人天台洪某益中；詩以侑觴，禮部侍郎兼翰林侍讀學士西昌王直行儉、翰林學士安成李懋時勉，叙其交游之情，爲政之概，以美其實。善畫者復爲圖其象以誌別，則圖中諸人即王跋所記。惟跋稱十二人，圖中僅十一人，微不合耳。《萬歷志》謂一時詞林諸名人競爲詩文，以高其行，與王跋亦合。惜今王直序僅存，諸家之詩及李時勉記均散佚不可見矣。

友讓在當時禄位未高，而交游皆當世之選。若王英、陳循、周叙、王直、李時勉，《明史》皆有傳。觀其交游，則平生必有大過人者，惜《志》未能詳也。友讓亦字半村，見王鈺跋，《郡志》所未載也。王鈺，字孟堅。諸暨人。《萬歷志》有傳，乃永樂壬辰進士，歷官編修、修撰。宣德中同修《兩朝實録》，書成，以疾歸。正統初，起爲江西提學僉事。正身率物，考績至京，顯者倨傲不爲禮，即日引退云云。今觀其跋，後署「正統五年春，奉議大夫、江西等處按察司僉事」，則是提刑非提學，《郡志》誤也。

卷後又坿魏驥《贈張宗明詩》一首，序稱宗明爲會稽望族之裔，老友張半村刑部之從孫，謝時雨銀臺之内姪云云。殆張氏後人坿裝卷後者。時雨名澤，上虞人。死土木之難，《明史》有傳。《萬歷郡志》稱澤字時用，上虞人，贅于會稽張氏。則時雨即澤無疑，而誤時雨作時用，幸得據此卷是正之也。魏驥詩作于天順四年，自署時年八十七。《明史》本傳稱成化七年卒，年九十八。校以此卷正合。

予生平喜收書畫之有關掌故者，是卷則爲吾郡故事，可據以訂正方志，彌可貴也。爰爲之考證，以示吾鄉之脩志乘者取焉。宣統戊午六月。

五同圖卷跋

此卷無繪圖人姓名，開首有李西涯隸書「南宫雅望」四字。圖中繪衣冠者五人，二人相嚮坐，二童侍焉，其三人徐行而前，兩奴攜琴書在後，一人擔行厨從之。圖後有吴文定公寬七律，又後爲顧汝玉《題五同圖追和文定公韻詩》，末有顧南雅學士跋，知此爲《五同圖》也。《匏翁家藏集》有《五同會序》，記事甚詳。五同者，同時、同鄉、同官、同志、同道也。五人則文定以外，曰都御史長洲陳玉汝璹，禮部侍郎常熟李世賢傑，太僕寺卿吴江吴禹疇洪，吏部侍郎震澤王濟之鏊也。圖中諸人文定首座，其並座者李公世賢，前行者陳公玉汝，次者王公濟之，末則吴公禹疇也。畫圖者曰丁君綵，見文定序中。當時畫五卷，各藏其一。

此卷爲文恪後人所藏。南雅學士跋謂陳稽亭官工部時，言其先世玉汝公有《五同圖》。翁正三閣學《復初齋詩》卷六十一有《五同會圖》詩，爲陳工部賦，詩注言陳氏原藏燬於火，今又得一圖，又謂吴禹疇家者，見《竹坨詩話》，則不可考者二圖云云。以予所知，吴氏所藏後爲吴蔚若樞密郁生所得，以贈吾友王君九學部季烈。翁氏題卷，浭陽端忠敏公方督兩江時，有人持往乞售，文定藏卷今在君九部郎族人許，則除陳氏卷燬於火外，其他四卷均存人間。此卷亦有翁閣學印，則閣學所見者，二卷矣。

今年春以賑災過津沽，見君九藏卷，因以此卷告之。部郎以其先世手澤所存，欲請而藏之。部郎往與予同官，辛亥之變，棄官躬耕。皎然于濁亂之世，不媿文恪後人，因舉以歸之。部郎又擬集刻先世著作，其好義力行，子孫必有能繼起者，則此卷之歸學部，必能世世寶守無疑也。謹書卷末以志之，宣統戊午六月六日。

保竹圖卷跋

此卷前有嘉靖二年蔡九逵《保竹説》，繼以文衡山、袁永之二詩。後爲萬歷甲戌文休承補圖，又後爲許宗魯跋及項士端、王西室、王弇州三詩。首有胡孝思篆書「保竹」二字。休承圖幽淡清迥，得元人三昧，非墨守家法者。嘗謂衡山之後有休承，猶右軍之後有大令，均能自立門户者。弇州詩載《續稿》卷二十三，然《續稿》中尚有一跋，卷百七十。則卷中無之，蓋已佚矣。弇州跋詳記前後諸家題識，與卷咸合，惟言王文恪、胡孝思爲大書署，又言諸跋中有黄勉之。今卷首但有孝思篆書，王署黄題今亦佚矣。至卷中又有申瑶泉、董綸宰兩跋，則作於弇州以後，項士端跋乃後來題于許後王前之紙空處，非與王西室同時，故王跋不及也。末又有明末王師睿跋，謂此卷相距百年尚在章氏，章氏後人可謂能保守先人手澤者矣。卷中有王蓮涇印，蓮涇藏書至富，有名當時。然予每見古人名迹有蓮涇印者，多精品，則蓮涇亦鑒藏家也。世人尚鮮知者，故附著之。戊午夏六月。

王孝子鑄象圖册跋

此册記吴中孝子王五芝於鼎革後積明代制錢以鑄佛象，資父母冥福事。製圖者上元老人張覿。爲文以記者曰陳道山舒，爲詩以詠之者曰楊無補補，曰陳孝則衡，曰周子佩茂蘭。此諸賢者，皆股士之未裸將於周京者也。孝子之名不見册中，亦不載《蘇志》。朱柏廬先生用純《媿訥集》有六孝子贊，其三曰王德貞，號五芝。「笑語動止不常，時人莫測，或疑其癡，遂自號五癡。刲乳療母疾，聚有明累朝錢爲佛象，樂與賢士交而磊磊不平，往往酒酣執板歌唱，聞者泣下」。孝子行蹟、名字賴此知之，蓋兼資忠孝人也。

上元老人以遺民隱於黄冠。楊曰補處士與徐文靖公交善，明渡南時，文靖危於羣小，曰補至金陵，責楊龍友爲解之。殁而俟齋高士爲之傳。孝則華亭人，其名字不見《松江府志》及《江蘇詩徵》，當是獨行潛修之士，賴此册得存其人也。子佩先生爲蓼洲先生長子，即刺指血寫《訟冤疏》，十指盡枯，又刺舌血重書，世所謂端孝先生者也。陳道山行迹尤奇，《練川名人畫象小傳》謂先生初至南翔主李氏，鼎革後李氏家破，先生入城寓真際庵，與文人墨士相往還，而隱其姓氏。時主婁塘陳氏，或以貌似陳舒也而呼之，先生忻然應之，乃自稱陳舒，並襲舒之字曰原舒，舒之號曰道山。崇禎中，或有見其著四品服在班聯中，殆勝國之遺臣也。此册合諸賢手迹，重以五芝行誼，殆可謂會衆芳於一堂，安得不珍爲藝林重寶乎？爰略記諸賢事實於册尾，以志景行之私。戊午仲冬。

近得道光壬辰南昌萬淵北承紫所刻《吴門七孝子畫象傳贊題辭》，乃就真蹟傳刻。七孝子曰黄端木向堅，曰莊孝子覺，曰王五癡德貞，曰周此山廖，曰周侍萱尚文，曰汪孝子允昌，曰顧孝子廷琦。原本爲吴中張永暉蟾所繪，而徵諸家題詠。永暉曾以割股療親、傭書奉母，亦孝子也。五癡象後有鄭士敬先生敷教作《小傳》。題者十一家：曰李模，曰楊无咎，曰何謙貞，曰方夏，曰朱用純，曰文從簡，曰褚篆，曰陳邁，曰金俊明，曰王咸，曰柯炌。據諸家題識知孝子蓋西室先生穀祥之孫也。萬氏刊本流傳甚少，異日當與此册合刊之。己未正月又記。

金章宗妃李昭容真跋

此幀去年冬得之滬上，蓋西江某侍御故物。上有翁覃溪閣學跋，定爲李元妃象。案閣學所考是也。《金史·后妃列傳》稱章宗元妃李氏，明昌四年封爲昭容，明年進封淑妃。《章宗紀》明昌五年正月乙丑，昭容李氏進位淑妃。此幀章宗御書「敕寫麟德宫昭容真」，上鈐「明昌」二字小璽，則此象確作於明昌四年。章宗以大定八年七月生，是年二十有六，御書清麗，足與宋徽廟抗行，可見才藝之美。明昌承安之治，史官稱其跨遼宋而比跡漢唐，然又譏其婢寵擅朝，傳授非人。蓋衛王爰立，元妃實主其謀而卒身殄於衛王，展覽斯圖，爲傷悼矣。

金源畫迹傳世至少，矧此爲敕寫，尤爲人間星鳳。畫法精妙，頗似泰西油畫，尤爲奇迹，恨不得畫工名姓耳。金源一代，以畫人物名者至少。《圖繪寶鑑》載李早工畫人物，明昌間人。張翰林翥嘗題其《三馬圖》云：「金源六葉全盛年，明昌政似宣和前。寶書玉軸充内府，時以李早方龍眠。」此象或出李早手耶？明昌四年當宋光宗紹熙四年。

吴文正虞文靖象卷跋

此卷絹本，前爲吴文正象，緇冠深衣，貌清癯，鬚眉皓白。後爲虞文靖，貌豐多髯，金冠氅衣，均負手植立。無畫人姓氏，乃吴文定公據吴氏藏本遣畫工臨寫。文定又手臨文靖題詩，並加跋，以贈泰和羅明仲先生者，明仲復手書以記。後又有陸鼎儀、文彦可兩先生題跋。幅上有「江左僧彌」印，蓋曾藏邵瓜疇先生許也。二象雖出臨摹，而筆墨質厚沈古，神彩如生。予往歲曾見宋人《睢陽五老圖》，畫法正與此同，知必能畢肖原本也。宋元諸賢遺象傳世甚少，此亦吾齋鴻寶矣。

魏仲雪先生象卷〔跋〕

此象角巾野服。仲雪先生自題其上曰：「崇禎五年壬申三月，永豐羅虚白爲予寫。時予年五十有三，致政林居已三年矣。」又有自題絶句十章。考先生名浣初，常熟人。萬歷丙辰進士，改嘉興府教授，集諸生講論如家塾之課子弟。遷南京户部主事，晉吏部郎中，陞廣東僉事，分巡嶺南，擒巨盜李魁奇、鍾國讓等。尋陞參政，提學廣東。公慎明允，清隘自好，喜爲詩，得元白遺意。卒於官。方志所載事實僅此。今此卷先生自題崇禎壬申已林居三年，豈致仕後再出耶？

卷後有先生族裔名炳虎者，録先生《竹影圖象》自題稱「天啓乙丑，予在考功」云云，則先生於天啓五年，官吏部郎中。江陰李忠毅公《落落齋集·孤興篇小序》言：「丁巳春莫仲雪方偃臥匏園。」丁巳爲萬歷四十五年，則先生登進士之次年，殆尚未筮仕也。此先生年歷之可考者。李忠毅公《集》中贈先生詩牘甚多，蓋與先生同志至契。其《渡江別仲雪詩》注言：先生初字「龍超」，又足補方志所未及也。

瑁湖六逸圖卷跋

此卷紙本，設色無款。圖中六人，其一僧也。後有董文敏公跋，謂六人曰陳眉公，曰張七澤，曰朱雲來，曰秦景雲，一僧則麻衣和尚，其一則文敏也。董跋後有道光己亥華亭姜奉跋，據《眉公集》定此爲「瑁湖六逸圖」，考七澤乃湖廣按察張叔翘所望，朱雲來爲朱敬韜國盛，秦景雲名昌遇，亦字景明，均甚確。惟稱《眉公集》言眉道人與董元宰比肩並坐，從松根先後而來者，爲張叔翹、朱敬韜，又云景明與憨和尚在山澤雲氣中，謂與此圖悉合，則未然。今考此卷開首坐者二人，文敏首坐，相向並坐者爲眉公。予曾見曾波臣畫《文敏象》，又藏波臣畫《眉公象》，故知之。次則松下並立者三人，二童子從焉。在前者當是七澤，次雲來，次景雲，其麻衣和尚則遥遥在後，立山徑中，僅露半身。與眉公所記景明、憨和尚在雲氣中大異。蓋當是六人各爲一圖，圖中景物不必悉同，眉公題卷與此卷大同而小異。《石渠寶笈三編》有《雲間高會圖》，《西清劄記》載卷後有文敏跋，與此卷同，亦《六逸圖》

之一也。其圖臨溪六人，一據案展卷欲書，二並觀，二佇立柳堤上，一僧手持拂趺坐陂陀，則與此圖大異矣。此人各一卷，圖中景物不同之明驗也。

文敏跋作於崇禎四年，人書俱老，有河流千里、泥沙俱下之勢，允爲絶詣。其末稱：「余雖繆爲同社君子推長湖山，不至林慚澗媿，乃茲趣裝赴召，一邱一壑不能自固，恐稚圭北山之移，非向長損卦之旨，第所與猿鶴盟者在彭澤八十日間耳。」考文敏是年冬，奉詔出山。明年抵都，以故官掌詹事。八年始以禮部尚書兼太子太保致仕。九年遂卒。彭澤八十日之約，何其久哉！披覽斯圖，爲之失笑。

潘次耕先生母吴太君象卷跋

此卷前爲太君畫象，無畫者姓名。後爲徐俟齋先生記，書之別紙。太君衣長幾與裙等，小領而廣袖，中開無衽。坐匡牀上，手持數珠，旁有朱几，几上置香鑪，似皈佛者然。象記二十七行，小楷精雅粹穆。首行署曰：「題吴太君畫象。」而《居易堂集》載此文，則作《潘母吴太君五十壽序》，文中次耕先生名，《集》本皆作「耒」，此卷均作「琦」。《集》本題下附注：「門人潘耒避難，變姓名吴琦。」次耕先生避難更名事，僅賴此卷與《居易堂集》知之，似不見他書也。

次耕以康熙二年癸卯受業於澗上。此卷俟齋先生自署丙午初夏，次耕受業既四年矣。時俟齋先生年四十有五，大科之舉，次耕雖應徵辟，而僅官翰苑。不久移疾，終不至顯仕，可謂不負潤上之教者矣。戊午冬作《俟齋先生年譜》，展觀是卷，謹書其後。惠周惕《俟齋先生手札書後》言：次耕改姓氏曰吴開奇。殆名琦，字開奇。

此卷中書畫均雪堂自藏，今俱零落不可問矣。又跋尾多未及自書附于原蹟後。繼祖披覽時，曾補書《楊忠節公書軸》、《王孝子鑄像圖册》、《瑁湖六逸圖卷》三跋尾。又《吕涇野詩册》、《穆忠節書洗心詩》、《王孝子鑄像圖題詞》均已録入《雪堂所藏書畫記略》中，惟全編僅具草稿，尚待釐訂。丙寅七月。

整理後記

此集爲公文集彙編。公文集最早爲《面城精舍雜文》甲乙編，其中多用古文異體字，不利于後學閲讀，不得不加改易。《永豐鄉人》四稿當日付刊，讎校不精，譌誤甚多。此次重校已無底本可依，惟見誤處必加改正。

計《面城精舍雜文》甲乙編由王同策同志任校點，甲乙兩稿、丙稿之第四卷及丁稿由管成學同志任校點，丙稿之第一、二、三卷由叢文俊同志任校點，最後均由予覆審。校書本如掃落葉，雖疊審屢勘，仍苦不盡，希讀者諒之，並不吝是正，幸甚。

一九八七年一月十七日繼祖謹識